建筑意匠与历史中国书系

礼乐的风景

——城市文明演变下的宋代公共园林

毛华松　著

中国建筑工业出版社

图书在版编目（CIP）数据

礼乐的风景——城市文明演变下的宋代公共园林/毛华松著.
北京:中国建筑工业出版社,2016.3
（建筑意匠与历史中国书系）
ISBN 978-7-112-19393-6

Ⅰ.①礼… Ⅱ.①毛… Ⅲ.①古典园林－介绍－中国－
宋代 Ⅳ.①K928.73

中国版本图书馆CIP数据核字(2016)第087060号

责任编辑：李 东 陈海娇
责任校对：李美娜 姜小莲

建筑意匠与历史中国书系
礼乐的风景
——城市文明演变下的宋代公共园林
毛华松 著

＊
中国建筑工业出版社出版、发行（北京西郊百万庄）
各地新华书店、建筑书店经销
北京嘉泰利德公司制版
北京建筑工业印刷厂印刷
＊
开本：787×1092毫米 1/16 印张：22½ 字数：352千字
2016年3月第一版 2020年9月第二次印刷
定价：69.00元
ISBN 978-7-112-19393-6
　　　　(28667)

导言

　　公共园林是城市风景和城市生活的重要载体，研究公共园林的文化背景、目标功能、营建途径、审美范式等，对于补充完善中国传统人居环境建设的智慧经验，指导当前传统城市风景的保护与创新有着积极的现实意义。而公共园林在宋代城市文明的演变下迎来鼎盛，并在地方官府主导下形成了鲜明的政治经济目标取向和空间体系化、功能兼容性、营建定式化的特点，且其内涵与城市水利、社会教化、风水格局等共融的生态智慧经验，奠定并影响了元明清时期城市公共园林的基本建设特征。从 20 世纪 90 年逐渐兴起的公共园林历史研究，已普遍关注到宋代公共园林在数量、类型上的蓬发，但以典型城市、个案园林为主的研究现状，缺乏从系统层面把握宋代城市公共园林建设的整体特点及优秀经验，且在建设主体、建设目标以及特点等研究结论上有明显差异。因而，采用"文明演进概括——系统案例分析——阶段特征归纳"的技术路线，以城市文明演变为基础，通过文献资料的定性定量解读，建构宋代城市生活的文化图景，进而结合方志图文、园林遗迹中的系统案例来分析、归纳公共园林建设的智慧经验，有助于拓展以私家园林、皇家园林、寺观园林为主线的历史园林研究现状，对反映我国在风景园林建设方面的历史成就及提升当前城市风景的保护和建设，具有理论拓展和实践指导的积极意义。

　　本书首先通过对宋代文献资料的普查，融合文化地理、城市史、建筑史的交叉学科成果，采用文学社会学的研究方法，建构宋代城市的社会生活图景，并纵向对照上古、秦汉、隋唐以及明清时期公共园林发展概况，指出城市文明演变带来的市民化居民结构、街市制时空自由、娱乐性空间布局，促进了作为大众游赏地的公共园林普遍建设。其次，通过园林文记、方志城建记载及历史舆图、考古资料、文化遗迹的图像学研究方法，结合相关建设目标的定性与定量统计分析，指出宋代公共园林在保民生、成教化、兴风物方面的多元建设途径，提出基于民生经济发展的城市水利、交通设施、城防工程，基于社会教化的名贤纪念、放生池、射圃，以及基于地方集体意识培育的风水裁成、城市八景、亭台楼榭等是公共园林建设重要的物质基础。而后，结合宋代史料中对不同园林的历史称谓及归类记载，以园林的营建管理特征为分类依据，将城市公共园林分为湖山风景区、城市园圃、城市风景点三大类，并结合大量案例定量分析各类园林在选址、建设管理、游赏组织上的特点，指出湖山风景区依托于宏观的山水自然风景，是用地权属、园林类型、建设方式最为复杂的公共园林，并因其宽宏的空间尺度及丰富的游赏活动形式，成为宋代及后世重要的城市开放空间；城市园圃建设于官方全额权属的用地范围内，具有较高的园林建设质量，常采用封闭式的园圃建设方式，在节庆时向大众开放，呈现"亦公亦私"的功能属性；城市风景点包括眺望揽胜型、日常生活型、尊礼崇教型三小类，并结合相应的景观资源散布于城内外，虽在建设管理上呈现以官方主导、乡绅僧道参与的多元化状态，但也是两宋城市公共游赏记载中的重要组成部分。

同时，在综合评价宋代城市公共园林在中国园林的发展阶段基础上，本书提出两宋城市公共园林显著的政治经济取向、建设体系化、兼容性、范式化等四个主要特点；概括了宋代城市公共园林在调和社会矛盾、普及主体政治追求、带动城市经济上的政治机器特点；归纳了公共园林与城市等级、功能分区、时节游赏上的体系化分布，并指出公共园林建设在用地权属、功能分区、游赏组织上的高度兼容性；同时强调在山水审美艺术渐趋成熟的宋代，公共园林的蓬发进一步推动了城市风景建设的范式化，成为西湖、八景、楼亭苑等风景范式成熟、定型的关键历史阶段，并持续影响后世甚至汉文化圈在内的城市风景建设。

目　录

礼乐的风景 ————————————————————————

第一章　绪论

第一节　宋代城市公共园林研究的普适价值

　　城市公共园林是中国历史人居环境综合系统工程的重要支撑点，蕴含着中国古代人居大地景观营造的认识论、方法论❶。城市公共园林，是最能集中体现政治经济、社会文化和山水审美，且与城市生活、空间形态关联最为紧密的园林类型。从上古祭祀、集会和男女闹春幽会的"桑林之苑"❷，到现代的城市公园，公共园林作为城乡空间的重要组成部分，影响着城乡居民的日常生活和城乡空间形态构成，是我国历史山水园林文化的重要物质载体之一。与同时期的皇家园林、私家园林相比，城市公共园林不仅体现了儒家"共乐"观念下的士大夫造园实践❸，且作为社会各阶层日常生活的舞台，呈现了与社会经济和民俗文化对应发展的紧密关系，是城市史和园林史上值得关注的课题。而且，作为大多城市重要的文化景观组成部分，公共园林从其建设之始就与城市自然条件、空间结构和审美意

---

❶　吴良镛在《中国人居史》（2014）一书中指出："建筑—规划—园林"三位一体，整体融合是这种区域（隋唐长安）大地风景的规划方法……这即是中国古代人居大地景观营造的认识论、方法论（P198）；人居环境建设总是一个综合的系统工程，需要把规划、风景、建筑、水利与工程技术作为整体考虑，并进行综合的考虑（P273）。郭黛姮在《中国古代建筑史·第三卷·宋、辽、金、西夏建筑》一书中指出：诸如此类的公共游览地和公共园林，再加上分布城内外的众多宫苑、私家和寺观园林，更增加了中都城市和郊野景观之美。可见"风景"、"园林"是中国人居史智慧经验的重要组成部分，而城市公共园林作为城市人居环境骨架性组成部分，更深刻蕴含了中国历史人居环境建设的认识论、方法论。

❷　"桑林之苑"在本文泛指先秦的公共聚会、游赏场所，如《墨子·明鬼篇》的"燕之有祖，当齐之社稷，宋之有桑林，楚之有云梦也，此男女之所属而观也"和《国风·郑风·溱洧》的"桑间濮上之阻，男女亦亟聚会，声色生焉"。

❸　王铎在《中国古代苑园与文化》（2003）一书中指出公共园林是"由儒家思想培育出来的仕人，有为民开辟'同乐'园林空间的责任和意识"（P281）；刘庭风在其《儒家眼中的园林》（中国园林，2006（11）：81-85）一文中指出公共园林与"政府和达贵者则提倡同乐，即与民同乐"的关联。两者皆将儒家同乐思想作为公共园林建设的政治文化基础。

象相结合，包含了自然和文化的双重层面，参与并构成了我国大部分历史城市空间形态的主骨架。理解城市公共园林的选址、分布和营建过程，对于梳理历史城市风景建设的认识论、方法论，指导当前城市风景建设，具有重要的理论创新和实践指导意义。

宋代是我国城市公共园林蓬勃发展和定型的关键阶段，是中国历史公共园林的典型阶段性代表。始于中唐的"唐宋变革"影响下的"中世纪城市革命"，是我国城市文明演变的重要阶段。城市性质、空间结构、人口阶层乃至城市体系都发生了深刻的变化，商业化、平民化以及坊市制度的打破，成为唐宋变革在城市文明演变上的具体体现。在北宋初期皇家推动下的"与民同乐"（包括金明池、琼林园的对外开放，元宵节等节日市容的"打扮"等❶），各级地方政府对城市公共园林建设和节日喜庆、欢乐氛围营造的主观意识得以强化，使雅俗并流的游赏文化在宋代普遍兴起。北宋名臣韩琦的《定州众春园记》记曰："天下郡县无远迩小大，位置之外，必有园池台榭观游之所，以通四时之乐"❷；南宋《嘉泰吴兴志》有记："郡有苑囿，所以为郡侯燕衍，邦人游嬉之地也。……故郡必有苑囿，以与民同乐"❸。由此可见，城市公共园林的分布广度、园林数量已非常广泛。南宋全国性地理志《舆地纪胜》、《方舆胜览》上的各地城市公共园林或公共游赏活动记载更是清晰地描绘了公共园林在发展态势上有超越皇家园林、不亚于私家园林发展的态势，绝不是常言的"非主流园林类型"❹。而且在中国古代城市山水文化鼎盛的宋代❺，城市公共园林逐步形成了

❶ 以上皇家"与民同乐"的活动地点、活动方式来自于北宋时期孟元老的《东京梦华录》，书中记载的大多是宋徽宗崇宁到宣和（1102～1125）年间北宋都城东京开封的情况。

❷ 引自：韩琦. 定州众春园记（别圃）/全宋文. 卷八五四.

❸ 引自：(宋) 谈钥纂修，嘉泰吴兴志 [G]（卷十三·苑囿），"郡有苑囿，所以为郡侯燕衍，邦人游嬉之地也。士大夫从宦自公，□掌之余，亦欲纾豫，乃人之至情。方春百卉敷腴，居人士女竞出游赏，亦四方风土所同也。故郡必有苑囿，以与民同乐。囿为亭观，又欲使燕者歆，行者憩也。故亭堂楼台之在园囿者，宜附见焉"。

❹ 周维权先生在《中国古典园林》(1999年第二版) 绪论指出："皇家园林、私家园林、寺观园林这三大类园林是中国古典园林的主流，园林艺术的精华荟萃。除此之外，也还有一些非主体、亦非主流的园林类型，如衙署园林、祠堂园林、书院园林、会馆园林以及茶楼酒肆的附属园林等等，它们相对数量不多，内容大都类似私家园林。公共园林的建置见于一些经济、文化发达地区的城镇、乡村，为居民提供公共交往、游憩的场所，……虽然在后期发展较为普遍，但作为一个园林类型而言其本身尚未成熟，还不具备鲜明的类型特征。"即是将公共园林在分类上置于已有一定特征的衙署园林、书院园林等"非主流园林"之后。

❺ 汪德华在其《中国山水文化与城市规划》(2003) 中提出宋代是"中国古代城市山水文化鼎盛时代"(P21)。

共同的文化内涵、审美范式和园林特点，是我国城市风景理性化、范式化的重要历史阶段，成为诸多城市山水形胜中的重要物质支撑，奠定了我国大多数历史文化名城的山水风景格局❶。如"湖山"美景的杭州、"三山鼎立"的福州城、"半城山色半城湖"的济南、"城市山林自郁葱"的桂林等城市的山水形胜格局，都定型于两宋之际，对本书分析和理解我国城市山水城市空间规划有着实际的例证作用。

宋代文献资料的相对丰富，使得相对精准的城市公共园林知识体系建构具有可能。两宋有关城市公共园林建设的相关资料很多，包括地理、历史和艺术的各个方面。在地理志上，成书于南宋的《舆地纪胜》和《方舆览胜》将各城市的山水风景、历史遗迹和园林亭榭囊括其中，丰硕而又具体，记载了数量浩瀚的城市公共园林资料；保存至今的宋代城市方志数量也不少，特别是江南多个城市的地方志，如《临安志》、《建康志》、《吴郡志》、《四明图经》、《严州图经》等，有些更是保存了宝贵的宋代城池地图，加上《永乐大典》上诸如《临汀志（福建汀州）》、《江阳志（四川泸州）》、《南宁志》等宋代方志资料、地图，以及明代、清代地方志上的宋代城市地图和城池、遗迹的记载，为探寻宋代城市公共园林的布局形态、空间构成提供了相对精准的资料。在园林营建和造园思想方面，两宋印刷技术的普遍，使得大量的宋代名人文集、文记得以保存至今，特别是 21 世纪初包含 360 册、多达 17.8万篇的《全宋文》❷，使得大量记载详尽的城市公共园林的园记、亭记、游记等得以一览无遗。加之全宋词、全宋诗的整理出版，也为认知宋代社会、园林发展提供了极大的方便。在两宋城市公共园林的遗存上，大量保存在全国各地的历史名城中的两宋遗迹为研究提供了物质基础，典型的如杭州西湖、桂林山水及其题名石刻、绍兴卧龙山、兰亭，以及宁波月湖、惠州西湖、潮州西湖等地保留的两宋公共园林遗迹，对城市公共园林的规模、空间形态和园林技术的分析提供了现实的物质基础；而保存至今的宋画，特别

---

❶ 周维权在《中国名山风景区》(1996)、郭黛姮在《中国建筑史·第三卷·宋、辽、金、西夏建筑》(2009) 中均指出:散布在全国各地的传统风景名胜区的绝大多数在宋代均已成型,元、明以后开发建设的几乎是凤毛麟角了。

❷ 数据来源:《全宋文五人谈》(文学遗产,2007,2:144—148),四川大学古籍整理研究所历时 20 年编纂完成。"成书 8345 卷,分装 360 册,文字 1.1 亿,作者 9176 人,文章 178292 篇,辑录有宋 320 年间文人学士现存的文章辞赋,尽汇于此"。邓绍基称之为迄今规模最大的文章总集。

是方志城池图和山水风景、亭榭的宋代图画，更为理解城市公共园林的布局、景点营造和营建技术提供了直观的原始资料。

第二节　唐宋变革及其在宋代城市上的投影

宋代城市文明演变也称之为"中世纪城市革命"[1]，是中国历史重要转型期——唐宋变革的核心组成部分。自唐至宋的两代之间，在哲学思想、政治制度、社会结构、经济发展、学术文艺等各个方面都发生了关键性的转变，是中国文化的一次重要的阶段性变化，而唐宋变革也成为中外学者普遍共识的研究范式。早在元代脱脱等编的《宋史·太祖本纪》即云："考论声明文物之治，道德仁义之风，宋于汉、唐，盖无让焉。"明代陈邦瞻在《宋史纪事本末·叙》中云："宇宙风气，其变之大者三：鸿荒一变而为唐虞，以至于周，七国为极；再变而为汉，以至于唐，五季为极；宋其三变，而吾未睹其极也。"梁启超的《论中国学术思想变迁之大势》（1902）把中国学术思想分为八个时代，将"南北朝唐"和"宋元明"各自独立为一时代（第十三章），就是把宋和汉、唐相区别，即承认了唐、宋之间的阶段性变化。20 世纪初，夏曾佑在《中国古代史》一书更是提出"自传说时代至周末，为上古之世；自秦至唐，为中古之世；自宋至今，为近古之世"。（夏曾佑，1990）但在国际上最有影响力的是日本学者内藤湖南明确提出的"唐宋变革说"（或称之为"内藤假说"）[2]，推动了国际汉学界对唐宋变革的系统研究，如日本学者斯波义信的《宋代江南经济史研究》（1988）、《宋代商业史研究》（1989）等，英国伊懋可（Mark Elvin）的《中国往古的模式》（1973），法国学者谢和耐（Jacques Gernet）的《蒙古入主

---

❶　"中世纪城市革命"（the medieval urban revolution）是美国学者施坚雅（G. William Skinner）1973 年在《中华帝国的城市发展》一书中首次提出的。其基本观点是基于对以宋代中心城市为核心的区域经济史的研究，提出"市场结构和城市化中的中世纪革命"。宁欣（2010）在此基础上指出，"真正重大的变化，就是官僚政府在行政社会职能及经济职能的作用在不断收缩。因而，这场革命是整个社会的管理方式上的革命"。（参见：宁欣."中世纪城市革命"论说的提出和意义 [J]. 史学理论研究，2010，（1）：126.）

❷　1910 年，内藤湖南在日本《历史与地理》第 9 卷第 5 号上发表的《概括的唐宋时代观》，提出唐和宋在文化的性质上有显著差异，认为唐代是中世纪的结束，而宋代则是近世的开始。认为"由于过去的历史家大多以朝代区划时代，所以'唐宋'和'元明清'等都成为通用语，但从学术上来说，这样的区划法有更改的必要。不过，为了便于讨论，在这里暂且按照普通的历史区划法，使用'唐宋时代'一词，尝试综合说明从中世转移到近世的变化情形。"

中原前夕中国中原的日常生活》(1959) 以及《中国社会史》(1972)，美国施坚雅 (G.William Skinner) 的《中华帝国晚期的城市》(1979)，郝若贝 (Robert Hartwell) 的《750 ~ 1550 年期间中国的人口、政治和社会变迁》(1982)，等等。唐宋变革的核心表现为从贵族文化向平民文化的转变，以及从思想经典形态逐渐演变成社会行为规范的文化演进，影响了包括社会经济、政治文化等各方面的发展，而被国内外学者视为中国文化的重要分界线，开启了宋元明清的近世（或近古）社会的文化阶段。其中在"以城市为中心、以城市发展为中心的中国传统社会"（宁欣，2010），城市的变革也成为唐、宋社会变化的核心组成部分，而被称之为"中世纪的城市革命"（G.William Skinner，1973）。

　　唐宋变革推动的城市文明演变造就了宋代城市与汉唐城市的诸多不同，城市性质由行政型向商贸娱乐型演变，产生"和 18 世纪欧洲近似的商业社会"（Roberts，1999；薛凤旋，2010），同时开放的街市成为城市空间的主角，连同以商店主、手工业者阶层以及如店员、奴仆和其他雇员等低下阶层组成的城市多数人口（宁越敏，1987），为城市公共园林的建设蓬勃发展提供了物质条件。1950 年代初，宫崎市定的《东洋的近世》一书，涉及了唐宋时期城市变革的社会特征及具体层面，指出了近世资本主义影响下的"商人阶层兴起；城市商业化，累积大量财富；坊市制消失，草市镇市等贸易点沿着水陆交通要道兴起；农村进入交换经济，与城市和商业密不可分" ❶ 等特征。1973 年，英国汉学家伊懋可（Mark Elvin）基于唐宋时期出现的经济发展，在《中国往古的模式》中提出"中古时期的经济革命"（也称"宋代经济革命"），并将其归纳为农业革命、水运革命、货币和信贷革命、市场结构与都市化的革命和科学技术革命 ❷。美国学者施坚雅在《中华帝国晚期的城市》(1979)认为这个革命具有鲜明的特点，表现为：第一，放松了每县一市，市须设在县城的限制；第二，官市组织衰替，终至瓦解；第三，坊市分隔制度消灭，而代之以"自由得多的街道规划，可在城内或四郊各处进行买卖交易"；第四，有的城市在迅速扩大，城外商业郊区蓬勃

---

❶ 宫崎市定．宋以后的土地所有制形态 [J]．东洋史研究．12（2）．

❷ Mark Elvin. The Pattern of the Chinese Past[J].1973：113-199.本文其核心观点的表述参考了宁欣的相关归纳，参见：宁欣．"中世纪城市革命"论说的提出和意义 [J]. 史学理论研究，2010（1）：125-134.

发展;第五,出现具有重要经济职能的"大批中小市镇"❶。他指出,政府放弃对贸易的干预和地区经济的商业化萌芽,正是造成中世纪城市革命的原因。我国学者贺业钜在《中国古代城市规划史》(1996)强调了交换经济在唐、宋市坊规划制度与城市分区结构变化中的作用,并分析了市坊规划制度变革对推动城市规划制度改革,以及改变城市商业布局和聚居生活的组织方式中的积极意义。李春棠的《坊墙倒塌以后》(2000)关注了宋代开放式街市下的城市商业和社会生活变化。田银生的《走向开放的城市:宋代东京街市研究》(2011)以北宋都城开封为例,提出了"中心消长、平面上的溃散和立体上的多维"城市形态的演变,关注到了从严格时空管制下解放出来的城市居民具有了更为"宽阔的活动时空和自由"。同时,唐宋变革文化和政治制度差异是推动蕴含"与民同乐"思想的公共园林蓬勃发展的政治因子。随着唐代科举制度的实行,门第等级、士族制度被逐渐打破,推动了由"贵族阶级转移到平民社会"❷(钱穆,1943)的政治演变,而宋代科举在频率和取士数量上远甚于唐代,更加速了平民化社会的形成。推动了中国社会"从国家—门阀(贵族)—士庶(全社会)的发展和普及的过程"(张国刚,2006)❸,汉唐时期渐从经典文本转变到士族的礼仪名教的儒家伦理,到宋代已演化为社会规范,"成为中国人无意识的思维方式与行为方式,并成为中国人在家庭与社会生活中过日子的规则与逻辑"(陈景良,2012)。由此带来的雅与俗的生活界线模糊、节庆活动的世俗化以及平民审美情趣的形成,促动了两宋大众文化的兴起。

第三节　公共园林的概念及已有研究综述

一、公共园林的概念

公共园林是基于园林隶属关系的历史园林类型,特指官府、

---

❶　施坚雅.中华帝国晚期的城市[M].叶光庭等译.北京:中华书局,2000:23-24.

❷　钱穆在《中国文化史导论》(书稿最初由重庆正中书局于1943年出版,本文参阅的是商务印书馆之1994年版本)一书中指出,唐宋文化的演变呈现为"一是由贵族阶级转移到平民社会。二是由宗教方面转移到日常人生"(P169)两个方面。

❸　参见:张国刚.论"唐宋变革"的时代特征[J].江汉论坛,2006(03):89-93.张先生在此文中认为"从士族及其文化的形成和解体就是唐宋变革的奥秘所在",且认为汉唐时代儒家伦理经历了从经典文本到士族的礼仪名教、再到社会规范的发展过程,到宋代礼仪文化向社会普及,成为士庶之家效法的规范,于是,以儒家经典为主要根据的礼教,成为家法族规的核心价值,并成为中国传统文化的重要特征。

乡绅为大众游赏、社会教化、风物振兴而主持建设的历史园林，区别于皇家园林、私家园林、寺观园林等用地权属、服务对象专属的历史园林，而又强化与现代城市公园差异性的特定历史园林分类。公共园林的概念及相应研究从园林史研究的前期忽视到后期的蓬勃发展的转变，客观说明了对中国历史园林文献解读及城市文明演变历程的研究渐趋深入，丰富了中国历史园林理景艺术的内涵与成就❶。

公共园林是公共空间的一部分，又因其特定的园林特征而区别于其他公共空间，涵盖"公共空间"、"公共游憩空间"及"园林"等概念的特点，其相关研究进程即是从历史文献中的"宴集之所"、"嬉游之处"、"群游之观"、"州人游观之所"等公共空间归类中演绎出来❷，并渐趋从"寺观园林"、"衙署园林"、"城市公园"的新旧概念中分化出来的。"公共园林"作为历史园林的范畴，首次出现在寺庙园林的相关研究中。1980 年代邓其生、罗哲文、周维权等研究古典园林过程中发现诸如寺观园林、私家园林甚至皇家园林的公共开放性活动，开始提出诸如"带公共性质的寺庙园林和风景名胜园林"（邓其生，1983）、"寺观中的园林有了公共园林的性质"（罗哲文，1984）、"在西藏很早就出现类似公共园林性质的林卡"（周维权，1985）等研究结论，但仍未将公共园林作为一个独立的类型，只是关注于其他园林类型中的公共活动。进入到中国园林史研究的第三阶段，随着城乡大众园林游赏文献的大量出

---

❶ 潘谷西在《江南理景艺术》（2001）中指出，"我国对于传统理景艺术的研究，长期以来局限于皇家园林和私家园林，近年又出现了对寺庙园林的探讨。但是，这三者还是远远涵盖不了我国丰富的理景艺术内涵与成就。就园林而言，除了以上三种之外，唐宋以降还出现了大量在官衙中建造的'郡圃'，一般的书院、驿馆也都建有园林或庭景，这些园林和庭景都具有公共性质，不同于私家园林之仅供少数家庭成员使用。更重要的是，在这些园林之外，还存在着众多可朝至夕归的邑郊风景点，质朴而富有生活气息的村落景点，佛教、道教的名山风景旅游胜地以及沿着长江、富春江等的沿江景点。这样历史悠久而范围阔的风景名胜建设，在世界上是独一无二的，我们没有理由予以忽视。因此，局限于园林，尤其是局限于皇家园林、私家园林和寺庙园林的研究还不能全面反映我国在景观建设方面的历史成就"（P3）。其中的郡圃、邑郊风景点在相关已有研究中大多是被作为公共园林的主要组成部分，本书中基于其官方主持建设、官方土地权属及维护管理的特质，也将其纳入到了公共园林的范畴。

❷ 罗华莉在《中国古代公共园林故事性研究》（2011）一文中认为"吟赏地"、"嬉游之处"、"嬉游处"、"行乐处"等是公共园林的历史代称，指出"古代的公共园林拥有大量的文献记载，只不过没有形成一个统一称谓，而是散见于各个游记、园记等相关材料中，以各种形式和称谓贯穿于历史长河"，"根据对清乾隆《四库全书》中相关词条的稍作搜索，就能发现'吟赏地'出现 82 处、'嬉游之处'出现 5 次，'嬉游处'出现 39 次，'游息之地'也出现了近 60 次，'行乐处'更是高达 286 次至多，等等。可见古代公共园林相关词汇多次在文献中出现"（P12—13）。

现，才开始了对公共园林的进一步定义和分类。1990 年，周维权在《中国古典园林史》（第一版）中，也指出"寺观的公共活动除宗教法会和定期的庙会之外，游园活动也是一项主要内容，因而这些园林多少具有类似城市公共园林的职能"。1997 年周干峙在《中国城市传统理念初析》一文中基于元大都的建设分析，提出"都城中有皇家园林、私家园林、公共园林以至保护和营造风景园林"，这也是首次将公共园林纳入到古典园林分类体系。1999 年，周维权又在《中国古典园林史》（第二版）中，将公共园林和衙署园林、祠堂园林、书院园林等平列为非主流园林，并提出了"公共园林"的释名，涵盖了从建设主体、营建方式和开放管理模式等方面进行界定，成为其他学者研究的主要参考，如蓝先琳（2002）、王绍增（2004）、王其钧（2007）等的研究。同时，随着中国园林不同类型的研究深入，官署园林、邑郊风景名胜也被部分学者纳入到公共园林的范畴。如傅熹年 1994 年在《中国古代建筑史第二卷》（三国、两晋、南北朝、隋唐、五代建筑）中指出"唐之官署园林有一定公园性质。可以出赁借用。……官园可供平人游玩"；王铎在《中国古代苑园与文化》一书中指出"邑郊风景园林，唐宋以后与私家园林并行发展，而它的性质则与现代的城市公园或城市的近郊风景名胜区相似"；潘谷西提出的风景建设（含邑郊风景名胜、村头景点、沿江景点、名山风景区），指出"位于城市近郊，可朝往而夕返，便于市民游览。数量也最多，几乎每个城市都有一处至数处。实际上是古代的郊区公园，如苏州的虎丘、石湖、天平山、灵岩山，南京的莫愁湖、玄武湖、钟山、栖霞山、牛首山，杭州的西湖、灵隐、西山等。……唐宋时我国风景建设的繁盛时期，郡邑的守臣们着意在城郊兴作风景游览地"。

可见，随着中国历史园林类型研究的深入，由于对各类园林中承载的公共空间功能的资料增多，推动了"公共园林"概念的提出和深化，但又因其公共活动在各类园林的普遍存在❶，使得"公共园林"概念的使用谨慎，以及"类似"、"接近"城市公园的相

---

❶ 王劲韬在《中国古代园林的公共性特征及其对城市生活的影响——以宋代园林为例》（中国园林，2011（05）：68-72）一文中基于历史皇家园林、私家园林、寺庙园林、官署园林等类型分析，提出"中国古代园林从来就不乏公共性特征。那种过于强调中国古典园林的封闭、小众化特征，甚至将其作为阶层对立的物化形式，认为古代园林是皇家贵胄和有闲文人的专属品，与大众无缘，因而不适宜现代城市的观点，至少是片面的"（P72）。

关提法产生，造成了"公共园林"概念定义上的模糊、混淆。已有研究较少关注于建设主体、建设目的以及组织管理等要素的公共园林研究现状，造成了公共园林定义和类型组成上的模糊。从表1-1的统计分析来看，国内随着中国历史园林类型研究的深入，由于对各类园林中承载的公共空间功能的资料增多，推动了"公共园林"概念的提出和深化，较为集中地关注于园林的社会开放性，如"为居民提供公共交往、游憩的场所"、"对全社会开放"、"为周边居住的人提供一个公共交往和游憩的场所"等，而忽视了公共园林在隶属关系、建设目的、组织管理上与寺观园林、书院园

已有研究中的公共园林定义及其类型组成　　　　表 1-1

作者	定义及类型
周维权	定义：见于一些经济、文化发达地区的城镇、村落，为居民提供公共交往、游憩的场所，它们多半是利用河、湖、水系稍加园林化的处理或者城市街道的绿化，也有因就于名胜、古迹而稍加整治、改造的，绝大多数都没有墙垣的范围，呈开放的、外向型的布局，与其他园林类型的建置采用封闭的、内向性的布局不一样。公共园林一般由地方官府出面策划，或为缙绅出资赞助的公益性质的善举，虽然后期的发展已较为普遍，但作为一个园林类型而言其本身尚未成熟，还不具备鲜明的类型特征（《中国古典园林史》，1999 年第二版）。 类型：未提及小类组成。在第七章提出三种公共园林营建情况：1. 依托于城市水系，或者利用河流、湖沼、水泡以及水利设施而因水成景；2. 利用寺观、祠堂、纪念性建筑的旧址，或者与历史人物有关的名迹，在此基础上，就一定范围内稍加园林化的处理而开辟为公共园林；3. 农村聚落的公共园林
蓝先琳	定义：一般为天然景观开发而成，并具有对全社会开放的性质，公共园林往往交通便捷、规模大、景观自然丰富。由于历代的开发积累，许多公共园林名胜古迹、人文景观丰富，使一园之内集不同时代、不同艺术风格的多样景观。现存的古代公共园林以杭州西湖、扬州瘦西湖、无锡惠山和北京陶然亭为其典范（《中国古典园林大观》，2002）。 类型：未提及小类组成
永昕群	定义：未对公共园林定义。 类型："衙署园林、城乡公共园林、宫观园林、佛寺园林、书院园林、登临胜地，以及邑郊公共风景区"（《两宋园林研究》，2003）
王绍增	定义：广义的公共园林，是指位于城市或城市近郊，稍稍加以园林方面的加工和处理而形成的，能够为周边居住的人提供一个公共交往和游憩的场所。狭义上的公共园林，指仅包括在城墙范围内的城市公共园林（《城市绿地规划》，2004）。 类型：未提及小类组成
侯迺慧	定义及类型：所谓地方性公共园林一般来说包含几种内容：1. 园林化的地方政府治政中心，亦即所谓郡（县）圃。2. 郡圃以外由地方政府建设管理的公共园林，通常有特定的名称，如定州众春园。3. 园林化的古迹名胜，如南京的乌衣园（周应合《景定建康志·卷二二·城阙》）。4. 园林化的名山胜水，如滁州丰乐亭（梅尧臣《寄题滁州丰乐亭》二四七）。（《宋代园林及其文化生活》，2010）

林等园林类型的不同，客观上也影响了我国公共园林分类上存在的公共园林与类公共园林的模糊❶。同时，这些研究大都着眼于现今存在的明清园林建设遗存，忽略了明代再度集权造成的社会开放性退步，使得对公共园林演变发展的类型全面性地产生误解。相对而言，基于宋代文献全面检索的《宋代园林及其文化生活》（侯迺慧，2010）的定义和类型更接近于宋代城市公共园林的发展实际，在关注名山胜水、古迹名胜（常与寺观、祠庙相连）的同时，将元明清时已不向公众开放、逐渐私密化的郡圃及别圃（即郡圃以外由地方政府建设管理的公共园林）也纳入到公共园林的类型之中。

因而，基于园林隶属关系分类的是中国古典园林分类的基本范式，从建设主体、建设目的以及组织管理等要素理清公共园林的属性是可由的科学途径。为更好地将公共园林纳入到已有的中国园林分类体系，在遵循基于隶属关系分类的基础上，本文将公共园林定义为：由地方政府或乡村实际管理者（士绅）基于地方大众游赏、社会教化、风物振兴等目的，在官方用地或乡村公共用地内组织建设的园林类型，有开放式的自由游赏和封闭式的有组织游赏两种组织方式，一般可分为湖山风景区、园圃和公共风景点三小类。

城市公共园林从属于公共园林，更强调其城市的属性，地方政府的参与度更高，园林的数量更多、分布更广。相比于乡村公共园林，宋代城市公共园林极大部分都由地方政府组织实施，且与城市的基础设施（水利、城防、交通）等紧密结合，形成了诸如杭州西湖、惠州西湖、建康（现南京）秦淮河、成都的浣花溪等规模较大的风景区；同时因城市社会教化职能的集中，诸如建康青溪园、绍兴赐荣园等先贤纪念性园林和附属于衙署的郡圃、独立建设的别圃在各个城市都有普遍性的建设，也成为城市重要的风景标识和公共活动场所；其他诸如桥头、驿站、大道以及井泉、

---

❶ 由于在公共园林中主要关注于园林的社会开放性，以至于学界普遍存在的"公共园林"、"公共性质园林"、"公共游赏地"、"风景建设"等不同称谓。如郭黛姮的《中国古代建筑史·第三卷·宋、辽、金、西夏建筑》（2009）中将杭州西湖、中都（金代北京）的佛寺和道观等一并称谓"公共游览地"；有如上述王劲韬的《中国古代园林的公共性特征及其对城市生活的影响——以宋代园林为例》一文中基于公共性特征来展现宋代各类园林大众游赏的开放、可达，但又把曲江池、金明池（北宋御苑）、西湖一并称谓公共园林；也有如将公共园林称谓为风景建设的，并加以定义分析，如王铎的《中国古代苑园与文化》第七章《儒文化与邑郊风景园林和村落园林》，潘谷西的《中国建筑史》第7章《园林》、罗哲文的《中国古园林》第7章《山水胜景园林》等。其中潘谷西基于公共性、综合性、持久性的特点，把城市、村落的风景建设，纳入到"古代的郊区公园"范畴。

堤坝等建设风景游赏点，在宋代城市中也普遍存在，并影响到了明清时期的城市风景点建设。

二、宋代城市公共园林已有研究综述

宋代城市公共园林作为中国园林史的整体研究的一部分，深受整体研究的思想、方法影响，并与中国园林史的研究阶段相对应。从 1980 年代第二阶段的公共园林首次提出，到现阶段公共园林的普遍性研究，虽然定义的模糊带来了类型、特点归纳的矛盾，但在关注公共园林产生的文化背景、公共园林的政治意义以及对具体某一小类、某一案例的深入研究上取得了较大的进展，对分析理解宋代公共园林的特点与意义有着基础性的作用。

（一）中国园林历史研究阶段概述

中国园林历史研究大致可以分为三个阶段❶，第一阶段从民国初年（1912 年）到新中国成立初期（1949 年），为中国园林史研究的开拓期。这一时期以营造学社成员❷以及童寯、陈植❸等研究者为主，主要集中于园林历史文献的整理、园林发展框架的架构以及对江南、北京为主的著名古典园林的测绘调查与园林空间构成要素分析，初步奠定了中国园林史研究的基础。第二阶段中国园林史研究的发展期，从新中国成立初期到 20 世纪 80 年代末，是对中国园林通史的系统整理和地域园林研究深入的过程；并开始了园林史研究的学科交叉，出现了诸如园林建设与园林文化、园林生活交叉研究的研究成果❹。第三阶段为 20 世纪 90 年代初至今，随着研究方法的多学科交融，园林史研究的深度和广度呈现新的高度。主要表现为随着园林文化研究的深入，地域园林的整理研究、不同历史阶段的园林发展的断代史专篇论文与书籍的大

---

❶ 本文对中国园林历史研究的时间分段参考了陈芬芳、刘彤彤的《近代以来的古典园林研究史初探：文献分析与学科分布研究》（建筑创作，2009（06）：166-168）一文。

❷ 涉及中国园林史研究的会员主要有梁思成、刘敦桢、阚铎、金勋等人，其中研究成果集中于相关《园冶》、元大都宫苑、圆明园等研究，以及刘敦桢的《苏州古典园林》和梁思成《中国建筑史》园林史部分。

❸ 童寯的研究成果主要有《江南园林志》、《东南园墅》、《造园史纲》以及《随园考》；陈植于 1928 年倡导成立"中华造园学会"，编写了《造园丛书》，开始了有关中国古典园林的系统性研究。

❹ 通史类如张家骥的《中国造园史》、周维权的《中国古典园林史》、汪菊渊的《中国古代园林史纲要》等；园林文化与生活类的，如金学智的《中国园林美学》、王毅的《中国园林文化史》；地域园林研究方面有刘管平的《岭南古典园林》、赵长庚的《西蜀历史文化名人纪念园林》、潘谷西的《江南理景艺术》等。

量涌现，以及对各类型园林主题、空间布局和园林功能的深入研究❶。公共园林的研究肇始于中国园林史的第二阶段，并随着各历史阶段社会政治研究的深入和大量园林建设、社会生活文献的不断发现，在园林史研究的第三阶段逐渐引起重视。最为典型的是周维权跨度近二十年出版的三版《中国古典园林史》（1990年、1999年、2008年），从第一版没有公共园林的理论和案例，到第二版、第三版大量篇幅提及公共园林，客观上证明了随着大量历史文献的解读，学术界对中国古代园林的公共性的认知越来越深入与广泛。

（二）公共园林的研究历程

公共园林研究自20世纪80年代至今的近30多年时间中，在研究方法、研究对象上皆有较大的进展，从个案到整体、从城市到地域、从远古到近代，在多学科的研究支撑下，公共园林逐渐显现出相对完整的研究体系。

公共园林概念的提出始于中国园林史研究的第二阶段，并在园林史研究的第三阶段出现了相对独立的定义和分类。公共园林的出现，是因园林中存在大量的大众游赏记载，而又不能纯粹用初期基于园林隶属分类的皇家园林、私家园林、寺观园林等来阐述的园林类型。1980年代，邓其生、罗哲文、周维权等在寺庙园林、风景名胜的研究中首次提出"公共园林"这一名称，但仍未将公共园林作为一个独立的类型，只是对其他园林类型中公共活动的关注❷。进入到中国园林史研究的第三阶段，随着城乡大众园林游赏文献的大量出现，才开始公共园林的进一步定义和分类。1997年周干峙在元大都的建设分析中提出"都城中有皇家园林、私家园林、公共园林以及保护和营造风景园林"，首次将公共园林纳入到古典园林分类体系。随后，周维权在《中国古典园林史》（第二版，1999）中提出了公共园林的释名，认为"公共园林建制情况见于一些经济、文化发达地区的城镇和村落，为居民提供公共交往、游憩的场所，它们多半是利用河、湖、水系稍加园林化的处理或者城市街道的绿化，也有因就于名胜、古迹而稍加整治、改造的，绝大多数都没有

---

❶ 地域园林研究方面在江南、北方园林研究基础上，有以陆琦的《岭南园林艺术》为代表的岭南园林研究系列，以重庆大学、西南交通大学、四川农业大学等一些巴蜀院校围绕巴蜀园林研究分析等；在断代史研究上，天津大学王其亨教授的研究团队首次完成了先秦、汉代、魏晋、隋唐、两宋、明清各主要历史时段的断代史研究等。

❷ 参见本章"公共园林的概念"。

墙垣的范围，呈开放的、外向型的布局，与其他园林类型的建置采用封闭的、内向性的布局不一样。公共园林一般由地方官府出面策划，或为缙绅出资赞助的公益性质的善举，虽然后期的发展已较为普遍，但作为一个园林类型而言其本身尚未成熟，还不具备鲜明的类型特征"。该定义或解释涵盖了建设主体、营建方式和开放管理模式等方面，成为其他学者研究的主要参考。

　　进入到近十年，公共园林研究更多地从文献整理基础上，探索园林与社会、文化、生活以及与城市的整体关系，极大地拓展了公共园林的研究广度。在研究方法和研究对象上，公共园林从前期对实际物质存在的各类风景名胜的园林空间、文献分析基础上，逐渐融合了人文学科的研究方法，从历史文献、绘画艺术、考古资料等方面检索、分析，开拓公共园林研究的视域与深度。在公共园林的前期研究中，学界多局限于典型城市、典型个案、典型类型的分析、整理，更多地基于著名的城市湖山风景（如杭州西湖、惠州西湖、北京什刹海、苏州虎丘等）和部分考古资料（如唐长安曲江池），通过园林设计理论来分析园林的构景要素、空间组织和游览方式，如周维权的《中国古典园林史》（1998）和《园林·风景·建筑》（2005）❶，潘谷西的《江南理景艺术》（2001），罗哲文的《中国古园林》（1999）对部分典型案例的分析归纳，赵长庚的《西蜀历史文化名人纪念园林》（1987）对四川地区名人祭祀性公共园林的分析❷，以及王铎的《中国古代苑园与文化》（2003）中对邑郊园林的大量分析等。近十年，随着研究方法的转变以及对大量历史文献资料的整理分析，公共园林研究逐步深入到整体架构，从不同方面关注公共园林的营建、分布及演变的普遍性规律。如罗华莉的《中国古代公共园林故事性研究》（2011）对公共园林进行了叙事学的研究，系统整理了古代公共园林的各类营建思想和实践；胡刚的《城市风景湖泊空间形态研究》（2006）类比了诸如杭州西湖、南京玄武湖湖泊型城市公共园林的营建特点，并以湖山风景区建设与城市整体关系为研究切入点，关注与城市规划、城市生活之间的关系；有关江南地区（特别是徽州和楠溪江地区）的村落公共园林、水口园林的研究在这一时期也得

---

❶ 《园林·风景·建筑》为周维权各类论文的汇集，其中的论文写作时间为 1963 ～ 2001 年。
❷ 笔者认为纪念性园林为城市公共园林中城池园圃的组成部分，具体论证详见本书第四章。

到深入的发展 ❶。在公共园林演变历程研究上，断代史上的研究更注重社会政治背景，将公共园林作为社会变革整体的一部进行阐述、研究，如侯迺慧的《唐宋时期的公园文化》❷（1997）、《宋代园林及其生活文化》（2010），永昕群的《两宋园林史研究》（2003）中的公共园林部分，以及王丹丹、周向频、杨乐、陈志宏等对北京、上海、天津、福州等地晚清、民国时期的公共园林和私家园林转型的研究 ❸，将时代社会、政治、文化的演变作为研究公共园林的主导因子，并完善了公共从古到今的发展脉络体系。在公共园林与城市整体发展关系上，逐渐注重城市公共园林的体系分布分析，如王丹丹的《北京公共园林的发展与演变历程研究》（2012）从个体城市的角度分析了各历史时段城市公共园林的分布、发展及其与城市居民生活的关系；王劲韬的《中国古代园林的公共性特征及其对城市生活的影响——以宋代园林为例》（2010），分析了唐宋时期公共园林对城市生活的影响。另有从涵盖公共园林在内的城市公共空间为例来研究历史城市公共活动体系，如常卫锋的《北宋东京园林景观与游园活动研究》（2006）、王欣的《宋元明清公众活动的环境及设计研究》（2008）、萧放的《城市节日与城市文化空间的营造——以宋明以来都市节日为例》（2010）、宁欣的《唐宋城市社会公共空间形成的再探讨》（2011），等等，皆是从公共活动体系的视角分析城市公共园林、公共场所的体系建设，对丰富城市公共园林的视域有着积极的参考借鉴意义。

但由于公共园林定义上主要关注于大众游赏可达的社会开放性，使得已有研究在公共园林特点分析、小类组成上较为模糊。对公共园林的特点研究上，除对公共性的特点统一认同外，从园林营建的政治文化目标和园林的兼容性方面有不同的认知。如周

---

❶ 这方面的研究包含陈志华、李秋香的《楠溪江中上游乡土建筑》(1992)、《婺源县乡土建筑》(1998) 中的园林部分,梁雪的《村镇中的水系及临水景观》(新建筑,2000 年 02 期) 阚陈劲的《徽州古村落地理景观特性与村落水口研究》(安徽农业大学硕士论文, 2009), 以及刘滨谊的《中国乡村景观园林初探》(城市规划汇刊, 2000 年 06 期) 等。

❷ 侯迺慧的《唐宋时期的公园文化》出版于 1999 年, 但从其研究方法、研究广度更接近于大陆地区 21 世纪初期的公共园林研究, 故放入近十年公共园林研究现状分析。

❸ 主要包括:王丹丹. 民国初期 (1914-1929 年) 北京公共园林开放初探 [J]. 风景园林, 2012 (06):101-103;周向频. 上海古典私家花园的近代嬗变——以晚清经营性私家花园为例 [J]. 城市规划学刊, 2007 (02):87-92;陈志宏, 王剑平. 从华侨园林到城市公园——闽南近代园林研究 [J]. 中国园林, 2006 (05):53-59;杨乐, 朱建宁, 熊融. 浅析中国近代租界花园——以津、沪两地为例 [J]. 北京林业大学学报 (社会科学版), 2003 (01):17-21;等等。

维权认为公共园林与其他园林类型相比有"开放的、外向型"的布局特点，"但作为一个园林类型而言其本身尚未成熟，还不具备鲜明的类型特征"。潘谷西在分析风景建设的过程中，提出"公共性、综合性、持久性"等特点，并指出"唐宋是我国风景建设的繁盛时期，郡邑的守臣们着意在城郊兴作风景游览地，他们不再把风景建设视为仅仅是一种游乐之需，而是政通人和、治绩斐然和'智'、'仁'之德的一种表现。如欧阳修人为风景建设是'宣上恩德，以与民同乐，刺史之事也'（《丰乐亭记》）"（潘谷西，2009）。王铎在分析邑郊风景园林的过程中提出"邑人共享的园林空间"、"开放的自然山水园林空间"、"社会宣教作用的文化空间"、"自然山水园林的艺术空间"四个特点，并认为邑郊风景园林是"相对安定乃至盛世时代的物质文明和精神文明建设的历史辉煌"，是"其时社会的文化宣教空间，其时社会精神文明的教育基地"（王铎，2003）等。在公共园林的类型分析上，由于中国古典园林普遍性的公共化倾向，造成公共游赏活动在类型跨度上的复杂性，使得具体到"公共园林"的概念界定和小类组成时概念混淆、含糊的情况常存。即便是周维权本人，也常在陈述诸如寺观园林、衙署园林中补充着"也是公共园林"、"或接近于公共园林"的解释。蓝先琳也在公共园林的定义后面特别补充了"另外，由于寺观园林吸引大量香客、游人朝拜游览，因而也具有公共园林的性质"。这些例证客观上也表明了学术界对公共园林的理解存在"公共园林"和"类公共园林"两个分类方式。如永昕群在其《两宋园林研究》（2003）中将公共园林划分为"衙署园林、城乡公共园林、宫观园林、佛寺园林、书院园林、登临胜地，以及邑郊公共风景区等几种类型"，王丹丹在《北京公共园林的发展与演变历程研究》（2012）提出："北京古代公共园林的生成，按照其形成原因的不同，大致可分为因'寺观'而成的公共园林、因'胜迹'而成的公共园林、因'名山'而成的公共园林、因'水体'而成的公共园林。"这些分类或局限于公共园林的现状存在，或只关注了园林中的公共活动，而忽略了"园林自身事先的空间和功能特点"❶。

---

❶ 翟付顺、乔永强在《从方法论的角度看中国园林史研究中的一些问题》一文中分析了当下园林史研究中科学性问题，指出研究方法上存在"园林的内涵不再是由园林自身事先的空间和功能特点来确定，而是由人们的活动内容来确定。这样只能造成园林内涵的空泛化和不定化，从而影响到园林研究的科学性和准确性"。

综上所述，在公共园林研究上，学界已经普遍认可公共园林的大量、普遍存在，也关注了公共园林在城市文明变革中与城市生活的互动关系以及各历史阶段官方在公共园林建设中的主动性行为，对不同类型的公共园林也有更为具体、系统的研究，比之中国园林史第一阶段、第二阶段的公共园林研究有很大的进步。但依旧存在在分类上以关注园林的活动内容为主，造成了对公共园林概念、类型的混淆，和寺观园林、衙署园林、书院园林相交杂，以及对公共园林营建途径及其内涵的政治文化意象，公共园林在城市中的体系化分布等方面研究不足，值得深入研究和探讨。

（三）宋代城市公共园林研究现状

宋代城市公共园林的研究同样始于园林史研究的第二阶段，研究成果既包括园林史、建筑史、城建史的通史类书籍和两宋园林断代史学位论文中的片段式表述，也有从个体类型、典型城市为例的专著、学位论文以及杂志论文等。这些研究成果在宋代公共游赏活动的炽热和公共园林的蓬勃发展取得较为普遍的共识，同时对园林的类型、分布以及活动组织进行了一定的研究，为本书的研究展开提供了丰富的资料支撑。

宋代公共园林在园林数量、类型及分布的蓬勃发展在园林史研究的第三阶段，为学术界普遍性的共识。在园林史研究的第一阶段、第二阶段，涉及两宋园林研究较少而且很少涉及公共园林，如陈植的《中国造园史》（成书于 1930 年代，2006 年出版）、梁思成的《中国建筑史》（1944）、张家骥的《中国造园史》（1986）、日本学者冈大路的《中国宫苑园林史考》（1988）以及周维权的《中国古典园林史》（1990）等，除对开封金明池、杭州西湖以及部分寺观园林称之为"公共游览地"、"风景名胜区"外，以上为提及公共园林的概念和案例 ❶。在园林史研究第三阶段，通史类的两

❶ 在园林史研究的第一阶段，陈植的《中国造园史》第二篇第五章宋辽金园林，通过开封、临安的皇家园林和宋人李格非的《洛阳名园记》、周密的《吴兴园林记》和其他宋代文献分析两宋的皇家园林和私家园林；梁思成的《中国建筑史》根据《汴京遗迹志》、《邵氏见闻录》、《洛阳名园记》等摘录，分析了开封艮岳、金明池和洛阳私家园林等，开启了两宋园林的研究，但未关注到宋代城市的公共园林。在园林史研究的第二阶段，张家骥《中国造园史》的第五章宋元时代，对"北宋名苑艮岳"、"北宋的私家园林"、"《洛阳名园记》作者与北宋园林特点"等进行了拓展研究；冈大路的《中国宫苑园林史考》在第十章宋、辽、金时代，研究了宋代的南北京城的皇家园林和洛阳、太湖周边的私家园林；周维权的《中国古典园林史》在第五章园林的成熟期——宋、元、明、清初，重点分析了宋代的皇家园林、私家园林和寺观园林，创新性地归纳了宋代文人园林的特点，并在寺观园林的分析中提出"寺观的公共活动除宗教教法会和定期的庙会之外，游园活动也是一项主要内容，因而这些园林多少类似现代城市公园的职能"。

宋园林研究才开始关注两宋时期城市公共游赏炽热、公共园林普遍性建设的情况。如潘谷西在《中国建筑史》第三版（1992）中，首次关注到宋代郡圃、城郊风景点❶的公共园林性质，并提出"两宋时期，风景园林已广泛渗入城市各阶层的生活，成为社会文化活动的重要组成部分，这是宋以前所未见的"。周维权第二版的《中国古典园林史》（1999），指出"公共园林虽不是造园活动的主流，但比之上代已更为活跃、普遍。某些私家园林和皇家园林定期向社会开放，亦多少发挥其公共园林的职能"，并列举了北宋东京凝祥池、蓬池、凝碧池、学方池等公共园林以及南宋杭州西湖、楠溪江苍坡村村落公共园林等案例。天津大学永昕群在其学位论文《两宋园林史研究》（2003）中提出"两宋是中国古代公共园林的黄金时代"以及"两宋时期随着平民化社会的到来和近代城市革命的完成，城市公共园林更是普遍出现在全国各地，且数量众多、分布广泛，即便是边疆卫城也将公共园林建设作为理政之要务，形成我国公共园林建设的第一个高潮"、"中国各地历史上的公共园林或风景区，在宋代基本奠定了基础，后世大多是重建或改建"等观点。王其钧的《图说中国古典园林史》（2007）指出"公共园林在这一时期（两宋）的发展比较快，在一些大型的城市中，公共园林基本上成为城市的重要部分"。上述观点普遍认可宋代公共园林蓬勃发展的历史事实。侯迺慧在《宋代园林及其生活文化》（2010）一书中提出"宋代在中国园林史上另一个重要特色是公共园林的广设"❷，王劲韬的《中国古代园林的公共性特征及其对城市生活的影响——以宋代园林为例》（2011），提出"宋代是中国古典园林发展的成熟期，也是公共园林发展的高峰期"❸，在分析两宋皇家园林、郡圃以及寺观园林、私家园林的开放活动及其人文内涵的基础上，简明扼要的对我国园林的公共性特征和主要以两

---

❶ 在第三版中，潘谷西先生负责编写的第六章——园林，虽未提"公共园林"一词，但诸如"在州县公署内设立守居园地（或称郡圃、州圃）是宋代的一种风尚。……上述公署园圃，每值时令佳节都向居民开放"，以示"与民同乐"（P151）；"春秋令节市民踏青登高的活动促进了城郊风景点的发展，也使园林开放供人游赏成为一时风尚"（P153）。这些分析中，注意到了两宋城市的公共园林，其对郡圃、城郊风景点的类型研究应属最早涉及者之一。

❷ 侯迺慧. 宋代园林及其生活文化 [M]. 台北：三民书局，2010：39. 在该书中，侯先生认为私园开放和公园众多是宋代园林的两个特点，并提出"宋代的私园普遍地开放供人参观游赏，使得宋人拥有便于游赏的环境，他们不分阶层不分身份地享受这种便利，而展开了游园的风潮"。

❸ 王劲韬. 中国古代园林的公共性特征及其对城市生活的影响——以宋代园林为例 [J]. 中国园林，2011（05）：68–72.

宋京城开封、临安为代表的公共开放性园林园林进行了分析研究，同时开始关注园林商业化倾向对公共园林生活的影响，对研究宋代园林生活和园林开放性有着重要的补充。

在关注到城市公共园林蓬勃发展的同时，对公共园林的分类也在逐步深入，但也存在模糊、混乱的研究现状。从潘谷西的《中国古代城市绿化的探讨》（1964）一文中将开封的快活林、杏花园、流杯亭榭等分为风景区，建康青溪祠为祠庙、园林结合的市民游览地❶开始，有关宋代公共园林的名称和分类一直在动态变化中，每个学者各有阐述。傅熹年在《中国科学技术史·建筑卷》（2008）中将宋代城市称之为近古开放性城市，将郡圃纳入到公共园林范畴，指出"官署中一般建有园林，称'郡圃'。有些城市的郡圃节日对公众开放，在一定程度上具有城市公园的性质"。永昕群提出两宋公共园林由"衙署园林、城乡公共园林、宫观园林、佛寺园林、书院园林、登临胜地以及邑郊公共风景区等几种类型"组成。侯迺慧在《宋代园林及其生活文化》（2010）一书中将地方性公共园林分为郡（县）圃、郡圃以外由地方政府建设管理的公共园林、园林化的古迹名胜、园林化的名山胜水四种类型。毛华松的《宋代郡圃园林特点分析》（2012）初步界定了宋代郡圃的选址、空间布局和开放方式等特点，理清了郡圃在宋代城市公共园林类型研究中的意义。这些研究虽基于宋代文献，就公共园林的整体或个体进行了相应类型组成及其特点分析，但缺乏文献普查，特别是缺乏对某一典型城市的系统文献整理、归纳，有待继续深入研究。

同时在与城市公共园林相关的学科交叉研究上，宋代城市生活以及园林文化方面也有深入研究，写作的开展提供了多视角的宝贵资料。在城市生活的方面，李春堂的《坊墙倒塌以后——宋代城市生活长卷》（2001）以开封、临安为主要对象，描述了从坊市制度变革为开放式街道生活的两宋城市经济、文化、生活的场景；田银生的《走向开放的城市——宋代东京街市研究》（2011）关注了北宋开封的城市结构、街市空间和城市经济、生活之间的关系，提出了坊墙的倒塌为广大城市居民提供了宽阔的活动时空和自由，而"街市的产生实现了城市公共空间的场所化，产生了

---

❶ 潘谷西. 中国古代城市绿化的探讨[J]. 南工学报，1964（01）：29—42.

与西方的广场相对应的中国的街道式城市外部公共场所，为丰富多彩的城市生活提供了广大而随意的场地。……而场所化了的街道则把城市的各个部分和城市中的人黏合成一个整体"，虽未对公共园林进行过多的关注，但对研究两宋公共园林的可达性提供了城市空间理论上的支持；西方学者如谢和耐（法）的《蒙元入侵前夜的中国日常生活》（1959），基于《梦粱录》、《武林旧事》、《癸辛杂识》以及马可•波罗游记，分析了都城杭州的城市、社会、衣、食、住、生活周期、四时节令与天地万象、消闲时光等各个方面；费正清（美）的《中国传统与变革（China Tradition and Tranformation）》（1978）在分析两宋商业革命、城市社会与文化的基础上提出"中国文化真正的城市化不在于城市的数目，而是从这时起城市和城市居民在社会中起主导作用。……在城市环境中，（两宋）高层次文化比以前更复杂多样，更多的居民参与到文化活动之中。……令人奇怪的是中国开始表现出西方人在开始城市化所具备的那种喜爱自然美的浪漫色彩。宋代的城市生活是自由奢华的。城市不再是由皇宫或其他一些行政权力中心加上城墙周围的乡村组成，相反，现在娱乐区成了社会生活的中心"。日本学者梅原郁的《中国近世の都市と文化》（1983）、斯波义信的《宋代江南経済史の研究》（1988）、《宋代の都市化を考える》（2001）、内山精也的《宋代八景現象考》（2001）等一系列城市生活、城市风景的学术论文，也为宋代城市公共园林的研究也有很大的参考作用。

综上所述，宋代城市公共园林的现状研究，已开始关注宋代城市文明演变下的公共园林普遍性建设，但对城市公共园林内涵上，在其概念阐述、分类标准和类型组成上还存在模糊或矛盾的问题。其中有试图把除了明确是皇家园林和私家园林之外的、所有可提供公共活动的园林囊括其内的倾向，而忽视园林隶属和建设历程、游赏主体的园林活动方式及其承载的社会功能；在公共园林营建过程分析上忽略了公共园林选址、营建与城市山水形胜、水利工程、基础设施的关系，缺乏从城市整体、系统的角度分析公共园林的营建过程。现状研究既为写作的研究展开提供了扎实的基础，也为本书解读宋代城市公共园林的真实存在和更新原有研究，提供了必要性的基础条件。

第四节 宋代城市公共园林的研究内容与研究框架

一、研究目的

　　以宋代城市文明演变下的城市性质、空间结构、社会阶层的转型为基础，探析公共园林选址、建设、开放的文化基础；结合公共园林选址布局、风景营建、游赏组织等核心要素，分析公共园林的建设管理方式及其相应类型；归纳公共园林在城市风景建构、活动组织及风景范式等方面的营建特点，探寻历史城市风景营建的认识论、方法论，为当前建设中国特色的城市风景提供一定的理论支持。

　　同时结合宋代历史文献的系统阅读，通过城市公共园林建设情况的定性定量分析，推导公共园林的核心概念界定，整理公共园林的类型组成和规划建设特点，补充完善园林史相关研究的知识点。

二、研究范围

（一）研究区域和典型城市选择

　　本书研究的广度主要集中于宋朝的区域范围，即以北宋（960～1127）、南宋（1127～1279）的统治时间和统治地域为主要对象。在各类城乡规划、建筑历史和园林历史研究中，考虑到宋、辽、金的同时存在及经济、文化上的相互影响，常以宋、辽、金作为一个历史片段来分析研究，也有将短暂的元代（共98年）纳入其中，对分析中国全域内的城市、建筑和园林也无可厚非。但在公共园林发展所依赖的城乡经济、社会教育和政治制度上，宋、辽、金在"文化上的差异性比起相似性更为显著"❶。以游牧为主导产业的社会经济使得辽、金的城市发展缓慢，即便是金国后期占领的宋朝北方领土，"大多数城市是一片衰败的景象，如1170年范成大出使金，路经开封时，见到的景象是：'新城（即外郭城）内，大抵皆墟，至有犁为田处。旧城（即里城）内市肆,皆苟活而已'"❷。在社会教育上虽然也采取了宋代的科举方式，但政治制度的开明远逊于宋朝，影响了官员在公共园林建设的主动性。

---

❶　（美）韩森．开放的帝国——1600年前的中国历史[M]．南京：江苏人民出版社，2009：312．

❷　宁越敏，张务栋，钱今昔．中国城市发展史[M]．合肥：安徽科学技术出版社，1994：222．

其次，从文献资料的完整性而言，两宋地区的经济文化、城市建设以及园林营造记载资料相对完备。两宋时期全国性的风俗形胜、景物古迹与官吏人物等全国性地理总志逐步兴起，在北宋有乐史的《太平寰宇记》、王存等的《元丰九域志》、欧阳文的《舆地广记》，在南宋有王象之的《舆地纪胜》和祝穆的《方舆胜览》等，其中《舆地纪胜》和《方舆胜览》已属"文化名胜地理为主要内容、以趋时应景为主要目的的胜览型"❶，加之其他遗存的宋代地方志如《吴郡志》、《四明图经》、《景定建康志》等，以及宋代名胜、园林类型的文集、游记如范成大的《吴船录》、陆游的《入蜀记》、《剑南诗稿》等，都局限于宋朝统治地域的社会文化、历史风景资料。而同时期的辽、金在地理志编撰的欠缺和流传至今的城市园林风景文记的稀少，对于开展现代意义上的中国范围内城市公共园林研究造成困难，以至于历史地理研究者有"金王朝一种总志也没有流传下来，这对我们研究 12、13 世纪的历史地理造成很多困难"❷。这样的困惑，同样反映在当前我国园林通史的相关研究中，提及的辽、金园林也只能是辽上京、金中都（现北京）的皇家园林和部分寺观园林，可见相关文献、考古资料较为欠缺。

因此本书研究的时间跨度和地域广度主要以两宋兴建、消亡为时间轴，关注两宋统治区域的城市公共园林发展，包括南北各地的州县所在的城市。其中又以北方的开封、洛阳、颍州，江南的杭州、扬州、宁波、绍兴、建德、台州、温州、南昌、九江，岭南地区的福州、泉州、惠州、潮州、广州、桂林、南宁等城市为研究的主要城市。

（二）城市范围的界定

本书研究的城市并不囿限于"城墙内的城市"，而是将与城市社会经济以及风景格局、游赏体系紧密相关的城郊区域一并纳入到研究的空间范畴。亚里士多德在《士政治学》一书中指出："城市之所以为城市，不在其有无城墙，而在于公民的共同利益、共同目标、创造美好的生活。"❸但在中国传统城市公共空间的研究中，

❶　郭声波. 唐宋地理总志从地记到胜览的演变 [J]. 四川大学学报（哲学社会科学版），2000（06）：85-91.
❷　李裕民.《舆地纪胜续编》研究 [J]. 陕西师范大学学报（哲学社会科学版），2002（04）：34-41.
❸　李文. 城市公共空间研究 [D]. 哈尔滨：东北林业大学，2007：14.

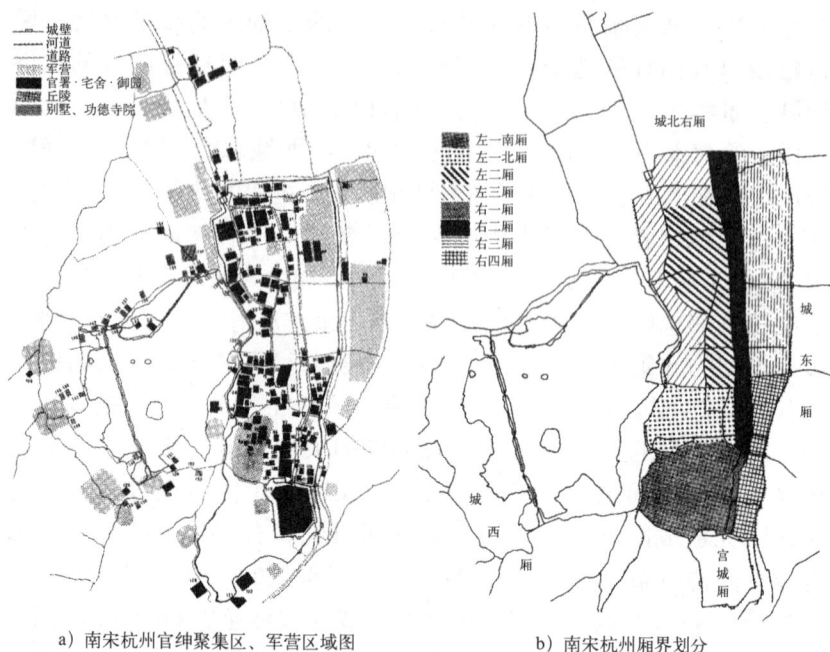

左一南厢
左一北厢
左二厢
左三厢
右一厢
右二厢
右三厢
右四厢

城壁
河道道路
军营署
官署·宅舍·御院
丘陵
别墅、功德寺院

城北右厢

城东厢

城西厢

宫城厢

a）南宋杭州官绅聚集区、军营区域图　　　　b）南宋杭州厢界划分

图 1-1　南宋城外区域、厢界划分图

（资料来源：斯波义信.宋代江南经济史研究 [M].南京：江苏人民出版社，2012：333，340.）

已然存在着"城墙内的城市"的研究局限，从而导致了中国古代城市缺乏公共活动的场所[1]的结论在城市史研究中一直存在。而事实上中国"相当部分筑有城垣的治所城市，都普遍形成了规模不等的城下街区，有些城市城下街区的面积、居住人口、商业规模都超过城内"[2]。宋代商贸娱乐型的城市转型，激发了城市的空前繁荣，城市规模已突破城墙的限制，向城郊扩展。如东京的城外八厢[3]，临安城外东、南、西、北四厢（图 1-1），甚至出现了如广州城三城并立，带动卫星城镇发展的"主城－卫星城的城市空

---

[1]　基于对"城墙内的城市"的研究视野，梁幼侨、巫纪光在《传统欧洲与亚洲城市公共空间布局比较研究》（华中建筑 1998（03）：61-65）中指出"亚洲古代城市缺乏公共活动的场所"；陈锋在《城市广场·公共空间·市民社会》（城市规划 2003（09）：56-62）中指出"中国城市空间结构和布局的封闭、内向的特点，作为市民社会交往和活动的开放的公共空间自然无由产生"，以及王鹏的《城市公共空间的系统化建设》（南京：东南大学出版社，2001）等，皆认为传统中国城市公共游赏空间的相对缺乏。

[2]　鲁西奇，马剑.城墙内的城市？——中国古代治所城市形态的再认识 [J].中国社会经济史研究，2009（02）：7-16。

[3]　参见《宋会要》卷173 兵三之三记云："置京新城外八厢。上以都门之外居民颇多，旧例惟赤县尉主其事，至是特置厢吏，命京府统之。"

礼乐的风景

间结构"❶。这些城郊地区以厢、坊和卫星城镇的存在，使得城市居民生活范围都超越了由城墙所界定的物理空间。城市游赏活动也随之拓展，如《东京梦华录》记载的收灯后城外游赏，"大抵都城左近，皆是园圃，百里之内，并无闲地"；《淳熙三山志·土俗篇》记载的二月花园（郡圃）游赏、清明游山踏青、端午西湖竞渡、重阳九日山登高等，涉及了福州城内城郊的山水风景；《岁华丽记谱》上记载的宋代成都遨游，也涉及城内的郡圃西园和城郊的浣花溪百花潭、合江亭江渎庙、学射山、万里桥等，可见大众游赏范围的随之拓展。

三、研究内容

基于上述研究目的，结合原始资料的收集和归纳，提出三个关键问题，作为本书研究的核心内容。

（一）文明演变是公共园林的基础动力，并推动了公共园林相应的社会政治功能的演进，影响着公共园林在选址、类型、功能、规模上的动态递进。

公共园林是社会文明在城乡空间上的投影，并随文明的演变在功能、规模、模式上动态递进。从上古"桑林之苑"内涵的神人共乐式活动，到西周灵台、西汉上林苑"刍荛者往焉，雉兔者往焉，与民同之"❷内涵的"与民同利"生产性活动，到魏晋时期"兰亭曲水"式的士大夫雅集式活动，再到唐宋时期曲江池、金明池式的城市狂欢式活动，我国公共园林的建设并非是一成不变的，而是受社会经济、政治制度以及山水审美文化的共同推进，并在"唐宋以后与私家园林并行发展"（王铎，2003）。已有研究对公共园林建设主体（官员）的主动性进行了较为深入的归纳（周维权，1998；王铎，2003；潘谷西，2009；王劲韬，2011；吴良镛，2015等），指出公共园林是官员基于"仁政"或

---

❶ 孙翔、田银生在《宋代广州城市空间形态初探》（华中建筑，2010（01）：166-168）一文中指出：宋中叶王存等编修的《元丰九域志·广南路》（卷九）记载的广州所在南海县和番禺县共有8个镇，其中南海1镇，番禺7镇，共8个城镇基本上环绕着广州城，成为广州城市空间的有机组成部分。显现"主城——卫星城"的空间结构。

❷ 引自《孟子·梁惠王下》及《史记·萧相国世家》。其意为：砍柴的去到灵台里面砍柴，打猎的去到灵台里面打猎。可见这时期的灵台既是王族家用来祭祀和告慰祖先的地方，也是老百姓进行生产经营的地方，体现的是孟子"义利观"（参见：孟子的义利观及其现实意义[J]. 扬州师院学报（社会科学版），1996（4）：122-126）。并非是后世园林史研究者所称谓的公共游赏场所，而是公私利益兼容的园圃。

"社会教化"的社会公益事业❶。但未能从文明阶段演进的视野，深入分析公共园林在社会、政治、经济层面的社会功能演变，以及功能演变下不同园林分类的形成及其建设模式、空间布局、活动组织等特点，造成了公共园林建设动因、定义、分类上的诸多不同见解。

基于社会史、城市史的已有研究，特别是唐宋变革的城市文明演变相关理论基础，系统整理公共园林历史文献记载，归纳公共园林及其相应社会政治目标、物质空间建设及游赏生活组织等重要因子，并以宋代为重要的历史坐标理解中国公共园林的演进历程，是本书拟探讨的关键问题之一。

（二）宋代既是公共园林发展的鼎盛期，也是公共园林在建设管理、空间结构、游赏组织等渐趋成熟的关键时段，并由此形成湖山风景区、城市园圃、公共风景点等多样的公共园林类型。

公共园林作为城市空间的一部分，受到城市政治和资本的影响，必然与城市空间形态、功能布局紧密相关。宋代城市文明的演变，使得公共园林在数量、地域分布、类型组成上达到中国古代历史的鼎盛。已有研究对宋代"右文"政策带来的宽松社会文明有所关注，但受从低到高的常规社会演进历程思维影响，大多认为明清时期的公共园林发展盛于两宋❷，且大多以明清时期公共园林的遗存来分析中国古代公共园林的类型及其建设管理模式，存在有待更新完善的知识点。

---

❶　典型的观点如潘谷西先生指出：在州县公署内设立守居园地（或称郡圃、州圃）是宋代的一种风尚。……上述公署园圃，每值时令佳节都向居民开放，以示"与民同乐"《中国古代建筑史》（1992：151）；王劲韬指出：至少在唐代以前，中国城市的管理者就已经意识到园林对于引导市民生活的作用及邀请士、民参与到君民同乐的园林活动中的政治意义，即更好地发挥园林的作用，使之成为管理城市、教化子民的一个不可或缺的部分（中国园林，2011（05）：68—72）；吴良镛先生指出：在中国古代人居环境中，众多空间要素也具有教化的意义，……都有化育民众、文治教化之意《中国人居史》（2015：449）等。

❷　如中国园林史研究的权威周维权先生在其《中国古典园林史》（1999·第2版）中根据园林发展阶段对唐至明清的公共园林分别表述为：1）隋唐时期，"公共园林已更多地见于文献记载"（P185）；2）宋代，未提出总结性结论，但对部分城市和农村提出相关分析，如北宋东京诸如学方池、鸿池、讲武池等"公共园林不在少数"，杭州西湖作为广阔、丰富的公共园林在国内甚至世界上"都是罕见的"；对其他地方，提到"在个别的经济、文化发达的地区，甚至农村也有公共园林的设置"（P330—333）；3）元、明、清初，"在某些发达地区，城市、农村聚落的公共园林已经比较普遍"（P454）；4）清中叶、清末，"公共园林在上代的基础上，又有长足的发展"（P765）。而其他沿用周先生的观点较多，如陈明明在其《江南传统公共园林理水研究》（2012）一文中提出"宋代时期，有关江南公共园林的文献越来越多"（P20），到"元明清时期园林建造已达到相当成熟的阶段，可谓传统公共园林理水艺术的集大成时期"（P23）；吴瑕在《略论中国古典园林中的公共园林》（2008）一文中也指出"元明清时期公共园林的建置尤为普遍"等。

基于对宋代典型城市的文献整理,通过梳理公共园林的数量、分布及其建设管理、空间结构、游赏组织的特点,理清宋代公共园林的类型体系,从而论证宋代城市公共园林的鼎盛及其后世发展。

　　(三)公共园林是城市风景体系的重要组成部分,蕴含着人居环境综合系统工程的生态智慧,形成了诸如西湖、八景、楼亭苑等典型的风景范式。

　　公共园林与城市山水文化相融相成,蕴含着与城市水利、城市防灾、交通设施等统筹协调的传统山水风景建设智慧。中国山水文化经历了从蒙昧走向文明、从物质走向精神、从感性转向理性的发展历程,促进了包括风水理论以及山水画、山水诗、山水游赏等城市山水文化的渐趋成熟。而城市文明的演变,特别是宋代平民化城市带来的风景审美世俗化倾向,使城市风景从"文人幽赏"向"城市胜览"演化,公共园林逐渐成为城市文化的显性因子,促进了城市公共园林与人居环境建设的综合协调,诸如城市水利、城墙城门、交通设施及自然山水环境成为公共园林建设的重要物质载体,形成了相应的风景建设智慧范式。而已有相关研究,集中于公共园林个案研究,较少关注于公共园林个体或群体在选址营建上与城市人居基底的紧密关系。

　　基于宋代城市文明演变下的城市空间功能转型,特别是围绕从"幽赏"到"胜览"的城市风景审美流变,梳理历史文献中公共园林与城市建设相辅相成的大量原始资料,结合各地方志地图,归纳宋代城市公共园林与城市基础设施、风物象征、社会教化等的紧密关系,并以西湖、八景、楼亭苑等风景范式为例归纳公共园林建设的智慧经验。

四、研究方法与研究框架

(一) 研究素材与研究方法

1.文献资料和文学社会学的研究方法

　　对于理解已经逝去的风景,通过众多原始文献的资料整理,结合文学社会学的研究方法,从而全面地勾勒出一个更贴近宋代的"文学生活",对于理解宋代公共园林的建设、管理、开放有着重要的意义。

"文学社会学"❶的源起可以追溯到 18 世纪意大利学者维柯（B.Vico），他在其社会学著作《新科学》中，以古代希腊社会研究的成果来考察荷马及其史诗创作，从而"发现了真正的荷马"，开创了把文学作品与时代背景、作者生平结合起来研究的方法。20世纪初期，德国学者默克尔（Paul Merker）首次提出"社会文学方法"（sozialliterarische Methode，1921），并认为运用这种注重文化环境、时代气息特别是文学生活整体的观察方法，能够补充和丰富其他文学史研究方向和方法，提出"新方法的重点是社会文学，是一个时代之普遍精神的结构和文学的结构"。社会文学方法力图通过对时代风格、趣味关系、世界观等方面的把握，揭示文学的社会规定性，从而全面地勾勒出一个时代"文学生活"的不同侧面。在日本 20 世纪 60 年代追寻现代城市形象的"原风景"历程中，槙文彦提出"应该以城市中具有文学背景的原风景，作为城市设计与建筑设计的基本出发点和构思线索。……首先从阅读城市的地方志，开始把握原风景的文脉，从原风景入手理解城市"。❷也可视为在建筑学领域中对"文学社会学"的应用。

而对于与城市文明演变紧密相关的城市公共园林研究，在关注园林艺术的同时，更需要关注园林史与社会经济与政治因素之间有着密切的关系，"既要建构一种独立性，同时也必须要看到它与社会史和思想史之间的紧密联系"（John Dixon Hunt，1999）❸。在这个意义上，以文记事、以文表情的中国古典园林"文境"❹传统，对于建构传统园林建设的"文学社会"有着地域的优势。宋代园林遗迹除大型的湖山空间结构外保存较少❺，简单通过某一园林残

❶　以下文学社会学研究方法的历史及其主要人物观点参考了北京师范大学文学院方维规教授在《社会科学论坛》2010 年第 13 期论文《"文学社会学"的历史、理论和方法》(P78-103)。

❷　张在元．空间的人性与地域性 [J]．世界建筑，2001 (01)：27．

❸　原文见：Hunt J D. Approaches (New and Old) to Garden History//Michel C. Perspectives on Garden Histories[M]. Washington，D.C.：Oaks Research Library and Collection，1999：77-90，转引自：李志明．阅读《长物志》：从文本到话语 [J]．中国园林，2009 (11)．

❹　刘庭风认为中国古典园林有三个层次——生境、画境、文境，其中生境是形态、园林的生态层面，是物质层面的，画境是空间组织、构图方式、设计手法等艺术层面的，而文境是古典园林的最高层次，存在于文人士大夫对园林的文化性审美。

❺　汪菊渊在《中国古代园林史》前言部分谈到我国历史园林除一些考古资料外，唐代的只有绛守居园池和新繁东湖、宋代的绍兴沈园外，唐宋时期已无其他园林实物，同时指出"对那些在整个园林历史发展上，在内容和形式的转变上起重要作用的，或可以代表一个新时期新形式的原风景，尽可能根据文字资料进行分析研究"；日本学者冈大路在《中国宫苑园林史考》中指出"由于历代治乱兴衰变动极大，所以明末、清初以前的遗迹也极罕见，……至于明代以前的，则只有靠文献而别无他策"，可见文献研究对于中国古代园林史研究的重要性。

礼
乐
的
风
景

迹、文献断章对于描绘其园林的任何方面都有可能是片面的，因从其根本性的创作思想和遗迹、图像资料的结合，才有可能真正最接近于这一特定时代的园林发展情况。因而运用文学社会学的研究方法，通过对大量园林文献详细记载的园林建设的目的、营造途径、园林规模景区景点以及维护管理、开放方式等情况，分析其蕴含的社会背景、政治追求和文化生活，从而勾勒出两宋时期的园林文学生活，对于接近两宋城市公共园林的真实状态有着积极的意义。

2. 绘画类素材和图像志、图像学的方法

图像志和图像学表示两种不同程度的解读视觉图像的过程，是探寻绘画类艺术作品的重要途径。前者在于辨认图像、确定其象征意义，后者依据更为广阔的社会文化背景阐明特定图像的创作的原因和目的，并解释这个图像作为某个文化征兆和象征的原因。潘诺夫斯基在其图像学研究最重要的著作《图像学研究》（1939年）中指出，图像志"对作品的解释落实在三个层次上：在第一个层次上，解释的对象是自然的题材，称为前图像志描述；第二个层次上的解释的对象是约定俗成的题材，也就是这些题材组成的图像、故事和寓意的世界，这一层次的解释称为图像志分析；第三个层次解释对象是艺术作品的内在含义或内容，称为更深层意义上的图像志分析，或图像学分析"。段炼在阐述潘诺夫斯基的三个层次时，选用中日《潇湘八景》文化对比，结合日本的《风流闺室八景》中的《琴柱落雁》和牧溪《潇湘八景》中的《平山落雁》及其他相应七景的 14 张绘画，同时期的夏圭的《潇湘八景》中的《山市晴览》以及高丽、日本的多幅山水立轴《潇湘八景》，比较日本艺术中的"见立绘"和中国艺术中的"用事"，从个案到一般，再归纳其艺术的社会性、普遍性，亦可作为两宋园林绘画素图像学上的应用范畴。在现有的相关学科研究成果中，龙彬的《风水与城市营建》（2005）一书，通过大量的地方志历史城池图，结合实地调查研究和文献支撑，以山水格局、山水形胜为主要题材因素，分析传统城市的风水格局；谭刚毅的《两宋时期的中国民居与居住形态》（2008）综合运用图像学的方法，通过众多的宋代山水画和人物画，分析住屋的形制、聚落的模式和生活习性、生活行为，从形而下的"器"，阐述到形而上的"道"，对本书图像志和图像学方法的应用有较大的参考学习意义。

两宋的绘画已经发展到相当完备成熟的阶段，皇家画院的设立更是推动了两宋绘画艺术的跨域发展，包括大量的山水画和山水画论得以保存至今，为我们研究两宋的园林与社会生活提供了形象的素材。同时两宋地方志修撰在各地全面流行的广度，加上印刷技术提供的量度，虽历经后世的战乱、灾难，至今保存在两宋江南地方志和《永乐大典》上的两宋城池图、名胜古迹图也非少数，有些城市保存的信息面甚至不亚于完整的明清州府志，如《咸淳临安志》、《景定建康志》、《严州图经》等。虽然当下的研究虽也有引用绘画、方志地图的，但常局限于个案而未能系统对比分析，鲜有从个案上升到一般，"承续普遍性意义和价值"**❶**。本书从两宋公共园林分类和空间格局、园林生活的角度出发，关注绘画艺术的题材因素，创作的内在社会文化背景和审美取向。但正如谭刚毅在研究两宋民居及其居住形态上提到的，"忽略艺术作品的归属（确定作者），也回避评判一件艺术品本身的审美价值，同时更不关注创作者的创作动机、人生遭遇、师承关系等问题"，避免过度阐释（over interpretation）的危险。

3. 现存园林实例和实证主义研究方法

实证主义研究方法由法国哲学家 A·孔德首次提出，强调运用观察、分类，以及分类性的资料，探求事物彼此的关系，主张以科学方法建立经验性的知识。而两宋大量的园林实例，因为时代的变迁，除主体结构、山水关系以外的景观元素的缺失，需要运用系统、类型的实证分析对这些实体素材进行研究，重点关注的是其与城池的关系、山水形胜的建构和历史演变。应避免受现状的干扰而人云皆云，从本体研究出发，查询最原始的相关文献记载和一部分考古发掘资料，如陈尔鹤对唐代园林新绛守居园池的考证，王其亨、邱志荣对绍兴兰亭的考证，贾珺对清代北京宅院的考察研究**❷**等很值得尊重和学习，他们都无一例外的从各时段的历史记载检索基础上，结合相应类型的经验特点，考察现状山水和景点，归纳其形成、演变过程，探寻、还原历史的形态。在本书写作过程中，也看到过一些研究成果，说是魏晋、唐宋的园林，而直接应用明清甚至是近现代修建后的园林资料（地点、平面、

---

❶ 段炼. 图像学和比较美学史 [J]. 美术观察，2008（12）：122.

❷ 贾珺. 北京私家园林志 [M]. 北京：清华大学出版社，2010.

照片等），而丝毫不加以考证，直接用来分析归纳当时园林的特点，确有误导之嫌疑。

与其他诸如宋代皇家、私家园林以及两宋建筑研究所不同的是，作为公共园林全盛期的两宋，大量园林遗构依然存在于一些知名的历史文化名城，如杭州的西湖、绍兴的府山、福建的三山、宁波月湖、颍州西湖、惠州西湖、潮州西湖、桂林的山水及其保留的大量两宋题名等，虽然作为两宋时期园林景点的建筑、植物或路径、桥梁等已经消失或更改，但因两宋后城池变化较少、历史文献记载详尽，仍为我们初探宋代的公共园林空间布局和景点建设提供了极其重要的素材。

（二）研究框架

本书的研究框架如下（图 1-2）：

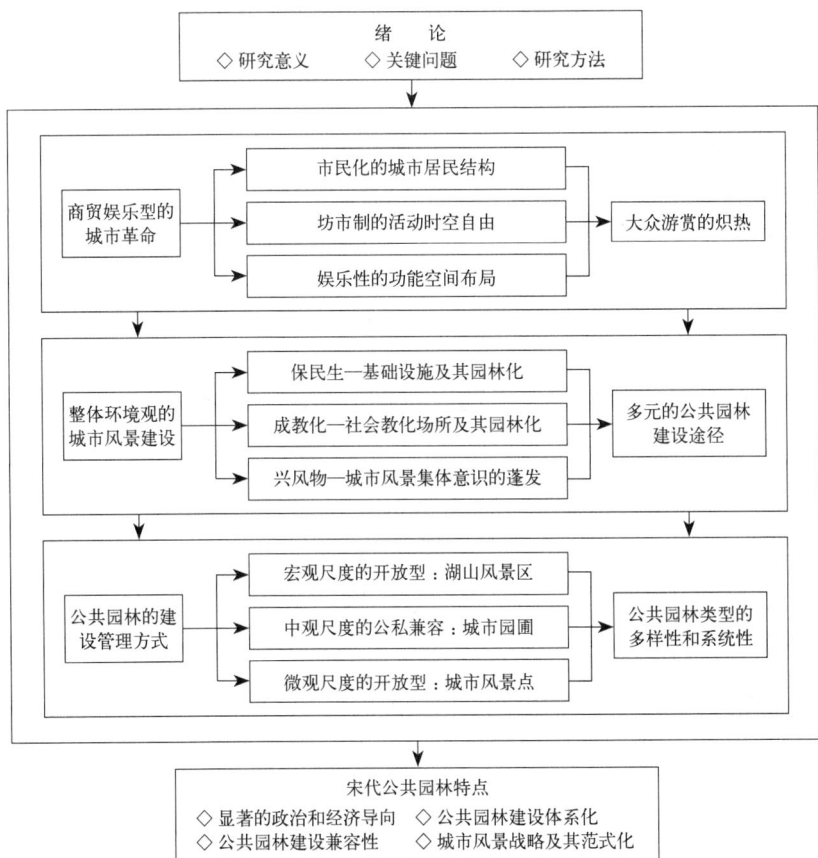

图 1-2　论文框架图

（资料来源：作者自绘.)

第二章　城市文明演变下的
宋代公共游赏蓬发

　　宋代经历了中世纪城市革命，汉唐的行政性城市转型为商贸娱乐型的城市（郭黛姮，2009；薛凤旋，2009），城市性质、居民结构、空间形态和管理方式都发生了革命性的变化，形成了近世的市民化商业社会，推动了大众游赏的炽热（金学智，1990），为公共园林的制度化、常态化建设提供了客观的社会文化基础。本章基于宋代大众游赏、园林建设及开放的相关文献整理，综合文化地理、城市史、建筑史等相关研究成果，借助文化社会学的研究方法，建构宋代城市生活的文化图景；指出平民化的城市居民结构、娱乐性的功能空间布局、街市制的活动时空自由，是宋代城市大众游赏炽热的空间保障，并由此推动了官方基于"与民同乐"的公共园林建设具体化、制度化（图 2-1）。

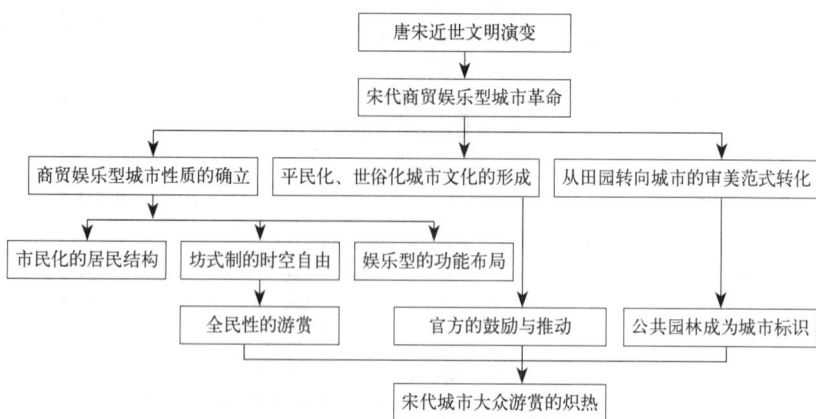

图 2-1　宋代城市公共游赏蓬发研究的框架结构图
（资料来源：作者自绘 .）

第一节 唐宋变革下的宋代城市文明演变

在自秦汉到魏晋,再由唐及宋的"国家—门阀(贵族)—士庶(全社会)"❶社会演变历程中,中国社会政治经济渐趋平民化、世俗化,并在唐宋变革之际完成由行政型城市到商业娱乐型城市的"中世纪城市革命"。其中城市性质、城市规模和城市文化的发展,推动了宋代开放性的城市结构的形成。

宋代城市从汉唐以"往礼治为主、经济为辅的秩序"演变为"以经济要求为主、礼治为辅的新秩序"❷,城市性质也由行政型城市向商贸娱乐型城市转向,商业经济已成为城市化的主要动力,并形成了"和 18 世纪欧洲近似的商业社会"(Roberts,1999;薛凤旋,2009)。在我国城市建设制度变革上,从春秋战国到汉唐,"筑城以卫君,造廓以守民",以君王官吏为主体,以《考工记》❸为原则(图 2-2),控制城市商业发展的"行政型"城市的情况一直延续至唐末,城市发展也更多受政治的影响。五代之际,随着战乱的发生、皇家控制力的减弱,才在重要城市如长安、洛阳和部分南方城市(如扬州、苏州、桂林等)有所突破,沿街的邸店开始建设形成,但这种建设至少在唐末并非为官方所允许鼓励,因而不能得以全面推进发展。一直到五代末期和北宋初年,这样的开放式街市建设才被官方允许❹,而得以在都城及其他大中城市全面推进形成。由此产生了"中世纪城市革命",表现为:"1. 放松了每县一市,市须设在县城的限制;2. 官市组织衰替,终至瓦解;3. 坊市分隔制度消灭,而代之以'自由得多的街道规划,可在城内或四郊各处

---

❶ 张国刚在"论'唐宋变革'的时代特征"(江汉论坛,2006(03):89-93)一文中,结合中国礼仪文化的发展提出了"国家—门阀(贵族)—士庶(全社会)"的社会礼仪发展历程,笔者认为这样的发展规律同样存在于社会经济、政治文化的层面。

❷ 郭黛姮在《中国建筑史·第三卷》指出:两宋城市"由以往礼治为主、经济为辅的秩序,演变而为以经济要求为主、礼治为辅的新秩序"。转引自:徐吉军.论南宋都城临安在中国都城史上的地位.浙江学刊,2008(03):88-92。

❸ 宁越敏、张务栋、钱今昔等在《中国城市发展史》(1994)一书中指出:"重农的周王朝确立了它在中国的统治地位后,商业开始退居到次要的位置。……同时指出秦代继承了周代重农抑商的政策,并进一步发展为贱商政策,以后的汉代承袭秦制,并逐渐将对市场的管理模式延续到居住区,从而形成了坊市的制度形式。可见在城市规划史常论述的《考工记》《管子》思想中,在周至隋唐,甚至后续的明清之际,对城市建置影响甚大者还是《考工记》的建设思想。

❹ 特别是北宋的前身后周周世宗本为商贾出身,对城市商业采取较为自由的政策,使得后周的开封日益成为全国最大的商业中心。世宗在显德二年(955 年)四月针对"工商外至,络绎无穷"所需"邸店"不足的困难,而分划好街巷范围而听任随便营造,既适应当时居民生活上新的需要,也促进了城市商业街的发展建设。

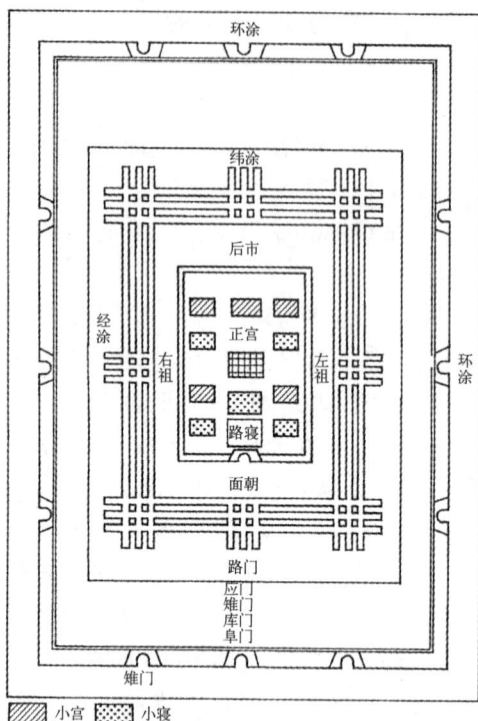

图 2-2　按《考工记》想象的王城平面图
（资料来源：整理自《永乐大典》卷一四二五.）

进行买卖交易'；4.有的城市在迅速扩大，城外商业郊区蓬勃发展；5.出现具有重要经济职能的'大批中小市镇'。"这种具有革命性的意义的城市演变，推动了宋代城市从制度层面出现了坊市制向街市制的转化，在城市结构变化方面"由封闭结构向亚开放结构"❶的转折；促进了商业的蓬勃发展，带来了商业税收在宋代财政的主导地位❷，反过来推动了政府对重商政策的坚定，进一步反推了宋代城市的繁荣发展。而由商贸、制造业、娱乐和服务业所孕育出来的新城市文明，凌驾于传统的行政功能之上，"为中国传统城市文明在性质、内容和空间格局上添加了新的内容"（薛凤旋，2009），推动了宋代城市的平民化、世俗化进程（图 2-3）。

宋代商贸娱乐型的城市性质转型，推动了城市人口规模和城市居民（平民）比例的普遍快速增长，为近世平民化、世俗化的

❶　林立平在《封闭结构的终结》（1989）一文提出唐宋城市"由封闭结构向亚开放结构的转折"，认为自城市形成以来至唐中叶为止，城市系封闭结构，宋元明清的城市属于亚开放结构，中唐至北宋中期坊市结构向厢坊结构的过渡，是中国城市内部空间组织由封闭结构向亚开放结构的转折。（按：田银生．宋东京（汴梁）城市新秩序的种子 [J]．城市规划汇刊，2002（05）：46-47；宁欣．由唐入宋都城立体空间的扩展——由周景起楼引起的话题并兼论都市流动人口 [J]．中国史研究，2002（03）：75-84.）

❷　法国学者谢和耐（Jacques Gernet）在其《中国社会史》（1973）一书中指出，与"中国向来是基本上属于农业经济的国家"的观点相反，宋代的财政主要"来自于商业和手工业"，且"在11世纪与12世纪初年，商业税与国家专管所得的财政收入已与农业税收收入相等；南宋时代，12-13世纪，更大大超过农业收入"（P273）。美国学者施坚雅（G.William Skinner）在《中华帝国晚期的城市》（1979）一书中指出，政府放弃对贸易的干预和地区经济的商业化萌芽，正是造成中世纪城市革命的原因。田银生在《走向开放的城市——宋代东京街市研究》一书中也提到，"商业贸易变成了北宋的重要经济支柱，政府自卖和征收的商业税逐渐赶上或超过了农业税收"（P127）。

图 2-3 宋代东京街市一角

(资料来源：清明上河图（局部），引自：薛凤旋著．中国城市及其文明的演变[M].
北京：世界图书出版公司北京公司，2010：193.)

城市文化奠定了社会基础。宋代城市规模的快速增长是普遍性的，谢和耐在其《中国社会史》（2008）一书中指出，"人口众多、异常活跃的城市大量增加，不仅内地，长江沿岸尤其如此，而且边境地区（近现今河北保定的雄州、近甘肃东部天水的秦州）、沿岸地区（浙江的杭州、温州，福建的福州、泉州）也一样"。费正清在其《中国传统与变革(China Tradition and Transformation)》（1992）中指出，两宋"新社会的另一个特点是不断的城市化。在 12 世纪初有 52 个居住十多万户人家的大城市，而在 8 世纪中期只有 26 个这样的大城市"。而且城镇化率较之前代有快速增长，印证了城市的辐射功能的强化，推进了城乡一体化互动发展。宋代随着城市商业、娱乐经济的发展，部分大城市的人口规模、密集程度也愈来愈高，以工商业主及其雇员为主体的坊郭户口数甚至有超过乡村户数倾向，而成为城乡人口的多数。如中国宋史研究会会长王曾瑜在《宋朝的坊郭户》（1985）一文中指出："真宗初大名府城中居民主、客合数万家，天禧五年（1021 年）东京开封府的坊郭户，不包括城外九厢草市，约有 97750 户，估计城内外坊郭户人口应在 50 万以上。仁宗时广州城外'蕃、汉数万家'，有很多外国商人居住，到南宋中期广州有'十万人家'。宋哲宗时，'杭州城内生齿不可胜数，约计四、五十万人，里外九县主客户口共三十馀万'。……宋孝宗时，城外'南厢户口十四万，最为剧繁'，城南厢户已达40万。北宋末，太原府城被金军包围，'数十万坐守危城'。建康府在北宋后期，'民之籍于坊郭，以口计者十七万有奇，流寓商贩、游手往来不与'。长江中游的鄂州，在南宋时约有10万户。四川成都府'城中繁雄十万户，朱门甲第何峥嵘'。泉州'城内画坊八十，生齿无虑五十万'，'阛阓馀十万家'。南宋后期，绍兴府'城中数万户，鱼鳞相比，皆舍也'。"因而在宋代文献中有"通都大邑，不耕而食者十居七、八"❶，可见这些城市在城乡人口的比重，成为中国古代文明居于世界领先地位的标志之一❷。如宁越敏等在《中国城市发展史》（1994）中根据宋明方志上的信息整理了扬州、真州、徽州、镇江和嵊县等城市的宋代坊郭户与州（县）总人口的关系，其中"扬州坊郭户丁口占总丁口的比例为13.6%，真州城内、城外丁数占总丁数的19.9%，徽州的坊郭户人口比例为7.6%……汉阳军'军城内外户口不下三千家'，城市外户人口占总户数的13%；镇江府'在城厢户'为14300户，占全府总数1/7"。吴松弟在《中国人口史》一书中综合国内有关宋代城市人口的已有研究，提出南宋时期全国各州府的坊郭户虽然没有如大城市这样超越乡村人口，但在比例上也常在州府总人口的12%左右❸。而且这些坊郭户人丁数量和比例并未含城市中军队及其随军家属、寺院道观和官员人口，实际城市人口及城镇化率应高于这些数字。宋代城市这样的人口规模和阶层结构变化，造就了城市商业娱乐功能衍生的新阶层在人数上占了城市人口的多数，而他们和日常生活亦与上层人士（士大夫、贵族和官员）明显不同的喜好，促进了大众性的城市空间和文化娱乐方式的产生，掀开了城市文化以市民文化为主体的新篇章。

❶ 说郛 [G]. 卷85·护法论. 转引自王曾瑜的《宋朝的坊郭户》。
❷ 费正清、王曾瑜、薛凤旋等都指出在当时的欧洲和中东，人口在10万以上的都市只有可数的几个，可见中国城市文明在当时的领先地位。
❸ 吴松弟在《中国人口史》（2000）一书中，通过近30个城市的坊廓户在总户数的比例统计后指出："就南宋地域而言，将城市人口占总人口的比重定在12%更为合理。"而该书中引用了其他学者的观点，如梁庚尧以为南宋"大部分的城市户口比率可能在3%～14%之间，但也有少数城市户口比率高达30%、40%，至于临安城自然更不必论"。斯波义信认为，"从意识诸实例可以看出，州治所在的县大体上有20%左右的人口集中在城市里"；而且，可能还未包括流动人口以及近乎无产的短工和游民。赵冈估计全国城市人口比例，北宋为20.1%，南宋达22.4%。可见宋代城市人口的已有研究都对宋代城市化的水平给予较高的评价。（按：对比参考新中国城镇化进程：1949年（11.2%）、1978年（17.92%）、1984年（23.01%），宋代12%～20%的城镇化率已是城市文明演变下的显著现象。）

宋代城市革命带来的政治、经济与文化要素的聚集，使社会文化的中心"从乡野转移到城市"，推动了"恋都情结"的城市审美超越了前代的"田园情结"，城市也已成为雅俗共赏的理想生活场所。国内外研究者在对比中西文化发展时，常将中国文化归入到乡村文化之中，如牟复礼（Frederick Mote）认为，中国许多重要的文化都发生于非城市的环境中，独立的城市文化并不存在❶；费孝通在《乡土中国》（2005）一书中指出，"从基层上看去，中国社会是乡土性的"❷等。这些观点用以突出中西城市史的差异，有一定的意义，但从宋代城市的文化地位实际而言，有待更新。自唐以来的科举以及宋代全面推行的文官制度带来的城市文化垄断地位，促进了士大夫阶层城居生活的经常化与规模化，加之商业娱乐的繁荣，进一步强化了社会精英的城市型集聚，推动了中国传统文化由乡土文化向城市文化转型，社会文化的中心也由乡野转移到城市（包伟民，2012）。从大量文学艺术上的倾向性可以说明文化中心的转移。宋代城市商业娱乐型城市要素集聚，使得"恋都情结"的城市审美已然超越了前代的"田园情结"，城市已成为文人理想的生活场所和创作场所（图2-4）。汉唐传统诗赋中最为人所称颂的田园、山水叙事模式，如陶渊明《归园田居》"长怀去城市，高咏狎兰荪"的社会理想，明确或者隐含着对城市的谴责，在宋以前的中国文学上，一直居于主流地位。但宋代转变了这样的审美倾向，都市日常生活的诗化开启了城市文学书写的新方向。国内外学者在分析两宋时期的文学时，注意到了文学创造中以肯定和赞赏的眼光去书写城市的现象。如村上哲见（日）在论柳永羁旅行役词时指出，一般在地方任职的人怀念帝京，其内容离不了关心政治这一焦点，而柳永之词少些政治上的留恋，而

---

　❶ Frederick Mote（牟复礼）.The City in Traditional Chinese Civilization// James T.C.Liu and Weiming Tu ed.Traditional China[A].Englewood Cliffs, N.J.Prentice Hal, Inc., 1970.转引自：包伟民.两宋"城市文化"新论[J].文史哲, 2012（05）：96-107.包伟民在此文中指出，"唐宋间城市文化发展在政治领域的主要意义，在于它承续并巩固了唐代以后士大夫阶层城居、文化资源集中于城市所带给专制国家在文化上前所未有的控制权。国家制度的一些重要演进，尤其如科举制度全面发展所赋予国家在文化上的垄断性地位，是促成这一转变的重要因素。因此，虽然从某种角度而言，可以认为近代以前的中国传统文化仍属乡土文化，可是从两宋时期起，这种文化的中心显然已从乡野转移到了城市"。

　❷ 费孝通.乡土中国[M].北京：三联书店, 1985：1.但费孝通是以其所描述的美国人性格特征为参照系，来观察中国的传统社会，作出这样的归纳（P97），因此这样一个特定视角，无疑凸显了它与以城市生活为核心的现代社会之对立，因而也未能充分涵容中国历史上城乡关系演进的丰富内容。

多以回顾华丽的青春、惋惜一去不复返的京城生活相连结（曹志平，2001）。刘方（2010）在分析邵雍的城市诗歌，举例"闲居须是洛中居，天下闲居皆莫如"，以及"予家洛城里，况复在天津。日近先知晓，天低易得春。时光优化国，景物厚幽人。自可辞轩冕，闲中老此身"两则，指出邵雍诗歌处在中国文学史中对于城市观念和城市书写的转折处，开启了城市诗歌书写的新方向，是对于传统山水、田园隐居模式的一大逆转。鲁茜、程国赋在分析洞庭文化、西湖文化的影响时指出，唐代活跃的洞庭文化是自然人文地理的代表景观，宋代兴盛的西湖文化是城市人文地理的代表景观（2010），并认为"自然人文地理在文学中积聚到唐代是顶峰，城市人文地理的文学至宋代始愈积愈厚"；笔者在《城市八景文化的历史演进及文化内核》（2014）中指出，从幽赏到胜览、城市场所化是宋代风景审美并推动八景成熟、定型的核心动力等，也是对宋代文化中心"从乡野转移到城市"的研究论证。

a）南唐，董源《潇湘图卷》

b）南宋，李嵩西湖图

图 2-4　唐宋人文地理代表景观的转换：从洞庭湖到西湖 ❶

（资料来源：视觉中国，http：//static.chinavisual.com/storage/contents）

---

❶　与以洞庭湖为代表的唐代代表景观相比，杭州西湖与城市关系更为紧密，如 b）下部即为城墙、城楼；且在景点的人工化上，亭榭楼阁的比例更趋密集。

综上所述，在中国城市文明演变的历程中，宋代"中世纪城市革命"带来的商贸娱乐型城市性质转型，全面确立了近世城市在社会政治、经济、文化中的中心地位，促进城市规模的快速增长及城市型文化娱乐的蓬发，使得城市情节成为社会生活的主流，为公共园林的发展提供了基础性的物质精神支撑。

第二节　商贸娱乐型的城市结构形态

一、市民化的城市居民结构

宋代商业娱乐型城市的经济繁荣，带动了城乡人口的管理划分，市民阶层崛起壮大和市民文化全面形成，促进了我国历史上的首个市民社会的形成，客观上为公共园林的蓬发创造了坚实的社会阶层基础，并推动了官方"与民同乐"政治理念的蓬发。

宋代首次在中国城市史上形成了"城乡人口的划分"——坊郭户，并成为城市人口的多数，组成了数量众多的市民阶层。市民阶层亦称为平民阶层，宋代是市民阶层最终形成，并确立市民文化主体地位的关键阶段。国学大师钱穆在分析中国文化发展的过程中，指出随着隋唐科举制度的开展，门第等级、士族制度被逐渐打破，在文化上表现为由贵族阶级转移到平民社会和由宗教方面转移到日常人生两大趋势（2005），可见科举制度对市民文化形成的促动作用。但隋唐时期的城市市民在数量上、权力上[1]处于微乎其微的地位。如谢元鲁的《成都：唐宋城市公共空间的变迁》（2008）和侯迺慧的《唐宋时期的公园文化》（1997）中分析的唐代城市游赏活动，都指出了市民游赏的缺位[2]。而两宋作为城市历

---

[1]　本文的"权利上"是指各阶层在城市空间上的权利，且参考了韩伟在分析《瓦子的空间意义及其与宋代俗乐兴起之关系》（文艺评论，2011（08）：157-160）指出："借鉴西方学者詹姆逊、布尔迪厄的观点，空间的占有本身便是一种权利的外化，某种意义上空间便是权利，瓦子在宋代社会的产生和盛行为俗乐甚至是俗文化创造了前所未有的彰显自我的机会。瓦子最终完成了俗乐与雅乐分庭抗礼的过程。"

[2]　谢元鲁在《成都：唐宋城市公共空间的变迁》（2008）一文中指出："隋唐成都官吏士大夫活动，仍然与普通市民之间有明确的社会阶层分野与不同的公共空间。……可见唐代成都的官吏士大夫，基本上是与同一阶层交往，少有与庶民共同娱乐。……不仅是唐代成都士大夫的活动与平民相对远离，就是在城市的著名景区，平民也少有游乐"。侯迺慧在《唐宋时期的公园文化》（1997）一书中针对唐代曲江池建设和西湖游赏分别指出：曲江池"唐诗记载的建筑也多为'楼台'、'青阁'、'宫观'、'水精春殿'，显得十分豪华，这些大概是贵族高官们所拥有的私人建筑"；"在唐代，西湖所展现的几乎都是纯朴自然的原貌，……游赏者主要是镇守此地官吏的游赏活动，且游赏活动以游访寺院为主，……十分朴素简单而又深富情味"。这与两宋时期成都的市民游赏之盛和杭州西湖"杭人无日不往"有绝对相反的类比。

史发展的"黄金时代"，坊市合一的商业娱乐型城市格局促进了宋代城市经济的繁荣，带动了城市平民人口快速发展和城乡人口的管理划分。城市人口除传统的官吏阶层和军队外，以商店主和手工艺者为主，店员、奴仆和其他雇员（贩夫走卒）等为辅商业娱乐产业人员在人数上占了城市人口的多数。而且这些阶层在户口分类上同属"坊廓户"，其义务与农村户籍不同，向官府缴纳房产税和地基税、承担劳役等，形成了"城市居民"的概念❶，成为城乡人口正式划分的开始，从而形成了中国中世纪的新市民社会。

市民阶层的兴起，促进了市民文化的定式化、体系化、场所化，显示出一种强大的活力和广阔的普及性，并成为城市文化的主流。两宋城市人口规模和阶层结构的变化，使得城市商业娱乐功能衍生的新阶层在人数上占了城市人口的多数，他们的喜好和日常生活亦与上层人士（士大夫、贵族和官员）明显不同，从而产生了大众性的城市空间和文化娱乐方式。新兴的文学艺术形式，如话本、元曲、杂剧、小说、曲艺、戏剧等，更多的是因市民的需要而产生和发展的，并影响了士大夫城居生活与市民阶层的精神文化需求渐趋一致，掀开了"从官僚士大夫为主体的士人社会向普通居民为主体的市民社会过渡"❷的城市文明演变，市民文化成为了城市文化的主体（图 2-5）。张岱年、方克立在《中国文化概论》（1996）中指出，"一种不同于贵族口味与士人情调的市民文化天地，跻身于文化系统中，成为不可忽视的社会存在"❸。例如说书、弄刀、卖艺和其他城市娱乐活动，也构成了勾栏瓦子、酒店茶楼、公共园林等市民公共空间，使宋代的城市文明出现了新的景况。著名的《清明上河图》便反映了当时繁盛都市生活的一个侧面，市民们无意于追求典雅的意境，浓郁迷离的诗情，而醉心于能直接、热烈地满足感官享受的艺术样式。宋代城市中瓦子的产生和盛行模式也不同于以往任何朝代的城市空间，虽然唐代城市也存在诸如庙会一般的普通民众日常娱乐的场所，但其零散且不自觉的状态，没能自发形成诸如瓦子一样的约定俗成的独立空间，客观实证了两

---

❶　秦汉隋唐时期也有将商贾列为"市籍"，但其专属于在城市市场里的坐商，不具宋代"坊郭户"的普遍性。王增瑜认为："坊郭户制固然可以追溯到市籍制，但市籍大致限于商人和手工业者，并不包括全体城市居民，市籍制度与坊郭户制尚不能等同"（宁越敏，1994）。

❷　宁欣.从士人社会到市民社会——以都城社会的考察为中心 [J].文史哲，2009（06）：104-109.

❸　张岱年，方克立.中国文化概论 [M].北京：北京师范大学出版社，1994：103.

a）宋人蹴鞠图　　　　　　　　b）宋代蹴鞠纹铜镜　　　　c）《三才图会》上的蹴鞠图

图 2-5　宋代游赏活动的平民化 ❶

（资料来源：伊永文．行走在宋代的城市：宋代城市风情图记 [M].

北京：中华书局出版社，2005：103，104，109.）

宋城市的娱乐主体开始向普通百姓滑移和市民文艺逐步兴盛起来
的现象（韩伟，2011）。同时在两宋的笔记、方志记载中，可以清
晰看到这样的市民文化在定式化、体系化、场所化，显示出一种
强大的活力和广阔的普及性。如孟元老的《东京梦华录》序云，"时
节相次，各有观赏，灯宵月夕，雪际花时，乞巧登高，教池游苑"，
其中正月初一关扑三日，"如马行，潘楼街，州东宋门外，州西梁
门外踊路，州北封丘门外，及州南一带，皆结彩棚，铺陈冠梳，珠翠、
头面、衣着、花朵、领抹、靴鞋、玩好之额，间列舞场歌馆，车
马交驰。向晚，贵家妇女纵赏关赌，入场观看，入市店饮宴，惯
习成风，不相笑鳞，至寒食冬至三日亦如此。小民虽贫者，亦须
新洁衣服，把酒相酬尔"；元旦朝会，"京师市井儿遮路争献口号，
观者如堵"；元宵灯会，"游人已集御街两廊下，奇术异能，歌舞百戏，
鳞鳞相切，乐声嘈杂十余里，击丸蹴踘，踏索上竿。赵野人倒吃冷淘，
张九哥吞铁剑，李外宁药法傀儡，小健儿吐五色水……更有猴呈
百戏、鱼跳刀门、使唤蜂蝶、追呼蝼蚁，其余卖药、卖卦、沙书地谜，
奇巧百端，日新耳目"❷；其他诸如"收灯都人出城探春"、清明节
"四野如市"、"三月一日开金明池琼林苑"、"四月八日佛生日浴佛
斋会"、"六月六日崔府君生日，二十四日神保观神生日"以及七夕、
中元、立秋、重阳等，城市居民游赏集会按时节、定点、定式的开展，

---

❶　蹴鞠从汉代作为训练士兵体能和技巧的训练项目，到宋代已经成为官员、士人、市民、
妇幼的大众型活动。而且这样的活动类型大众化演进同样存在于戏曲、杂技、秋千等活动类型上。

❷　〔宋〕孟元老．东京梦华录 [G]. 卷三八五三．

包括皇家苑园、御街、寺庙在内的城市各个角落都涌现了这样狂欢式的市民文化（图 2-6）。南宋临安，周密的《武林旧事·卷三·都人游赏》以节日为序而记载的"放春、清明、社会、浴佛、迎新、端午、都人避暑、乞巧、中元、中秋、观潮、重九、冬至、赏雪、岁除"，以及吴自牧的《梦粱录》中以十二个月为序记载的诸如一月元旦、立春、元宵，二月祠山圣诞、花朝节，三月上巳、清明节、州府节制诸军春教、二十八日东岳圣帝诞辰等等全年 30 多次民俗性活动，也一如开封的市民活动遍及城市各个角落。而其他州府城市，如《嘉泰会稽志》记载的绍兴节序❶、《吴郡志》里记载的风俗❷、《淳熙三山志》记载的土俗❸，都一样体现了城市市民节俗活动的定式化、体系化、场所化。即便是偏远的城市，如深在小三峡深处的大宁监（现巫溪），也有灯山、踏迹、泛舟三项全民游赏记载❹，客观上说明了宋代城市市民文化的成熟、普遍，并影响了后

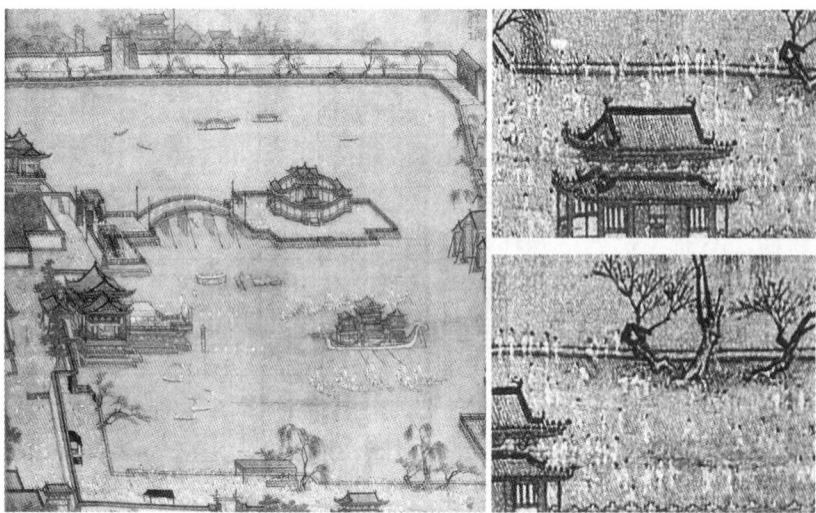

图 2-6　金明池夺标图及其局部放大图 ❺

（资料来源：http：//www.tjbwg.com/Product_2387.html，天津博物馆门户网站.）

---

❶ 〔宋〕沈作宾修，施宿等纂.嘉泰会稽志 [G].卷十三·节序.

❷ 〔宋〕范成大.吴郡志 [G].卷二·风俗.

❸ 〔宋〕梁克家.淳熙三山志 [G].卷第四十土俗类二.

❹ 《舆地纪胜》卷第一百八十一·大宁监记曰："灯山：岁正月十三至十五，四山之民咸集太守庭下，唱竹枝等歌，三日乃已，名曰看灯山。踏迹：岁在人日，郡守宴于溪滨，人从守出游，簪花歌舞，团聚而饮，迫暮乃归，谓之踏迹。泛舟：仲春清明，出监西五里，地名马连溪，守领客于江皋泛舟，游人亦买舟鼓吹随之，幕天席地，会饮于绿荫之下，不减蚕市之乐。"

❺ 放大图上密集的人群可见金明池夺标开放时节的游赏炽热。

世明清城市文化的发展。

在从士人社会向市民社会的城市文明演变过程中，官方在城市管理政策和措施中关注民生的部分渐趋增加，"与民同乐"的城市游赏组织也成为上至帝王、下至百官的城市日常生活组织活动，促进了包括公共园林在内的城市公共空间体系建设。妹尾达彦在《长安の都市计画》（2001）一书中提出了唐宋城市管理遵循了社会重心"从达官贵人向普通市民倾斜的转变"的大趋势❶，宁欣在《从士人社会到市民社会——以都城社会的考察为中心》（2009）一文中指出，城市建设、发展与管理的重心是外郭城的坊市区❷，坊市区的居民不仅在城市人口中的数量和比例在城市总人口中已经占了绝对优势，而且也逐渐成为城市社会的主体，城市社会的各种大型活动，越来越多地围绕着他们展开；有些属于官方政治性活动，有些属于官方组织或倡导的文化娱乐性活动，有些属于官方认可、民间筹办的文化娱乐及商业活动。两者都认可了官方在城市管理政策和措施中关注民生的部分渐趋增加，并关注到了宋代城市游赏组织的变化。而其中与城市大众游赏和公共园林建设紧密相关的是"与民同乐"概念历史演进。"与民同乐"是公共园林发展在政治思想的保障，其对我国公共园林发展的影响，经历了从周代的思想萌芽、魏晋南北朝的觉醒、唐代的初步探索和宋代的全面成熟几个阶段，其中城市经济文化发展影响下的公私观的变换、士人的觉悟是其中的决定性因子。作为儒家"天下为公"政治理想延伸，"与民同乐"在上古时期就引起士大夫的注意，无论是《左传》的"乐以安德"和《国语》的"乐以风德"，还是孔子提出的"知之者不如好之者，好之者不如乐之者"，"乐"作为社会教化和高尚的心理需求在上古时期就引起重视。而孟子无疑是"与民同乐"的始倡导者，其"虽有台池鸟兽，岂能独乐"（《梁惠王章句上》）、"今王与百姓同乐，则王矣"（《梁惠王章句下》）、"穷则独善其身，达则兼济天下"（《尽心章句下》）等著名语录影响着后世的王侯将

---

❶　妹尾达彦在《长安の都市计画》（2001）一书分析了中国都城演变从"从宇宙之都到生活之都"演变的概念，并关注到了城市规划布局从理想到世俗发生的转变，城市社会重心从达官贵人向普通市民倾斜的转变。同时认为更多地依靠市民力量是唐宋城市发展的一个趋势，诸如重大节庆活动、宗教活动、公益活动（祈雨、赈灾、济贫、扶困等）、防水、防火、防盗、城市基本建设、文化娱乐活动等城市物质文化建设中，官方色彩逐渐淡化。

❷　笔者认为宁欣的"外郭城的坊市区"少许有些不明确。从宋代城市的各类城市建设、游赏活动组织上来看，主要集中于子城以外的区域，即也应包括大城内的坊市区。

相。而百姓参与建设并能自由利用的灵台和《郑风·溱洧》记载的"桑间濮上之阻，男女亦亟聚会，声色生焉"的上巳节，俨然已成为后世追溯的典范。但从灵台到汉代上林苑 ❶，其内涵的"刍荛者往焉，雉兔者往焉，与民同之"的生产性活动，使得"与民同乐"更多地表现为"与民同利"。而汉文帝为太子立思贤苑"以招宾客"，有学者认为是具有公园精神 ❷，亦只是对朝廷为太子招揽有才之人的皇家园林。唐代"与民同乐"作为皇家的恩泽，开始主动关注到以官员、士人为主的贵族群体，并通过诏书 ❸ 鼓励官员游赏和设置假日的形式，倡导官员、游乐、休憩以及州县的乡饮酒礼，但与城市平民的同乐记载少有提及。而唐代其他城市的公共园林建设同样存在这样的有限开放性的问题，如兼作官员雅集、乡酒礼之用的白居易忠州东坡花园、樊宗师绛州守居园池 ❹，其游赏人员仍以官员士人、地方乡绅为主体。到两宋之际，随着"大公无私"的公私观和平民化城市的到来，皇家"与民同乐"的恩泽在真正意义上落实到普通百姓身上，并通过皇帝诏书和皇家苑囿开放两种方式来加以实现。皇家倡导的士庶纵游始于开国皇帝宋太祖赵匡胤，"当今天下无事，宜纵士民行乐"。而宋真宗在倡导士庶游赏方面可谓是中华五千年历史中的佼佼者 ❺，首次在公开诏书中提及"士庶游观"，向大众开放皇家苑囿、纵民游观，增加官员的假期，组织群体性节日活动，放宽对大众游赏的限制，奠定了宋代城市公共园林的"与民同乐"建设思想。当代学者在分析宋代皇家园林金明池、琼林苑的大众开放后，都指出了其与汉唐、明清所不同的政治文化现象，如周维权在《中国古典园林史》

---

❶ 汉代上林苑的开放参见《史记·萧相国世家》。

❷ 《西京杂记·卷三》记载："文帝为太子立思贤苑以招宾客，苑中有堂隍六所，客馆皆广庑高轩，屏风帏褥甚丽。"侯迺慧认为，"在公共性、共用性这一点，也是很有公园精神了"(《唐宋时期的公园文化》，P10)。

❸ 包括唐太宗的《令州县行乡饮酒礼诏》、玄宗的四道诏书(《许百官旬节休假不入朝诏》、《令正月夜开坊市门诏》、《千秋节赐父老宴饮敕》、《听家畜丝竹敕》等)、代宗的两道诏书(《颁寒食通清明休假五日诏》、《颁中元前一日后一日休假敕》)、德宗的《谓百官游宴谕》以及文宗的《听诸司营造曲江亭馆敕》等。

❹ 白居易的《郡中春宴》之"薰草席铺坐，藤枝酒注樽。中庭无平地，高下随所陈。蛮鼓声坎坎，巴女舞蹲蹲"与樊宗师《绛州守居园池》中的"可大客旅钟鼓乐。提鹍挐鹭"，就是地方郡治园圃中官员雅集、乡酒礼的典型记载。

❺ 宋真宗共颁布了《令中外宴衎诏》、《建天庆节诏》、《金明池每岁竞船之戏许群官游赏诏》、《六月六日赐休假诏》、《名继照堂诏》、《同列出使许出饯给休假诏》、《立先天降圣节诏》、《冬至恭谢礼毕别给假三日诏》等八道圣旨提及"许臣民宴乐"、"纵民游观者一月"、"许士庶游观三日"等内容。

中认为，"从一个侧面反映了宋代政治和文化方面不同于其他朝代的情况"（周维权，2008）；张劲在其《两宋开封临安皇城宫苑研究》中指出，"这在中国古都史上也是一个非常特殊的例子"❶，与明代将南京玄武湖、清代将北京庞大的"三山五园"纳为禁苑相比，这确是中国历史上特殊时期。可见作为封建社会最高统治者的皇帝对民众的关心和游赏倡导，对两宋时期城市公共游赏、公共园林的发展发挥着重要的推力和示范作用。加之两宋官员的"先天下之忧而忧，后天下之乐而乐"的"自觉精神"❷，在全国各地普遍建设包括宋真宗要求开放的"郡圃"在内的各类公共园林，并通过节日、社日和各类佛诞日的遨游，以主民乐、与民同乐的活动显得频繁而普遍，并通过庆祝活动中的这种狂欢精神，调节着人们的身心状态和生活节奏，起到释放不安能量、稳定社会的功能。如南宋《淳熙三山志》记载的福州节日游赏，如二月花园（郡圃）游赏、端午西湖竞渡、重阳九日山登高等都为官府带领组织的公共园林游赏活动❸。元代费著的《岁华纪丽谱》上记载的两宋成都官府遨游更为可观，时间跨度从正月元日到冬至，含9个节日、22次太守带领的节庆遨游，地点涉及郡圃西园、浣花溪百花潭、学射山、合江亭江渎庙、万里桥等，其状"仕女栉比，轻裘袪服，扶老携幼，阗道嬉游"❹，可见官员与民众之共乐。

因而，宋代商业娱乐性城市带来的平民化社会，推动了城市从士人社会向市民社会的转型，市民文化也成为社会文化的中心，促进了官方"与民同乐"深层演进并渐趋向普通市民倾斜的转变，为公共园林的建设提供了坚实的政治保障。

---

❶ 张劲．两宋开封临安皇城宫苑研究 [M]．济南：齐鲁书社，2008：5．张劲基于西湖周边的离宫别苑的分布情况，认为"西湖虽然是南宋皇室的一个很重要的游览区，但南宋皇室并没有将整个西湖据为己有，而是东一块、西一块地建一些湖上御苑作为游览西湖的据点。这就决定了南宋皇室的'西湖游幸'，必然是和临安百姓的'都人游赏'交织在一起的。这在中国几千年的古代史中，可以说是偶然出现的一个非常奇特的现象"（P195）。他进而认为皇家西湖游幸推动了皇室与普通市民阶层的接触，"客观上提升了市民阶层的文化品位，有助于市民文化的形成与发展，另一方面则增加了统治阶级对市民行为模式的认可，反过来也就客观上提高了市民行为的自由度"（P198）。

❷ 国学大师钱穆在《国史大纲》一书中指出，"所谓'自觉精神'者，正是那辈读书人渐渐自己从内心深处涌现出一种感觉，觉到他们应该起来担负着天下的重任"，而范仲淹的"士当先天下之忧而忧，后天下之乐而乐"，就是自觉精神的最好榜样。姚思陟在《宋代市民文化的社会共识与社会和谐》一文中指出，上行下效，各基层政府那被摒弃了的人性的自由又重新找到了有所变更和深化了的出路，把发展市民文化作为自己远大的政治前景和政治任务，即是这样自觉精神的社会实践。

❸ （宋）梁克家．淳熙三山志 [G]．卷第四十土俗类二．

❹ （元）费著．岁华纪丽谱 [G]．国家图书馆藏本．

二、街市制的时空开放结构

在从坊市制走向街市制的变革中，城市的面貌和格局都发生了巨大的变化，城市空间从封闭结构向开放结构转型，严格的时空管理渐趋宽松，为城市居民带来了宽阔的活动时空和自由，也为城市商贸娱乐业的发展和大众游赏的可达性提供了时空的保障。

坊市制向街市制的唐宋城市转型推动了城市宏观结构从封闭向开放转型，造就了宋代城市空间的内延和外拓，并呈现"中心消长"、"平面上的溃散"❶的形态特点，使得城市形态更为开放、包容，促进了空间内各类公共活动的蓬发。随着行政型向商贸娱乐型的城市性质转型，影响中国城市形态发展的核心政策由政治向经济变化，并由政治作为"主观主导法则"的绝对地位转向适应经济活动和百姓生活的客观导向的新型城市形态❷。中国城市形态经历了"宫殿城池阶段"（秦汉时期）、"坊市制"（隋、唐）、"街市制"（宋及元、明、清）三个不同发展阶段❸，其中宋代作为"街市制"城市形态的关键定型阶段，在城市内部结构和外部空间与隋、唐相比有着显著的差别（图2-7）。从春秋战国到汉唐，"筑城以卫君，造郭以守民"，以君王官吏为主体，以《考工记》为原则，控制城市商业发展的"行政性城市"的情况一直延续至唐末，城市发展也更多受政治的影响，影响了汉唐时期的城市形态发展。以都城的演变来看，秦汉时期皇宫和衙署建设用地占据了城市的中心位置以及极大部分的城市用地，如汉长安中未央宫、长乐宫、桂公、明光宫等已占据了近2/3的城市建设用地，东市、西市只是局促地布置在城市的北侧。而隋唐城市在城市空间的理性组织上有很大

---

❶ 田银生在《走向开放的城市——宋代东京街市研究》一书中，总结了宋代城市"中心消长"、"平面上的溃散"和"立体上的多维"三个结构变化特点，指出"中心的消长主要有两层含义：一是政治性中心在城市形态中的比重一定程度上的弱化；二是商业性城市中心的兴起使得城市由单一中心变为多元中心。平面形态溃散：一是溢出城墙范围，沿交通要道向外蔓延；二是内部的清晰严整变得相对的自由和随机。三维方向上的生长：一是建筑物实际高度的增加，二是多级城市中心的形成，三是行政组织的多级化"（P225—226）。

❷ 主观主导法则即儒家礼制的空间法则，如长安"以高为贵"的宫苑选址、众星拱月的百官衙署、108坊代表的天下郡县和天上众星等，是相对于宋代以实用的功能主义和商业利益为城市布局原则的客观性而言的。

❸ 宁欣在《"眼睛向下"的中国中古城市社会》（南都学坛（人文社会科学学报），2010，3：28—30）一文中指出，"从中国城市发展阶段看，可分为以宫殿城池阶段为城市主体的秦汉时期，以坊市制度为标志的隋唐时期，以坊市合一、临街设店为特征的宋以后时期"。作者认为很好地归纳了控制中国城市形态发展的核心政策，并适当地修正了其对宋代城市"坊市合一、临街设店"的称谓，将其改为学界较为认可的"街市制"。

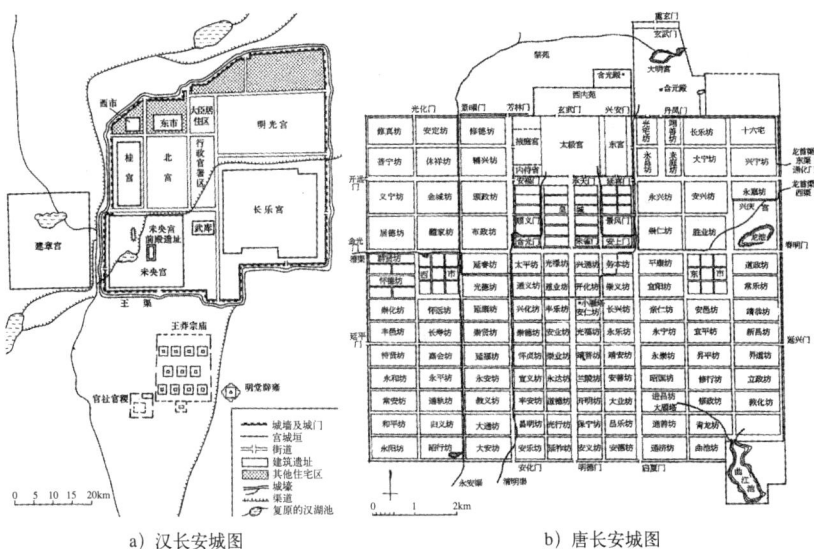

a) 汉长安城图　　　　　　　　　　b) 唐长安城图

图 2-7　从"宫殿城池阶段"（秦汉）向"坊市制"（隋唐）的都城形态

（资料来源：a）来自薛凤旋著．中国城市及其文明的演变 [M]．北京：世界图书出版公司北京公司，2010：137；b）来自李百进．唐风建筑营造 [M]．北京：中国建筑工业出版社，2007：29.）

的进步❶，以坊市制度为基准，形成了以皇宫及其宽达 155 米的御街控制性结构的庞大封闭式里坊结构城市，但商业上依旧依托东、西两市进行，城内可供公共游赏的也只有散布的寺观和城东北的曲江池，城市的商业娱乐并非是城市的主角。白居易《登观音台望城》一诗中"百千家似围棋局，十二街如种菜畦"，就是对长安城这样规则、严格的坊市制城市形态的描述（图 2-8）。宋代由礼制、政治作为绝对地位的"主观主导法则"转向由经济活动和百姓生活等客观因素导向的新型城市形态，呈现"中心消长、平面上的溃散和立体上的多维"。其中"中心消长"表现为城市中心从单纯的行政中心走向多数量、多层次的各类经济、文化、娱乐中

❶　傅熹年在《中国科学技术史——建筑卷》（2008）一书中指出，"至隋唐长安把宫城、皇城集中于内城，里坊布置在外郭后，才可以各不混、有规划地排列，在其间构成棋盘格状街道网，形成中国历史上巨大、最规整、中轴对称的坊市制城市。隋唐长安是中国古代都城规划的新发展，也表现出统一强盛的中国的宏大气魄"（P273），他又指出，"从隋、唐能在很短时间内建成布局规整有序的古代世界上最大的城市，可以推想当时必有一套规划设计方法"（P301）。可见从汉长安到隋唐长安的发展演变过程中，城市建设内涵的理性概念渐趋成熟，并以一种相对成熟的方式表现在城市形态和建筑布局之中（如汉画像砖上的院落和敦煌隋唐院落画的对比，亦可清晰看出理性布局在绘画艺术和建筑空间上的成熟发展）。薛凤旋在《中国城市及其文明的演变》一书中更是指出唐代城市是"儒家模式的黄金期"，并认为"（唐代）儒学的第二次复兴对中国城市的结构自然产生了明显的影响，自汉以来已经慢慢演化出来的中国城市特色因而在唐代整整一代得以巩固"（P158）。

図 2-8　唐长安城意象图

（资料来源：薛凤旋 . 中国城市及其文明的演变 [M]. 北京：世界图书出版公司北京公司，2010：166.）

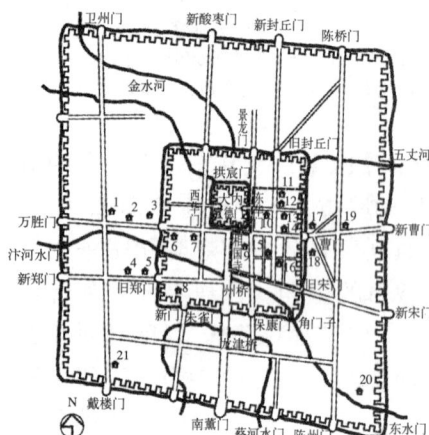

1 班楼　2 药张四店　3 宜城楼　4 李七家　5 河王家　6 唐家酒店　7 清风楼
8 会仙楼　9 长庆楼　10 白矾楼　11 任店　12 庄楼　13 杨楼　14 中山正店
15 高阳正店　16 铁屑楼　17 蛮王家　18 乳酪张家　19 看牛楼　20 孙家正店
21 张八家园宅正店

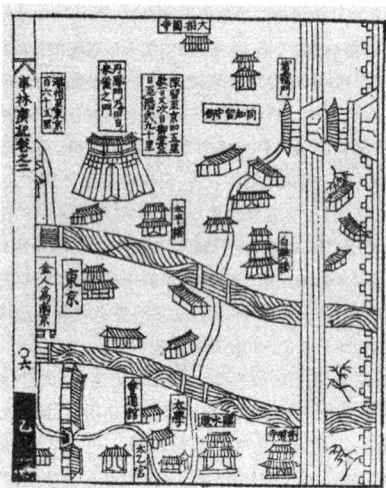

a）宋东京城图　　　　　　　　b）宋代《事林广记》中的东京内城一角

图 2-9　散布在开放街市中的东京内城酒楼、瓦子、寺庙

（资料来源：a）来自田银生 . 走向开放的城市：宋代东京街市研究 [M].
北京：生活·读书·新知三联书店，2011：92；b）来自伊永文 . 行走在宋代的城市：
宋代城市风情图记 [M]. 北京：中华书局出版社，2005：182.）

心。如宋代东京城，分散的衙署布局、街市中心以及以寺庙、酒楼、瓦子等组成的娱乐中心成为城市集体记忆中的主要空间，成为城市文学重要的文化地理地标（图 2-9）。南宋临安，作为皇宫所在的大内，不仅没有按常规礼仪的布局位于北侧中心，而且前区的御街和商业街混合在一起，连官员的日常上朝都和繁杂的人流相

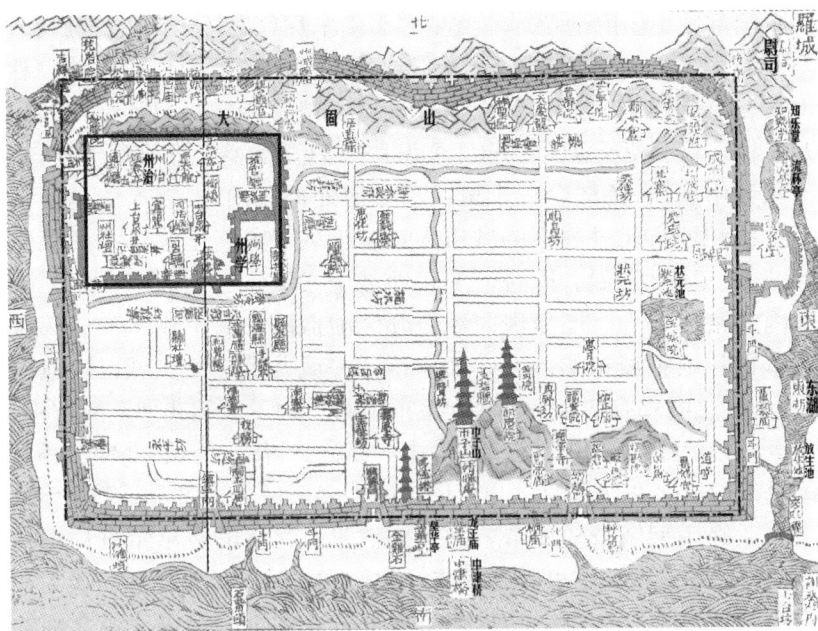

图 2-10　宋代台州城市空间分析图

(资料来源：自绘，底图自南宋《嘉定赤城志》上的州城图 .)

撞；城内外随处可见的寺庙、瓦子、酒楼，也一反唐长安城以少数大型集中寺庙所进行的封闭布局，显现了商业性市民文化的发展，可见以礼制为规划主观导向思想的渐趋弱化。其他州县城市也表现出这样的规划导向变化，如南宋《嘉定赤城志》上台州城池图，作为州衙的子城偏离在城池西北侧，外城更多的是百姓街坊、寺庙祠观和巾子山风景区，和城外的东湖风景区相映衬（图2-10），体现了宋代平民化社会下的州城基本形态。在中心消长的同时，宋代城市的概念不囿限于城墙范围内，城市厢坊已拓展到城墙外侧，一些大型城市（如东京、临安、广州、宁波等）甚至出现了城郊连片的卫星镇，形成了宋代城市"平面溃散"的发展特点，带动了城乡空间统筹发展，影响了城市的管理方式和风景形态建构。已有学者普遍关注到了宋代以商业性市井带动的宋代城郊草市发展对城市形态的影响 ❶，如徐吉军在《论南宋都城临安

---

❶　如建筑规划专业的贺业钜的《中国城市规划史》、郭黛姮的《古代中国建筑史》（第三卷）、傅熹年的《中国科学技术史——建筑卷》以及田银生的《走向开放的城市——宋代东京街市研究》等著作，以及国内外城市史方面的研究，普遍关注到了宋代草市发展对城市形态的影响。

在中国都城史上的地位》一文中，引南宋周辉之语云："昔岁风物，与今不同，四隅皆空迥，人迹不到。宝莲山、吴山、万松岭，林木茂密，何尝有人居？城中僧寺甚多，楼殿相望，出涌金门，望九里松，极目更无障碍。自六辇驻跸，日益繁盛。湖上屋宇连接，不减城中。'一色楼台三十里，不知何处觅孤山'，近人诗也。❶"可见杭州城市化过程中的城市人口密度的增长、土地资源的紧张和城郊一体化发展。同时，宋代地域中心城市（州府所在地）除城内的密度增大，还呈现向周边郊区溃散的态势，逐步形成环城的草市和卫星城镇的体系。如广州"一城九镇"的主城、建康府"几十里之内却有 5 个镇、26 个集市星布"的卫星镇典型空间结构，甚至在福建小城汀州，依《临汀志》所云，"依山为城，境地狭隘，民居市肆，多在城外，以户口记，城外多于城内十倍"等 ❷，反映出商业娱乐型城市转型带来的规模扩张。这样的卫星镇格局同样存在鄂州、宁波、绍兴 ❸ 等城市，它们和城外的草市一起，成为城市经济活动和社会生活的重要组成部分，促进了两宋城乡之间的交流，带动了社会下层生活的活跃。需要指出的是，在城市平面扩张的同时，也影响了城市管理方式和风景建构的变化。城墙外的厢坊在管理方式相对于城内更为自由，并影响到了城内外的时空交流，促进了宋代城市管理的相对宽松。同时，"平面上的溃散"使得城市的发展突破城墙的范围，城市沿交通要道向外延展，而内部的严整格局变得相对自由和随机，城内外自然山水不再以严格的礼制要求而选择或存在，而以一种有机的方式融合在城市空间布局之中，诸如杭州西湖、建康蒋山、广州菊湖、福州西湖等融合到广义的城市之中，使得居民游赏的近便和心理认知距离的便捷，成为城市形胜和公共园林建设的重要物质依托。而内部的严整格局变得相对自由和随机，其适应地理条件的布局方式将城市范围内的山川、湖泊有机地融合到城市之中，造就了诸如福州乌日山、台州巾子山、南昌东湖、宁波月湖等众多湖山、园囿公共园林的营建基础。

❶ （宋）周辉 . 清波杂志 [G]. 卷三之钱塘旧景 . 转引自：徐吉军 . 论南宋都城临安在中国都城史上的地位 [J]. 浙江学刊，2008（03）：89.

❷ 以上城市外廓人口、街坊资料引自：田银生 . 走向开放的城市——宋代东京街市研究 [M]. 北京：生活・读书・新知三联书店，2011：159.

❸ 陈国灿 . 略论南宋时期绍兴城的发展与演变 [J]. 绍兴文理学院学报，2010（05）：9-13.

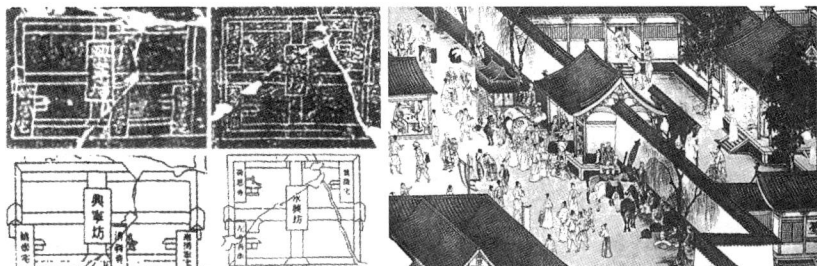

a）唐长安城中典型的里坊图　　　　b）宋代文姬归汉图

图 2-11　唐宋街坊空间模式对比图

（资料来源：a）来自建筑历史与理论（2008 年学术研讨会论文选辑）[C]. 中国科学技术出版社，2008：186；b）来自 http：//www.360doc.com/content/09/1127/15/94306 中国古代名画 .）

　　在城市中观层面的街坊单元结构上，以市街为骨架的宋代城市空间组织打破了隋唐坊市的封闭性，里坊尺度的缩小、界面的打破，促进了街区功能的复合、包容，推动了城市管理和居民出行的开放式转向。以儒家礼制和严格时空要求下的隋唐城市坊市尺度巨大、规整，在保障城市布局强烈秩序感的同时，也失去了人性化的城市空间。根据唐长安的考古资料，各坊南北最小宽度在 500 米，东西最小宽度在 562 米，面积多在 28 ～ 60 公顷之间，已然接近于学界对现代城市批判的"门禁社区"的大地块。而且这样面积庞大的坊围以厚达 2.5 ～ 3 米的高大坊墙，墙外为平均宽 2 米以上的水沟，只有 2 ～ 4 个门与城市街道相通，形成了绝对封闭的空间格局❶（图 2-11）。同时，诸如长安城这样巨大、规整的坊市布局，也不利于城市空间的多样化融合，风景区、公共园林甚至桥梁、亭榭与坊市的关系显得割裂，有学者更是指出"由于坊内空间的自闭性，使得坊制城市在整体上处于一种割裂的状态"，没有起到街道应用的"黏合"作用❷。相对而言，宋代城市街市的里坊采用"化整为零"的方式，由各个小型的宅院、巷道、坊门组成，加之沿街临列的店肆，呈现出自由、开放的格局，并奠定

---

　　❶ 本书对唐代长安坊市的面积计算及其外部结构分析来自于《唐代长安城考古纪略》（中国科学院考古研究所西安唐城发掘队 . 考古，1963（11）：595—615）。其中考古挖掘发现最小的坊为朱雀门南侧第一排、西侧第一列的坊（南北长 500 米，东西宽 558 米），即光禄坊；最大的坊为朱雀门南侧第一排、东侧第五列坊（南北长 500 米，东西宽 1125 米），即延寿坊。

　　❷ 田银生在《走向开放的城市——宋代东京街市研究》（2011）一书中指出，由于坊内空间的自闭性，使得坊制城市在整体上处于一种割裂的状态。空间的类型少、层次少，且相互之间的联系薄弱，没有强烈的连续性和一体化的感觉。主要原因是由于坊墙的存在，城市街道没有起到应有的"黏合"作用（P201—202）。

了近世城市的内部空间形态。而宋代城市坊的尺度缩小和界面打破，使得城市空间多元发展，不同要素的园林风景和城市街道、里坊得以紧密结合。如宁波月湖风景区与城市街坊的关系，沿湖的官署、酒楼（郡酒务）、寺观、里坊、巷道和月湖相融相生，形成与唐长安曲江池、法门寺所完全不同的城市景观（图 2-12）。而这些城市公共园林在强化城郊风景从自然标识转向城市地理标识的同时，也促进了风景区的包容发展，影响了宋代湖山风景区在景点隶属关系、建设管理、游赏组织的多样性。又如城市内外河道桥梁与城市空间的关系，有学者注意到唐宋时期桥梁空间形态的巨大区别（李瑞，2005；乌再融，2009），认为唐代单纯的交通空间在宋代已经演变为组织公共空间的核心和城市重要的心理意象 ❶，客观上说明街市制城市带来的空间复合和包容（图 2-13）。

两宋坊市制度的瓦解，代之以开放式的街巷，对居民的严格时空管制转变为市民在生活和活动上的自由。隋唐坊市制的城市

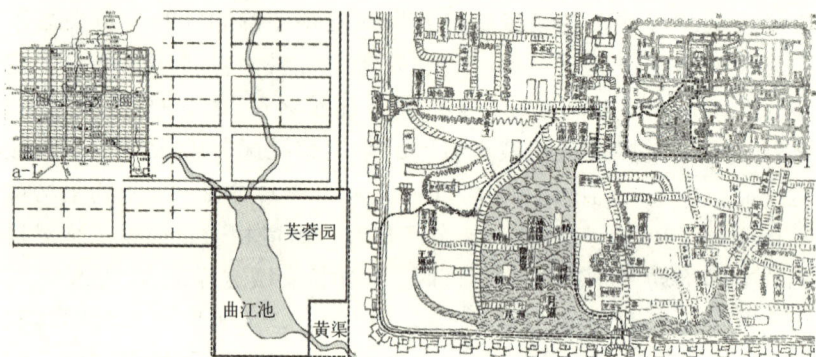

a）曲江池与唐长安城街坊的空间关系　　b）西湖与宋代明州城街坊的空间关系

图 2-12　曲江池、西湖与当时城市街坊的差异结构分析 ❷

（资料来源：a）摹自薛凤旋《中国城市及其文明的演变》中的唐长安图（P165）；
b）摹自南宋《宝庆四明图经》州城图.）

---

❶ 李瑞在《唐宋都城河渠及桥梁空间形态分析》一文中指出，"唐长安和北宋东京都有着颇为发达的河渠水系网络，但两都城内桥梁空间形态却迥然有别。唐长安城的桥梁及节点空间对城市商业经济、居民日常生活影响不大，没有形成城市景观的聚焦点，在时人的认知地图上还没有形成由桥梁作为空间构图的心理意象。宋东京的河流和桥梁是城市空间形态最活跃的因素，对京城的城市空间景观塑造和商业空间形态产生巨大的影响"（南都学坛（人文社会科学学报），2006（04）：29）；乌再荣在《从〈平江图〉看南宋平江府城之市坊制度》一文指出，"桥的功能也由原初作为连接两个空间的通道而变成组织公共空间的核心，桥头、桥境、河埠成为人们交往、集会或商业活动的场所"（建筑师，2009（12））。

❷ 与曲江池两侧坊墙的围合相比，宁波月湖四周开放的街坊和散布的寺观、衙署呈现为完全开放的场景。

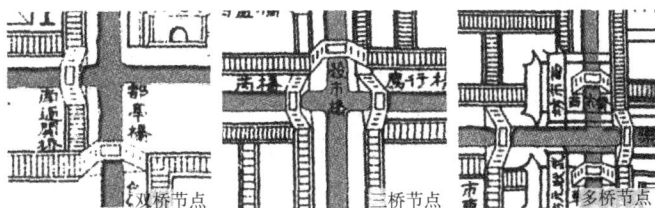

图 2-13　苏州街坊中的桥梁及其节点空间
（资料来源：乌再荣．从《平江图》看南宋平江府城之市坊制度 [J]．建筑师，2009，（142）：40.）

空间，其隔离作用甚至大于其联系作用，客观上影响了宋以前城市经济的发展和市民文化的全面形成。汉唐一直延续的坊市制度的精髓在于对城市的全面控制，传统城市作为封建王朝的统治中心或军事重镇，为了更好地维护统治，对城内的居民和商业活动进行严格的控制并形成了一系列完整的制度。通过封闭式的街坊制城市居民日常活动的时间和活动区域，保证稳定的社会秩序。城市居民被置于一种奴役的地位，被剥夺了很大的一部分自由，最高统治者是城市"唯一真正的主人"（田银生，2011）。北宋在初期多次试图恢复汉唐的封闭式坊市城市管理制度（李焘，1986），但面对城市经济的繁荣已无能为力（郭黛姮，2009）。太宗时期在东京设置冬冬鼓，告知市民坊门的启闭，然而随着商业经济潮流的冲击，至迟到仁宗景佑年间，宋廷不得不做出让步，允许临街开设邸舍，标志着里坊制度的彻底崩溃。宋敏求《春明退朝录》（熙宁年间作，1068 ~ 1077 年）云："二纪（即二十年）以来，不闻街鼓之声，金吾之职废矣。"❶ 可见在北宋时期的汴京，城市空间不再以显示皇权的威力为本，城市人群的活动不再受街鼓的管治，可以自由地在商业店铺购物，在茶楼、酒肆出入，表现出平民百姓在城市中地位的上升。尽管政治统治中心的宫殿区仍占据着城市重要的位置，但在它的周围已经是繁华闹市，北魏洛阳、隋唐长安宽阔、森严的御街，在两宋都城成为繁华的商业街，皇帝出行必须穿过这些闹市，也找不到唐代为帝王去曲江池所设的专用通道及"十里飘香入夹城"场景了。而且这样的开放街市的空间和时间模式，

---

❶ "金吾之职"始设于汉武帝时，有"一管宫中，二管京城，三车驾外出为先驱"等三个主要职责。到隋唐，设左右金吾卫大将军之职位，以掌管城市街道的徼巡权，执行夜禁、巡查街道等于城市管理至关重要的职责。参见：杨鸿年《隋唐金吾之职掌》（历史研究，1983 年 05 期）、谭世保《"执金吾"与"中尉"沿革考》（学术研究，1984 年 02 期）、韩光辉《宋辽金元建制城市研究》（北京大学出版社，2011）等。

与城市的商业娱乐业发展、市民的日常生活是相适应的。在时间上，开放街市带来的城市工商业为市民提供几乎不间断的服务，各种早市、夜市、庙会和各类节日集市络绎不绝；在空间上，工商业能够根据他们的分布而灵活地布局，与分散居住的市民相适应，而不是根据统治者的要求规定分布。以从事商业和手工业为主的市民阶层在工作与休息的时间分配上，有较大的自主性，使其生活方式与思想观念有了明显的转变，带来了城市的全时空繁荣。日本学者加藤繁在《宋代都市的发展》一文中指出："当时都市制度上的种种限制已经除掉，居民的生活已经颇为自由、放纵，过着享乐的日子。"如北宋孟元老《东京梦华录》记载的"夜市直至三更尽，才五更又复开张"，南宋吴自牧《梦粱录》中记载的"杭城大街，买卖昼夜不绝，夜交三四鼓，游人始稀；五鼓钟鸣，买早市者又开店矣。大街关扑，如糖蜜糕、灌藕，时新果子……衣市有李济卖酸文，崔官人相字摊，梅竹扇面儿，张人画山水扇……其余桥道坊巷，亦有夜市扑卖果子糖等物，亦有卖卦人盘街叫卖，如顶盘担架卖市食，至三更不绝。冬月虽大雨雪，亦有夜市盘卖"，即是两宋都城自由时空带来的喧闹夜市。而这样的四季不断的夜市充分说明了坊市倒塌后城市居民获得了宽阔的活动时空和自由，成了城市舞台的重要角色，得以尽情展示自己的生活，抒发自己的情感。表现在宋代城市公共园林游赏上，游园活动呈现出全时空的范畴，四季四时、白昼夜晚都是游赏不断。如桂林曾公岩所说"公于是拂石求前人之迹，则未尝有至者焉。乃构长桥跨中流而渡，以为游观宴休之处，日与众共乐之。自是州人士女与夫四方之人，无日而不来，其岩遂为桂林绝观"（刘谊，《曾公岩记》）❶，即是士女四季游赏的有力记载。而夜游已不再是苏轼、米芾、秦观等的专利，市民的夜游也开始热闹起来，如南宋临安白话小说《裴秀娘夜游西湖》记有"高宗天子常夜游于西湖之上，至晚不回宫。就在六条桥亭子内宿，至晓回宫。那六条桥上各建一座亭子，朱红栏杆，绿油飞槛，雕檐各立牌额一面，因此称为夜游湖，不问官员士庶，俱许游赏，与民同乐"，以及"却说小姐正在大船上，举目四望，碧天似镜，皓月如银；六桥亭上，灯火荧煌，四顾湖中，大船小船，有数千艇"（何世群，2009），便是杭州西湖的市民夜游的热闹场景。

---

❶ 〔宋〕刘谊. 曾公岩记 // 全宋文 [G]. 卷二零一三.

宋代城市开放式的街市空间结构，产生了与西方的广场相对应的街道式城市外部公共空间体系，为市民化、世俗化的城市生活提供了广大而随意的自由时空，人与环境、人与人之间因此更为有机的共融，推动了城市大众游赏的蓬发。

三、娱乐性的功能布局结构

宋代城市革命推动了商业娱乐空间代替政治空间而成为城市空间的主角，根本上改变了古代城市的内部结构。在从坊市制走向街市制的变革中，以儒家礼制为导向的旧城市分区规划被彻底打破，封闭管理的东、西"市"演变为各类面状的商业区、仓库区、码头区等，形成了点状的"基本商业网点"❶（如酒店、茶肆及铺户等），而新兴的文化娱乐场所瓦市、勾栏点缀在街巷、湖山之间，使得商业娱乐性的城市空间成为城市空间的主角。如孙翔、田银生根据东京大量文献分析，认为数量庞大的开放式街市，占据的空间比重及其所处的重要位置，从而根本上影响着城市的性质（2010）（图 2-14）。郭黛姮在分析临安商业网规划时指出，"集中市制彻底瓦解后，市坊区分的规划体制不复存在，代之而起的是以整个城市为领域，商肆遍及全城的新规划体制"（郭黛姮，2009）。也有学者通过对成都、泉州、广州、绍兴、汀州等地方区域性中心城市分析后（谢元鲁，2010），大多提出了两宋商业娱乐型城市的性质使商业、娱乐空间成为空间主角，形成了新的土地利用和城市功能格局。

同时，城市内部结构的变化，使得开放的街市成为大众日常生活的基本框架，并推动了"城市的场所化"❷。在宋代城市，密集的节日制造的各种场合和城市空间的紧密叠加，促进了城市空间场所化的普遍形成。两宋商业娱乐型城市性质的转换，带来了人口大量的集聚和街市制度的开放性，改变了人们的生活方式，使

---

❶ 面状、点状的分类参考了郭黛姮在《中国古代建筑史》（第三卷）中用面状、点状的布局模式分析南宋临安的商业空间（P53—55）的分类方法。

❷ 田银生在《走向开放的城市——宋代东京街市研究》一书中提出宋代"城市的场所化"概念，认为"中国城市街道的场所化正是通过宋代的坊制解体、街市兴起才得以实现的，从而形成了人与环境的有机共存。而唐长安的街道只能被看作是没有情趣的通道，而不融会于它所在的街区，只是路（P203—204）。"并通过民俗性节日场合、宗教与祀神活动、节庆中的狂欢精神等分析和阐述了"城市的场所化"。笔者认为场所化主要是指由场所和场合所构成，其中空间即为场所，时间及相应活动即是场合。

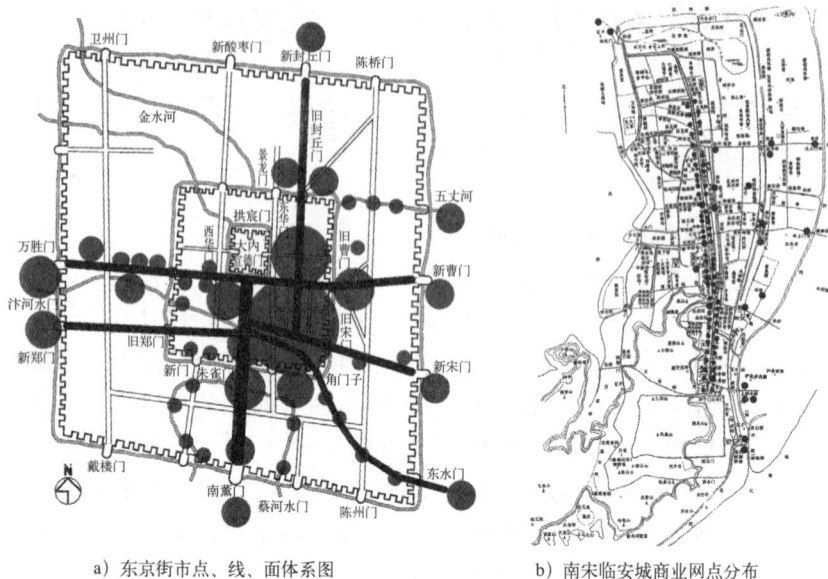

a）东京街市点、线、面体系图   b）南宋临安城商业网点分布

图 2-14　宋代都城商业娱乐型的空间布局

（资料来源：a）来自田银生 . 走向开放的城市：宋代东京街市研究 [M]. 北京：生活·读书·新知
三联书店，2011：149；b）来自郭黛姮 . 中国古代建筑史·第三卷，宋、辽、金、西夏建筑
（第二版）[M]. 北京：中国建筑工业出版社，2009：53.）

占人口多数的市民开始追求物质和精神上的享受，从而导致了两
宋城市社会生活奢靡风气的盛行。遍布各大中城市的市街酒楼、
茶馆店铺、市场和书院、寺观的繁多，都城众多的勾栏瓦子和诸
如杭州西湖、明州月湖、成都浣花溪等公共园林的热闹喧哗❶，以
及洛阳花会、扬州花会和诸多城市的节日遨游❷，均显示了商业经
济浸润下的城市文化蓬勃生气和活力，引导了社会经济文化的竞
争性、开放性，显示出两宋城市超越旧传统的新时代的景况。张
晓虹、牟振宇等在分析南宋临安的城市社会空间形成机制时，以
《梦粱录》与《武林旧事》为线索，系统地统计了临安各类节庆活动

---

❶　相关公共园林游赏的记载参见《全宋文》中《浣花亭记》及《静难军灵峰寺新阁记》、《记
蜀守》、《游浣花记》（成都浣花溪及学射山大众游赏记载）、《信安宫园亭题名记》、《东京梦华录序》
（开封城市公共游赏）、《钱塘胜景录序》（杭州城市大众游赏）、《安溪县集右军字续兰亭记》（安
溪县公共园林大众游赏）、《欧冶亭记》（福州欧冶池公共园林游赏）、《众乐亭记》、《西湖记》（宁
波月湖（西湖）公共园林大众游赏）、《曾公岩记》（桂林公共园林大众游赏）、《重辟潮州西湖记》、
《潮州湖山记》（潮州公共园林大众游赏），等等。
❷　相关城市花会及节日遨游参见《全宋文》中《越中牡丹花序》（绍兴花会）、《洛阳牡丹记》、
《洛阳牡丹记·风俗记三》、《洛阳花木记》（洛阳花会游赏）、《芍药谱序》及《扬州芍药谱后序》（扬
州花会游赏）等。

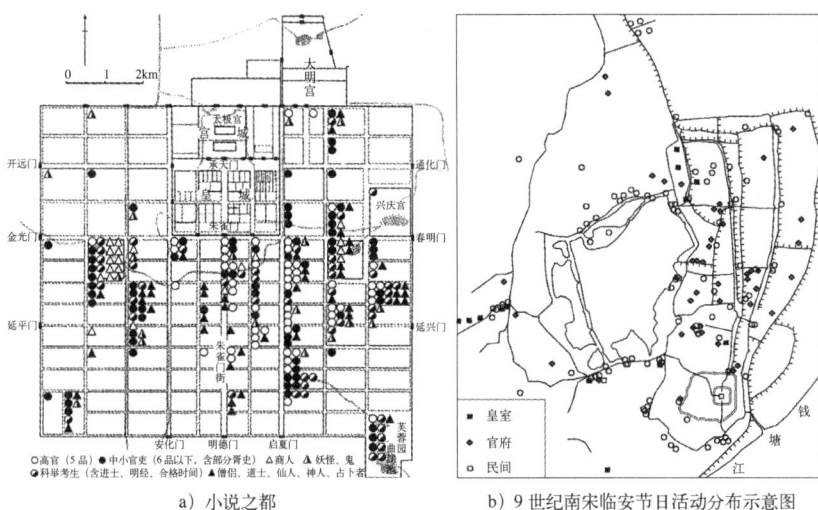

a) 小说之都   b) 9世纪南宋临安节日活动分布示意图

图 2-15　唐宋文记、小说中游赏场所和对应人群比较图

（资料来源：a）来自妹尾达彦.长安的都市规划 [M].三秦出版社，2012：205；
b) 来自张晓虹等.南宋临安节日活动的时空结构研究 [J].中国历史地理卷丛，2008，23 (04)：15.）

与城市空间的对应关系，归纳分析了城市居民活动空间分布特征，
提出了"街市构成临安节日活动空间的基本框架"，并串联了宫城、
宗教场所和湖山风景等各类场所化空间，构成了临安节日活动空
间的网络格局❶。从其论文汇总的"南宋临安节日活动分布示意图"
（图 2-15b），对比于妹尾达彦依照《太平广记》将唐代小说登场人
物的阶层身份和活动区域绘制的"小说之都：9 世纪"（图 2-15a），
可以清晰看出唐宋各阶层活动区域的差异及宋代市民化城市场所
空间的普及。而且这样的城市空间场所化并非局限于都城，谢元
鲁在分析唐宋成都唐宋城市公共空间变化中指出，"城市公共空间
的变化，是城市社会经济变迁的重要标志。……宋代成都的城市
公共空间在工商业发展方面的作用，较唐代已大大扩展。其不仅
在地域上扩展到主要的商业街市，而且也还表现在居民休闲娱乐
在时间和空间上的极大延展，既有民俗节日中的大众狂欢，也有
日常酒楼茶坊娱乐的通宵达旦"（谢元鲁，2008）。

　　而在《吴郡志》（苏州）的风俗篇、《淳熙三山志》（福州）的
土俗篇等，同样可以清晰看到宋代城市的公共空间与民俗节庆的
紧密结合，反映了平民化、世俗化城市文化下的城市空间转型。

---

❶　张晓虹，牟振宇等.南宋临安节日活动的时空结构研究 [J].中国历史地理论丛，2008(04)：
5—22.

第三节 城市公共游赏的炽热

　　商业娱乐型的宋代城市文明演变，使得城市的居民结构、功能布局以及空间形态愈来愈平民化和世俗化，推动了城市空间的场所化，并由此带来了宋代城市公共游赏的炽热。而且这样的游赏，表现为无阶层差别的全民性大众游赏、官方鼓励和推动的特点，影响并推动了宋代城市公共园林的普遍建设。

一、全民性的大众游赏

　　宋代的公共游赏炽热并非仅仅表现在时间和空间上，而且呈现为无阶层差别的全民性游赏，不同阶层在开放的城市结构中都能找到相应的游赏空间，并成为官方建设诸如公共园林的城市公共空间的基本目标。中国园林雅、俗两种游赏活动方式在对应的空间类型并没有严格的界限，影响的只是统治阶层对于以公共活动为主的俗文化的社会政策视点，并决定性地影响了公共园林游赏活动的发展历程。从上古时期到魏晋之际，园林游赏更多地作为雅文化的组成部分，如孔子与弟子曾作泗水之游、汉武帝柏梁台与群臣游及梁王苑囿、王羲之之兰亭流觞，这样的园林或自然风景群体游赏，表现为文人士大夫高雅生活方式和审美情趣的途径。而作为俗文化的社会大众公共游赏只是出现在各类祭祀、宗教性场合，如上古的宋之桑林、齐之社稷、楚之云梦等祭祀性的场所，并在仪式性活动影响下开展，开启了中国的公共游赏滥觞，但这些活动只是形成以生殖崇拜为主题的"男女之所属而观"的公共活动（闻一多，1935）。魏晋时佛寺开始成为城市贵族游赏的场所，开始了真正意义上的大众园林游赏活动 ❶。唐代以官方活动（春闱）为主导的城市大众游赏组织活动开始呈现，如长安曲江池、桂林赏心亭、越亭 ❷ 等以及部分城市郡斋，成为贵族、士大夫春秋佳节游赏的场所，影响了城市园林群体游赏。但这样的游赏在阶层结构上局限于士大夫层面，没有阶层上的普遍性，即便是在"多

---

　　❶ 如（北魏）杨衒之在《洛阳伽蓝记》中记载的宝光寺游赏情况，"京邑士子，至于良辰美日，休沐告归，征友聚朋，来游此寺。雷车接轸，羽盖成阴。或置酒林泉，题诗花圃，折藕浮瓜，以为兴适"。

　　❷ （唐）莫休符的《桂林风土记》记曰："赏心亭：……以其郡无胜游之地，且风亭月榭，既已荒凉；花圃钓台，未惬深旨，一朝命于戏马亭西，连玉钩斜道，开辟池沼，构葺亭台，挥斥既毕。萃其所，芳春九旬，都人士女，得以游观。"

溺于逸乐"❶的成都，如谢元鲁结合杜甫、严武、岑参等人物交游活动后提出，"隋唐成都官吏士大夫活动，仍然与普通市民之间有明确的社会阶层分野与不同的公共空间"，即便是游浣花溪及净众寺之风俗，但仍然以官吏文人诗酒风流、互相唱和为主，"平民也少有游乐"❷。宋代在商业化、平民化的城市文明演变下，成为我国第一个全民游赏文化普及、兴盛的时代。又如成都，从《岁华纪丽谱》中可以清晰地看到参与游赏的市民群体的普遍性，无论是浣花的"大游江"还是"开西园"（即开放郡圃），"曛夜老幼相扶，挈醉以归，其乐不可胜言已"❸的场景成为了当时成都大众游赏的一大特点。而东京开封金明池的开放日，"盖是日村姑无老幼皆入城也。是日郡府为盛会，争标、水秋千之戏都皆如上巳，而观者杂沓，过之远甚"❹；《梦粱录》记载的杭州西湖游赏，"至于贫者，亦解质借兑，带妻挟子，竟日嬉游，不醉不归"❺等，可见乡村百姓、城市贫民都已成为群体性游赏的参与者。结合《南宋临安节日活动的时空结构研究》一文中对临安居民节日活动类型的统计表（表2-1），可以看到在临安城市空间场所化过程中，士绅和庶民组成的城市平民阶层成了游赏的主要参与者。这样全民性的广泛群体游赏阶层亦成为宋代公共园林建设的界定目标，如江篆《吉乡新修南池二亭记》记的临汾南池，"其君子则曰，今而后宾客之至者如归，是秉政之先务，贤哉吾守之有礼也；其小人则曰，今而后农工之隙，吾得而游晏，佳哉吾守之有惠也"❻，涵盖了士大夫和工农阶层；朱之纯在松江郡圃设思吴堂，"当其男以田功之毕，女以织事之休，内无饥寒之戚，外无赋役之劳，思以斗酒共相娱乐。今于此时，为之命僚佐，临清流，设玉斝，金皷喧阗於波间，管弦嘈囋於堂下，歌者舞者，形和声和，以观游人士女，或三或五，溶溶泄泄，如鸥鸟之浮川，儵鱼之戏藻，是人之乐也"❼，亦是将游园人群设计遍及到社会各阶层。

---

❶　隋书（卷29. 地理志）[G]. 北京：中华书局，1973：830.

❷　谢元鲁. 成都：唐宋城市公共空间的变迁 // 唐代国家与地域社会研究 [A]. 上海古籍出版社，2008.

❸　（宋）田况. 浣花亭记 // 全宋文 [G]. 卷六三六.

❹　（宋）金盈之. 醉翁谈录 // 全宋文 [G]. 卷三·三月. 转引自：王福鑫. 宋代旅游研究 [D]. 河北大学博士学位论文，2006：23.

❺　（宋）吴自牧. 梦粱录 [G]. 卷一·八日祠山圣诞.

❻　（宋）江篆. 吉乡新修南池二亭记 [G]. 卷三零三六.

❼　（宋）朱之纯. 思吴堂记 [G]. 卷二六一八.

临安居民节日活动类型统计表　　　　　表 2-1

停留目的地	皇室	官府	士绅	庶民	小计
典礼	12 (12)	6 (6)			18 (18)
观灯	2 (2)	2 (2)	1 (2)	1 (2)	6 (8)
购物	1 (1)		7 (8)	7 (8)	15 (17)
游湖		1 (1)	3 (3)	3 (3)	7 (7)
观潮	1 (1)	1 (1)	1 (10)	1 (10)	4 (22)
郊外	4 (5)	1 (1)	4 (4)	4 (4)	13 (14)
佛寺	3 (4)	2 (6)	5 (5)	3 (3)	13 (18)
道观	1 (1)	2 (2)	7 (7)	5 (5)	15 (15)
民间祠寺	5 (6)	1 (2)	4 (4)	4 (4)	14 (16)
在家	9 (9)		11 (11)	9 (9)	29 (29)
游行	6 (6)	4 (5)		2 (2)	12 (13)
拜贺	4 (4)		8 (8)	5 (5)	17 (17)

（资料来源：张晓虹等.南宋临安节日活动的时空结构研究 [J].中国历史地理卷丛，2008，23：12.）

二、大众游赏的官方鼓励和推动

在城市公共活动的组织上，宋代更强调官方的主导性，这与隋唐官员的幽赏和明清时期"由官方转向民间"❶有着显著的差别。较为典型的是柳宗元在永州的园林建设，虽然也有学者认为属于公共园林建设的范畴❷，但从其《永州八记》的文章分析来看，未见到大众游赏的影子，只是将"邑之有观游"视为君子之"游息之物、高明之具"，体现的是文人官员中隐思想影响下的幽赏情怀。

❶　王欣在其博士论文《宋元明清公众活动的环境及设计研究》一文中指出，"宋元明清公众活动的组织单位由官方民间合力组成。尤其是明清公众活动的组织单位由官方转向民间。基层社会组织自觉地参与到公众活动的设计中，使之呈现出更为丰富多元的面貌"，比较贴切地分析了从宋到元明清的城市公共游赏组织上的区别，客观上也强调了宋代官方在公共游赏上的推动力和主导性。

❷　如罗华莉的《柳宗元公共园林营造思想的梳理及思考》(2008) 一文提出，(唐代官员) "在担任地方官职时，无论是出于对当地山水风景喜爱之情，还是为了日后政绩考核时得以升迁，大都利用职务之便绿化城市环境，把开辟公共园林当作为老百姓办实事谋福利的一项政治活动"。此结论稍有偏颇，唐代官员虽然在城市风景建设有积极的贡献，如元结、白居易、颜真卿等，但从文献来看，其建设目的没有出现宋代官员"与民同乐"、"乐于民同"类似的记载，且除了文人雅集式的活动，也没有园林中大众游赏的记载，所以笔者认为更多是出于中隐的官员幽赏，而不属于公共园林建设的范畴。

典型者如宋代"杭人亦无时不游"的杭州西湖，在唐代所展现的几乎都是纯朴自然的原貌，游赏者主要是镇守此地的官吏，且游赏活动"以游访寺院为主"（侯迺慧，1997）。而作为地方衙署园林的郡斋，如白居易忠州东坡花园，也只是在乡饮酒礼、颁布诏令时向乡绅开放，客观上受唐代行政型城市性质影响。宋代官方将"与民同乐"具体化，从诏书的形式确立了大众游赏的组织，并影响到了地方官员在城市大众游赏组织上的积极性。以地方长吏为邀头，带动军吏、士庶同乐的邀乐式组织形式，成为官方倡导大众游赏的常态，民俗节庆、官方节日、宗教节日（佛诞节）、地域节日（如杭州的花朝节、成都的浣花夫人节、绍兴的踏青节等）等一系列的节庆，成为官方组织活动的重要时间段。城市风景建设及其游赏活动也成为士人官员在社会教化、阶层矛盾缓和、城市经济发展等层面的选项，与民共乐在政治上的主动性得以强化。而且这样的施政政策亦成为官员考核和百姓评判官员优劣的依据。如《宋史·司马池传》载司马光之父司马池，因在郫县县尉任上"纵民游观，民心遂安"，提拔为光山知县；《全宋文》卷一七五五《记蜀守》中的"成都人称近时镇蜀之善者，莫如田元钧、文潞公，语不善者，必曰蒋堂、程戡……至今人言及蒋公时事，必有不乐之言。问其所不乐者，众口所同，惟三事而已：减损邀乐，毁后土庙及诸淫祠，伐江渎庙木修府舍也。其尤失人心者，节邀乐也"❶。

三、城市公共园林成为大众游赏的新兴目的地和重要的文化地理标识

宋代城市的平民化、世俗化，促进了城市生活逐渐趋向于平民与贵族社会生活空间的同步开放和平民与贵族社会生活内容的趋同❷，雅俗游赏逐渐共融，园林游赏走出隋唐及其以前雅文化的主要象征，也融合到百姓的日常生活之中，并快速兴盛。对宋代城市公共园林的异军突起，已有研究中如傅熹年、潘谷西、周维权、

---

❶ （宋）程颐．记蜀守 // 全宋文 [G]．卷一七五五．

❷ 宁欣在《由唐入宋都市人口结构及外来、流动人口数量变化浅论——从〈北里志〉和〈东京梦华录〉谈起》(中国文化研究，2002（03）：71) 一文中指出，"所谓城市生活世俗化、平民化，也是一种内在流动，是上述两层含义的延伸：贵族与平民城市社会生活空间的开放，贵族与平民城市社会生活内容的趋同等等，都是在流动中实现的"。

侯迺慧、永昕群、谢元鲁、王劲韬等都有提及 ❶，并普遍认为宋代是公共园林的发展黄金期、高潮期，不亚于私家园林的发展，可见宋代公共园林发展的鼎盛。但这些研究未关注到城市场所化影响下公共园林与城市居民日常生活的紧密关系，并由此已然成为地方重要的集体记忆和文化地理标识。鲁茜、程国赋（2010）从唐宋时期洞庭文化、西湖文化的演变发展，提出了唐代是自然人文地理的顶峰，而宋代是城市地理兴起和成熟的关键阶段，客观上亦可以解释为什么唐代诗文多自然山水，而宋代城市公共园林则成为宋代诗词的风景主角，并成为地理志、方志中"形胜"或"景物"篇主要部分的巨大差异。而其中宋代公共园林带来的"都市游赏与世俗享乐相结合"的生活优势，影响了以湖山、园圃、亭榭为代表的公共园林，并逐渐超越了旷野的自然风景，而成为体现城市集体记忆的"胜览"的核心文化动力，带动了宋代城市风景和公共园林的体系化建设。

第四节　小结

"城市空间真实地、有意识地表达了物质化的政治、经济和文化过程，是具有社会属性和文化价值的社会文化空间"（董慧，2011），而作为大众活动空间载体的城市公共园林，其在宋代的鼎盛发展也体现着时代政治、经济、文化的物质化过程。本章通过社会史、城市史的相关研究成果整理，结合文学社会学的宋代文化图景建构，提出了公共园林建设重要的社会基础——公共游赏的蓬发。特别表现在以下四点：

第一，唐宋变革下的宋代城市文明演变，使商贸娱乐的城市功能渐趋超越行政功能，促进了城市空间"由封闭结构向亚开放结构的转折"，推动了城市平民化、世俗化的进程。城市成为雅俗共赏的理想生活场所，并转而超越乡村，成为以"恋都情节"为表征的社会文化中心，促进了包括公共园林在内的公共空间成为宋代城市的空间主角。

第二，从"坊市制"向"街市制"的空间变革中，严格的时空管制渐趋宽松，为宋代城市居民带来了开阔的活动时空和自由，

---

❶ 参见本书第一章已有研究分析部分。

形成了公共园林营建上的时空可达性的保障。

第三，以"坊郭户"为代表的城乡人口划分及宋代城市近20%[1]的城镇化人口比重，推动了平民化社会阶层和世俗化的城市文化形成，促进了官方在公共游赏组织的主动性，并成为中国历史上"与民同乐"的典型代表，推动了宋代全民性公共游赏大发展。

第四，公共园林作为城市公共游赏的目的地，在相对自由的时空管制中，在全面游赏蓬发的时代背景中，成为官方"与民同乐"游赏组织中的重要空间载体，其营建管理渐趋常态化、制度化，促进了宋代公共园林发展的鼎盛，并成为城市居民的日常活动场所和文化地理标识。

---

[1] 这是已有宋代城市人口研究中的部分共识，参见本章第一节"唐宋变革下的宋代城市文明演变"的正文及注释。基于《宋元方志丛刊》，作者本人也基本认可这样的比例推算。

第三章 整体环境观下的公共园林多元建设思想

　　宋代商贸娱乐型的城市文明演变，强化了官方基于民生、教化、风物的城市建设目标的综合性，促进了"社会—经济—自然"[1]的城市建设整体环境观形成，为公共园林的建设提供了多元的目标与途径。本章基于方志、文记中宋代城市风景建设文献的定性归纳，并纵向对比汉唐时期的城市风景建设思想，指出宋代城市文明演变下由"神"到"人"的城市形态意象大转型，并结合宋代城市建设对人的尺度、人的生活、人的教育等三方面的目标转型，提出宋代城市建设"社会—经济—自然"复合的"整体环境观"[2]。而后综合风景建设文献的定型分析，重点归纳了宋代城市公共园林与保民生：基于民生经济发展的基础设施、成教化；基于社会教化的纪念场所和兴风物；基于地方集体意识培育的风景扬逸等三方面的相辅相成关系，从而指出宋代城市公共园林是承载城市社会、政治、经济等复合功能的物质载体，并由此形成了多元的建

---

　　[1] "社会—经济—自然"复合系统是马世骏、王如松在"'社会—经济—自然'复合生态系统"（生态学报，1984（01）：1-9）中基于当代若干重大社会问题提出的概念。马世骏等认为重大社会问题都直接或间接关系到社会体制、经济发展状况以及人类赖以生存的自然环境。指出"社会、经济和自然是三个不同性质的系统，但其各自的生存和发展都受其他系统结构、功能的制约，必须当成一个复合系统来考虑"，并提出了衡量该复合系统的三个指标——自然系统的合理性、经济系统的利润、社会系统的效益。

　　[2] 吴良镛先生在"从绍兴城的发展看历史上环境的创造与传统的环境观念"（城市规划1985（02）：6-17）一文中，首次提出"山—川—物—人"的整体环境观；并在《中国人居史》（2014）之人居环境规划设计中，提出中国传统人居"是一种生成的整体论、有机的整体论。这种整体是以人的生活需要为中心，在传统的优秀的构图法则基础上灵活创造，或称再创造，随机生成，而不是抱守僵死的教条，一成不变"（P496—497）。客观肯定了中国传统城市建设中存在以人的物质、精神诉求的山水风景建设整体环境观。

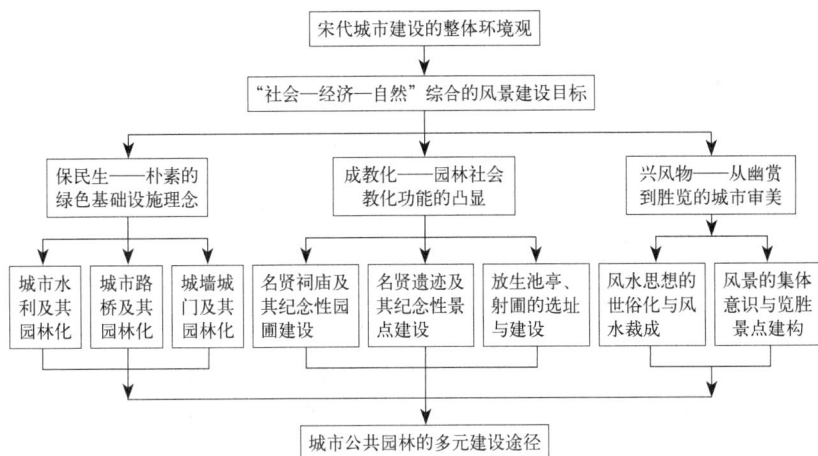

图 3-1　城市公共园林整体环境观的研究框架结构图
(资料来源：作者自绘.)

设途径（图 3-1），为宋代城市公共园林的类型及其营建特点奠定理论基础。

第一节　宋代城市建设整体环境观形成

　　受平民化、世俗化的宋代城市文明演变影响，中国城市形态象征渐趋由"神"的城市向"人"的城市转化，城市空间组织也由神的尺度向人的尺度演变，城市空间功能由政治礼仪转向注重日常功能的生产生活，城市文化由贵族精英文化向大众教育、集体记忆培育的人的教育转向，共同作用推动了城市建设"社会—经济—自然"的整体环境观形成，促进了包括公共园林在内的城市风景在保民生、成教化、兴风物上的多元建设目标与途径。

　　从行政型向商贸娱乐型的城市性质转型中，中国城市形态的文化象征也由"神"的城市向"人"的城市转变，城市空间也从单纯关注人与自然的关系，渐趋向人与社会、人与人的关系演进，影响了自然山水与人的亲近度，促进了城市山水环境的人性尺度生成。《考工记》王城图中的理想方城格局体现了中国城市礼仪格局的基本模式，并随着社会政治的时代演进愈来愈与大众的日常礼仪相融合，推动了中国传统城市形态从关注人与自然的关系向融合人与社会、人与人的不同阶段发展。其中象天法地的秦代城

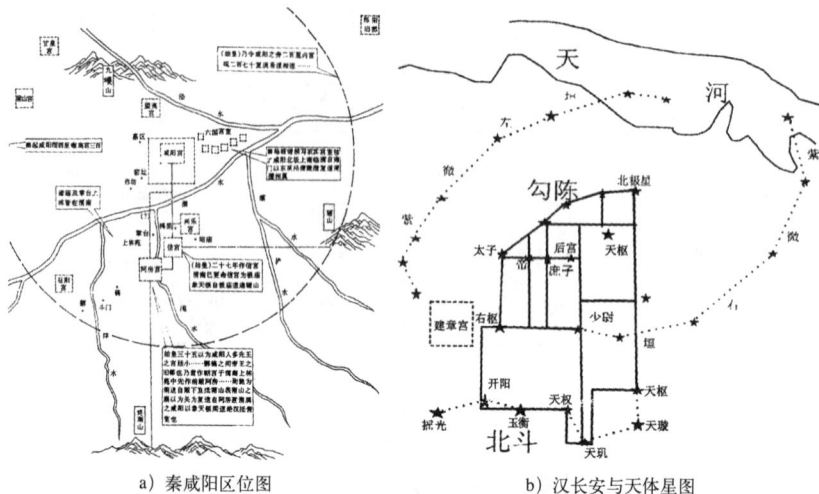

a) 秦咸阳区位图　　　　　b) 汉长安与天体星图

图 3-2　秦汉神性城市空间分析

（资料来源：a）自焦泽阳.中国传统伦理与古代都城形态礼制特征的历史演进研究 [D].
南京：南京大学.2012：71；b）自李小波.天文到人文——汉唐长安城规划思想演变 [J].
北京大学学报，2000，2（37）：62.）

市是关于人与自然的第一阶段 ❶。秦代城市通过“阴阳八卦”、“五行、四方”的朴素自然观，强调从城市在自然的礼仪格局中找寻“君权神授”的合理性。自然在秦汉城市中以宏大的“神性”符号出现，体现着城市是天上宫阙的天子居所的概念（图 3-2）。西汉中期后的城市形态在强调人与自然的同时，将人与社会的儒家伦理融合在内，形成了中国城市形态发展的第二个阶段。以董仲舒“三纲五常”为主的儒家伦理成为官方哲学，使得儒家礼仪空间格局的“天人宇宙图式”成为汉唐城市形态构成的基本原则，影响了诸如北魏洛阳、隋唐长安的严谨城市形态。而这样通过皇宫、辟雍、明堂等礼制建筑统摄城市轴线 ❷，将自然纳入到礼制之中（如

---

❶ 吴良镛先生在《中国人居史》(2014) 指出，秦汉奠定了“天下人居格局”的基本结构，将帝国的都城作为“天下之中”，其首要任务是“择帝都之正位，确定天下人居的中心”(P81-83)。和笔者提及的从“天人宇宙图式”的宏观层面中找寻“君权神授”合法性有类似之处，包括敕封的“五岳四渎”及图 3-2 反映的秦汉城市建设中宏观山水尺度的象征意义，皆是这样的“天下之中”的城市形态文化意象。

❷ 参见第二章中的图 2-7“唐长安图”及图 2-8“唐长安意象”。吴良镛先生在《中国人居史》(2014) 之隋唐人居建设中引入了“儒家都城人居规划”的概念，认为隋唐长安、洛阳以“伦理秩序”为基础，“以崇礼、乐教为中心，以礼乐精神统领空间架构，对于凸显儒家精神的重要建筑往往处于这个空间架构的关键地位，以空间规划凸显文化精神，追求文化秩序、社会秩序、空间秩序的统一”(P210)。客观印证了笔者对隋唐城市礼制文化象征的结论。

洛阳的邙山、长安的终南山），通过不同阶层在城市空间中的礼仪地位和活动场所的界定，强调城市中人与社会的关系的天人宇宙图式布局模式，更关注于城市神性空间的象征，与城市日常生活的关联不大，一些处于重要风景格局的山水也常远在城郊，山水与城市呈现的是隔绝、远望的"神—人"空间。宋代社会的平民化、世俗化倾向，推动了城市形态在秦、汉唐城市基础上渐趋重视人（居民个体）和社会共同体（集体）的内在精神诉求，开启了城市形态发展的第三阶段。唐宋城市的演变使得原来的贵族精英主导的儒家伦理向大众化的家族宗法政治制度演变，影响了宋代文化发展呈现由外向拓展转向于纵深的内在开掘的倾向，实现着从总体到细节的不断自我完善❶。城市在延续汉唐礼仪性城郭模式的同时，也在与居民百姓的日常空间紧密相关，甚至出现了汴京城将"君王和民间百姓的空间地位，放到了平等的地位"❷的倾向。作为传统城市选址规划的朴素理论——风水思想，也从秦汉时期都城的堪舆深化到地方城市、村落、宅院、寺观、书院、陵墓等选址依据，造成了城市风景中越来越关注于个人和社会共同体的精神文化追求❸。类似城市镇山、衙署"正穴"以及作为风物形胜湖池路桥、亭榭楼阁等成为文献中常见的记载，影响着中观、微观的城市形态变化。如宋代《景定建康志》记载的明道书院、青溪先贤祠、镇淮桥、二水亭等一系列的公共设施建设记载，无不关注于地方风物的扬逸，且与城内外的自然山水有机交融，形成了近世

---

❶　宋代文化由外拓转向内掘、由总体转向细节的动态演变，是文化史研究的基本范式，如王毅的《中国园林文化史》。南京大学焦泽阳在其博士论文《中国传统伦理与古代都城形态礼制特征的历史演进研究》（2012）一文中，也指出"从两宋开始，文化的发展也像宗法政治制度及其哲学体系一样，都在一种内向封闭的境界中实现着从总体到细节的不断自我完善。与汉唐相比，两宋士人心目中的宇宙世界缩小了。文化艺术已由面上的外向拓展转向于纵深的内在开掘，其所表现的精微细腻程度则是汉唐所无法企及的"（P99）。

❷　南京大学焦泽阳在其博士论文《中国传统伦理与古代都城形态礼制特征的历史演进研究》（2012）中指出，相对秦汉和唐长安，（宋代）都城整体的规模和宫城都不大。其第一次将营建都城的伦理价值主体——君王和民间百姓的空间地位，放到了平等的地位（P104）。

❸　杨柳在其《风水思想与古代城市营建》（重庆大学博士论文，2005）一文中指出，堪舆风水事关皇家命运，在唐以前，累世风水术家与各类术书都控制在皇家手中（P114）。到晚唐后，"风水的民间化，使大量的民俗、礼仪以及尚文、求利、趋福思想融合其中，使风水内容更加繁杂，一方面有清新高雅的山水之术，一方面有功利入俗的脱贫之法，使各色人等均能在其中找到自己所需的选择之法"（P115）。同时，因"市民阶层对风水的依附，使风水的地位在宋代迅速上升"（P128）。

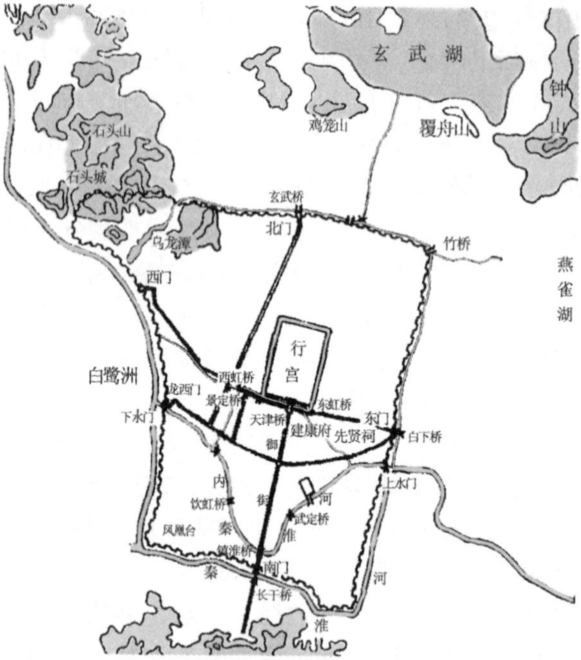

图 3-3　南宋建康城复原图
（资料来源：作者自绘.）

山水城市的形态格局（图 3-3）❶。山水在南宋建康已不仅是儒家礼仪的象征，而且有关地方文运、财运，也是居民日常生活空间的组成部分。而这样由平民化、世俗化城市文化影响下的"神"、"人"城市空间形态意象的转化，必然推动了宋代官员在城市风景建设中的"振文运、兴风物"取向。

同时，宋代城市文明演变在影响城市开放性空间布局的同时，也推动了促进城市经济发展的基础设施建设大发展，而这些民生性的公共基础设施也成为中国古代城市"朴素的绿色基础设施"，为城市风景及公共园林建设提供了多样性的物质基础。宋代商业娱乐型的城市性质转型，使得和经济相关的考课成为官员考核的重点，促进了地方官员对地方农业、商业娱乐业发展的重视，转而影响到宋代以城市水利、路桥交通以及酒楼瓦肆等为代表的公共设施建设高潮，为城市风景的优化和公共园林的建设提供了丰

❶　图 3-3 综合参考了"南唐建康图"（程楚斌. 南京城市水系的历史沿革与保护开发 [D]. 南京：东南大学，2000：24），以及《景定建康志》中的"历代城郭互见之图"及南唐到宋的城市建设历程记载（建康表·卷 7-9），其中最大的区别是南宋行宫的建设。

66

朝代	每年所完成的工程数
周、秦	0.0175
汉（东、西）	0.131
三国	0.545
晋	0.110
南北朝	0.118
隋	0.932
唐	0.88
五代	0.245
宋	3.48
金	0.166
元	3.50
明	8.2
清	12.0

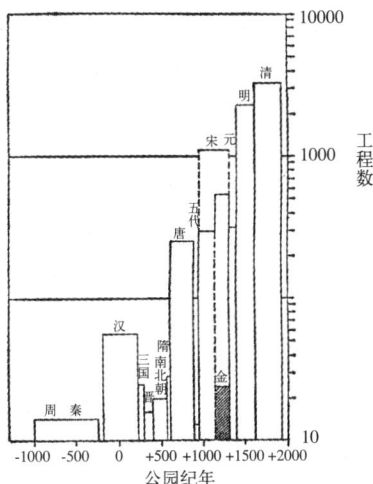

图 3-4　李约瑟历代工程数阶梯图

（资料来源：李约瑟. 中国科学技术史（第 4 卷，第 3 分册）. 2008：282-283.）

富的物质基础。宋代官员的考课主要有六方面，"一曰举官当否，二曰劝课桑农、增垦田畴，三曰户口增损，四曰兴利除害，五曰事实案察，六曰校正刑狱，七曰盗贼多寡"，尤以经济方面的考核为重❶，推动了"农桑垦殖，水利兴修"也成为劝课之最。两宋时期产业和人口的增长是官员考核的主要方面，加之两宋水利技术水平的提高。在城市化进程快速递进的背景下，城市水利的重要性和复合性功能凸显，基于安全防灾、饮水保障以及城郊农业水利的湖泊、河渠、井泉等水利项目蓬勃兴起，城市水利达到了鼎盛时代，并奠定了我国主要历史名称的城市水利骨架（图 3-4）。

　　特别是江南一带，如宁波地区的大型水利工程，宋元时期共184 项水利工程，而远超隋唐的 16 项、秦汉及魏晋的各 1 项，而基本奠定了现状的主干水利工程❷。而且随着城市人口的增加，城市水利的重要性和复合性功能凸显，各类水利项目在城市蓬勃兴起，一些新兴城市，如潮州、惠州、泉州、漳州、宁波、严州、袁州、台州等城市的城市及周边地区的水利工程在两宋时期逐步

❶　河北大学丁建军在其博士论文《宋朝地方官员考核制度研究》中指出，宋朝政府对官员财经业绩的考核是政府考核官员的一项重要内容，也是宋朝官员考核制度的一个突出特点。其中"对外应对战争，需要维持庞大的军队，对内要保证国家机器正常运行和满足皇室、官僚们的奢侈生活"，所造成的"冗官、冗兵、冗费"问题，使得宋朝必须以雄厚的财政收入为基础，从而带来了考课上侧重财经考核的特点（P40）。

❷　成岳冲. 论宋元宁波地区主干水利工程的分布与定型[J]. 浙江学刊，1993（06）：105-107.

系统、完善，并成为城市重要的防洪、防火和生活保障基础。通过官方对城市水利的系统组织实施，我国历史悠久的文化名城的城市水利在两宋时期基本定型，元明清的大多城市水利工程以两宋水利工程的维护和修缮为主，而新的城市水利项目基本局限于都城（汪德华，2002）。桥梁的建设也随着城市水利的发展异常活跃，并在考虑实用的同时，兼顾审美，使桥梁与周边山水相融合，而构成各地城市的亮丽风景线。钟振振《宋代城市桥记刍议》一文中结合从汉到隋唐仅有8篇城市桥记（东汉1篇、东魏1篇、隋2篇、唐3篇、南唐1篇），宋代却有61篇（北宋17篇、南宋47篇）的历史情况，认为城市之桥在是"攸关平民百姓日常生活的重要公共设施"，也成为平民化宋代"考课"中官员的亲民利民行为。同时，诸如酒楼一类的公共建筑，在宋代作为一个城市繁荣的象征，完全脱离了唐代黄鹤楼专属、非营利性的官僚属性，而成为大众的公共设施，在各地城市普遍兴起❶。著名的如汴京的樊楼、临安的丰乐楼，甚至一些州县城都有多个大型酒楼。周辉《北辕录》记曰，"至相州，阛阓繁盛，观者如堵。二楼曰康乐，日月白风清。又有二楼，曰翠楼，曰秦楼，时方卖酒其上，牌书十洲春色，酒名也"（周辉，1988）。这些民生性的水利、桥梁、酒楼等和宋代城市公众娱乐的场所瓦子一起，成为宋代官员在城市公共设施建设的一些重要举措，在将城市改变为市民化空间的同时，也造就了两宋城市风景的实用功效取向（图3-5）。

而城市文明演变下的平民化社会氛围，推动了宋代社会教化向下发展，地方集体意识的培育，使得公共园林在调和社会矛盾的同时，成为"成教化"的实践场所，并促进了纪念性园圃的普遍性建设和城市八景文化的发展。"明人伦，兴教化"，社会教化是中国古代官府的一项重要社会职能，由此演进的社会教化是我国古代社会实施统治的重要方式。中国士大夫一直追寻的"大同世界"即是所其推崇的礼仪规范下移至地方社会层面，为地方州县士庶百姓所认同并遵循，使之成为民众的生活常识与习惯，从

---

❶ 伊永文在《行走在宋代的城市》中指出，"宋代城市中的酒楼那样，都是朝着大街，建筑着堂堂的重叠的高楼，……这些情形都是在宋代才开始出现的"。伊倩在《宋代酒楼建筑与市民文化生活》（哈尔滨工业学报（社会科学版），2014（02）：127-130）一文中指出，宋代酒楼汇集了饮食、娱乐、传闻、交际诸方面的市民文化生活的元素，构成了宋代城市文化生活极其生动的社会风俗画卷。

礼

乐

的

风

景

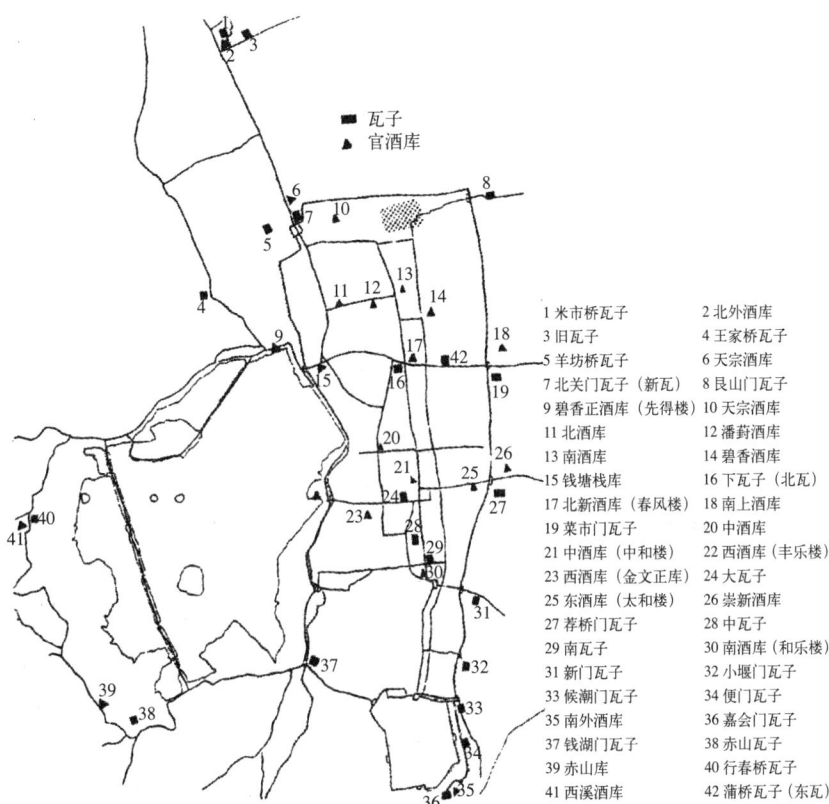

■ 瓦子
▲ 官酒库

1 米市桥瓦子	2 北外酒库
3 旧瓦子	4 王家桥瓦子
5 羊坊桥瓦子	6 天宗酒库
7 北关门瓦子（新瓦）	8 艮山门瓦子
9 碧香正酒库（先得楼）	10 天宗酒库
11 北瓦子	12 潘蕻酒库
13 南酒库	14 碧香酒库
15 钱塘栈库	16 下瓦子（北瓦）
17 北新酒库（春风楼）	18 南上酒库
19 菜市门瓦子	20 中酒库
21 中酒库（中和楼）	22 西酒库（丰乐楼）
23 东酒库（金文正库）	24 大瓦子
25 西酒库（太和）	26 崇新酒库
27 荐桥门瓦子	28 中瓦子
29 南瓦子	30 南酒库（和乐楼）
31 新门瓦子	32 小堰门瓦子
33 候潮门瓦子	34 便门瓦子
35 南外酒库	36 嘉会门瓦子
37 钱湖门瓦子	38 赤山库
39 赤山库	40 行春桥瓦子
41 西溪酒库	42 蒲桥瓦子（东瓦）

图 3-5　南宋杭州城内外瓦子和酒库分布图

（资料来源：斯波义信.宋代江南经济史研究 [M].南京：江苏人民出版社，2012：335.）

而实现国家由上层到下层的同道德、一风俗的局面。社会教化的历史源远流长，《诗经》中就有所谓"美教化，移风俗"之说，《毛诗序》解释为"教以化之"，董仲舒则提出"教化美而风俗美"的美好设想，并将凸显伦理教化的儒学推向官方哲学，成为封建帝王治理天下、教化民众的精神支柱。而唐宋"从士人社会向市民社会"的文明演进中，无论是从官方礼仪典制的修订还是朝廷推行教化的政令诏敕，逐渐下移至地方州县、士庶百姓层面的环节（王美华，2010），反映出教化的"全社会"的趋势。从西汉儒家化国家祭祀体系将先贤祭祀视作"淫祠"，到唐代朝廷仍采取比较强硬的态度对待地方祠祀（雷闻，2005），再到宋代民间神祠在性质和功能上与寺观日益接近且在国家祀典体制中的位置逐步趋同，反映了宋代社会教化实践的日趋细致具体、贴近百姓生活实际的趋向。朝廷对地方祠庙祭祀的政策也开始变化 ^❶，为地方政府立祠建庙提供了较明确的准则和更大的空间（王美华，2006）。如《景定建康志》之《抚青溪先贤堂记》记曰："公卿大夫士可祠者三：道一、德一、功一"，城内有府学祠堂四所，祀二程、范仲淹、真德秀、周敦颐等26人，另有颜真卿祠在句容、张轩祠在天禧寺、刘珙祠在蒋山等；《淳熙三山志》记载的福州钓龙台山的武烈英护镇闽王庙（祀主：闽粤王郢）、西湖之旁的明德赞福王庙（祀主：闽粤王郢）、鼓山的祐王庙（祀主：闽粤王郢第三子）、忠懿王庙（祀主：王审知）等近三十个，其他"县祠庙率里社自建立，岁月深远，一邑或至数百所，不可胜载也"，可见祠庙在各地的分布已经很普遍。而且正是地方官员将官方礼制逐渐由文本付诸于实践，由精英士人阶层下移至民间，并逐步扩大其对社会的影响，才使得朝廷所认可的文明秩序、道德规范也开始渐趋引导着普通民众遵循的"风俗习惯"。同时这样的"风俗习惯"常由官方组织的各类与祭祀、游赏相关的节俗中加以推进，呈现"与民同乐"的社会教化型游赏活动，促进了城市纪念性公共园林的普遍建设。包括祀主的忌日、诞辰、重大的节庆时的祭祀性的群体式活动，春、秋季节的群体性大众游赏和以官员、文人为主体的日常游赏，成为纪念性的三种不同的游赏方式，其中又以群体游赏为甚。如《嘉泰会稽志》记载的绍兴禹庙和千秋观，"三月五日，……禹庙游人最盛，无贫富贵贱，倾城俱出""春欲尽数日，游者益众千秋观前一曲亭，亦竞渡，不减西园"。而且在唐宋"从士人社会向市民社会"进程中，由科举制度带来的地方文人士大夫组成的社会共同体，逐渐形成了统一的城市风景审美意象，并以地方志中景物的形式纳入到集体记忆的范畴。典型的如城市八景的发展历程，从魏晋的东阳八咏、隋唐的永州八记、龙门八咏等"以地域、城市的名胜景点与古迹"为题的连章组诗，开启了城市八景的滥觞，也成为隋唐时期文豪

---

❶ 《宋史·吉礼八·先代陵庙》记宋太祖诏（开宝三年，970年）云，"齐孙膑、晏婴、晋程婴、公孙杵臼、燕乐毅、汉曹参、陈平、韩信、周亚夫、卫青、霍去病、霍光、蜀昭烈帝、关羽、张飞、诸葛亮、唐房玄龄、长孙无忌、魏徵、李靖、李绩、尉迟恭、浑㦤等，皆勋德高迈，为当时之冠。晋赵简子、齐孟尝君、赵赵奢、汉郁吉、唐高士廉、唐俭、岑文本、马周为之次。南燕慕容德、唐装寂、元镇又次之"。即为宋代对名人祭祀的风气之先，而后真宗对"历代帝王陵庙有毁损处，所在计度修葺"（咸平元年（998）十一月九日诏）以及《宋史》记载的"名在地志，功及生民，宫观陵庙，名山大川能兴云雨者，并加崇饰，增入祀典"（《宋史》卷105，《礼志》）等都是皇家对地方名人祭祀的重视，而与隋唐将其视为"淫祠"有很多的区别。

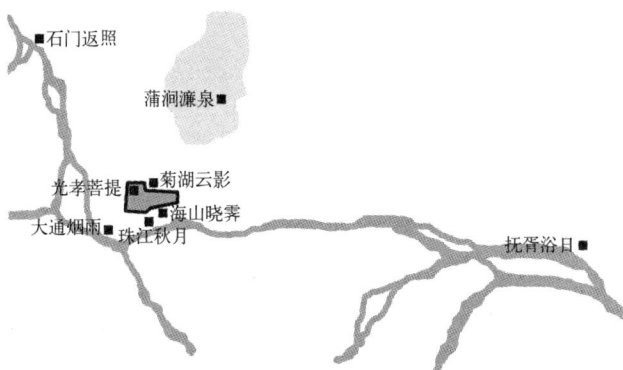

图 3-6　宋代广州八景分布图
(资料来源：作者自绘.)

们所追述的典范。但因魏晋、隋唐行政型城市性质的限制，诸如八景在内的城市风景与城市大众生活关联不大，城市型八景落后于园林型八景的发展，相关诗文也只是出现在文人间的歌咏之中，未在官方的图经、方志中出现，没有形成地方的集体记忆。而宋代"近世社会所强调的民众意识、底层意识、商业社会意识"，成为士大夫"地方观念"兴起的文化土壤，为八景的传播、推广创造了良好的思想环境。加之城市文明的商业娱乐型演变，城市发展动力所依托的开放街市存在的大量商业、娱乐产业，带动了旅游产业的快速发展，推动了八景成为地方重要的旅游目的地。而宋代官员将城市八景作为彰显风物、教化子民的文化手段，城市八景大量出现在地志化文学类型之中。单从《全宋诗》、《全宋文》以及《舆地纪胜》、《方舆胜览》等两宋文献记载就至少有 9 处❶，同期的《全金诗》里也有平水（临汾）、蒲中（永济）、鲸川（河间）等城市八景（八咏）的记载，而散布于元明清文献中的宋代八景仍有不少，如已有研究常涉及的汴京八景、严州八景、广州八景（图 3-6）、燕京八景等。其他诸如鄂州黄鹤楼、岳州岳阳楼、豫章滕王阁以及扬州平山堂、绍兴镇海楼等城市风景名片式的楼阁亭榭建设❷，也成为宋代城市风景建设的一大特点，反映了从幽赏到

---

❶　分别为古田八景、延州八景、凤翔八景、赣州八景、连州八景、万州八景、常德（桃源）八景、武康八景、成县（同庆）八景等，分别记载在《方舆胜览》、《舆地纪胜》与《全宋文》中。

❷　吴良镛先生在《中国人居史》(2014) 之人居基层空间治理的"兴教化"中指出，"碑塔楼阁"是地方文化精神的具体营建和形象化，并反过来增进地方精神的进一步发扬。也是地方文化兴盛的标志和地方文化精神的空间化表达 (P478)。客观印证笔者对与之类似的宋代城市亭台楼阁的社会教化意义观点。

胜览的风景审美范式转变。

宋代城市风景建设目标的综合性广泛存在于各类园林、楼亭文记之中，以《永乐大典·六模湖》中对全国各地36个西湖的文献记载为例，可见清晰理解城市风景建设的综合性。《永乐大典·六模湖》卷二二六三以方志、文记为主，先后分节记载了杭州、福建（含福州和漳州）、颖州、济南、严州、寿昌、温州、宁波、郓县、成都（实为彭州）、铅山、琼州、潮州、雷州、惠州、许州（今许昌）、蜀州（今崇庆）、桂林、新定、昌平、大名、吉水、汉州（今广汉）、婺源、耒阳、沔阳（今仙桃）、湖州、云南（即昆明）、新城、华县、邛州（今邛崃）、宝庆（今邵阳）等33个州府的36个西湖❶。其中辑录的西湖文献大多为两宋时期建设记载，内容已涵盖了城防建设、水利设施、风水形胜、社会教化等方面的建设目标诉求（表3-1）❷，典型例证了宋代城市风景的建设目标综合性（图3-7）。

各地西湖建设动因分析表　　　　　　表3-1

建设原因		杭州	福州	颖州	济南	严州	寿昌	温州	宁波	郓县	彭州	潮州	雷州	惠州	许州	蜀州	桂林	新定	昌平	吉水	汉州	婺源	湖州	昆明	华县	邛州	邵阳	漳浦	比例(%)
保民生	取土筑墙		◇				◇														◇	◇	◇						23.1
	深池城防										◆																		3.8
	农业灌溉	◇	◇	◆		◇		◇							◆	◆						◇						◆	34.6
	防洪防旱	◆	◇	◆		◆		◆							◆													◆	30.8
	内河交通	◆	◆																◆										15.4
	产业资源	◆	◆									◆	◆	◆		◆						◇		◇					38.5
兴风物	兴形势	◆				◆			◆												◆						◆	◆	42.3
	兴文运					◆			◆											◆								◆	15.4
成教化	放生池	◆	◆			◆	◆		◆								◆	◆							◆				34.6
	雅游赏	◇	◆	◆	◆			◆	◆		◇	◆	◆	◆	◇						◆					◆	◆	◆	65.4
	俗游赏	◆	◆	◆				◆															◆		◆				46.2

❶　其中福建西湖一节包括了福州、漳浦、将乐三地西湖，而漳浦西湖从其记载来看，至少有依城和近郊两个西湖；耒阳西湖一节包括了耒阳、衡阳两地西湖；宝庆府西湖和邵阳西湖从地理分布上分析，应为同一个，合计共36个。

❷　该表列举了其中有清晰社会政治经济功能的27个西湖，未含将乐、铅山、琼州、耒阳（2）、沔阳、新城等资料缺乏的7个西湖，功能近似的漳浦西湖（3个）只统计了其中1个。

取土筑墙　　城防建设
深池城防
农业灌溉　　水利设施
防洪防旱
内河交通
产业资源
兴形势　　　风水形胜
兴文运
放生池　　　社会教化
雅游赏
俗游赏

0 1 2 3 4 5 6 7 8 9 10 11 12 13 14 15 16 17 18 19 20 21 22 23 24 25 26 27

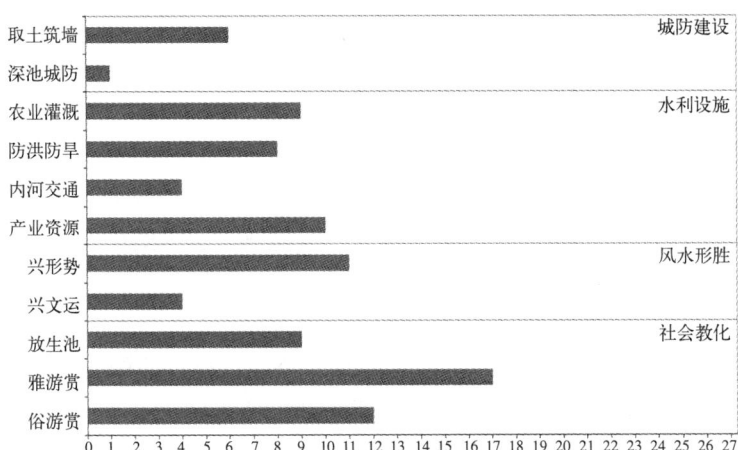

图 3-7 《永乐大典·六模湖》中各地西湖建设动因分析图
（资料来源：作者自绘 .）

第二节　防民患，建民利——城市基础设施及其园林化

宋代城市文明演变推动了保障城市经济发展的基础设施大发展，包括与生产生活紧密相关的水利设施、城市路桥交通设施及其促进城市娱乐发展的酒肆酒务等公共事业发展，为公共园林的蓬勃建设提供了普遍性的物质基础（表 3-2）。其中，城市水利、路桥设施因其涵盖了城市基础设施、公共活动空间、城市山水风景等物质社会功能承载，而显现出了对城市形态支撑最持久和区域文化活力激发的绿色基础设施景观功效，"在很大程度上与 1990

宋代城市园林化民生性设施简览　　　　表 3-2

类型		基础功能	风景组成	典型案例
水利	湖池	灌溉、防洪、水源	湖池＋堤岛桥＋亭阁园圃＋寺观祠庙	杭州西湖、惠州西湖
	河渠	灌溉、水运、防灾	河流＋柳堤＋桥梁＋亭榭＋酒楼、街坊	建康秦淮河、成都浣花溪
	井泉	饮水点	井泉＋亭榭（＋池、塘）	滁州醉翁亭、荆州惠泉
路桥	桥梁	通行	桥＋亭榭	建康镇淮桥、台州平政桥
	驿路	通行	驿路＋迎送亭榭＋驿站馆舍	韶州真水馆、真州注目亭
城墙		防卫	城墙＋城楼＋观景台	岳州岳阳楼、建康伏龟楼

年代兴起的'景观都市主义'关注的焦点和方法论极其相似"，可堪为我国朴素的绿色基础设施。

一、城市水利

两宋城市水利的类型包括了湖泊、河渠和井泉等多种形态，共同组成了城市系统的水利工程系统，影响着两宋不同城市形态的公共园林建设和风景体系。

水利在中国自古以来就是国家的公共工程，也使得中国社会打上了水利社会的烙印❶。从上古的大禹治水——为国土安全进行的大型防洪水利工程，到秦汉时期成都平原都江堰、关中郑国渠、广西灵渠以及一直到隋朝才完成的江南运河，唐宋以前的水利工程常关注于国土层面的大型农业、运输水利工程。到唐宋时期，水利工程逐渐与城市化进程相结合，城市水利工程普遍兴起，诸如汉州西湖、富顺西湖、杭州西湖等城郊湖泊形成的风景区在唐代已被诗人们所称颂。而在山水文化渐趋成熟和城市平民化、世俗化的影响下，宋代水利设施较之隋唐园林化程度更高，也已成为各类水利项目的必要措施，从而成为各地重要的公共园林载体，形成了诸如杭州、苏州、扬州、南京、桂林、宁波、济南、颍州等一批水文化园林建设著名的城市，成为中国古代城市水文化园林建设的成熟时代（图3-8）。湖泊、河渠和井泉等多种形态共同组成了城市系统的水利工程系统，影响着宋代不同城市形态的公共园林建设和风景体系。

（一）城市水利的功能及类型

宋代随着城市化进程的加快，城市水利的重要性和复合性功能凸显，以湖泊和河渠为主、井泉为辅的城市水利体系，承载着安全防灾、饮水保障、农业灌溉、城市游赏以及放生祝圣、城市

---

❶ 对中国"水利社会"的研究具有广泛的国际性，马克思在探讨东方社会的独特道路时指出，东方社会的一个显著特征，就是水利事业一直是国家的公共工程，因此"利用渠道和水利工程的人工灌溉设施成了东方农业的基础。……节省用水和共同用水是基本的要求，……在东方，……就迫切需要中央集权的政府来干预"。我国学术界由此将中国社会这样的现象代称之为"水利社会"，并提出了水利社会的几个特点：其一，水是社会稳定和发展的重要基础，水事兴衰与社会变革往往联系在一起，水运系乎国运；其二，水资源向来是全社会和官府共同关注的"公共物品"，对它的调配、使用便成为头等重要的社会问题；其三，对水资源的支配影响着社会网络的建立，水事关系直接延伸到社会关系上，中国社会的管理体制是在管水的基础上发展而成的，水事管理的制度、网络随之发展成国家的行政体系（行龙，2005；王铭铭，2006；王焕炎，2008等）。

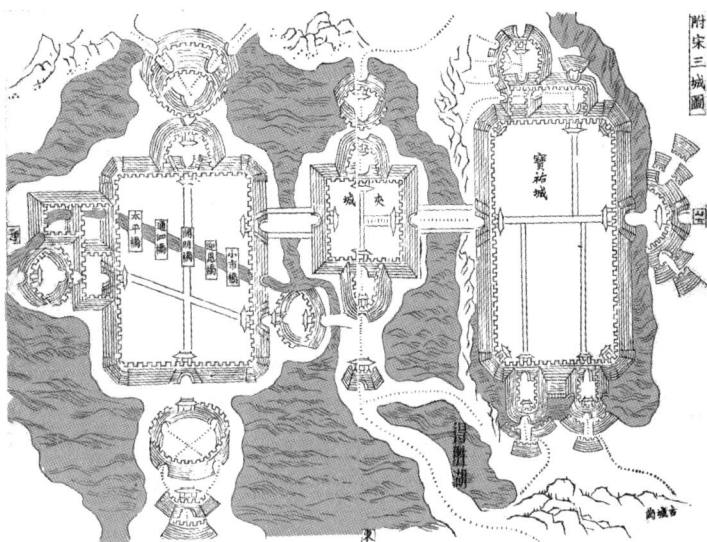

图 3-8　宋代扬州三城图
(资料来源：摹自《嘉庆·重修扬州府志》的附宋三城图.)

风水的功能，城市水利建设达到了历史鼎盛时代 ❶，并奠定了我国主要历史名称的城市水利骨架。

　　宋代城市水利的多功能兼容为城市生产生活提供了各类基础保障和文化导向，包括供水、排水、调蓄、交通、守备以及祭祀、社会教化的功能，促进了官方对城市水利的系统保护和建设。如苏轼在论述杭州西湖保护的重要性中依次涵盖：放生池，"祝千万岁寿"；饮用水保障，"百万生聚，待此而后食"；灌溉农田，"下湖数十里间，菱菱穀米，所获不赀"；运河河道保障和城市防洪，"西湖深阔，则运河可以取足于湖水。若湖水不足，则必取足于江潮。潮之所过，泥沙浑浊，一石五斗。不出三岁，辄调兵夫十余万功开浚，而河行市井中盖十余里，吏卒骚扰，泥水狼藉，为居民莫大之患"；保障城市产业（酿酒业）等"不可废者五" ❷。其中首要的是城市安全功能，即包括防洪、饮水、防火以及城市防备等安全方面的城市水利功能。城池防洪是城市水利极为重要的功能，特别是处于江河汇集的大中型城市，由此而营建的城市水利

---

　　❶　汪德华在《中国城市山水文化》(2003) 一书中指出，我国历史悠久的文化名城的城市水利在两宋时期基本定型，元明清的大多城市水利工程以两宋水利工程的维护和修缮为主，而新的城市水利项目基本局限于都城。

　　❷　(宋) 苏轼. 杭州乞度牒开西湖状 // 全宋文 [G]. 卷一八七四.

项目在两宋记载甚多。如台州东湖记载，"天台为郡，负山带江，地形险峨，草木翳荟，人烟繁多，万宝鳞比，随山高下，无平川大陆以达水怒。每阴雨霖霪，则水泉漾薄，涧输壑委，奔流疾走，自高而下，如建瓴于高屋之上。闾里之民，咸怀决溢之惧。厥初经营，智者相攸，凿湖于城东，当众山汇之要，以受百水，即城之径庭为渎，以疏之。湖高而江低，并湖为斗门，泄水以注之江。旱则潴蓄以待灌溉之需。民用莫居，无复水患"❶。又如惠州西湖（由丰湖等组成）"丰湖湮废，岁以涨潦为患，至于漂溺人物。公为之筑重堤，以障其患；或堰或闸，以闭以泄，各得其宜"（郑侠，《惠州太守陈文惠公祠堂记》）。同时城市水利项目兼有保障城市饮用水安全的目的，如明州西湖，舒亶《西湖记》云，"明为州，濒江而带海，其水善泄而易旱，稍不雨，居民至饮江水。是湖之作，所以南引它山之水，畜以备旱岁。……熙宁中，岁大旱，阖境取给于其中，湖为之竭；既又穴为井，置庐以守之"。还有大部分城郊湖池服务于城郊农业灌溉，并和周边山川形成邑郊湖山风景区，成为大众游赏的重要场所（图3-9）。而且随着两宋城市人口增加，官府在城市内广开泉源，设井、池、亭榭等建设居民饮用水保障点，形成城市良好的饮水安全保障体系。如开封府，太祖建隆二年（961），引金水河入京城；乾德三年（965），又引金水河贯穿皇城，解决了皇宫的用水问题，又用大轮汲水，使金水河贯入亲王、公主等贵族宅第。大中祥符二年（1009），将开封府内金水河开通后，"又累石为间梁、方井，官寺、民舍皆得汲用"❷，东京供水条件大大改善，惠及京师军民（郭丽冰，吴业国，2009）。这种"石梁方井"在《清明上河图》中清晰可见（图3-10）。而杭州李泌的"六井"、镇江三十六苏公井等以及《嘉定镇江志》单列的《井泉》一章，皆是这些居民饮用水保障点。同时由于城市往往选址于水陆交通汇集之地，在两宋城市商业物流的旺盛需求下，水系交通运输功能也成为城市水系所关注的要点。如地处江南水乡的城市，往往城内河道系统发达，如宋平江府城（苏州城），河道长达82公里，古城面积为14.2平方公里，城河密度达7.9公里/平方公里；

❶ 《赤城集·修东湖记》。转引自：吴庆洲.中国古代城市防洪研究[M].北京：中国建筑工业出版社，2009：506.

❷ 《宋史·河渠志》之卷94，金水河。转引自：李虎，申红涛.周宋时期开封城市的形态发展研究[J].沈阳大学学报，2010（05）.

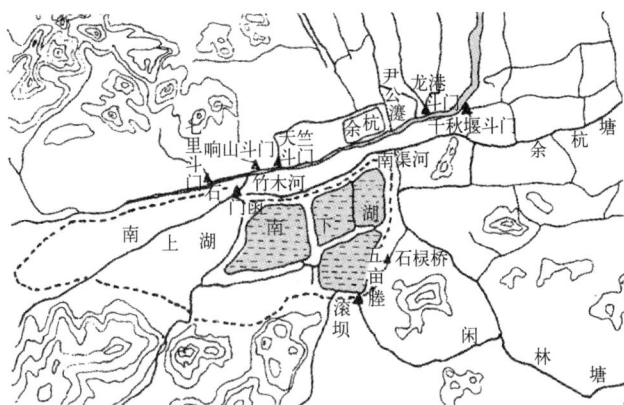

a) 余杭县水利图

b)（南宋）余杭县境图

图 3-9 宋代余杭南湖水利与城郊风景区建设分析

（资料来源：a）摹自斯波义信. 宋代江南经济史研究 [M]. 南京：江苏人民出版社，2012：184；
b）摹自《咸淳临安志》余杭县境图 .）

温州城，宋代有城河长度达 20300 丈，合 65 公里，古城面积约 6
平方公里，河道密度达 10.8 公里 / 平方公里。这样密集的河道都
为城池提供了良好的交通和生活条件，也为城池的园圃提供了充
足的水源，促进了江南园林的兴盛。除苏轼论述杭州西湖的交通
功能外，福州淳熙年间太守赵汝愚也将城市水利交通提到便民的
要务，"然西湖、南湖不复相通，而古人积水利民之地，尽为豪民
猾户所有。虽有潮水不往往来，而上下阻隔，无由通济"（赵汝愚，
《论福州便民事疏》）❶。于是浚通西湖至入海口的水利，便于潮水时

---

❶ （宋）梁克家 . 淳熙三山志 [G]. 卷第四 · 西湖 .

图 3-10　清明上河图中的石梁方井
(资料来源：张择端.清明上河图 [M].人民美术出版社，1981.)

的运输。北方的大部分城池大多不重视水利交通，但也有诸如开封、洛阳这样的大都市也具有优秀的城市水利交通网络。东京地处平原，城内和四周有四条河道——汴河、蔡河、五丈河、金水河，都通过护城河互相沟通（图 3-11）。其中汴河横穿城的东西，而且是南北大运河的一段，是城市供应、商业经济的主要交通线，东去泗州入淮，"运东南方粮，凡东南方物，自此如京城，公私仰给焉"，对城市发展繁荣关系至为密切；金河水，自京城西南分京索河筑堤，从汴河上用水槽架过，从西北水门入京城，夹墙遮拥入大内，灌后苑池浦（董鉴泓，2004）。同时两岸的堤防注重绿化保护，如太祖建隆三年（962）十月诏"缘汴河州县长吏，常以春首课民夹岸植榆柳，以固堤防"。哲宗绍圣四年（1097）12 月，"京城内汴河两岸，各留堤面丈有五尺，禁公私侵牟"。其次，两宋城市的商业功能虽然已经成为城市的主导功能，到大量城郊农业和城市园圃的灌溉用水依旧需要保障，促进了城郊水利设施的保护和营建。两宋城市与隋唐相比，城内的建筑密度更高，作为农业用地的耕地相对较少，但依旧存在，而且大量的园林亦需要相应的水利保障，客观上促进了城市水利中的河道系统建设。如四川江原（现崇庆）北宋时期赵抃的城内河道建设，"江原县江，缭治僻址而东，距三百步。泷湍驰激，朝暮鸣在耳，使人听爱弗倦。遂锸渠通民田，来圃亭阶庑间。环回旋，沟行沼停，起居观游，清快心目。公暇

78

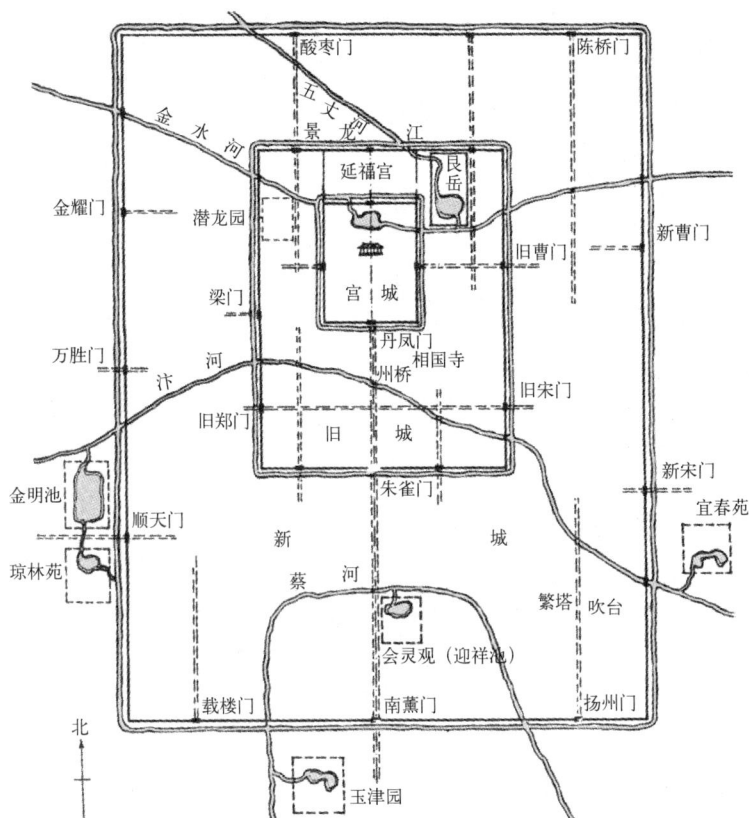

图 3-11 北宋东京城平面示意图

(资料来源：冈大路.中国宫苑园林史考 [M].北京：学苑出版社，2008：81.)

事休，与弟扬抗坐东轩，怡然盘桓，共为诗章"。这次河道的营建，既灌溉了城内外的民田，也造就了蜀中名胜崇庆罨画池的形成（图3-12）。城郊湖泊的农业灌溉功能更是明显，如上节所述的台州东湖、福州西湖都提到了灌溉民田的作用。唐代白居易云，杭州西湖"放水溉田，每减一寸，可溉十五顷；每一伏时，可溉五十顷。若蓄洩及时，则濒河千顷，可无凶岁"❶。北宋苏轼在浚湖后提到，"今虽不及千顷，而下湖数十里，菱菱穀米，所获不赀"❷。而且随着城市人口的增加，里坊制的打破，城市建筑更加密集、更高，消防压力更大，散布于城市内部的湖池、井泉和系统建设的沟渠，也为城市的防火安全提供了保障。

---

❶ 〔唐〕白居易 . 西湖石函记 // 〔宋〕施谔纂修 . 淳祐临安志 [G].

❷ 《永乐大典》卷二二六三，《六模·湖》之杭州西湖（国家图书馆藏本）。

图 3-12　清代方志上的罨画池
（资料来源：光绪《崇庆州志》卷一·舆图八）

　　宋代城市水利由湖池、河渠、井泉等三大类型组成，且相互连通组成城市水系，形成城市重要的基础设施和公共开放空间体系。而且这样多类型组成的城市水系与城市的自然形态有着完美的契合度，不同地域的城市水系与自然山水、城市结构和功能布局有着地域性的组合特点。如北方地区因降水量较少，常结合远郊的大河、大江作为城市重要的水源地，城郊设起调节作用的湖池，结合城内的河渠构成城市水利体系。因而城市水利风景也多以河渠为主体，兼容少量的中小型湖池形态，如东京的金明池、琼林苑、凝祥池等❶。而处于都江堰灌溉区的成都，因水源依赖于距离甚远的都江堰，其城市水系形态也接近于北方城市的水利布局。南方大部分城市因雨水充足，加之城市选址上山水相融的空间格局，造就了城市水源多以大型湖泊或近城的江河为主。其中以大型湖泊组织了"城郊湖泊—城内河渠—城外江河"的水利体系，如杭州、福州、惠州、广州（图3-13）、绍兴等；以城郊江河为水源的，常

---

❶　参见本章图 3-11。

在城郊、城内设湖池调节，形成"城外江河—城外（城内）湖池—城内河渠—城外江河"的水利体系，如潮州、宁波（图 3-14）、南昌等。由于中国区域地理条件的复杂性，这样的体系的适应性随着自然条件的不同，各有变异，如济南即是以泉为源，城内的大

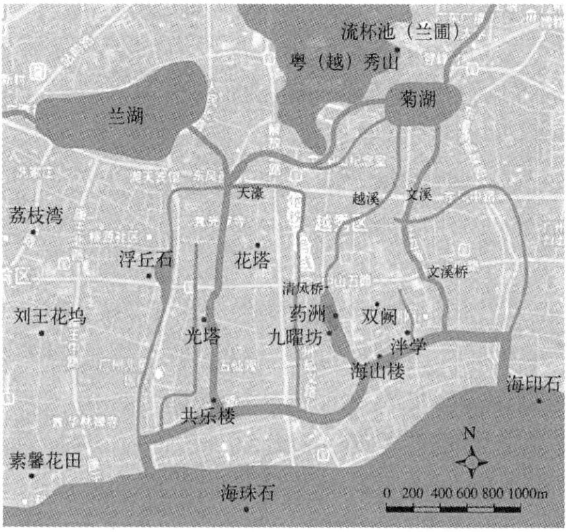

图 3-13 宋代广州六脉渠及主要公共园林分布图
（资料来源：徐敏. 宋代广州城市景观研究 [D]. 广东：华南理工大学 .2012；94.）

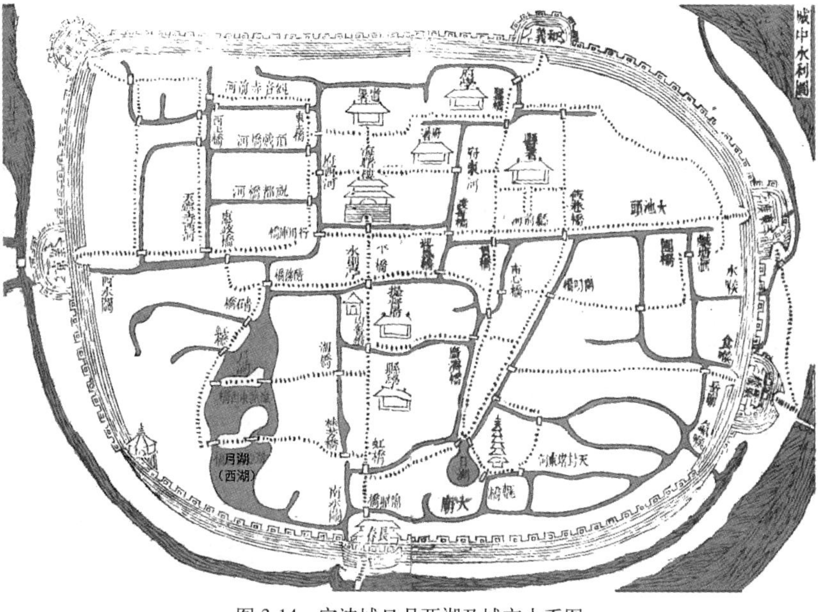

图 3-14 宁波城日月两湖及城市水系图
（资料来源：摹自乾隆《鄞县志》的四乡水利图）

明湖为调节、涵养之地；长江中上游两岸的城市依山为城，城市饮水以井泉辅之人力运送的江水为主等。但总体来说，南方较多的降雨量使得城市内涝呈现与北方不同的状态，城内外基于防洪的湖池明显多于北方城市，加之南方山水的清秀，造就了南方地区的水利景观在数量上、质量上都优于北方城市。

宋代城市经济的快速增长和水利技术的高水平，使得作为城市水系组成的湖泊、池塘以及河渠在全国普遍兴建，而其公共投资、开放式的公共风景资源基础，成为宋代城市公共园林的重要载体。凡是园林多、绿化好的城市，都与城市水系发达有关（吴庆洲，1989）。历史上，洛阳以园林众多著名，这与伊、洛等水贯城有关，而"元丰初，开清汴，禁伊、洛水入城，诸园为废，花木皆枯死"。后来，元丰四年（1081年），"复引伊、洛水入城，洛阳园圃复盛"。而且这些公共水利设施本身也是良好的园林建设载体，如众多的城市西湖、东湖以及诸如建康青溪、成都浣花溪、广州六渠等河道风景组成了宋代城市普遍性的风景形态。甚至作为城市防备的壕沟，在两宋之际也成为公共空间建设的物质载体，如开封城的御沟，"有砖石甃砌御沟水两道，宣和间尽植莲荷，近岸植桃李梨杏，杂花相间。春秋之间，望之如绣"❶。很多城市的护城河开挖得很宽（有的是局部挖宽），如聊城、南通、淮阴、赣州、洪州（南昌）、九江、温州、武昌、鄂州等也逐渐开始发展水上娱乐，成为城市的一个重点商贸、文化旅游区。

（二）城市湖池及其园林化途径

因城市功能需求建设的湖池型水利工程，是宋代风景资源最佳、公共开放度最为彻底的城市公共园林，因而也广泛地出现在全国性的总志、地方志以及相关文记中。从相应的文献记载和实地考证的案例归纳来看，宋代城市湖池可根据区位分为远郊、城郊、城内三种类型（表3-3），不同的类型在其水利功能、风景营建上有着一定的差异，并与相应的城市公共游赏活动形成场所化的城市公共空间。

其中远郊的湖泊离城较远，常作为区域内重要的农业灌溉水源，其在规模上一般较大，且因有着连绵的丘陵、山岳作为湖区的雨水收集面，具有良好的湖山风景结构（图3-15），但因离城市

❶ （宋）孟元老．东京梦华录[G]．卷二．

类型	水利功能	风景要素	游赏活动	典型案例
远郊湖泊	水源地	湖山风景 + 祠庙、寺观	祭祀性游赏	宁波东钱湖 绍兴鉴湖
城郊湖池	水源地、调蓄池、城防	湖山风景、堤岛桥 + 祠庙、寺观、园圃、酒楼、亭榭	祭祀、竞渡、日常游赏	杭州西湖 福州西湖
城内湖池	调蓄池	堤岛桥 + 祠庙、寺观、园圃、酒楼、亭榭	日常游赏	宁波月湖 南昌东湖

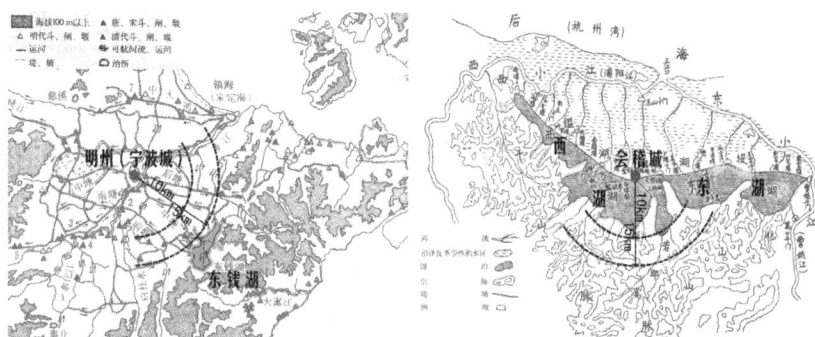

图 3-15　宋代典型远郊湖泊的风景区位分析
(资料来源：自绘，底图自：(日) 斯波义信著. 宋代江南经济史研究 [M]. 方健，
何忠礼译. 南京：江苏人民出版社，2012：457，174.)

的日常生活较远，这些远郊的湖泊在游赏景点上以纪念水利建设的官员祠庙和散布的寺观为主，游赏活动的类型也以纪念祠主诞辰时际的纪念性大众游赏为主。如宁波东钱湖（周 80 里）、萧山的湘湖（周 80 余里，湖面近 3 万余亩）、绍兴鉴湖（周围 310 里）❶等。宋代郡守胡榘，在浚治东钱湖湖后在筑"烟波馆、天镜亭于陶公山"❷；绍兴鉴湖在禹山下筑禹王庙、放生池、般若亭等。

　　城郊湖泊在水利功能上常兼容农业灌溉和城市饮水的水源地，其虽受城市周边自然条件影响，在规模上有大、小之分，但因为紧邻城池，具有良好的可达性，使得临城湖池的园林建设相对繁荣，除湖面的堤岛桥、湖心亭外，环湖设置的祠庙、寺观、书院也更多，官署及相应的园圃也常有之。典型者如杭州西湖，除两堤三岛的

❶　以上规模资料引自：(日) 斯波义信. 宋代江南经济史研究 [M]. 南京：江苏人民出版社，2012. 分别自：前篇·宋代长江下游地区的经济状况中的第二节"长江下游流域的水利组织"和后篇·宁绍亚区域的经济景况的宋代的宁波和绍兴府萧山县湘湖的水利等。

❷　(宋) 罗濬等撰. 宝庆四明志 [G]. 国家图书馆藏本. 水利卷.

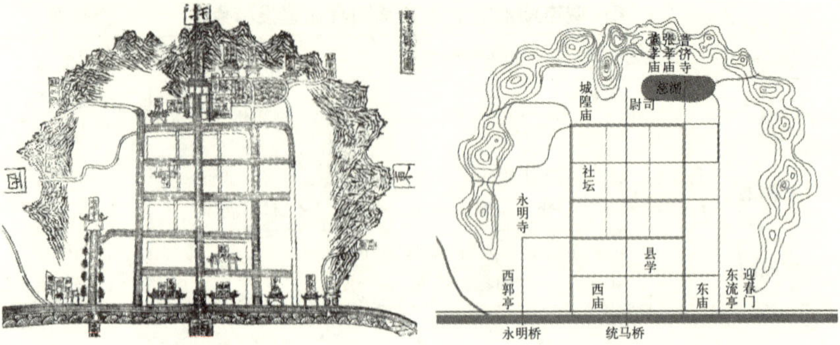

a) 宋代慈溪县治图　　　　　b) 宋代慈溪城市水网道路推测复原示意

图 3-16　宋代慈溪普济湖（慈湖）空间及风景形态

（资料来源：a) 自郑锡煌 . 中国古代地图集 [M]. 西安：西安地图出版社，2005：73；b) 为作者自绘 .）

空间外，沿湖寺观、祠庙数量甚多，除皇家苑圃外，还有官署的三贤堂、先贤祠、丰乐楼等园圃。即便是小型的台州东湖，沿湖有书院、祠庙、寺观，可见游赏景物之丰富。慈溪普济湖（图 3-16），南宋咸淳元年（1265）县守桂锡孙重浚湖池，记曰"湖既停潴，必观其澜，一碧浸空，千翠倒影，山含采而水含晖，公因蠹峙，封旧环隄，增建新亭于其间，扁曰湖山第一，曰小蓬莱，曰野航，曰茅亭，其上曰仁天，祝圣人之寿，纵鱼鸟以咸若。建桥之名，则曰碧绣，曰砥流，其下曰则碶，放盈科之泉，时提阆以咸逸"❶，成为慈溪县城市风景形态的控制要素和园林游赏场所。城郊湖池除场所化了的祭祀性公共节庆、竞舟外，日常的游赏也很频繁。

　　城内湖池一般作为城市水系重要的调蓄池，常位于城内临墙一侧，规模多为中小型，并因湖面与城市街坊的紧密关系，成为市民可达性最好的宋代城市公共园林，相应的园林建设也更为丰富、密集。如宁波月湖，其湖面二堤、四桥、十洲（分别为柳汀、雪汀、芳草洲、芙蓉洲、菊花洲、月岛、松岛、花屿、烟屿、竹屿等）的堤岛桥风景要素与广福院、涵虚馆、圣功寺、郡酒务等相融，而有"亭台院阁，随方面势，四时之景不同，而士女游赏特盛于春夏，飞盖成阴，画船漾影，殆无虚日"❷的记载。又如南昌东湖（图 3-17），"沿堤上下植以万柳，绕湖周遭通以行路，楼观园圃，左右映带，四时游观，车盖相望，遂为江右胜践"❸，有"褒

---

❶　（宋）桂锡孙 . 慈溪县濬普济湖记 // 全宋文 [G]. 卷七九五五 .

❷　永乐大典方志辑佚 [G]. 四明志 · 山川：634.

❸　永乐大典方志辑佚 [G]. 豫章续志 · 山川：1490.

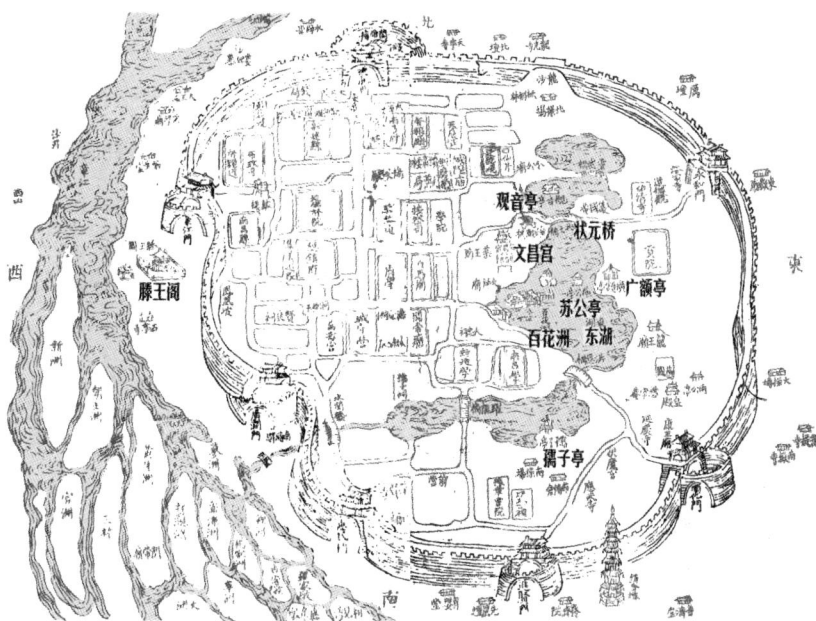

图 3-17　南昌东湖在清代城池图上的区位与景点示意
（资料来源：摹自乾隆《南昌县志》城池图.）

贤阁、临湖阁、羡鱼亭、吏隐亭、涵虚阁、皆春园、东园"（彭适凡，1995）等亭榭园圃布局于东湖周边❶；许昌西湖，北宋胡宿《流杯亭记》记曰，"前后诸公，构亭环其上者甚多。钩台射埒，左右楼映，随所面势，咸极佳趣"❷，有北宋初年钱惟演所建的湖心岛、清暑堂及其桥梁，吕文靖所建的会景亭，李给事所建的桃李园及净居堂、流杯亭等。且环湖选址布局的寺观、私家园圃也常在旺盛的游赏需求下开放，形成沿湖可游、可观、可憩的游赏环线。而城内湖池因地处城市闹市区，相应的公共游赏以日常自由游赏为主，大型而有组织的祭祀、竞舟活动少有记载。

　　基于城市防洪、灌溉、交通、饮用水保障以及城市风水形势裁成的城市湖池，在宋代城市游赏文化的推动和儒家官员"与民同乐"思想的主导下，通过以堤、岛和桥的水利工程、交通设施和园林化建设相结合的朴素造园手法，促进了中国历史上大多数

---

❶　彭适凡在《再论古代南昌城的变迁与发展》（南方文物，1995，4）一文中指出，"宋时，东湖沿岸的亭榭楼阁日趋增多，仅新建的就有褒贤阁、临湖阁、羡鱼亭、吏隐亭、涵虚阁、皆春园、东园等。由于有这些建筑物的点缀，宋时的东湖更成了城内游览胜地"。

❷　（宋）胡宿．流杯亭记 // 全宋文 [G]．卷四六六．

著名湖山风景名胜区的定型，并成为与城市居民日常游赏结合最紧密的公共园林类型。

（三）城市河渠及其园林化途径

根据与城市生活的紧密度可以分为城外河渠和城内河渠两类，且在其公共园林建设有不同的方法途径（表3-4）。其中城外河渠由自然河流和人工的壕沟或运河两部分组成，在宋代城市风景建设的鼎盛期，这类河渠常通过河面的扩大，结合堤面绿化、入城桥梁或亭榭形成临城的风景带。如成都浣花溪、常德东湖、徽州城河等。城内河渠一般为人工河渠，与城市街坊结合紧密，常与城内桥梁一起组成河渠节点型景点，部分河渠因地处城市商业带，也成为地方上著名的风景带，如建康青溪河的二水亭—镇淮桥一带。

宋代城市河渠的类型及其园林化建设特点　　　　表3-4

类型		水利功能	风景特点	游赏活动	典型案例
城外河渠	自然溪河	水源、城防、交通	自然山水＋亭榭、桥梁、码头的点状风景点；湖池化风景带	日常游赏、竞渡、游江、放生池	成都浣花溪常德东湖
	人工河渠		堤面绿带＋桥梁、亭榭的点状风景点	日常游赏	徽州城河
城内河渠	商业区		桥梁景点及楼阁、亭榭、园圃	日常游赏	建康青溪河
	其他		堤面绿带＋桥梁、亭榭的点状风景点	日常游赏	东京城河渠

城外河渠的园林建设与河渠周边的自然山水风景关联紧密，常结合城隍、湖池建设形成大中型的水利风景园林。其中自然溪河因有稳定的水源，在宋代因势利导筑成湖池的记载不在少数，如阳曲柳溪、常德东湖、岳州南湖、广德县放生池等，河渠的风景形态也接近于湖泊型的水利风景。如《太原志》记载的阳曲县柳溪，"在县西一里，汾堤之东，引汾水注之，周四五里。中洲有□华堂，宋相韩绛、韩缜兄弟相继帅太原所作，有李清臣碑。堂后通芙蓉洲，……阁西有安武堂，下临汾野，每春秋仲月，大阅武于此。阁东有大池，池南有四照亭，北有瑞莲堂。次东有水心亭，乃岁之上巳，张水嬉游竞渡夺标之戏，太守泛舟溪中，都人士女游观。达四旁植柳万株，清荫交合，为西北之荣观"❶。岳州南湖，也是在

---

❶　永乐大典方志辑佚 [G]. 太原志·祠庙·庙·太原县：217.

自然溪河城隍基础上构建的。《岳州志·城池》记曰，"其城因山为基，北绕州治，联络东南，独西恃江为固，三隅之外，因溪为壕，险若天造，旧经谓悉始于鲁公之手。……嘉定丁丑十二月，三山陈侯被命守兹土，……疏浚沟域，增筑长堤，补缀垠堮，固内襟抱，外捍寇偷，一郡之水，潴而为渊，汪洋衍溢于两山之间。自南湖下北至闸口，袤广五百余丈，衡广二十六丈，渺如上湖。城高水深，始尽复子敬之旧。侯念复古之难，且惧无以持久之讬也，则又徙放生池榜之濠上，去湫底而就深广，为亭山椒"❶。而诸如岳州城隍南湖这样在城郊筑湖为放生池的园林化处理，在两宋时期已极为普遍，在保存至今的两宋城池图上几乎都有城郊放生池的标注。陆游记载的《广德军放生池记》就是这样的典型案例，"承议郎曾侯杲，以庆元二年来领郡事，顾而太息。会以事至子城西稍南，得亘溪者，延袤百步，泓渟澄澈，蒲柳列植，藻荇萦带，水光天影，荡摩上下，为一郡绝境，侯因其故而加治焉。筑屋于其会，名曰溪堂。民不劳，财不费，焕然告成"❷。有些大中城市为交通运输需要，设有环城河道，如开封、临安、绍兴、苏州等城市，有些环城河道甚至很宽，几近于湖泊的形态，如温州的南湖，"南湖出瑞安水门外，为南郭水，西接永泰桥下西湖，沿城下皆平堤，树以柳。南岸皆园馆，东为钓桥，今为斗门堁。通新开濠前为车桥，水通花柳塘，历飞霞洞，前过虹桥，达朱村堁。北过古船场水寨，至外沙河，为罗城外壕。江乡搬运，多由于此"❸。而成都的浣花溪，与沿河的城门、寺庙、古宅、湖池形成绵延十几里的城市遨游风景线。任正一的《游浣花记》记曰，"成都之俗以游乐相尚，而浣花为特甚。每岁孟夏十有九日，都人士女，丽服靓装，南出锦官门，稍折而东，行十里，入梵安寺，罗拜冀国夫人祠下，退游杜子美古宅，遂泛舟浣花溪之百花潭，因之名其游舆"，堪称为这样环城河渠的风景之盛。也并非是所有的城池都具有这样有优势的自然山水资源条件，部分城市的城外河道由简单的沿堤绿化，加之入城的桥梁、亭榭组成城郊的河渠风景(图3-18)。如徽州的城外溪河，罗似臣《徽州新城记》记曰，"因溪为隍，而溪山又为天下胜处。……筑堤捍固，凡两级，联亘修偃，踰于旧城，列植桃柳木芙蓉，春葩秋卉，

---

❶ 永乐大典方志辑佚 [G]. 岳州志·城池 : 1129–1130.
❷ (宋)陆游. 广德军放生池记 // 全宋文 [G]. 卷四九四三.
❸ 永乐大典方志辑佚 [G]. 温州府志·山川 : 679–680.

图 3-18　明清时期成都浣花溪风景带

（资料来源：摹自应金华，樊丙庚主编 . 四川历史文化名城 [M]. 成都：四川人民出版社，2000：26.）

农织间发，水光山色，左右映带，足以助邦人游览之娱"，便是徽州城外护城河通过堤防建设、绿化美化而成为地方公共游赏胜地的实例。更多的是结合城河上的码头、入城桥梁形成城郊风景点，成为百姓游憩、迎送的公共园林景点。

城内河渠的风景与其临近的街坊功能紧密相关，常通过政策性的建设控制河堤的宽度（一般为 3～5 米），以便于居民的日常通行和游赏，加之点缀的亭榭、桥梁，形成宋代城市河渠的基本风景形态。如东京城的河渠政策，"沿汴两岸房廊，除堤面依条留一丈五尺外，应地步并交割与京城所，其屋宇地基依祖修盖，仍令都大并合干地分使臣、铺头兵员等同共照管，并隶本管所割"（宋哲宗，《沿汴两岸房廊交割与京城所御批》）。即是对河堤宽度的控制，加之汴河上的 14 座桥梁❶，形成系统的河渠风景体系。其中州桥是都城最著名的桥梁和交通枢纽，也是都城中轴线上的重要坐标，成为重要的城市风景标识点❷（见第二章图 2-9）。但城内河渠在不同的功能地段，其园林形态常表现为很大的区别。以建康城内河渠为例，在商业区、行政区、居住区，河渠的园林形态有很大的区别，商业区的秦淮河段沿河布置了诸如横江馆、白鹭亭、

---

❶ 《东京梦华录》记曰："自东水门外七里曰虹桥。……次曰顺城仓桥。入水门里曰便桥。次曰下土桥。次曰上土桥。投西角子门曰相国寺桥。次曰州桥（正名天汉桥）。……西去曰浚仪桥。次曰兴国寺桥（亦名马军衙桥）。次曰太师府桥（蔡相宅前）。次曰金梁桥。次曰西浮桥。次曰西水门便桥。门外曰横桥。"

❷ 根据宋代《东京梦华录》、《事林广记》及当代傅熹年、郭黛姮、田银生等专家的相关分析，北宋时期逐渐形成了以州桥为核心的重要商业区，从宣德门前到朱雀门内的州桥一带，实际上是一个大规模的宫廷广场，每逢节日，多在这里举行大型庆祝活动。从州桥向南到朱雀门外的龙津桥一带，是全城著名的商业区，遐迩闻名的"州桥夜市"就位于该处。

折柳亭、赏心亭、层楼以及绣春园、饮虹桥、镇淮桥等风景式亭榭、园圃、桥梁，形成宋代建康年间热闹的城市公共风景带（表3-5，图3-19）。而临近衙署区的青溪河，结合着先贤祠的建设"浚青溪，增堂、馆、亭、榭三十余所，筑堤飞桥，尽游观之胜"，形成相对幽静的文化性游赏空间。宋代广州著名的六脉渠，其风景建设也与城市的街坊功能关联紧密，主要的园林化景点建设集中于服务对外贸易和港口运输的西城内，如宋代广州著名景点西湖、九曜石、药洲以及共乐楼（图3-20），都在六脉渠的西城区域，可见城内河道风景建设与城市街坊功能之间的关系。

图 3-19　宋代广州西湖景区示意图
（资料来源：关菲凡 . 广州城六脉渠研究 [D]. 广东：华南理工大学，2010：35.）

中兴建炎以来年表中记录的青溪、秦淮河园林化建设一览表　　表 3-5

时间	文献记载	园林要素
乾道四年	以蔡宽夫宅基创贡院，重建新亭、东冶亭、二水亭，移放生池于青溪，建青溪阁	亭榭、楼阁、园圃
乾道五年	重修镇淮桥、饮虹桥，上为大屋数十楹，极其壮丽	桥梁及亭榭
开禧元年	重建镇淮、饮虹二大桥	桥梁
宝祐五年	镇淮、饮虹二桥圮于水，乃重建之	桥梁
景定元年	青溪建先贤祠，……浚青溪，增堂、馆、亭、榭三十余所，筑堤飞桥，尽游观之胜。赏心及白鹭亭相属为金陵绝景，毁于火，乃重建之，雄于旧观。其前临水作亭，扁曰"横江"，为宾饯之所，后为馆，扁曰"横江"，以待四方之宾客，皆昔未所有也	亭榭、楼阁、园圃
咸淳元年	创静庵于青溪之上，为屋三十间，后累石为崇山，亭其巅曰"最高"。山后，跨飞梁，涉修径，建堂二所，其前曰"简暇"，其中曰"观心"，其后曰"近民"，以其后临通衢也	亭榭、楼阁、园圃

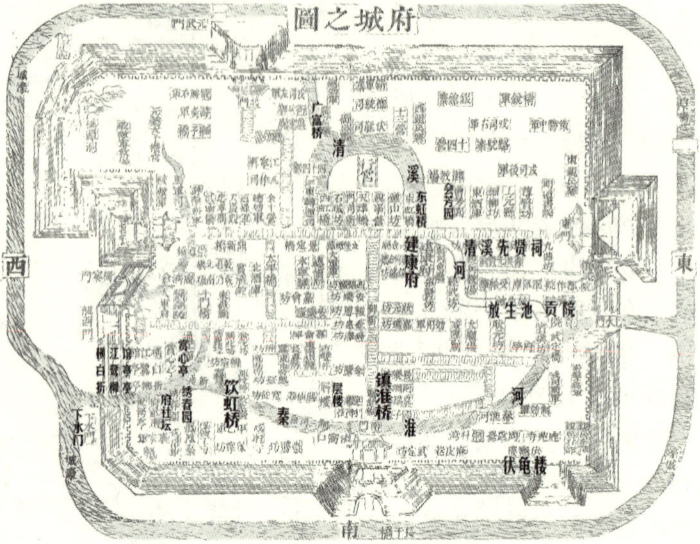

图 3-20　宋代建康府青溪、秦淮河风景带景点示意图
（资料来源：摹自《景定建康志》府城图.）

（四）城市井泉及其园林化途径

城市井泉是城市饮水水源的主要保障之一，兼作城市酒业的用水，是古代城市必要的城市基础设施。从其区位和井、泉水量及建设目标不同，可分为城内水井和城外泉源两类。其中城内水井常处于街坊之内，与百姓日常生活紧密结合，以小型的、大众的风景点形式存在；城外泉源常处于山水之间，具有良好的风景资源，常建设为城市文人士大夫雅集的楼阁亭榭式风景点或城市别囿，成为城市重要的风景标识。

在生活生产和文化游赏的公共推动下，两宋城市内外的井泉或简单辅以亭榭成为街巷生活的重要节点，或结合水池、河渠的园林化建设形成一方名胜。井泉在两宋前就受到城市官府的重视，如杭州唐代郡守李泌所凿的"六井"❶，《景定建康志》记载的景阳井、龙天王井、宋熙井等。两宋随着城市人口的增长和城市生活质量的需要，井泉和其他城市水利过程建设一样成为重要的基础建设内容，在两宋各地地方志上甚至专门辟章来描述城市井泉的建设，如《嘉定镇江志》单独列写的《井泉》一章，《景定建康志》

---

❶　即相国井、西井、金牛井、方井、白龟井、小方井等。唐李泌做杭州刺史时（781～784年），因居民饮水苦恶，引西湖水而成。后白居易任杭州郡守时（822～824年）再次疏浚。

图 3-21　宋代刘松年的碾茶图
(资料来源：徐海荣主编．中国茶事大典 [M]．北京：华夏出版社，2000.)

卷十九山川志三的井泉篇，以及《嘉泰会稽志》卷十一专设的井、泉分篇等，可见官府在井泉建设方面的主动性。而两宋茶文化和酒文化的发展影响，进一步促动了地方井泉建设的热情和园林化倾向。两宋是中国茶道文化发展的"鼎盛时期"，宋代诗人欧阳修、苏轼、黄庭坚、陆游等所作茶诗内容广泛，数量颇多，陆游写有三百多首茶诗，苏东坡也有七十余篇。至于茶画，刘松年的《碾茶图》(图 3-21)、赵原的《陆羽烹茶图》、赵孟頫的《斗茶图》等流传至今，而苏轼的行书《啜茶帖》、苏过的行书《建茗帖》、蔡襄的楷书《茶录》均为珍品，是我国茶文化的重要艺术品(陈默，2004)。而且茶文化的雅俗同存，《东京梦华录》甚至有记载专供都人仕女夜游吃茶的地方，"北山子茶坊，内有仙洞、仙桥，仕女往往夜游，吃茶于彼"❶。在酒文化上，两宋将酒业作为官方的产业进行管理，城市内外著名的井泉成为酿酒的资源和地方名酒的命名依托，如《武林旧事·卷六·诸色酒名》中温州的蒙泉、严州潇洒泉、常州的金斗泉等。

井泉的园林化根据井、泉出水量和所处区位的不同，对应的园林化建设方式也有不同。具体而言，井着重于城市生活用水的保障，常只是简单的井口瓮砌，辅以井亭作为进口的保护和标识。如《景定建康志》记载的义井，天圣五年（1027）李迪所凿，记

---

❶ 〔宋〕孟元老．东京梦华录 [G]．卷二．

a) 滁州总属图   b) 酿泉秋月图

图 3-22   滁州醉翁亭区位及园林空间布局

(资料来源：康熙《滁州志》卷一·图考二、十四．)

曰"……谓城之南隅，康衢四达，憧憧往来，朝及其夕，请官之隙地，特建义井，俾历炎酷，以济其众。……畚锸星聚，穿凿聿成，周砌翠珉，广覆华宇，列洌其泉。……老幼承惠矣"**❶**。《嘉泰会稽志》记载的钱王井，"钱王井，井凡数十，大抵多在五云、稽山门外，以石甃，水高于地，霖潦不溢，大旱不涸，方暑时行路甚以为惠，传以为吴越王时所浚，盖不可考，然至今俗谓之钱王井"**❷**。可见井的建设更多以保障日常的基本生活诉求为主，虽是城市街巷生活的重要节点，但园林化建设较为简单。

　　而泉的园林化建设质量、规模超越于井，常潴水成池、导流成渠，加之园林亭榭的布置，成为城市园圃或湖山风景区里的重要景点。如宋代"与民同乐"典范的滁州丰乐亭、醉翁亭（图3-22），欧阳修《与梅圣俞书》记云"去年夏中，因饮滁水甚甘，问之，有一土泉在城东百步许，遂往访之。乃一山谷中，山势一面高峰，三面竹岭回抱。泉上旧有佳木一二十株，乃天生一好景也。遂引其泉为石池，甚清甘，作亭其上，号丰乐，亭亦宏丽。又于州东五里许菱溪上，有二怪石，乃冯延鲁家旧物，因移在亭前。广陵韩公闻之，以细芍药十株见遗，亦植于其侧。其他花竹，不可胜纪。山下一径，穿入竹筱蒙密中，豁然路尽，遂得幽谷"**❸**。因泉源处于

❶　〔宋〕马光祖修，周应合纂．景定建康志 [G]．卷十九·山川志三·井泉篇．

❷　〔宋〕沈作宾修，施宿等纂．嘉泰会稽志 [G]．卷十一．其中所提的五云门为罗城东门，稽山门为罗城东南门。

❸　〔宋〕欧阳修．与梅圣俞书 // 全宋文 [G]．卷七一零．

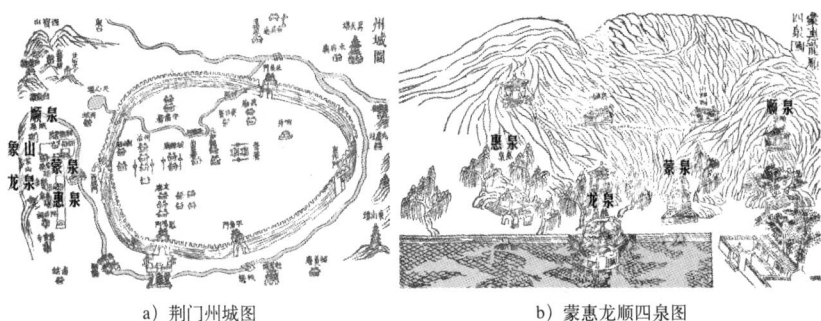

a）荆门州城图   b）蒙惠龙顺四泉图

图 3-23 荆门双泉（蒙泉、惠泉）区位及园林空间布局

（资料来源：a）摹自乾隆《荆门州志》卷七；b）摹自同治《荆门直隶州志》卷一 .）

山林相围的幽静风景之中，而"疏泉凿石，辟地以为亭，而与滁人往游于其间"❶，此为关于丰乐亭的记载；"文忠欧阳庆历中尝谪守滁阳，直治城六七里，得琅琊幽谷之胜。有泉牵然溢于两岸之间，斗折蛇行，流出平地，蓄为大井。筑一亭，与游人游憩其上，仰瞩青山，俯听流泉，晨烟夕霏，开阖变化，争效於左右，名之曰'醉翁'"❷，此为关于醉翁亭的记载。两者皆是导泉筑池，辅以亭榭而成为滁州琅琊山重要的公共风景点。荆州惠泉（图 3-23），洪适《荆门集序》记云，"荆门之西，泉出山下，播为双宝。南泉方五尺许，膏渟乳积，来不见状，复行地中，去亦叵测。石崖有唐人留墨。北泉集山剡洞，混混清泚，宇以夏屋，神龙所潜，累礧如桥，导之东出，贮为脩塘，石底沸白散乱，金莲碧草生焉。双泉之阳，别为方沼，其源涌甚，又股为曲水，东穿潜玉亭入于塘。塘西南有堤，阔过石桥，与曲水会。地益下，始淙琤有声，复为南沼。二沼皆有莲。……一垒之景，于是为胜"❸。通过汇合南北两泉，筑南北方沼、引曲溪、建夏屋、潜玉亭、石桥，植柳、莲、苇等，而成"山水之胜"。万州西山林泉（图 3-24），黄庭坚《南浦西山行记》记曰，"西山者，盖郡西渡大壑，稍陟山半，竹柏荟蔚之间，水泉潴为大湖，亭榭环之。有僧舍五区，其都名名曰勒封院。楼殿台观重复，出没烟霏之间，而光影在水。此邦之人岁修禊於此。凡夔州一道，东望巫峡，西望邾�，林泉之胜，莫与南浦争长者也"❹。可见因山

❶（宋）欧阳修 . 丰乐亭记 // 全宋文 [G]. 卷七三九 .

❷（宋）孙觌 . 滁州重建醉翁亭记 // 全宋文 [G]. 卷三四八一 .

❸（宋）洪适 . 荆门集序 // 全宋文 [G]. 卷四七三八 .

❹（宋）黄庭坚 . 南浦西山行记 // 全宋文 [G]. 卷一六三四 .

图 3-24　清代万州鲁池流杯风景形态图
（资料来源：摹自同治增修《万县志》）

泉而成的大湖，和周边的亭榭、寺观一起，成为城市重要的公共
风景，并盛名于峡区。

除上述两类相对独立的井泉风景建设外，附属于寺观、祠庙、
衙署建设的井泉类游赏景点也是宋代公共园林建设的一类。如山
西晋祠，晋代"遏水以灌晋阳"而作祠，"宋太祖既下河东，即加
完善。中有两泉，北曰善利，南曰难老，皆作亭以庇之，与殿下
泉分流出祠，灌溉民田及作水碾、水磨"❶，始成祠庙园林格局（图
3-25）。北宋杭州名僧释契嵩的《武林山志》中杭州武林山九泉，
"其泉之北出者，曰冷泉，曰韬光，曰白沙，曰石笋，曰白公茶井，
曰无着偃松，锡北源，曰弥陀西源，曰腾云上源，西庵也，凡泉
之源九。其一冷泉，在涧墙;其八在支坞"❷，皆是在山水风景中的
泉源，大多附属于寺观、祠庙，成为西湖景区的重要景点。其他
诸如欧阳修《大明水记》记载的惠山石泉、虎丘石井、扬州大明
寺井、归州玉虚洞香溪水、柳州圆泉水等，在两宋雅俗共进的茶
文化影响下，也常和寺观、祠庙相融，成为地方公共游赏的胜地。
也有附属于衙署所建的井泉景点，如绍兴清白泉，范仲淹《清白
堂记》记曰，"会稽府署，据卧龙山之南足。北上有蓬莱阁，阁西

❶　永乐大典方志辑佚 [G]. 太原志・祠庙・庙・太原县：217.
❷　（宋）释契嵩. 武林山志 // 全宋文 [G]. 卷七八零.

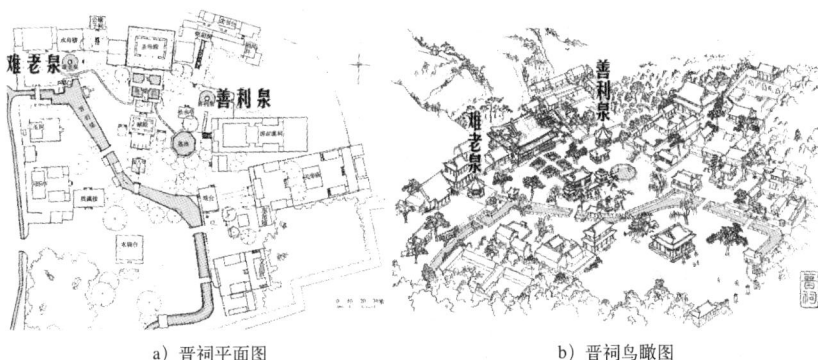

a）晋祠平面图　　　　　　　　　b）晋祠鸟瞰图

图 3-25　晋祠的善利、难老两泉

（资料来源：摹自郭黛姮．中国古代建筑史·第三卷，宋、辽、金、西夏建筑（第二版）[M]．
北京：中国建筑工业出版社，2009：170.）

有凉堂，堂之西有岩焉。岩之下有地方数丈，密蔓深丛，莽然就荒。一日命役徒芟而辟之，中获废井。即呼工出其泥滓，观其好恶，曰嘉泉也。乃甃而澄之，……渊然丈余，绠不可竭。……予爱其清白而有德义，为官师之规，因署其堂曰清白堂，又构亭于其侧，曰清白亭"❶，即为泉、池、亭的结合。严州酿泉，从《淳熙严州图经》保存的子城图分析，因泉汇成郡圃方池，而环湖建设潺湲阁、环翠亭、木兰舟、酿泉亭等，成为郡圃重要的开敞风景。

从上述分析可知，与井泉相关的园林景点因其区位、风景资源不同，在游赏上也有较大的不同。其中城内的水井类园林景点多与大众的日常生活相关，城外以及城内与园圃相结合的泉池园林景点常作为大众游赏、文人雅集的场所，在风景质量、规模上也优于水井类的园林景点。

二、城市路桥

城市商业经济的发展带来了宋代物流业的发展，以驿路、桥梁、码头为主的城市交通设施也得到长足的发展，并因其与城市日常生活关联的紧密，在宋代大众游赏蓬发的背景下，成为城市公共园林与风景点建设的物质依托之一。甚至有些与交通相关的贸易征税、官员往来街道的衙署、接待院，也成为城市游赏的景点组成部分，如成都的合江亭、宁波的三江亭等。

---

❶　（宋）范仲淹．清白堂记．卷三八六．

（一）宋代城市路桥的类型与分布

宋代商贸娱乐型的近世城市开端，奠定了从宋到元明清的中国城市路桥风景建设的基本形态。从路桥与城市生活、自然风景基底的关系，可以分为城郊路桥和城内路桥园林景点两大类型（表3-6）。其中城郊路桥常与周边自然山水风景融为一体，桥梁、驿路、码头等的基础设施工程规模也较大，造就了传统城市城郊路桥风景在空间质量、园林要素上的丰富性，常附属有祠庙、亭榭、碑刻等，作为居民日常休憩、迎送、祭祀的场所，而成为一郡、一县之风景标识，如成都的万里桥、潮州的广济桥等。城内路桥风景一如城市水利园林化，受城市街坊功能的影响而呈现不同的功能形态，地处商业区的路桥一般为大型桥梁，在桥头或桥中间做亭榭，作为居民日常休憩、观景之所，桥边还常附建官府的酒楼、茶肆，作为商业性的风景点存在；而居住、行政区内的桥梁，常为中小型桥梁，在风景建设上主要以附建亭榭为主，作为居民日常出行、休憩的场所。

宋代城市路桥及其园林化建设类型 表 3-6

路桥类型		风景要素	游赏活动	典型案例
城郊路桥	入城桥梁	大型桥梁工程＋亭榭、祠庙、碑刻	日常游憩、祭祀	合州中津桥
	驿路路亭	驿路＋祠庙、亭榭＋植栽	日常游憩、祭祀	安海安平桥
	码头楼亭	码头＋亭榭、酒楼＋植栽	日常游憩、商业酒务	成都合江亭
	衙署驿站	衙署驿馆＋亭榭、园圃＋植栽	日常游憩、官方接待	苏州百花洲
城内路桥	商业区桥梁	大型桥梁＋亭榭	日常游憩	建康镇淮桥
	居住区桥梁	桥梁	日常游憩	绍兴八字桥

（二）城郊路桥及园林化建设

融合了风水思想、山水艺术及实用功能的宋代城市风景审美演变，促进了城郊路桥设施与周边山水风景的珠联璧合，不仅考虑实用，更能兼顾审美，从而构成了各地城市外围的亮丽风景线。如南宋咸淳《临安志》上的余杭县图，城外的通江桥、安乐桥、接官亭等驿路桥梁、亭榭祠庙和大溪、安乐山、南湖等交相辉映，共同构成了余杭城外围的风景线❶。

---

❶ 参见本章图 3-9。

城郊的入城桥梁一般为地方的重要基础设施工程，桥身上常有桥廊、桥亭，桥两侧设有组合式的亭榭或祠庙，从而"据有溪山之胜，於临眺为宜"❶，既为居民的休憩、游赏提供场所，又成为城市重要的入口意象。如成都驷马桥，北宋京镗《驷马桥记》记曰，"桥石其址以酾水，如堆阜者三屋，其背以障风雨，如楼观者十有五楹，板起墟，距江底高二十有二尺，其修十有七丈，其广二丈，甃南北两溪涘以御冲决，翼东西二亭以便登览"❷；萍乡龙安桥，南宋王谦《飞咏楼记》记曰，"县之西南有桥曰龙安，屋其上以休往来，……其地据有溪山之胜，於临眺为宜，乃结楼於其上，复置一亭与之对，楼名'飞咏'者，取退之，'鱼川咏鸟云飞'意，其亭名'双清'，则摘子美'屏迹野望'岁久势盖岌岌然"❸；台州临川桥，南宋陈骙《天台临川桥记》记曰，"越隆兴元年冬十月甲戌，新作桥於邑西之溪，纵民欲也。……复亭其上，乃写乃饬，乃敞乃奕，可以息行迈，可以乐暇闲，可以远眺望，卓哉美乎"❹，等等，以上都是在桥中作亭、廊，桥头建亭榭的典型案例（图3-26）。也有从城市防备需要而作浮桥的，如南宋范成大在括苍（现丽水）的平政桥，"凡为船七十有二，联续架梁，为梁三十有六，筑亭溪南以莅之。岁十一月桥成，名之曰'平政'，亭成，名之曰'知津'"❺。宜春上高县的浮虹桥，南宋冯椅《上高浮虹桥记》曰，"为舟二十，舟率四丈有四尺，两舟相距二丈有二尺有半，广丈有六尺有奇。籍以枋，视其广，维以索，视其长。舟两端为尤，防风雨之浸淫也；方隅为阑，约车马之失坠也。丹艧以涂之，粉白以章之，焰映炳明，如幻如画，遂为一邑之奇观"❻。始建于宋代的潮州广济桥，也是两侧固定桥面和中部浮桥的典型案例，历经宋代官方的建设修缮、景点配套（表3-7）和后世维护，而成为潮州古八景之一的"湘桥春涨"（图3-27）。

　　同时这些大型桥梁在建设过程中常附设祠庙，以纪念主持桥梁建设的官员、士绅，又能以祠庙作为桥梁修缮的"僧舍及守桥巡逻之室"。如南宋《嘉定赤城志》记载郡守唐仲友修缮中津桥，"筑

---

❶ 〔宋〕王谦．飞咏楼记 // 全宋文 [G]．卷六一一八．
❷ 〔宋〕京镗．驷马桥记 // 全宋文 [G]．卷六一一五．
❸ 〔宋〕王谦．飞咏楼记 // 全宋文 [G]．卷六一一八．
❹ 〔宋〕陈骙．天台临川桥记 // 全宋文 [G]．卷五三八一．
❺ 〔宋〕范成大．平政桥记 // 全宋文 [G]．卷一五一二．
❻ 〔宋〕冯椅．上高浮虹桥记 // 全宋文 [G]．卷六七七一．

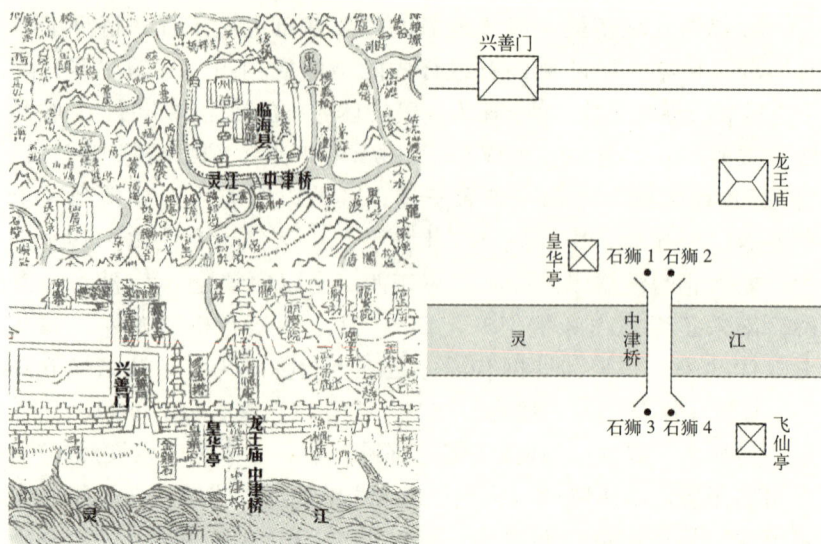

a）中津桥在宋代台州城的位置 b）中津桥建设示意图

图 3-26 宋代台州中津桥及其附属园林示意图

（资料来源：a）摹自《嘉定赤城志》州境图及罗城图；b）为作者自绘.）

宋代潮州修筑韩江桥梁概况表❶ 表 3-7

年代	主持者	修筑概况	名称
乾道七年	知州曾汪	江心筑石洲，造舟船八十六只，为浮梁	康济桥
淳熙一年	知州常袆	增造舟船十三只，西岸建仰韩阁，作"桥头堡"	康济桥
淳熙六年	知州朱江	增筑石洲二座，上修亭，名冰壶、玉鉴、小蓬莱	康济桥
淳熙七年	摄州事王正功	距西岸数步增一洲，上跨巨木，下通船筏	康济桥
淳熙十六年	知州丁允元	增筑西岸四石洲，架以坚木，石洲上修建亭屋	丁侯桥（西桥）
庆元丙辰	知州陈宏规	增筑东岸石洲二座，结架与丁侯桥通	济川桥（东桥）
庆元戊午	知州林嘌	增筑东岸石洲四座	此后桥分两段，东段称为济川桥，西段称为丁侯桥
开禧丙寅	知州林会	接济川桥之西，增筑石洲五座	
绍定戊子	知州孙叔谨	接丁侯桥之东，增筑石洲二座	
开庆已未	知州林光世	造新舟十四，铸铁缆七十丈，翼而贯之（另绍熙甲寅，沈宗禹蟠石东岸，上建挹秀亭，与西岸登瀛门遥相对峙，因是江岸，不列为洲）	

---

❶ 庄义青．宋代潮州古城的城市建设 [J]．韩山师专学报（社会科学版），1989（1）：15．

a）海阳县城郭图

b）湘桥春涨

图 3-27 潮州广济桥区位及风景示意图

（资料来源：a）摹自雍正《海阳县志》卷一图三；

b）自 http：//www.nipic.comshow227719614a22bd46402.html.)

两堤于皇华亭之东，甃以巨石，贯以坚木，载护以蕾楗，中为级道，两旁为却月形，三其层以杀水势，南堤上流为夹木岸以受水冲，堤间百十有五寻，为桥二十有五节，旁翼以栏，……以石狮子十有一、石浮图二缆当道者，植木为架，迁飞仙亭于南岸，迁州之废亭于北岸，以为龙王神之祠。为僧舍及守桥巡逻之室二十有一间，南僧舍，为僧伽之堂"❶，即是桥梁的建设与居民的游憩、管理寺观的建设和放生池的设置统一考虑，而成为台州城重要的风景节点。福建安海县自宋代建成并保存至今的安平桥（图 3-28），以桥为骨架的水心亭（2 个）、中亭（即为祠庙）与石塔的风景格局，基本可见宋代城市入城桥梁的园林建构途径。

---

❶ （宋）陈耆卿．嘉定赤城志 [G]．卷三·桥梁．

a）安平桥布局图

b）长方形桥墩　　c）方形塔　　d）路亭　　e）水心亭　　f）白塔

图 3-28　福建安海宋代安平桥

（资料来源：a）自福建省文物管理委员会．福建安海宋代安平桥调查记 [J]．文物参考资料，
1958（12）：40-41；b）～e）自 http：//www.nipic.comshow1384213392kd2165d17.html.）

　　宋代对迎送礼仪的重视和官员对普通行旅者的人文关怀，促进了江河码头、驿路要道的迎送、休憩风景点的普遍建设。两宋时期，官员、乡绅以及居民的日常迎送往来更成为礼仪的要素之一，"宾主适相遇，而升降揖逊之礼行乎其间"❶（胡弼，《注目亭记》）。富家官员的迎送往来有时甚至有几十或上百人，北宋时期宋真宗鉴于此，还特下诏曰，"诸路官吏迎送使命，止许一两员出城，不得过三五里。如违，重责其罪，仍不在陈首之状"❷。但官员、乡绅的这种迎送依旧炽热，《嘉泰会稽志·卷十三》甚至专门有送迎一节记曰，"绝会稽之俗，笃厚交亲迎，则叙闲阔送，则惜睽异觞豆，迭进往往，竟日余樽遗炙淋漓，狼籍舟车，结束惨有行色，至于僮仆铃下挽舟将车之人，罗拜于前，则亦犒以酒食，勉往者以勤悴，劳归者之良苦，恩意曲尽，观者太息，亦风俗之厚也"❸。可见这种迎送的规模、仪式及其重要性。而范成大《吴船录》记载离蜀时官员友人送别，亦是庞大的队伍，一直延续到青神中岩。这种迎送的场景又留下了许多美景与别情共存的诗文，更促进了城池周边江湖迎送点的园林化、场所化。同时，官员对普通行旅者的人文关怀，也促进了迎送风景点的大量建设，使官员与民同乐政绩得以歌颂。如《南雄路志·山川》记载宋代广东南雄府城郊的驿道景点建设，"五里山，在郡郭之东，名虽曰山，其实平坡，当官

❶　（宋）胡弼．注目亭记 // 全宋文 [G]．卷六三六四．
❷　宋真宗．官吏迎送使命止许一两员出城不得过五里诏 // 全宋文 [G]．宋大诏令集．
❸　嘉泰会稽志 [G]．卷十三·送迎．

路之要冲。绍熙元年，郡守赵公伯瓗起亭三间，名曰望安，前为屋遮过道，旁植松，外环以鹿角。……嘉定十一年冬，过道屋宇为风雨压倒。次年春，权郡张公垓重修，名为弥节亭，于东南小坡上别创一亭，名曰馆啸，憧憧往来，以此憩焉"❶。又如王安国池州清溪亭所言，"清溪亭临池州之溪上，隶军府事判官之府。……夫居者厌于局束，行者甘于憩休，人情之所同"❷；泸州江亭，梁介《泸江亭记》记曰，"予谓游观之益，则欲择其胜，行旅之益，则欲求其便。何者，水行而乘舟，人之所同也，然四肢百骸，窘束於寻丈之间，动作寝卧，皆失故常，风疾怒涛，为之忧恐，浮家而居者，虽童仆婢妾慊然有不自适之意。行及郡邑，人人自以为得少休也。縻舟而出，左右前后，有屋室可娱，相命而趣之，列席而坐，载酒而酌，彷徉盘礴，洒然忘疲，岂不足以为行人之惠乎？……凡我在官，推广是念，谓一亭之废兴，系行者之休戚"❸；武昌寒溪堂，"寒溪在下，樊山处西，肇建此堂，适当其会。四周曲槛，不设门廉，制矩从中，弗侈弗陋。劳来送往，眺望遨游，凡今之人，惟意所适"❹。而且，这样的迎送景点在城市周边多样存在，并将对外交通和城郊优美风景的结合，即"游观之益，则欲择其胜，行旅之益，则欲求其便"（梁介，《泸江亭记》），常位于江湖、山林交通汇集之处，相似于观景点。规模不大，但大多有院、有堂，以为饯别觞饮之处，如泸州江亭"创屋十余间，不侈不约，负山而临水，睥望广远"，因而常兼做驿站之功用。又临近城池而成为官员、乡绅聚会活动之所，如新余绿荫亭"邑人士子相与嬉游，舟车过从，每至辄息，盖有徘徊恋顾终日不能去者"❺。

　　同时，宋代商业化、平民化的城市文化也推动了城郊衙署、官方接待院的公共游赏，隋唐时期只有官员、文人的活动场所到宋代成为公共空间的组成部分。如成都合江亭，吕大防的《合江亭记》中就有其历史选址和功能的记载，"今成都二水，此江沱支流，来自西北而汇于府之东南，乃所谓二江双流者也。……渚者合江故亭，唐人晏饯之地，名士题诗往平在焉"，而到宋代已然是

❶ 永乐大典方志辑佚 [G]. 南雄路志·山川：二四七五.
❷ （宋）王安国. 清溪亭记 // 全宋文 [G]. 卷一五八七.
❸ （宋）梁介. 泸江亭记 // 全宋文 [G]. 卷四八八六.
❹ （宋）薛季宣. 寒溪堂记 // 全宋文 [G]. 五七九四.
❺ （宋）王钦若. 新余绿阴亭记 // 全宋文 [G]. 卷一九二.

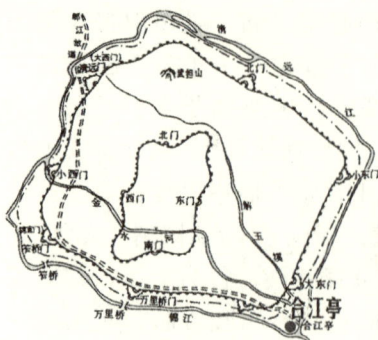

a) 宋代城都城郭示意图　　　　　　　b) 合江亭

图 3-29　成都合江亭区位及其后世形态

(资料来源：a) 自成都城坊古迹考 [M]. 成都：成都时代出版社，2006：120；
b) 自 http://www.nipic.comshow1384213392.)

大众游赏的胜地，"商舟渔艇，错落游衍。春朝秋夕置酒其上，亦一其事府之佳观也"❶（图 3-29）。这样的风景公共性转变也促进了具有"与民同乐"思想的官方接待设施开放，如韶州建有三处这样的官方接待院，余靖《韶州真水馆记》记曰，"先是，郡有二馆：一临武水曰清辉，一据城之东隅曰皇华。惟真水之要津，则皆亭以居舣舟之次。……凡一堂、一皇、二室、两庑以翼於门，宿息井树具焉。前构飞阁，命曰：'仁智'，乐山水之趣也"❷。长江边的真州本有壮观、鉴远两处，胡弼《注目亭记》记曰，"真为两淮要地，郡当水陆之冲。属时承平，士大夫经从，冠盖相望，视他郡为盛。送迎之所有二亭焉，在陆曰'壮观'，濒江曰'鉴远'。淳熙十五年赵师龙又作注目亭，暇日相地江浒，辍不急之用，鸠材傭工，而为之亭，取杜少陵'注目寒江'之句而名之。地势爽垲，轩楹显敞。宾主周旋之余，得以纵其所观，视'鉴远'为甚盛。夫道涂之开治，传舍之修饰，入其境者得以观守之能否"❸。建康府城城门外也有不少驿亭，著名的有白下亭和东西南北门的接官亭，"东曰迎晖、西曰致爽、南曰来熏、北曰拱极"❹，这些驿亭大多由吏舍、神祠、亭榭等组成，如致爽亭"并门鼎创三间，深各二丈，阔半之。前为泊水三间，视亭之深减六尺，而阔与之称。

❶　（宋）吕大防．合江亭记 // 全宋文 [G]．卷一五七三．
❷　（宋）余靖．韶州真水馆记 // 全宋文 [G]．卷五六九．
❸　（宋）胡弼．注目亭记 // 全宋文 [G]．卷三六四．
❹　（宋）马光祖修，周应合纂．景定建康志 [G]．卷一四·咸淳元年条．

图 3-30　绍兴八字桥图

(资料来源：郭黛姮.中国古代建筑史·第三卷，宋、辽、金、西夏建筑（第二版）[M].
北京：中国建筑工业出版社，2009：766-767.)

左为关吏舍，右为二神祠"；拱极亭"妥神有祠，休吏宿兵有舍"，
而为"咸适所憩"❶。

（三）城内路桥的园林化建设

城内桥梁的园林化建设相对简单，只有部分在商业娱乐街坊
的显要区域才有相对壮丽的桥梁风景建设，大部分居住、行政街
坊内的桥梁常只是单纯的桥梁设施，而没有配建相应的亭榭。如
建康城秦淮河上的镇淮桥，为金陵要区，《景定建康志》记乾道五
年郡守史正志新建镇淮桥，"长十有三丈，加屋焉，凡十有六楹，
而广三十有六尺，为两亭其南"，即为桥中加廊、桥头设亭做法，
而"气象雄伟"；开禧元年郡守丘崇来重建，"创二祠于镇淮之
上"、"南两亭各浚巨井，以济民之乏"，更是将镇淮桥改造为与民
生、教化相结合的综合性城市风景点❷。居住、行政街坊内的桥梁
较为简便，一般以拱桥、平桥的形式存在，也有较为复杂的八字桥、
组合型桥梁存在，如绍兴府城东南的八字桥（图 3-30），即是"两
桥相对而斜，状如八字，故得名"❸。

三、城墙城门

文明演变下的宋代城墙的功能较之前代有显著的变化，高大、
巍峨的城墙和城门、亭榭等系列组合，形成了部分大中城市的城

---

❶ 〔宋〕马光祖修，周应合纂.景定建康志 [G].卷二十二·四城门接官亭.

❷ 〔宋〕马光祖修，周应合纂.景定建康志 [G].卷之十六·疆域志·桥梁篇.

❸ 〔宋〕沈作宾修，施宿等纂.嘉泰会稽志 [G].卷十一·二十五.

a) 唐敦煌壁画   b) 草秋夜泊图

图 3-31　唐宋城门形态的园林化转变

（资料来源：a) 自张驭寰.中国城池史 [M].天津：百花文艺出版社，2003：136；

b) 自徐飚.两宋物质文化引论 [M].南京：江苏美术出版社，2007：60.)

礼乐的风景

市风景边界。城墙是传统城池重要的安全保障措施，以往的研究者往往忽略城墙及城楼在中国传统城市游赏的作用分析。至此在山水诗画艺术蓬勃发展的唐代，逐步在一些大中城市建设高大、巍峨的城门和观景的亭榭，如唐诗中著名的宣州叠嶂楼、金华的八咏台、成都的张仪楼等。但普遍而系统的建设盛于两宋，不仅是诸如上述的唐代城墙的楼阁得以壮大、重建，丰富了游赏的功能，而且逐渐在各地、各州普遍建设，城墙的楼台也不止一个，以城楼、台、亭、榭等系列组合的形式出现了风景型城市空间边界（图 3-31）。"除了军事防卫功能、治安防范功能大大强化外，其观赏性功能日益凸显"（黄登封，2007）。宋代《武经总要·卷十二·守城》中对城墙的楼、台建设有定式的图文，成为两宋城池建设的法定依据，只是在实际的使用过程中更多地融合了大众游赏的功能，并以不同的方式组合成各地城池外围风景带。

　　城墙城门的园林化依托于城池所处的山水自然环境，并常与城郊的自然山水、人工湖池相对应，呈现独立台榭和组合式台榭群两种不同的模式。其中独立台榭式的风景营造主要存在于城市某一方向的山水风景尤为显著的城市，如赣州城。北宋时期孔宗翰在城北临章、贡两江交汇处的城墙上筑八境台（图 3-32），与章贡台、郁孤台相连，又与"拜将台（五代风水大师杨筠松建）南北呼应"（吴庆洲，2014），而"众望七闽，南望五岭，览群山之

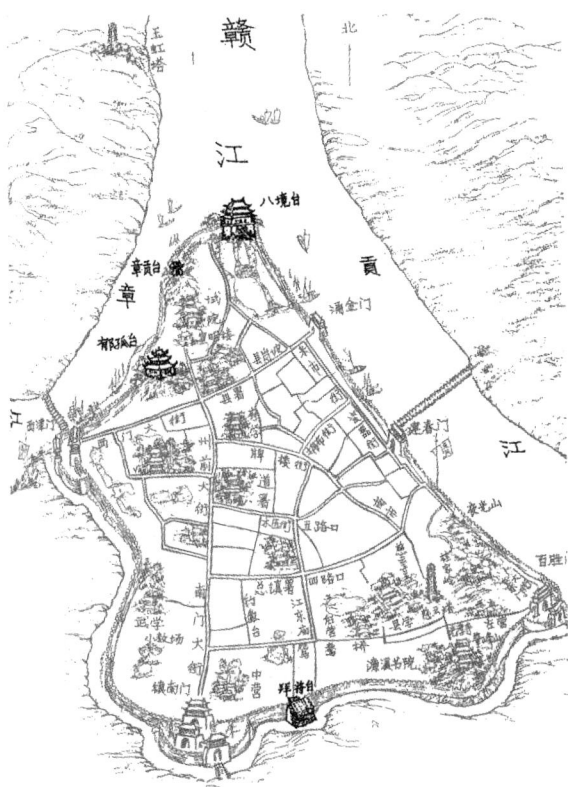

图 3-32　赣州名胜图上的八景台、章贡台、郁孤台、拜将台
（资料来源：摹自康熙《赣州府志》.）

参差，俯章贡之奔流"（苏轼，《虔州八境图八首并序》）。又如岳阳城之岳阳楼，在城之西门独立建设，平视浩瀚的洞庭湖，"衔远山，吞长江，浩浩汤汤，横无际涯；朝晖夕阴，气象万千，此则岳阳楼之大观也"❶。建康城的伏龟楼，在府城上东南隅，极目南望，有"带束江淮翠岫围，掌窥台殿碧鳞差"❷之叹。福州西湖楼、商丘照碧堂等即城郊人工湖池而设，"作堂城上以临之"❸（图 3-33）。也有一些城市在城内子城上筑独立的亭榭，外瞰市井、内视郡囿，如苏州子城之齐云楼，"在子城州治后，……凡为屋中五楹，两旁三楹，翼以修廊"❹，成为郡囿重要的景点。

❶　（宋）范仲淹. 岳阳楼记 // 全宋文 [G]. 卷三八六.
❷　（宋）范成大. 次韵曾仲躬侍郎同登伏龟二绝 [OL]. 汉典诗词网.
❸　（宋）晁补之. 照碧堂记 // 全宋文 [G]. 二七三八.
❹　（宋）周南老. 齐云楼记 // 全宋文 [G]. 六九七九.

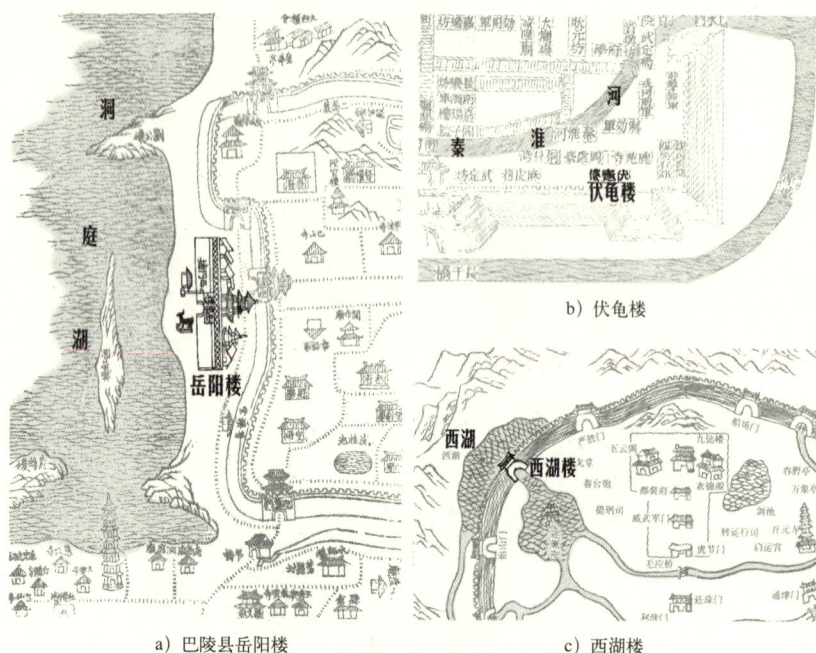

b）伏龟楼

a）巴陵县岳阳楼

c）西湖楼

图 3-33　宋代典型的城墙楼、城门楼

（资料来源：a）摹自嘉庆《巴陵县志·卷一》與图二；b）摹自《景定建康志·卷五》
地理图序七；c）摹自《闽都记》之宋代福州城池图.）

　　组合式台榭群的城墙园林化途径一般存在于山水风景极佳、
历史文化底蕴深厚及游赏氛围浓厚的大中型城市。如桂林漓江沿
线的亭榭群和建康秦淮河一带的台榭群。宋代桂林东南侧城墙紧
邻伏波山，远眺漓江、訾家洲，有"高摩岭云，下瞰漓水，雄据
列雉，平揖诸峰，遂为桂之伟观矣" ❶ 之气势，为楼台亭榭的建设
提供了丰富的自然风景。张驭寰《中国城池史》分析宋代桂林城
墙的楼台亭榭时指出，"静江府城的子城，紧临东江，是全城风景
最好的地方。静江府的上层人物，经常在此游览。所以在这一带
利用城墙硬楼的平顶，建设了一些游览观赏建筑。这也是硬楼的
一种复钵。例如：云水台，意谓云水之间的建筑；水云亭，观览
东江水势流云的亭子；逍遥楼，做成八角形的楼阁；雪观楼，建
在内城城河之上，在此观江水翻腾之势；癸水亭，建在伏波山的
北边，城墙做成八角形，上端建设癸水亭。凡是游观建筑，各
城楼台都突出墙面，成为一座又连墙又独立的建筑"（张驭寰，

---

❶　（宋）李曾伯．重建湘南楼记 // 全宋文 [G]．卷七八五八．

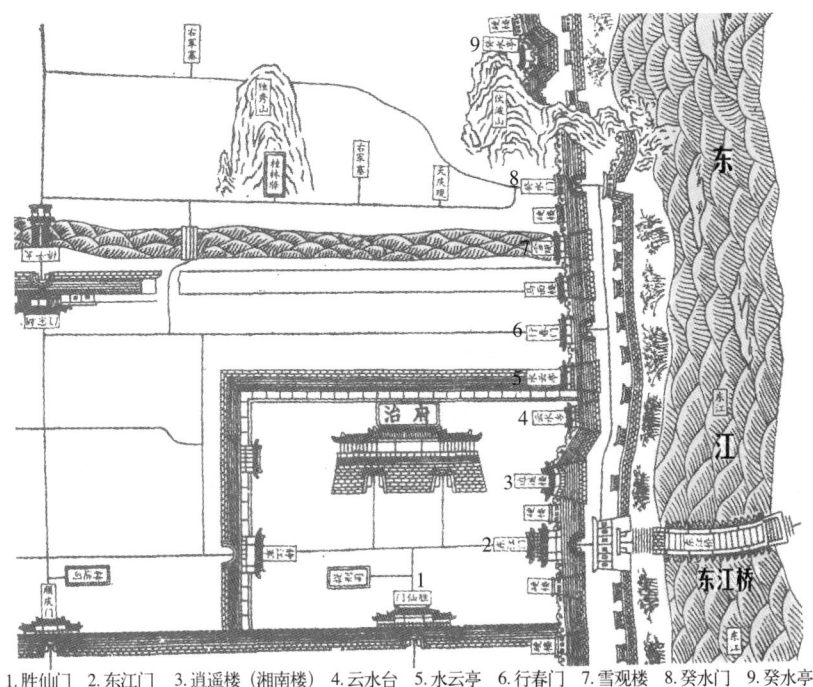

1.胜仙门 2.东江门 3.逍遥楼（湘南楼） 4.云水台 5.水云亭 6.行春门 7.雪观楼 8.癸水门 9.癸水亭

图 3-34   宋代静江城沿漓江的组合式台榭群

（资料来源：摹自马崇鑫.宋代《静江府城池图》评述 [J].地图，1988（01）：27.）

2003），从而形成了桂林城东沿漓江城墙的组合式台榭群（图 3-34）。建康城的城西下水门与龙西门之间有白鹭亭、二水亭和赏心亭三亭，为建康城之风景名胜。其中马光祖重建的赏心亭更被称为"金陵第一胜景"；白鹭亭、二水亭因李白"二水中分白鹭洲"而得名，加之丁谓为展真宗所赐《卧雪图》所建赏心亭，而成为与城外白鹭洲、城内秦淮风景交相辉映的风景带（图 3-35）。而其他城市诸如此类的组合式城楼风景应也常有，如南宋徐仲谋《会景楼记》记载的湖州城墙，"吴兴郡环子城有十楼，除消暑、清风、会景、卞苍见在，余并不存。清风、消暑二楼溪山环列，俯视万井，为一郡登览胜地"❶。

在宋代城市文明演变的背景下，以"保民生"为主要目的的城市基础设施园林化已很普遍，并成为城市重要的公共开放空间和形象标识。而且这类风景点的游赏并非如张驭寰所述"上层人物"的专利，百姓游赏亦较多。如桂林东城上的湘南楼，更是成为桂

---

❶ （宋）徐仲谋.会景楼记 // 全宋文 [G].卷五九一.

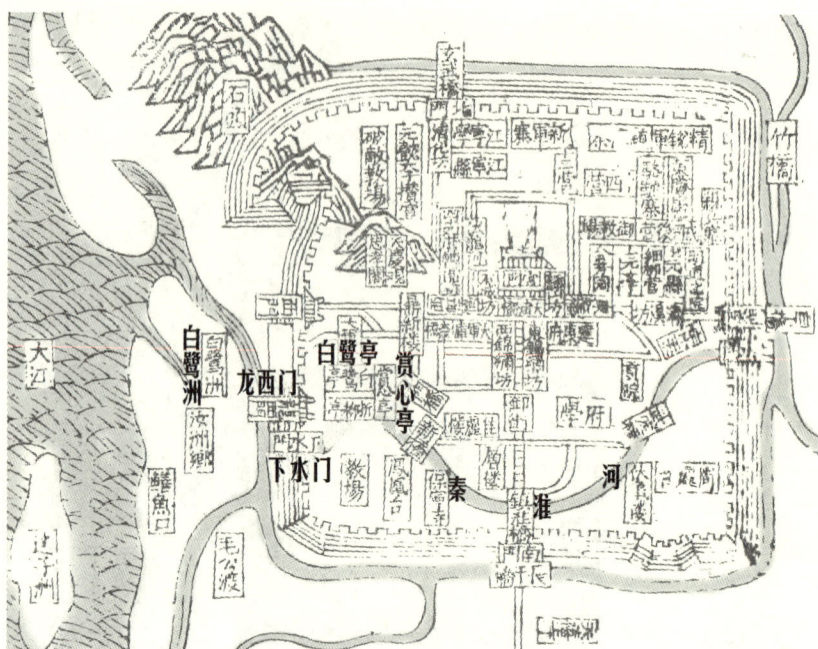

图 3-35　建康城下水门的组合式台榭群

（资料来源：摹自《金陵古今图考》之宋建康府图考十九．）

林环城旅游线的重要起点和终点，而多见于两宋桂林的各处风景题名之中；范成大《吴船录》中记载的建康城墙东南角的伏龟楼，云"凡游金陵者，若不至伏龟，则如未始游焉"❶。更有欧阳修《与韩忠献王书》中记载的滁州居民城墙上的春游，曰"山民虽陋，亦喜遨游。今春寒食，见州人靓装盛服，但於城上巡行，便为春游。自此得与郡人共乐，实出厚赐也"❷。

第三节　表贤哲，寓教化——园林社会教化功能的凸显

社会教化是我国古代社会实施统治的重要方式，唐宋平民化、世俗化的文明演变推动了社会教化日趋细致具体、贴近百姓生活实际的趋向，使得以名贤祭祀、仁义旌表的祠庙、遗迹、放生池形态出现的公共园林，成为城市社会教化场所的组成部分和城市

---

❶　（宋）范成大．吴船录（卷下）[G]．国家图书馆藏本．

❷　（宋）欧阳修．与韩忠献王书// 全宋文 [G]．卷七零四．

公共园林发展的又一建设途径。对名人祭祀的政策变化导致了名贤纪念祠庙与园圃、名贤遗迹与亭榭景点不同类型模式的纪念性空间；而以举行放生、射礼、乡酒礼等特定性活动而形成的教化场所，成为城市部分公共园林的重要空间组成部分，并影响了诸如郡圃、别圃、书院园林的园林空间建设。

宋代社会教化呈现具体化、场所化的特点，具体表现在教化内容的具体化，试图对百姓日常生活的各个方面梳理教化的典范；教化场所的多样性，与百姓的日常生活紧密关联，强化场所的可达性和活动的社会性。在教化内容上，自秦汉以来确立的"宫廷、官府、民间"及其对应的"大祀、中祀、群祀"3个层次上祭祀方式，渐趋由"大祀、中祀"向官民结合的"群祀"普及，导致以名贤祭祀为主的民间纪念性场所的蓬发。中国的祭祀体系在秦汉以后分别在宫廷、官府、民间三个层次上进行，隋唐以后逐渐分化为大祀、中祀、群祀三类，其中大祀为祭天地、上帝、太庙、社稷之礼；中祀为祭日、月、先农、先蚕、前代帝王、太岁之礼；群祀为祭群庙、群祠之礼（车文明，2008）。与城市居民生活紧密关联是这三类中的"群祭"，即以贤良为主体的祠庙，即"群祭空间中包括护国佑民、忠孝节义、名宦乡贤类的庙和祠"（卢川，2012）。宋代有鉴于六朝以来"治"（政治功能）和"教"（文化）的分离带来的"有治无教则只能失却灵魂而堕落，有教无治则失去与现实的密切联系而无任何深意"的社会现象，提倡"教育与严格道德的好处，相信有可能改善社会与政治制度，相信道德之上"（谢和耐，2008）。"公卿大夫士可祠者三：道一、德一、功一"的教化性祠庙❶，由秦汉、隋唐的淫祠转化为地方普遍性建设的先贤祠、三贤祠、先贤庙等教化性场所，确立着儒家对市民日常生活规范的典范作用。如杭州西湖先贤堂，"以公帑求售居民园屋，建堂奉忠臣孝子、善士名流、德行节义、学问功业，自陶唐至宋，本郡人物许萤公以下三十四人，及孝妇孙夫人等五氏，各立碑刻，表世旌哲而祀之"❷的各类社会典范，体现了"官方礼制

<hr />

❶ 成荫在"宋元时期名贤祠的特质——以杭州西湖三贤堂为例"（西北师大学报（社会科学版），2010（04）：54-58）一文中指出，"祠庙是认识中国古代社会的一个重要窗口，学者通常将祠庙分为保障性祠庙（神祠）与纪念性祠庙（教化性祠庙）两类，而名贤祠又是宋元时期纪念性祠庙的主要形式，其奉祀对象多为名宦或乡贤"。

❷ （宋）吴自牧．梦粱录 [G].卷十二·西湖．

图 3-36　孺子亭、孺子祠在南昌东湖的区位
（资料来源：摹自乾隆《南昌县志》之城池图 .）

逐渐由文本付诸于实践，由朝廷下移至民间，逐步扩大对社会的
影响，朝廷所认可的文明秩序、道德规范也开始渐趋引导着普通
民众遵循的风俗习惯"（王美华，2010）❶的社会教化具体化转型。
同时社会教化的场所也渐趋贴近百姓的日常生活，教化性场所的
可达性和社会化，成为宋代平民化、世俗化教化模式的又一特点。
教化性祠庙在宋代首次和园林相结合，并向大众开放，成为近世
城市公共空间的重要组成部分；教化性的景点普遍存在于城内外
寺观、衙署、湖山、街道等社会开放性空间之中，与百姓日常的
出行、游赏相结合；教化性活动的官方倡导与组织，以放生、射礼、
乡酒礼的形式在湖山、园圃、书院之中举行，带动了教化行为的
社会化。如南宋袁燮《东湖书院记》记载的南昌纪念汉代徐稚（字
孺子）祠庙（图 3-36），"既浚东湖，徘徊橘亭遗址之上，望徐孺
子亭及其祠宇及三李堂，望前贤之高躅，有契於心。且爱其风景

---

❶　王美华 . 地方官社会教化实践与唐宋时期的礼制下移 [J]. 辽宁大学学报（哲学社会科学
版），2010（03）：84—92.

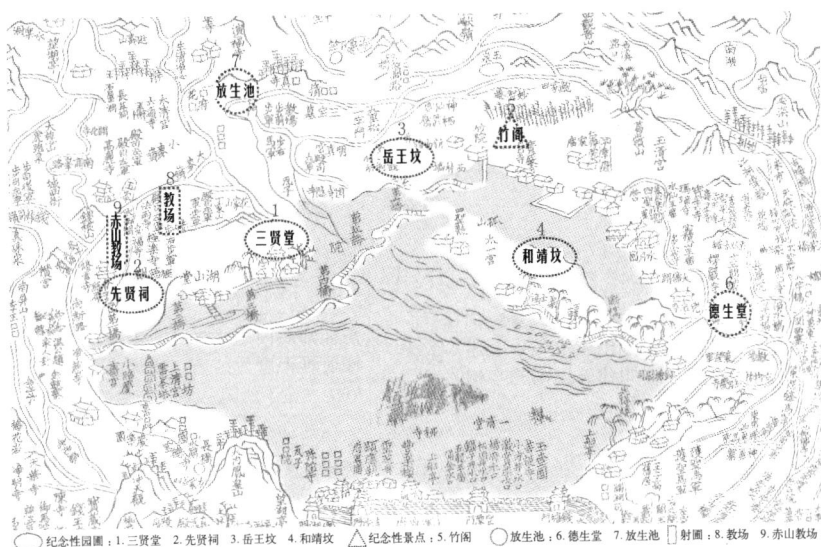

图 3-37 杭州西湖教化型园林的类型与选址
(资料来源：自绘，底图自《咸淳临安志》之西湖图.)

之胜，长堤回环，柳阴四合，水光照耀，芙蕖舒红，灿如云锦"❶。可见在两宋时期以名贤为祀主的祭祀祠庙园林化已成为普遍性的行为，并与城市生活紧密相关，成为城市重要的公共活动场所。

以杭州西湖为例，遍布湖山景观佳处的名贤祠庙园林、名贤纪念性景点和教化性活动场所（放生池、射圃）的系统化建设（图3-37），凸显了宋代城市这样的教化性场所的可达性和社会化。再以《方舆胜览》卷六的绍兴府中记载的各类名贤祭祀、纪念的教化场所为主线，结合《嘉泰会稽志》、《宝庆会稽续志》中的教化性场所及其相应的物质形态❷，可以较为清晰地了解宋代城市与教化相关的园林可以分为："名贤祠庙与园圃"，"名贤遗迹景点"，以及与放生、射礼、乡酒礼等社会教化活动相关联的园圃、景点等三小类。《方舆胜览》绍兴府卷教化性园林要素分布于山川、楼阁、亭榭、佛寺、道观、祠墓、古迹等分类记载中（表3-8，图3-38）。如山川类中的名人故居——东山谢灵运故居；名人陵墓——会稽山大禹陵、卧龙山文种墓；名人遗迹——会稽山秦始皇祭大禹处、戴山王羲之故居和王羲之题扇处、若耶山葛仙翁得道处、若耶溪

---

❶ （宋）袁燮. 东湖书院记 // 全宋文 [G]. 卷六三七六：226.
❷ 相比于地方志《嘉泰会稽志》、《宝庆会稽续志》的详尽，《方舆胜览》更关注于游赏景物的描述，所以采用《方舆胜览》为绍兴纪念性园林分析主线。

南宋绍兴教化性公共园林类型及其特征、典型案例　　表 3-8

类型		园林特征	案例	园林空间
名贤纪念	名贤祠庙与园圃	与祠庙统建成园圃或在祠庙外侧独立建设园圃	兰亭	在《嘉泰会稽志》园池篇，记有书堂、鹅池、墨池及流觞曲水等景点
			赐荣园	在千秋鸿禧观前，"园有亭曰幽襟、曰逸兴、曰醒心、曰迎棹"
	名贤遗迹景点	常在寺观、衙署、祠庙外围或附属于上述主题建筑园圃的亭榭型景点	题扇桥	在城内蕺山戒珠寺侧，为王羲之故居；有右军祠堂、题扇桥、墨池鹅池
			望海亭	在郡圃西园；望海亭即范蠡所筑飞翼楼遗址，唐元结有《望海亭》诗，郡守沈立建于西园
			曹娥墓（孝女）	郡守汪纲重修，建双桧亭并娥父曹府君祠堂及朱娥祠堂庙
教化活动场所	放生及放生池亭	独立设置放生池及放生亭的园圃或附属自然湖池建放生亭榭	鉴湖禹庙前	庙之下为放生池，临池有咸若亭，又有明远阁、怀勤亭
	射圃及相应场所	常附建于郡圃、别圃、书院园林内	观德亭	在郡圃西园；"王尚书希吕所建，习射于此"

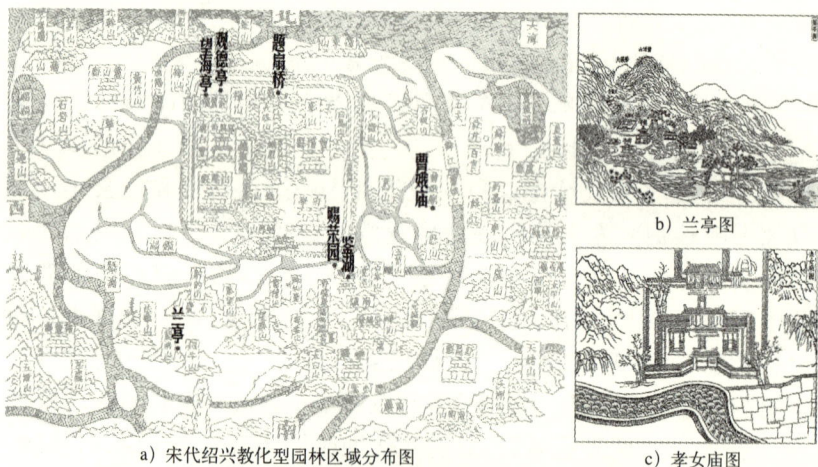

a) 宋代绍兴教化型园林区域分布图　　　　　　　c) 孝女庙图

b) 兰亭图

图 3-38　宋代绍兴教化型园林区域分布及部分案例
（资料来源：a）为自绘，底图自南宋王十朋《会稽三赋》图；
b）、c）自邱志荣 . 绍兴风景园林与水 [M]. 上海：学林出版社，2008：90：293.）

西施采莲、欧冶铸剑处等。楼阁类中，范蠡建设的飞翼楼、吴越王钱镠所建的越王楼，皆为遗迹；亭榭类中，兰亭以及汉蔡邕避雨的柯亭，皆为历史事件的发生地；佛寺类有王羲之故居戒珠寺；道观类有千秋鸿禧观，原为贺知章祠庙，乾道四年（1168）改为道观，仍附祀贺知章❶；祠庙类有禹庙（告成观）、曹娥墓、严光墓；古迹类有和大禹有关的禹穴、窆石，与秦始皇有关的坐石，与汉梅子真有关的梅梁，皆在禹庙。从宋代绍兴府的园林文献分析可知，教化性园林因相应名贤纪念要素的空间环境资源不同，以园圃或者风景点的不同物态出现。其中空间环境优良或纪念要素场所位置不受限制的，往往形成园圃型的纪念性园林，如千秋鸿禧观、兰亭；也有一些名贤遗迹景点多附属于寺观、衙署或保障性祠庙（如禹庙）等存在，如戒珠寺外与王羲之有关的题扇桥、墨池，郡圃西园的飞翼楼、越王楼，禹庙外侧的禹穴、窆石等。而教化性社会活动场所更是分布于湖山风景、衙署园圃之中，如鉴湖禹庙外的咸若亭、郡圃的射圃等。

一、名贤祠庙及其纪念性园圃建设

名贤祠庙是指以名贤祭祀为主导功能的祠庙，"其奉祀对象为名宦或乡贤"（成荫，2010）的教化性祠庙，区别于以城隍、土地、关帝等"地方护佑性祠庙"及火神庙、龙王庙等"防灾驱祸性祠庙"❷。而且这样的分类在宋代文献中已有出现，如《嘉泰会稽志》曰，"郡人谓禹庙（祀主：大禹）为庙，下千秋观（祀主：贺知章）为先贤堂"。名贤祠庙兴起于宋代，并成为宋元纪念性祠庙的主要形式。而城市大众游赏的炽热，使得社会教化下移的宋代官方重视通过祠庙的园林化，来带动大众的参与和儒家主体文化的教化，促进了宋代纪念性园圃的普遍建设。其中又以两种典型的形式存在：一类是结合地方名贤祠庙为载体的园圃式公共园林；另一类是通过某一名贤的故居、遗迹的围合、封闭保护，结合台榭楼阁的建设形成的纪念性园圃。

名贤祠庙园圃多以集中祭祀的先贤祠（堂）的名称出现，也有以祭祀人数为名，如三贤祠（堂）等；也有独立祭祀某一名贤

---

❶ 从《嘉泰会稽志》中"郡人谓禹庙为庙，下千秋观为先贤堂"一语，以及围绕千秋观建设的赐荣园、一曲亭皆是关于贺知章的主题性园林建设的分析来看，千秋观应仍以名贤祭祀为主，特别是以贺知章的祭祀为主。

❷ 王贵祥在研究明代城市坛壝与祠庙过程中提出"国家祭祀性坛壝"、"地方护佑性祠庙"、"防灾驱祸性祠庙"、"教化性祠庙"、"专业护佑性祠庙"等五类。其中的"地方护佑性祠庙"、"防灾驱祸性祠庙"、"专业护佑性祠庙"应从属于上节提及的"保障性祠庙"，与地方百姓的日常生活教化关联不大。而其在"教化性祠庙"中提及的"孔庙"，在宋代多以"府学"、"县学"的形式存在，还未独立成祠庙，因而本章所及的宋代教化性祠庙主要以名贤纪念庙为主。

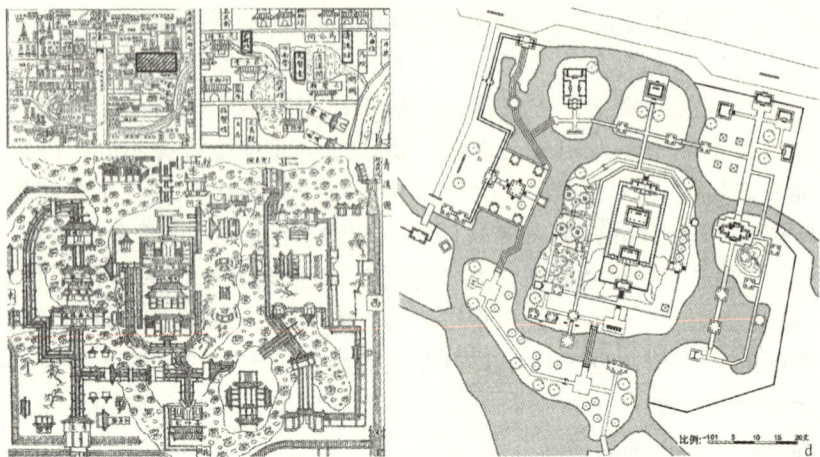

图 3-39　宋代建康青溪园及其复原平面图
(资料来源：玛丽安娜 .《景定建康志》"青溪图"复原研究 [J]. 中国建筑史论汇刊，2011：456.)

的，如绍兴的千秋鸿禧观（祠主：贺知章）、兰亭（祠主：王羲之），
其园圃的基本结构形式常以祠庙为主体，围绕祠庙建设凸显祀主
品德功绩的向心型、主题化园林游赏场所。宋代社会教化促动了
祠庙规模的庞大，为园圃的建设提供了充足的用地条件。如《古
罗志》记载的湘阴屈原庙"入深十三丈有奇，横广九丈有奇，此
庙之基地然也。庙前东向为丈六十有五，南向为丈一百二十，西
向为丈一百二十有二，北向为丈六十有六，西南隅为丈一百三十
有八，西北隅为丈二百五十有三"❶，庙基 800 多平方米，前后却
有 3.6 公顷的土地，其园圃规模已为庙基的 40 多倍；玛丽安娜根
据《景定建康志》复原的建康青溪园的规模也在 4 ～ 6 公顷之间
（图 3-39），可见宋代祠庙的规模为园圃的建设和游赏空间组织提
供了足够的用地条件。在空间结构上，名贤祠庙园林呈现以祭祀
主体建设——庙宇、祠堂为核心，发散展开的理想空间模式。以
宋代方志中仅存的先贤祠图——《景定建康志》青溪园图为例，
全园以先贤祠为中心，并将其"设置在青溪园平面格局的几何中
心，而且位于地势最高的岛上"（玛丽安娜，2011），围绕先贤祠
建设青溪阁、天开图画、溪光山色等景区，形成融祠于园的空间
格局。这样的结构非常类似于在宋代负责社会教化的府学、县学

---

❶ 古罗志·碑刻诗文 . 永乐大典方志辑佚 [G].P2331–2332.

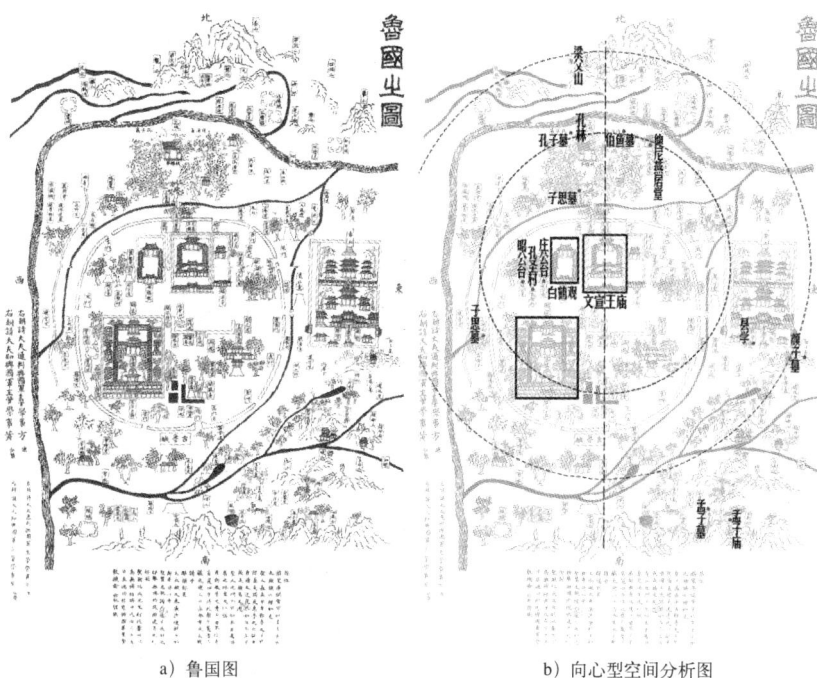

a）鲁国图　　　　　　　　　　　　b）向心型空间分析图

图 3-40　宋代鲁国图及其向心型空间布局分析

（资料来源：谷健辉．曲阜古城营建形态演变研究 [D]．山东：山东大学，2013：29.）

中普遍流传❶的"鲁国图"，占据了整个"鲁国图"中心的为古鲁城（即曲阜古城），而孔庙则又占据了古城的中心，围绕中心四周分布着孔子及其弟子等有关的胜迹地理，如北侧城外的梁父山、孔林、孔子墓、仲尼燕居堂，城内的孔圣村、文宣正祠、颜林等，城南的孟子墓、孟子庙，城东、西两侧又有县学、颜子墓、子思墓、伯鱼墓、昭公台、庄公台等，也呈现为向心型的整体空间结构（图 3-40）。因而向心型的整体空间结构成为宋代文献中的大部分祠庙园林和明清时期名贤纪念园林的典型空间格局。如严州严子陵祠庙（图 3-41），南宋陈公亮《重建严先生祠堂记》记曰，"……于时岁事再登，功力颇裕，视前之轮奂有加焉：曰三贤堂，曰客星阁，曰招隐堂，曰羊裘轩，规模高耸，皆踰旧制，且别创遂隐、记隐二区，以翼于三贤堂之左右。寓僧有舍，休客有馆，山巅之台有亭。辟登坛之道，而级之以石，道先有亭以憩，视坛稍远，复为

---

❶　潘晟在其《宋代地理学的观念、体系与知识兴趣》一文中指出，"各州郡于庙学绘刻《鲁国图》，乃是地方政治文化仪式之一环节"（北京大学博士学位论文，2008：142）。

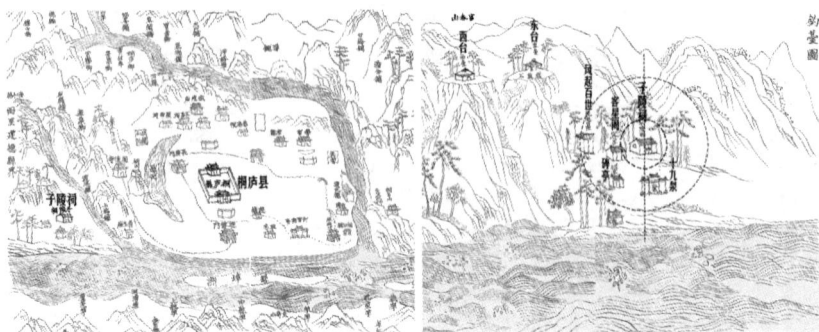

a)《桐庐县志》之县境总图　　　　　　　b）子陵祠及其空间分析

图 3-41　桐庐子陵祠区位及空间结构分析图

（资料来源：a）摹自乾隆《桐庐县志》；b）自绘，底图自乾隆《桐庐县志》.）

礼乐的风景

亭於中以便游者。阁之东偏有泉，其色如玉，亦亭於上，榜曰玉泉"❶。从记文中可知，严子陵祠庙建筑有三贤堂、客星阁、招隐堂、羊裘轩组成，左右有遂隐、记隐二园，同时祠庙前后山体也进行了园林化建设，即后山的登道、亭、坛等与前区的引导景区，也形成了以祠庙为主体的向心型布局结构。又如杭州西湖的先贤堂，宝庆年间（1225～1227）郡守袁歆建，"其地前挹平湖，四山环合，景象窈深，惟堂滨湖，入其门，一径萦纡，花木蔽翳，亭馆相望，来者由振衣，历古香，循清风，登山亭，憩流芳，而后至祠下，又徙玉晨道馆于祠之艮隅，以奉洒扫，易扁曰'旌德'，且为门便其往来。直门为堂，扁曰'仰高'"❷，也是以远山、平湖为屏，以先贤堂为核心，一径左右串联的中心布局模式（图 3-42）。而且这样的空间结构也影响了后世祠庙园林的建设，如明清时期主要建设形成的成都杜甫草堂。也有在祠庙前独立设园的，如《宝庆会稽志》记载的绍兴千秋鸿禧观前的赐荣园，记曰"（观）前有亭，曰鉴湖一曲，又一亭曰怀贺，皆史丞相建。新额颁降，守汪纲以观偏小，……又筑一园于观之前，曰赐荣。园有亭曰幽襟、曰逸兴、曰醒心、曰迎棹，皆纲所建。又筑长堤十里，夹道皆种垂杨、芙蓉，有桥曰春波，跨截湖面，春和秋半，花光林影，左右映带，风景尤胜，真越中清绝处也"❸。赐荣园作为园圃型的公共园林与观前双亭、十里长堤相融，围合千秋观，共同组成了"越中胜迹"。

❶　（宋）陈公亮．重建严先生祠堂记 // 全宋文 [G]．卷六二一二．

❷　（宋）吴自牧．梦粱录 [G]．卷十二・西湖．

❸　（宋）张淏纂修．宝庆会稽志 [G]．卷三・宫观・千秋鸿禧观．

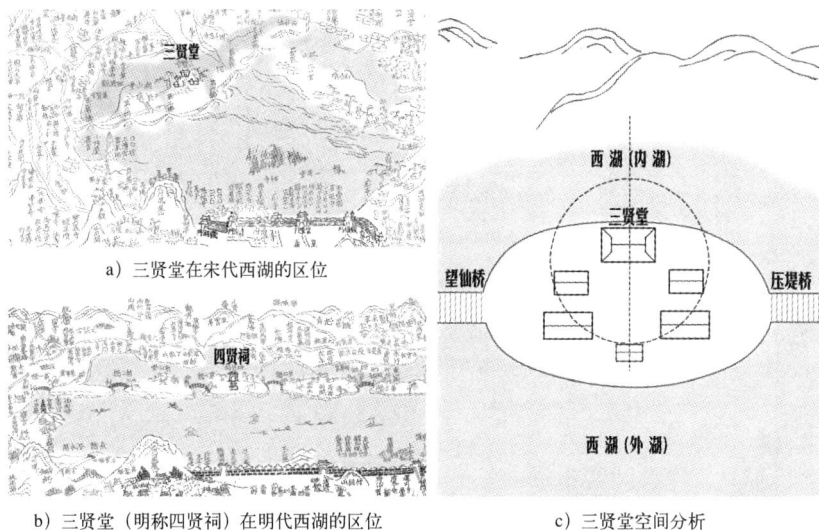

a）三贤堂在宋代西湖的区位

b）三贤堂（明称四贤祠）在明代西湖的区位

c）三贤堂空间分析

图 3-42　杭州西湖三贤堂及空间分析图

（资料来源：a）摹自《咸淳临安志》；b）摹自《西湖游览志》.）

　　名贤祠庙园圃的另一类是通过某一名贤的故居、陵墓、遗迹的保护，结合台榭楼阁的建设形成的纪念性园圃。如咸淳年间（1265 ～ 1274）建康郡守马光祖修复著名的乌衣园、雨花台，其中乌衣园记曰"在城南二里，乌衣巷之东，王、谢故居。一堂扁曰'来燕'，岁久倾圮。咸淳元年五月，马公光祖撤而新之，堂后植桂，亭曰'绿玉香中'、'梅花弥望'，堂曰'百花头上'。其余亭馆，曰'更展'，曰'颖立'，曰'长春'，曰'望岑'，曰'挹华'，曰'更好'。左右前后，位置森立，佳花美木，芳荫蔽亏，非复曩时寒烟衰草之陋矣"（马光祖修、周应，2009）。又如凤凰台，记曰"咸淳元年夏五，马公光祖既新'乌衣园'，或谓台云苑相颉颃，亦不可以不治，乃并撤而新之，高广视旧加倍，缭以修垣，旁建掖屋，又累石数百级，以便登陟，作门通衢，以严启闭。江山观览之胜，为金陵第一矣"（马光祖修、周应，2009）。两者皆是在历史古迹的基础上，"以似以续，续古之人"，通过保留遗址的文化意涵的规划新建，建构成教化、供游赏的纪念性园圃。再如苏州南园（图 3-43），作为吴越广陵王钱元璙之旧圃，"犹有流杯、四照、百花、乐堂、惹云、风月等处，每春纵士女游观"❶，从宋平江图上来看，

---

　　❶　（宋）范成大撰．吴郡志 [G]．卷十四·园亭·南园．

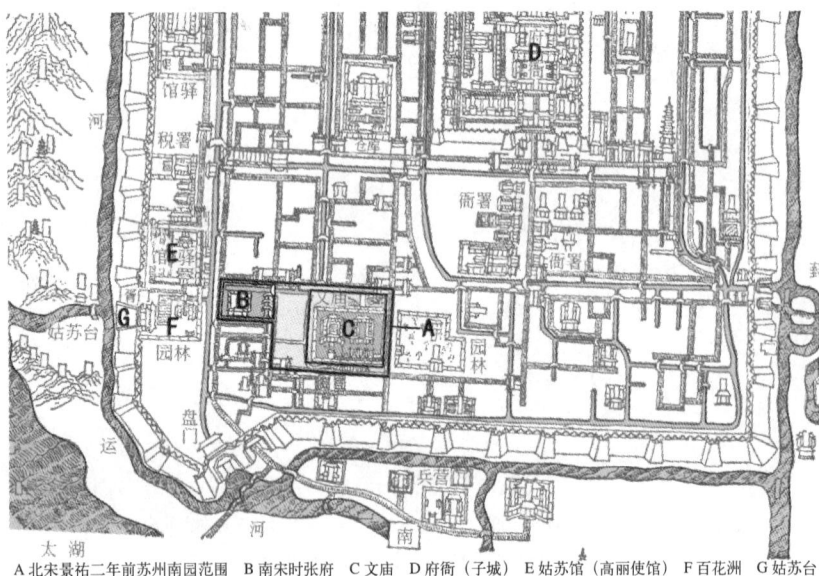

A 北宋景祐二年前苏州南园范围　B 南宋时张府　C 文庙　D 府衙（子城）　E 姑苏馆（高丽使馆）　F 百花洲　G 姑苏台

图 3-43　南园在宋代苏州城图上的区位

（资料来源：毛华松.论中国古代公园的形成——兼论宋代城市公园发展 [J].中国园林，2014（01）：41.）

就是典型的园圃式纪念园林。也有结合陵墓建成的，如南康（赣州）刘凝之古墓，朱熹《壮节亭记》记曰，"淳熙乙亥岁，予假守南康。始至，访求前贤遗迹，得故尚书屯田外郎刘公凝之之古墓於城西门外草荆中。……乃作小亭於其前，立门墙、谨扃钥，以限樵牧。……又礧巨石以培其封，植名木以广其籟，求得旧榜，复置亭上，岁时奉祀，一如旧章。且割公田十亩以畀旁近仁僧舍，使专奉守，为增葺费" **❶**，便是墓园、园林及管理墓园的寺观共同建构的名贤纪念园圃。

名贤祠庙园圃在园林意境上基于社会教化的需求，以突显主体祠庙（堂）祀主或者所纪念人物的品性为主线，在园林要素上围绕祀主的生平事迹、诗文及其他功绩展开，而且往往是选取其中具有积极普世意义的文化要素。在名贤祠庙园林的景点营造中，虽然也是采用传统园林"君子比德"思想的手法，来营造相应的景区、景点，但其意境内涵的选址上，往往是官方所倡导的积极向上的生活情趣、尽忠尽孝的人生态度和忧国忧民的政治抱负等，而少有常见于其他园林类型的退隐、避世的消极思想。名贤祠庙

---

❶　（宋）朱熹.壮节亭记 // 全宋文 [G].卷五六五七.

园林一般由祠庙、堂宇、亭榭、廊庑、自然环境和碑文等组成，围绕主题的园林要素选择往往具有共同生活文化感知，如将祀主手植的古树、用过的器物保护起来，或将其表达忧国忧民、彰显地方历史的诗篇词章镌刻在木板上、碑帖上作为厅堂的陈设，以及展示祀主画像、塑像等。也有将后世文人的评价、纪念缅怀的诗词作为对联、题匾、碑刻等，如绍兴纪念贺知章的千秋鸿禧观，"鉴湖一曲"亭取自于贺知章"乞永周湖数顷为放生池，诏许之。明年春，以黄冠归故乡，赐鉴湖刿中一曲，敕永周湖为放生池"❶，表达着贺知章对儒家的仁义、忠诚和对家乡的热爱；观前的春波桥，取之于贺知章诗"离别家乡岁月多，近来人事半消磨；唯有门前鉴湖水，春风不改旧时波"，也带有其对家乡深情的含义；其于"怀贺"、"爽气"、"幽襟"、"逸兴"、"醒心"、"迎棹"以及"赐荣"等，或引自贺知章诗词，或以表达皇家的恩赐。又如建康青溪园，以先贤祠为中心建筑院落，四周围绕各式以范蠡、王羲之、李白、颜真卿、王安石、朱熹、真德秀等41位祀主的相关建康诗文、事迹为主题的景点，如"割青"亭，即取自王安石"割我钟山一半青"的诗文；"九曲胜处"来自于造园者、景定年间郡守马光祖的感叹，"人道青溪有九曲，如今一曲仅能存"。这种规律性的审美即是阿恩海姆所谓的审美感知❷，也即是规律化的大众审美倾向，包含着欣赏者全部的生活经验，包括信仰、偏见、记忆、爱好等，因此它"不可避免地有着想象、情感和理解的参与"（任军，2004），类似于刘滨谊（2002）在研究纪念性园林中提及的"象征美学"、"形式美学"和"心物同构"的观点，体现着名贤祠庙园林积极的社会教化意义。

二、名贤遗迹及其纪念性景点建设

名贤遗迹景点多以附属于寺观、衙署及其基础设施存在，也有小型的祠庙未能形成园圃，而兼以亭榭型的景点作为纪念教化的场所。与名贤祠庙园圃要求的较大型的规模不同，纪念性的景点建设与专属的名贤祠庙园圃相比，其纪念名贤的品性、功绩或

---

❶ （宋）沈作宾修，施宿等纂. 嘉泰会稽志 [G]. 卷三.
❷ 阿恩海姆在《艺术与视知觉》一书中指出，"审美感知是以表现性作为对各种存在物分类的标准。按照这一标准，如果一块岩石具有同一个人一样的表现性，那么这两种在日常知觉中十分不同的东西，就被归到一类之中"（转引自：任军. 从审美角度看纪念性的存在依据与界定 [J]. 新建筑，2007，3）。

历史事件、场所，在整个园林中的功能、主题中只是从属部分，具有附属性的特点。但因而在选址上相对自由，而成为地方城市普遍性存在的教化性公共活动空间。

附属于寺观的名贤遗迹景点是最为普遍的现象。中国传统的捐宅为寺以及"儒道释"一体的士大夫生活带来的名贤与寺僧交流的密切，造就了大部分城市寺观基本上都有部分名贤的生活轨迹，加之寺观在彰显其吸引力的努力和官方日常教化的需求，共同推动了附属于寺观的名贤纪念性景点的普遍。同时中国古代缺乏专门的文物保护体制，以寺观祠庙充当管理机构的方式成为名贤遗迹保护的重要途径之一，客观上也促进了寺观与名贤遗迹的融合，如绍兴兰亭的天章寺，潘谷西、朱光亚经考察后认为"后来建设的护亭的天章寺反客为主，日益庞大，遂导致兰亭南移，寺僧以人工夯土营建新的锡杖山护亭，以改善环境"❶。以名贤遗迹为主体的《景定建康志》卷二十二亭轩篇的 39 个亭轩 ❷ 统计（表 3-9，图 3-44）来看，附属于寺观的有忠孝亭、览辉亭、翠微

《景定建康志》卷二十二亭轩篇建设情况统计分析　　表 3-9

亭轩	地点	亭轩	地点	亭轩	地点
忠孝亭	在天庆观西	佳丽亭	与风亭相近	朝阳亭	在通判东厅
赏心亭	在下水门之城上	此君亭	在华藏寺	罗江亭	未记地点
白鹭亭	同上，在赏心亭西	水亭（1）	在台城寺	望湖亭	在鸡笼山
二水亭	同上，赏心亭相对	水亭（2）	在凤台山南	不受暑亭	在清凉寺后
冶亭	在冶城	木牛亭	在移忠禅院，已废	南轩	在天禧寺
东冶亭	在淮水旁，为驿亭	五马亭	在幕府山侧，已废	迎晖亭	在外城中
览辉亭	在保宁寺后	征虏亭	在石头坞东	致爽亭	城外龙湾
翠微亭	在清凉寺山顶	白下亭	驿亭，在城东门外	来熏亭	城外驿道旁
新亭	近江渚，为驿亭	劳劳亭	送别之所，在城南	拱极亭	城外驿道旁
金山亭	在行宫内	客亭	临大江，迎送之所	川泳轩	在江东廨舍
练光亭	在保宁寺	清水亭	去府城三十里	存爱轩	在知录厅
折柳亭	在下水门外	二李亭	在溧水尉廨后	筹龙轩	在铁塔寺
风亭	折柳亭东	甘露亭	去城五里钟山乡	偃秀轩	在蒋山道中

---

❶　潘谷西．中国建筑史（第 6 版）[M]．北京：中国建筑工业出版社，2009：239．

❷　本表格的亭轩未统计"郡圃十亭"和青溪诸亭等城市园圃中的密集型景点，以分散在城市各处的独立亭轩为计。

亭、练光亭、此君亭、水亭（1）、木牛亭、不受暑亭、南轩、篛龙轩等 10 个亭轩；作为驿亭、送别之所的有东冶亭、新亭、折柳亭、风亭、佳丽亭、白下亭、劳劳亭、客亭、迎晖亭、致爽亭、来熏亭、拱极亭等 12 个亭轩；附属于衙署的有冶亭、金山亭、二李亭、

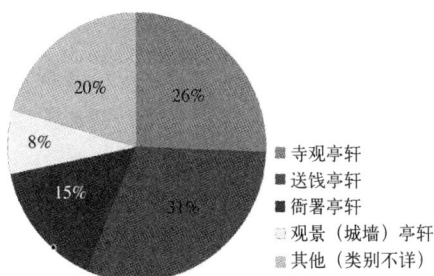

图 3-44 《景定建康志》亭轩类型统计分析图
（资料来源：作者自绘．）

朝阳亭、川泳轩、存爱轩等 6 个亭轩；附属于城墙的有赏心亭、白鹭亭、二水亭等 3 个亭轩（另有 8 个周边情况不明的亭轩）。

可见名贤遗迹景点与寺观共融是宋代较为普遍的建设现象。而且这些亭轩常是祠与亭、轩并存，如天庆观忠孝亭，以祀晋代尚书令卞壸之所，"元祐八年，曾公肇即亭为堂，绘壸像其中，列诸祀典"（马光祖修、周应，2009）；天禧寺南轩，以祀张栻（南宋著名理学家），旧为"西山真公德秀建'南轩先生祠堂'于天禧寺方丈后，盖以此为张宣公读书南轩之旧址。王潜斋垫又设西山像侑食祠中，作亭其旁，扁曰'仰宣'"，又兼祭祀真德秀。不仅是小型的亭轩，一些台榭、园囿等纪念性园林也常附属于寺观而建，如《景定建康志·城阙志三·台观》记载的凤凰台（在保宁寺后，总领倪垕重建）、周处台（在鹿苑寺后，郡守梅挚重建），"因表是台，新是堂，……包游览之胜，而与民同乐"（马光祖修、周应，2009）以及雨花台、乌衣园（在均庆院，隆兴、淳祐、宝祐年间三次重修凤凰台，咸淳元年新修乌衣园）等，皆为附属于寺观而相对独立建设的纪念性园林。《舆地纪胜·卷第二十八·袁州·古迹》记载的李德裕读书岩，亦是与寺观并置的，记曰"在州西北五里开化院后，因为祠。有亭曰仰山，轩曰倚，岩曰翠霭，亭曰振鹭。后又创亭曰仰高，曰容安，曰览胜，曰漱石，曰嵌空，皆在化成岩上"❶，从寺旁密集的主题性亭榭建设来看，也应是名贤园囿类的附属景区建设。所以与寺观结合的名贤纪念性园林在宋代应该较为普遍，杭州西湖的竹阁也同此类，《梦粱录》记广化寺竹阁，"曰北山第一桥，名涵碧桥，过桥出街，东有寺名广化，建竹阁

---

❶ 〔宋〕王象之．舆地纪胜 [G]．北京：中华书局，1992：1312．

图 3-45 宋代西湖图中的竹阁与广化寺
(资料来源：摹自《咸淳临安志》西湖图.)

（图 3-45），四面栽竹万竿，青翠森茂，阴晴朝暮，其景可爱，阁下奉乐天之祠焉"❶，也是阁、祠相结合且附属于寺观的作法。

附属于衙署的名贤纪念性景点常以纪念地方知名官员为主，且衙署的后园，即郡圃、别圃、总领花园或运司园等，其主题多以仁政、勤政、清廉为主。如《景定建康志》溧水县尉的纪念尚书李择及其弟读书之地的二李堂，以及建康知录厅以表颜椅"爱民之心"的存爱堂等 6 处衙署纪念性景点；再如苏州郡圃内因唐代刺史白居易驻留且留诗的齐云楼、西楼，祠祭唐刺史韦应物、白居易、刘禹锡及宋郡守范仲淹等的思贤堂和祠祭历代郡守的瞻仪堂等 ❷（图 3-46）。而且这样的衙署名贤纪念景点在宋代官府较为常见，分布于州府、县衙以及帅司、漕司、宪司、仓司 ❸ 等附属园林。

---

❶ （宋）吴自牧．梦粱录 [G]．卷十二·西湖．

❷ （宋）范成大撰．吴郡志 [G]．卷六·郡圃．

❸ 宋各路置安抚司掌军事与民政，简称帅司；转运司掌财赋与转运，简称漕司；提点刑狱司掌司法刑狱，简称宪司；提举常平司掌常平仓与贷放钱谷等事，简称仓司。在《舆地纪胜》《方舆胜览》的园林记载中，常用其简称，因而在此注明。

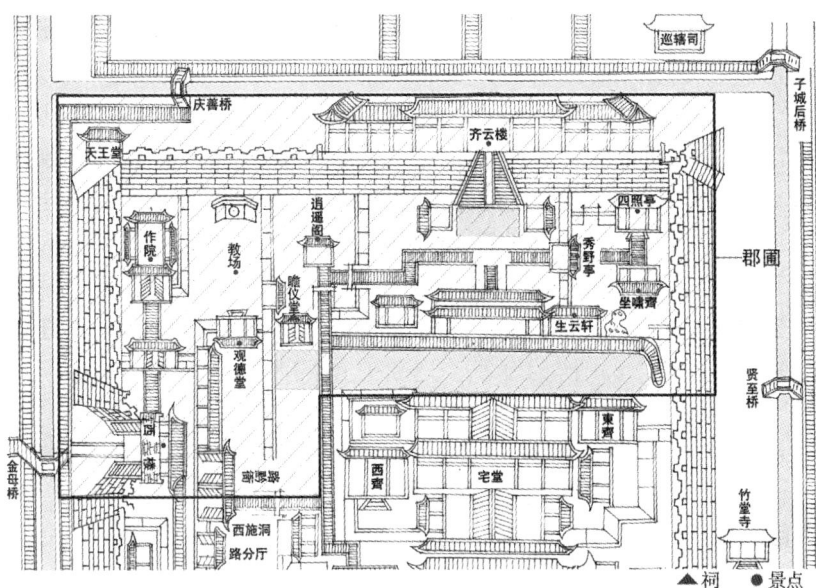

图 3-46 苏州郡圃及部分纪念性景点分布图
（资料来源：摹自南宋《平江府治图》.）

以四川地区为例，纪念贤臣名相的纪念景点不仅在成都的转运司西园，而且在蓬溪的县尉厅也有之，分布甚广（表 3-10），可见宋

四川地区两宋时期部分城市园圃祭祀性景点　表 3-10

衙署	地点	祀主	概况	文献来源
益州转运司	西园爽西楼	赵忭文同	转运使任公（名不详）将原燕思堂改为爽西楼，绘赵忭、文同之像于壁	（宋）李石.转运司爽西楼记.
新繁县署	后圃三贤堂	李德裕王益梅挚	北宋政和年间（111～1118），新繁令雍少蒙因"令舍之西，有文饶堂旧矣"，有李德裕所植巨楠，将文饶堂葺而新之，改名"卫公堂"，并于堂壁绘文像。南宋建炎二年（1128），新繁令沈居中以前任所作卫公堂堂宇偏小，撤而大之，迁建于衙署之东、东湖之南，绘三公像其上，榜曰"三贤堂"	（宋）宋佾.新繁县卫公堂记；（宋）樊汝霖.新繁县三贤堂记.
资州府署	博雅堂在郡圃	不详	绘礼殿圣贤于其上，为楼以藏赐书。又其上为凌云，翚飞宏丽，他所未有也	舆地纪胜.卷第一百五十七.
蓬溪县县尉厅	贾浪仙祠在尉之西圃	贾岛	尉有西圃者，在唐为主簿之廨址，诚得迁其旧构，更以绘像，无挠邑人，于义何有。既遂绘画而就之，其屋不华而完，其地不奥而清，两旁封植，筼柏郁然	（宋）龚鼎.贾浪仙祠堂记.
潼川府府衙	棠阴馆在郡圃	不详	画历任太守遗像七十七人，孙汝昕为记	舆地纪胜.卷第一百五十五.

代教化普及的层面不仅是地方百姓，还包括士大夫阶层的官员士绅，而"令吏民瞻礼"❶。

　　附属于诸如驿亭、桥梁或水利等基础设施的纪念性景点也较多出现。与地方生活、经济相关的安定、发展是古代官员考课的重要组成部分。宋代社会教化的推行和大众游赏的炽热，强化了与地方生活、经济相关的基础设施景点建设的普遍。一般的大中型工程常会在工程地建设纪念相关历代官员功绩的祠庙、亭榭，既作游赏之所，也为教化子民和管理设施的场所。如《景定建康志》（见上表3-8）作为驿亭、送别之所的8个亭轩和城墙、门上的3个亭轩，多与文人贤官相关联，其中白鹭、二水因李白"二水中分白鹭洲"而得名，赏心亭更是与宋真宗赐丁谓的《藏雪图》相关联；东冶亭，为"三吴冠盖送饯"之所，晋谢安曾设"祖道于冶亭，群贤毕集"，乾道五年郡守史正志重建，并加"知稼"亭，景定辛酉郡守马光祖又加"瑞麦"亭；而劳劳亭因李白"金陵劳劳送客堂"、客亭因杜甫"多少残生事，飘零似转蓬"的《客亭》一诗而得名。而大型的桥梁、水利工程，不仅设置游赏的亭榭，更有祭祀、管理性质的祠庙，如惠州西湖陈公祠，即因纪念陈尧佐"为之筑重堤，以障其患；或堰或闸，以闭以泄，各得其宜"的西湖水利，"而相与名公之桥曰陈公桥，亭曰陈公亭。及公之去，民又不胜其思，相与绘公之像而祠焉"❷；南昌东湖徐孺子亭及其祠宇，南宋袁燮《东湖书院记》记曰，"既浚东湖，徘徊橘亭遗址之上，望徐孺子亭及其祠宇及三李堂，望前贤之高躅，有契於心。且爱其风景之胜，长堤回环，柳阴四合，水光照耀，芙蕖舒红，灿如云锦"❸；慈溪新亭，因咸淳二年（1266）重修普济湖而建，"湖既停潴，必观其澜，一碧浸空，千翠倒影，山含采而水含晖，公因蟊峙，封旧环堤，增建新亭於其闲，扁曰湖山第一，曰小蓬莱，曰野航，曰茅亭，其上曰仁天，祝圣人之寿，纵鱼鸟以咸若"❹，便是通过亭榭的建设来彰显水利工程的意义及其大众游赏、社会教化的作用（图3-47）。

　　名贤遗迹类纪念性景点因选址的自由，从而与城市大众的日

❶　〔宋〕范成大撰．吴郡志〔G〕．卷六·郡圃的瞻仪堂一目．
❷　〔宋〕郑侠．惠州太守陈文惠公祠堂记∥全宋文〔G〕．卷二一七六．
❸　〔宋〕袁燮．东湖书院记∥全宋文〔G〕．卷六三七六．
❹　〔宋〕桂锡孙．慈溪县濬普济湖记∥全宋文〔G〕．卷七九五五．

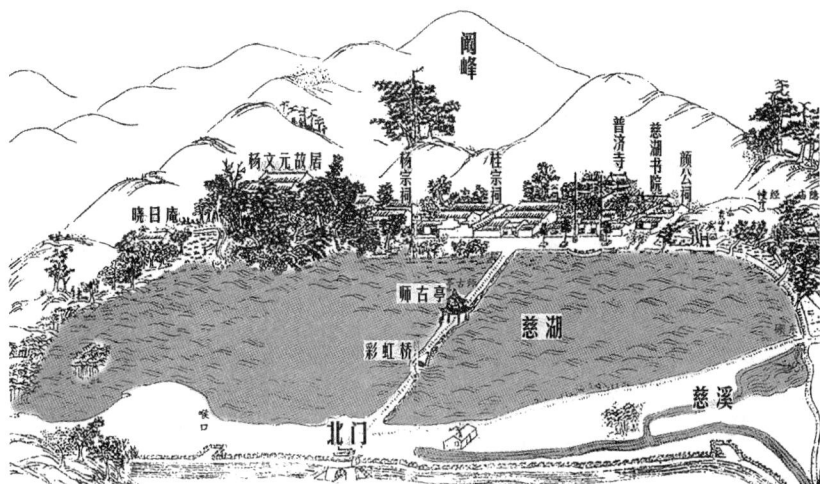

图 3-47 清代慈湖及其纪念性景点

(资料来源：摹自《慈溪县志·卷一》图九.)

常生活结合更为紧密，从而成为地方城市普遍性存在的教化性公共活动空间。即便是小型城市，如城市人口、经济发展一般，在嘉定十五年（1222）才由县升为军的鄂州，在其《宝祐寿昌乘》（南宋鄂州县志）❶古迹、亭馆两门中记载纪念景点就有南楼、怡亭、殊亭、广宴亭等，以纪念东晋庾亮、唐代裴鸥、元结等著名人物遗迹，且皆为附属寺庙而建。既符合"天下山水奇胜处，或英雄之所迹，或神仙之所都，或贤哲之所游览，故陵谷代迁而名不与之俱往，好古博雅之士景遗芳而慕前躅，非托之记载，何以见之"❷的人文风景关怀，又能适应相应规模的城市园林游赏需求。

三、放生池亭、射圃

放生池、亭与射圃是通过有组织的社会性活动来达到教化子民的特定场所，与名贤纪念性园林通过日常的祭祀、游赏来传递儒家主体思想有所不同，其活动举行的时间相对固定于官方的节日（如天申节、重明节、天中节等），活动组织也相对规范，因而常作为湖山风景、城市园圃的一个景点附属存在。

---

❶ 即湖南鄂州的宋代方志。鄂州在嘉定十五年（1222）才由县升为军，城市人口、经济发展一般，以军备为主要的建设目的。

❷ （宋）佚名纂修. 宝祐寿昌乘 [G]. 古迹卷.

图3-48 《三才图绘》中的放生嘉会图
(资料来源：吴庆洲.杭州西湖文化景观的兴废
及其启示[J].南方建筑，2013：62.)

1.放生池亭的选址与建设

放生池、亭在宋代的普遍建设本身就是社会教化下移，且与平民化、世俗化社会需求的"与民同乐"政策相对应，成为宋代城市有组织教化活动的典型（图3-48)，并以附属于大型湖池的放生亭和封闭的放生池亭组成的园圃两种不同类型存在。

宋代是中国历史放生池亭广设的鼎盛时代。放生池的设置应始于南北朝[1]，并作为佛寺的弘扬佛理设施。其作为社会教化的场所肇始于中唐，乾元二年（759)[2]诏设放生池八十一所于各地。颜真卿《天下放生池碑铭》记曰："拯已坠之皇纲，据再安之宗社，迎上皇於西蜀，申子道於中京。一日三朝，大明天子之孝；问安视膳，不改家人之礼。蒸蒸然翼翼然，真帝皇之上仪，诰誓所不及已。历选内禅，生人以来，振古及隋，未有如我皇帝者也。而犹妪煦万类，动唉四生。乃以乾元二年（759年）太岁己亥春三月己丑，端命左骁卫右郎将史元琮、中使张庭王，奉明诏，布德音，始於洋州之兴道、泊山南、剑南、黔中、荆南、岭南、江西、浙江西诸道，讫於昇州之江宁秦淮太平桥，临江带郭，上下五里，各置放生池。凡八十一所，盖所以宣皇明而广慈爱也。"至宋代，放生池从单纯的"宣皇明而广慈爱"转化到"广仁圣好生之德，寓臣子报上之恭"[3]，而成为地方官员遥祝圣寿的城市必设场所。南宋抚州郡守黄震的《抚州修造总记》即将放生亭纳入到和衙署、仓廪一样的公宇建设范畴，记曰"於公宇则再建放生亭、

---

❶　放生池文化应和佛教的传入有紧密的关系，我国佛教由魏晋时期传入。《艺文类聚·卷七十》录有南朝梁武帝的《荆州放生亭碑》，可见我国最早的放生池应始于魏晋时期。

❷　唐代放生池的建设是为"宣皇明而广慈爱"、"纪好生之上德"，展现的是皇家的仁义，因其始建于乾元年间，唐以后的宋元明清一般以"乾元故事"代称放生池的建设。

❸　（宋）黄震.抚州修造总记//全宋文[G].卷八零五五：331.

县丞厅，修尉衙，给材石创主学厅，增和糶仓"。同时放生池的放生、祭祀活动在两宋不仅与真宗时期设立的天申节、重明节相结合，亦在当朝两宫（皇帝、太后）生日举行，使得放生池成为地方社会教化典礼中的重要场所，造就了"宋代所设放生池之多，相关文章之多，空前绝后"（赵杏根，2012）的放生池文化鼎盛。而且在平民化、世俗化的文明演变下，宋代城市放生池与唐相比，增加了园林化、生活化的游赏氛围，规模也在唐代基础上有所拓展，设置了相关的游赏亭榭以供游观。放生池的地点也从唐代临江带郭、自然状态的江河、湖泊、护城河，转移到与地方重要的公共园林相结合，既有独立设置园囿，作为放生祝圣的场所，如江西永丰县放生池、镇江放生池等；也有和城市湖山风景、城市园囿相结合的，如杭州西湖德生堂、建康青溪园放生亭、绍兴禹王庙咸若亭等。

　　附属于城市大型湖池，以放生亭、咸若亭、德生堂等"放生"主题命名的亭榭建设，以及和湖山风景相融建设的放生池，是宋代放生池建设的主要形式。如杭州西湖放生亭，以德生、泳飞为名，《梦粱录》记曰，"绍兴以銮舆驻跸，尤宜涵养，以示渥泽，仍以西湖为放生池，禁勿采捕，遂建堂扁'德生'。有亭二：一以滨湖，为祝网纵鳞之所，亭扁"泳飞"（图3-49）；一以枕山，凡名贤旧刻皆峙焉，又有奎书《戒烹宰文》刻石于堂上"❶。从明田汝成《西湖游览志》宋朝西湖图可见，两亭紧邻白堤，即高文虎《放生池德生堂记》所记"近接城闉，左介石函，右通涵碧"，其中泳飞亭也合"又作亭三楹，内俪山址"❷的记载，相互印证，当为南宋西湖放生池亭的建设格局。又如潮州放生亭，庆元己未重建，记曰"西湖古放生池也。……於是剖榪壤繁秽，引清流潴而广之，南北相距倍於昔。立三亭，滨於南曰'放生'，介於中曰'湖平'，跨於山之侧曰'倒景'"❸。而肇庆七星岩放生池亭的记载更能说明唐宋放生池营建的区别，记曰"旧不专设，始即迎送之驿，……濒江经营。七星岩秀郁倔奇，为一郡最胜处，若屏障。其后役起，重阳而落之，猎题曰咸若，谓万物无不蒙被帝泽，非止斯亭岁所放

---

❶　（宋）吴自牧．梦粱录 [G]．卷十二·西湖．文中所提"绍兴以銮舆驻跸，尤宜涵养，以示渥泽"是指南宋高宗继北宋真宗后再次诏令全国各地设放生池．
❷　（宋）高文虎．放生池德生堂记 // 全宋文 [G]．卷五四一一；淳熙临安志 [G]．卷三三．
❸　（宋）辛骞．重辟潮州西湖记 // 全宋文 [G]．卷六六九八．

图 3-49　杭州西湖的放生场所泳飞亭、德生堂
(资料来源：摹自田汝成《西湖游览志》的西湖图.)

者也。敞拓华壮，簪绅雍容进退，舆隶堵立其旁，猝风雨有所庇，潜龙藩体貌始称。亭虽三间，而关系大法"❶，其中"旧不专设"、"关系大法"两语即说明宋代放生池设置对于地方官员的重要性转变，而从原来的"濒江经营"移到"一郡最胜处"的七星岩，便是宋代城市大众游赏炽热下的文明演变结果，使得放生池亭这一类礼仪空间也需设置在山水佳处，而"非止斯亭岁所放者也"。同样的记载还有安徽广德放生池，陆游《广德军放生池记》记曰，"惟广德军旧以郡圃后池为之，地隘，水泉浅涸，不与事称。承议郎曾侯皋，以庆元二年来领郡事，顾而太息。会以事至子城西稍南，得亘溪者，延袤百步，泓渟澄澈，蒲柳列植，藻荇萦带，水光天影，荡摩上下，为一郡绝境，侯因其故而加治焉。筑屋于其会，名曰溪堂"❷，也是沿溪建设放生池并进行山水培育、亭榭建设的园林化放生池亭典型案例。也有少量附属于城市园圃建设，如建康青溪园放生池亭，郡守史正志曰"理是溪、创层阁，而以时往来其间者，述平原之志，举乾元之实，而效蕃臣之精恳者也"❸，即是将放生池亭置于青溪园，并作为日常游赏的城市公共园林。

---

❶　（宋）李昂英．肇庆府放生咸若亭记 // 全宋文 [G]．卷七九四三．
❷　（宋）陆游．广德军放生池记 // 全宋文 [G]．卷四九四三．
❸　（宋）张椿．建康青溪阁记 // 全宋文 [G]．卷四七六零．

园圃式的放生池相比于附属于湖池、园圃的放生池，在空间上相对独立，常采取封闭式的管理模式，以利于对禁止采捕的管理，园林空间尺度比自然式放生池相对局促，开放时间也相对固定在相应的放生活动时节。如江西永丰县放生池亭，"知县事吴侯南老之来，……偶於县南近东得隙地焉，其形洼下，其水不涸，其籍属公，隐蔽民居之后，始启而浚广之，以为放生之所。作小亭於中，飞桥而渡。其成匪棘，财力不费，而屹然可观焉。……是池也，其地涌泉，其状成规，其围六十余丈，其流通於城濠而达於溪焉。斩木为堤，累塈为墙，植花卉果实以环之，外设门关以为之固，剽攘践履不得底焉"❶。在放生池的管理上，永丰县放生池比原截溪为池的自然环境，设置了便于管理的墙垣、门关，更好地防止了盗捕行为的发生，但园林空间比自然式的相对局促，且因紧邻城市间阓，易被侵占。如镇江放生池亭就曾出现如此状况，赵善湘《放生池记》记云："臣善湘以暇日登月观之台，周览城邑，……俯视台下有池一窊，中植荷菱，傍积粪壤。问之左右，曰：'此放生池也。'於是大惊懼，亟求之故府，考诸图籍，其所登载，仅存条目，书其大义而已，昔之规模广狭漫步可考。……乃先自治其官地之害池者，辟修衢，作重门於池之东，为亭五楹，直池而西面，当一池最深处，揭南山旧名於亭上。又於亭前别为轩，如亭之数。亭之两傍各为屋，以为郡县军官侍班之所，视其秩序，皆左右差列，莫不虚敞宽洁，无揉杂斥塞之患。酒垆之轩撤而去之，退为限隔，以绝其临眺。……於是尽取其地，绕为高墙，墙之内为径丈有奇，以容往来；植柳其傍，以护倾圮，皆引绳而划之。其粪壤之不可筑者，乃徙之闲地，取土为墙，墙成而池开。……继自今岁葺月理，前规后随，使斯池日新又新，亿万斯年，以对扬天子之休命，则又小臣之与邦人所同欲也。"❷从赵善湘的这篇《放生池记》中，可以看到紧邻城市里坊的放生池易被侵占，所以也采用了城池园圃式的封闭式管理模式，并作为放生时节"扬天子之休命"，而"与邦人所同欲"的城市公共园林。宋代的放生池亭，在游赏活动上兼容着官府放生节庆组织和居民日常游憩的作用。如朱熹记载的海南琼州的放生亭，"乃取庄生濠上之语，作

---

❶ （宋）董德元．放生池记//全宋文[G]．卷四零九五．
❷ （宋）赵善湘．放生池记//全宋文[G]．卷六八七五．

'知乐之亭'於放生池上，北望观阙於云天缥缈之间，以为岁时瞻仁祝诞之地。且曰其使邦人士女佳辰胜日有所咏歌鼓舞，以自乐得被圣化而不愧於王民也" ❶。由于宋代放生文化主要强调的是"为皇帝祝福" ❷，放生的社会性组织活动集中于帝后诞辰及其相应的节日，如"每遇诞节前一日"（杭州西湖放生会，赵师睪《乞立亭书榜于西湖放生池奏》有记）、"时寿庆圣节前四日"（句容县，张侃《辟句容县放生池记》有记）、天申节（宋高宗生辰，农历五月二十一日，张纲《金坛县放生池记》有记）、重明节（农历九月四日，宋光宗赵惇生日；陆游《广德军放生池记》有记）等，也有部分城市在佛诞日、端午节举行放生会的，如苏轼在《杭州乞度牒开西湖状》记载的四月初八西湖放生，董德元在《放生池记》记载的天中令节（端午）永丰放生会等。每每这样的放生活动都由官府按礼仪程式举行，但终成为城市的集体狂欢，如金坛放生会，记曰"宰乃躬率其佐若邑之士大夫会于池，再拜呼舞，大赎生纵之。百族钜细，脱鼎镬自适，盖不可为量数。邦人聚观"（张纲，《金坛县放生池记》）；广德放生会，记曰"率僚吏放鳞介千许，望行在拜稽首，礼成而退，父老童稚纵观兴叹" ❸。而官府也乐于百姓的积极参与，并大多把放生池打造为地方重要的公共园林，作为士庶日常游赏之所。如上述杭州西湖德生堂、建康青溪园放生亭、绍兴禹王庙咸若亭、肇庆七星岩放生池亭等建于湖山胜处，再如严州放生池，《严州图经》记载的放生池，靖康元年（1126）移到西湖，"绍兴八年，作飞桥跨其西榜，曰宝华洲。又于东水际面东山作亭，名曰晨光，后改为浸云。湖中有画舫，名曰漾月斋" ❹，依然将放生祝圣、寺观建设与日常游赏相融合，而成为严州一景（图3-50）。而江州甘棠湖放生池亭更成为地方缙绅聚会的日常空间，余禹绩《江州重建烟水亭记》记曰，"惟甘棠一湖，荡漾空阔，岁每祝圣人寿，群纵水族围洋其中，而亭枕其涯，实为缙绅会之地" ❺。

---

❶ 朱熹.琼州知乐亭记//全宋文[G].卷五六五五.

❷ 赵杏根《宋代放生与放生文研究》在一文中指出，"唐代颜真卿《天下放生池碑铭》中，也只是强调皇帝的德力和慈悲。可是，宋代有关放生的文章，则大多是说放生是为皇帝祝福"，并说明是宋代理学发展下"仁义"思想扩大到宇宙万物的象征，又体现着忠君、尊君的君臣关系。

❸ 〔宋〕陆游.广德军放生池记//全宋文[G].卷四九四三.

❹ 〔宋〕陈公亮修，刘文富纂.淳熙严州图经[G].

❺ 〔宋〕余禹绩.江州重建烟水亭记//永乐大典方志辑佚[G].卷六十三 九江府志.

2. 射圃的选址与建设

射圃是举行射礼的场所，是官方"序贤阅兵"、"庶民礼教"的教化性空间，常附属于城市园圃而成为宋代公共园林中常见的园林要素。

射礼为儒家六艺"礼、乐、射、御、书、数"中的一艺，宋代因国家在军事上的弱势，作为皇家和官府层面都普遍重视带有军事预备作用的射圃、射埒和包含射圃的阅武场建设。《论语》云："君子无所争，必也射乎，揖让而升，下而饮，其争也君子。"因而射礼不但是一种体育活动，更是一种修身养性培养君子风度的方法，亦成为公共园林游赏的一样社会教化性活动（图 3-51）。王安石曾作诗云："因射作兹亭，序贤仍阅兵。庶民观礼教，群寇避威声。❶"可见射礼在社会教化礼仪中的示范作用。宋代因军事上

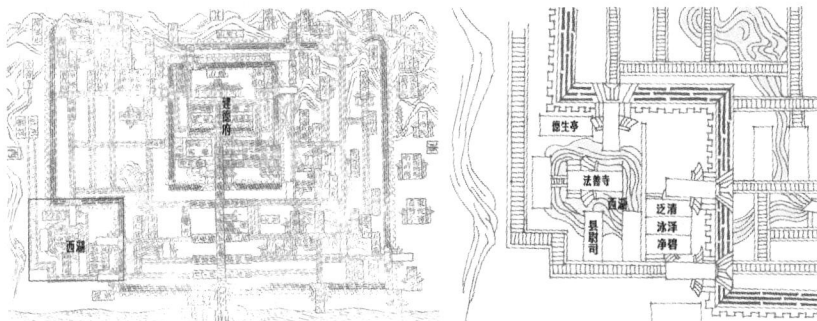

图 3-50 宋代严州放生池——西湖及其景点建设
（资料来源：摹自南宋《严州图经》建德府内外城图.）

a）战国铜器上的射礼图 　b）汉代画像 　c）射箭图（敦 d）君子之争图 e）乾隆帝一箭双鹿图
　　　　　　　　　　　石后羿射日的　煌莫高窟第 53
　　　　　　　　　　　构图　　　　窟窟顶）

图 3-51 春秋至宋、明清的射礼演变进程图

（资料来源：a）来自 http：//www.gongjianjie.comtopicn=6&newsid=879；b）来自 http：//blog.sina.com.cnsblog_4eb519560100bbk8.html；c）来自 http：//cathay.ce.cn/special01/tiyushihua/yw/200808/07/t20080807_16423065.shtml；d）来自 httpwww.fjdh.cn/wumin201004153802102192.html；e）来自 httpwww.cchmi.comtabid370InfoID3607Default.aspx.）

❶ （宋）王安石，《临川先生文集》之《射亭》，查自《四库全书》电子文档。

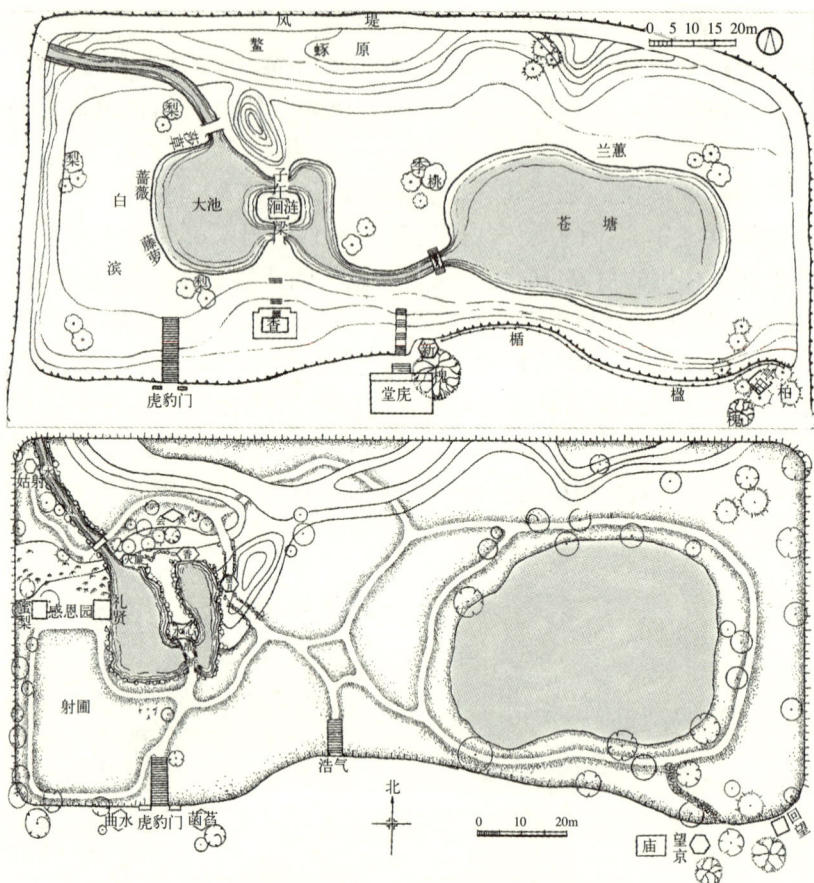

图 3-52　唐宋绛州郡圃园池对照图

（资料来源：汪菊渊.中国古代园林史 [M].北京：中国建筑工业出版社，2006：163.）

的弱势，皇家和官府普遍重视带有军事预备作用的射圃建设，从著名的绛州郡圃园池的唐宋文记对照来看，射圃是宋代增设且成为区位、规模都较为重要的景区（图 3-52）。林公俊《南剑州学复射圃记》记载的"学旧有射圃，淳熙初承诏所创"，说明南宋初年宋孝宗曾下诏要求各地设置射圃。李纶《淳熙临漳志序》中也曾云，"环千里而郡之必有郡治，有郡治必有廨舍、仓库，而后民得以杂处於其间。有民杂处，必有桥道坊市以为之聚散，城池营驿以为之捍御，射圃学宫以为之教习，社稷寺观庙宇为之祠祀而游观焉"❶，也是将射圃和廨宇、学宫一样为政府的必要性建设。各种

❶　（宋）李纶.淳熙临漳志序 // 全宋文 [G].卷五四二七.

类型的射圃、射亭在《全宋文》中非常常见，如宋真宗《名继照堂诏》的开封郡圃的射圃、穆修《静胜亭记》记载的蔡州郡圃射埒、胡宿《流杯亭记》的许昌西湖射埒、章岷《延射亭记》记载的县圃射亭、宋祁《寿州西园重修诸亭录》记载的郡圃射埒、余靖《韶州新修州衙记》记载的郡圃射亭、欧阳修《真州东园记》记载的城市园圃射圃等等，几乎每州、每县皆有射圃、射埒、射亭等以展射礼的记载。而现存南宋江南地方志图中的严州（见图 3-50）、四明、杭州、建康（今南京）的郡圃大多有射圃或阅武场的设置，可见射圃在宋代城市的普遍建设。

射圃的建设一般附属于郡圃、别圃，也有部分分布于城市的湖山风景区中。如苏州郡圃西园的射圃（教场），即是唐代池光亭后大池填埋后建成的，《吴郡志》记曰，"郡圃在州宅正北，前临池光亭大池，后抵齐云楼城下，甚广袤。……郡圃之西其前隙地今为教场"[1]。台州郡圃"射有长圃，饮有曲水。宾友衎衎，哨壶雅咏，日为文酒之乐"[2]（元绛，《台州杂记》）；华亭（今上海松江）县圃"又东买民地，辟为射圃，纵之阔为尺八十有四，衡其长三之二"[3]，以及南宋严州郡圃、杭州府治图等都是在郡圃中建设射圃的实证案例（图 3-53）。也有建设在城市别圃的，如真州东园"敞其中以为清燕之堂，辟其后以为射宾之圃"[4]。还有一些选址于湖山风景区中，如万州西山"至和元年鲁公虞□剖符此地，始建三亭焉，曰高亭、曰鉴亭、曰集胜。集胜之前，列射埒植花木焉"[5]。

射圃在规模上为宽 20 米、长 60 米左右。如黄崖《华亭制锦堂记》记载的华亭县圃射圃，"纵之阔为尺八十有四，衡其长三之二"；傅烈《南剑州儒学射圃记》记曰，"於是相学宫之西偏，高明爽垲，深袤广二十丈"。射圃由于存在一定的安全隐患，在空间上往往独立、封闭设置，有围墙或埒，这也是称之为圃、埒的缘由。但射圃在两宋城市生活化、园林化的背景下，也是环境优美的园林空间场所，如前述万州西山射圃与射亭（集胜亭），"集胜之前，列射埒植花木"；真州东园射圃，"敞其中以为清燕之堂，辟其后

❶（宋）范成大撰．吴郡志 [G]．卷六·郡圃．
❷（宋）元绛．台州杂记 // 全宋文 [G]．卷九二九．赤城集 [G]．卷一．
❸（宋）黄崖．华亭制锦堂记 // 全宋文 [G]．卷七六八二．
❹（宋）欧阳修．真州东园记 // 全宋文 [G]．卷七四零．
❺（宋）刘公仪．万州西亭记 // 全宋文 [G]．卷一零四三．

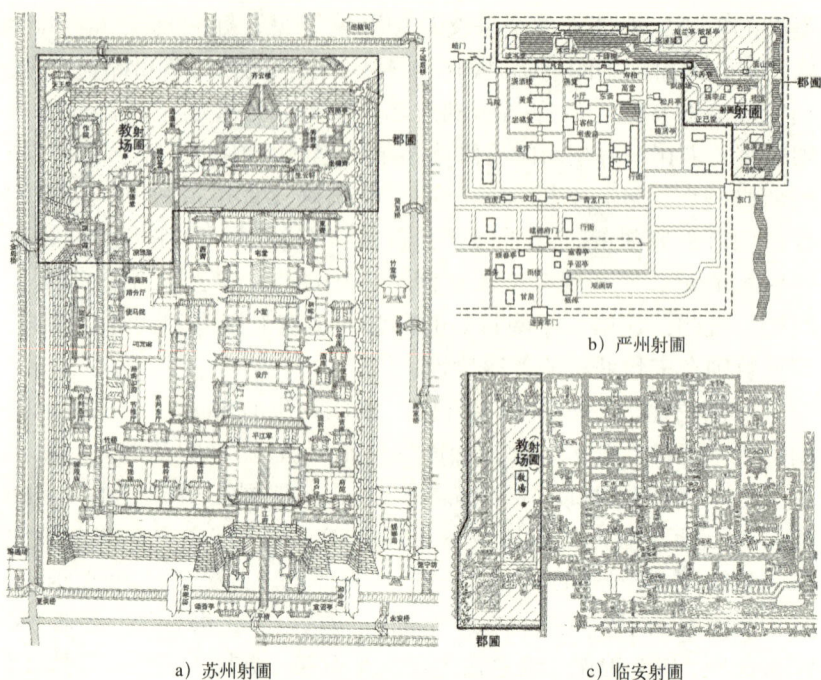

a) 苏州射圃　　　　b) 严州射圃　　　　c) 临安射圃

图 3-53　宋代典型城市郡圃中的射圃

（资料来源：a）摹自宋代平江府治图；b）自绘，底图自：毛华松，廖聪全. 宋代郡圃园林特点分析 [J]. 中国园林，2012（04）：79；c）来自摹自《咸淳临安志》府治图.）

以为射宾之圃。芙渠茭荷之的历，幽兰白芷之芬芳，与夫佳花美木列植而交阴"❶；南剑州射圃，林公俊《南剑州学复射圃记》记曰，"遂以地归。於是葺秽剔芜，亭植其中，轮奂新美，仰视经阁，炳乎相辉，冈峦献奇，林麓吐秀，熙熙然若喜兹圃之遭也"❷。

地方城市射礼的活动组织在文献上记载较少，但应为王安石所云的"序贤仍阅兵"、"庶民观礼教"的方式，即类似于放生会的官方组织、百姓观赏参与的方式。南宋《武林旧事》曾记载了宋孝宗在西湖玉津园组织的射礼活动，记曰"淳熙元年九月，孝宗幸玉津园讲燕射礼，皇太子、宰执、使相、侍从正任，皆从辇至殿门外少驻，教坊进念致语、口号，作乐，出丽正门，由嘉会门至玉津园，赐宴酒三行。上服头巾窄衣，束带丝鞋，临轩。内侍御带进弓箭，看箭人喝：'看御箭。'教坊乐作，射垛。前排立

---

❶　（宋）欧阳修. 真州东园记 // 全宋文 [G]. 卷七四零.
❷　（宋）林公俊. 南剑州学复射圃记 // 全宋文 [G]. 卷七九三零.

134

招箭班应喏。皇帝第二箭射中，皇太子已下各再拜称贺，进御酒，并宣劝讫。皇太子及臣僚射弓，第四箭射中。上再射第五箭，又中的，传旨不贺。舍人先引皇太子当殿赐窄衣，金束带；次引射中臣僚受赐如前。再进御酒，奏乐，用杂剧。次赐宰臣以下十两银碗各一只。上赋七言诗，丞相曾怀已下属和以进。上乘逍遥辇出玉津园，教坊进念口号。至祥曦殿降辇。招箭班者服紫衣幞头，又手立于垛前，御箭之来，能以幞头取势转导入的，亦绝伎也"❶。从记载来看，其组织程序、参与方式、音乐舞蹈等都是经过严格的礼仪程式的，客观上应对地方上的射礼活动有些影响。

射礼、放生池亭等由官方有组织活动形成的教化场所，有百姓日常生活参与其中，感受名贤品性、功绩的名贤纪念园圃、景点，成为宋代社会教化下移的重要物质载体，并带来了城市风景的平民化、世俗化倾向，成为城市居民日常生活空间的组成部分。

第四节　壮形势，兴人物——从幽赏到胜览的城市审美

从行政型向商贸娱乐型的唐宋城市转型中，秦汉象天法地的"神性"城市形态，隋唐"三纲五常"下"百家如菜畦"的严谨儒家礼仪城市格局，直到宋代渐趋重视人（居民个体）和社会共同体（集体）的内在精神诉求，开启了城市形态发展的第三阶段。城市形态的文化象征也由"神"的城市向"人"的城市转变，风水思想、山水形胜等城市建构理论更贴近于世俗化的平民阶层，趋向人与社会、人与人的关系演进，影响了自然山水与人的亲近度，促进了城市山水环境"兴风物"的人性尺度生成。其中风水世俗化影响下的城市风景格局优化，已从纯粹保皇权延续的意象，向地方经济、文运转化，甚至与个人的财运、文运相连，促进了宋代城市"风水裁成"类水利、亭榭建设的兴起，也为城市公共园林的建设提供了大型的物质基础和理论支撑。而宋代社会变革带来的山水艺术审美平民化趋向，造就了关注地方城市审美的士大夫阶层的激增，加之宋代社会教化普及的广度，使地方风物形胜的彰显成为城市集体意识培育的重要途径。城市风景也从隋唐名

<hr />

❶　（宋）周密．武林旧事[G]．卷二·燕射．

贤的个人幽赏上升为地方集体的胜览,诸如西湖、八景、"楼亭苑" **❶** 等在东亚文化圈广为传播的风景范式,并成为官方关注的城市风景彰显的重要途径,促进了与之相关的城市公共园林的普遍建设。

一、风水思想的世俗化与风水裁成

两宋时期的风水学说在学术性、艺术性上得到了极大的强化和提升,而且在商业化、平民化的社会背景下,风水的世俗化、功利性内容凸显,推动了风水在地域、阶层上的普及。风水裁成作为地方城市追求与社会稳定、经济发展、科举文运相关的大事,渐趋在宋代城市发展流行,并在宏观上通过河流改道、湖池蓄势的山水形势格局优化,中观上通过衙署、寺观、祠庙建筑群的周边环境的优化,以及微观上通过重要节点的亭榭构筑强化风水形势,为宋代城市风景的艺术性优化和公共游赏的参与提供了良好的物质基础和理论支持。

(一) 宋代风水思想的世俗化

宋代风水思想的世俗化体现在两个方面:一方面风水已经深入到社会各阶层,并成为社会生活的一部分;另一方面社会生活,特别是与社会审美有关的宋代山水艺术平民化,也投影到风水学说本身,影响了宋代以"势壮"为取向的形势派风水在城市兴起,促进了宋代山水城市文化建设的鼎盛。

自秦汉至唐宋,风水渐趋从皇家层面的专属控制转向到各阶层的社会生活之中,并在宋代达到世俗化的高峰,促进了园林化城市的形成和发展。"风水"一词最早见于晋代郭璞(276～332)的《葬书》 **❷**,是"史前人类择居本能与旧石器时代人类环境偏好、夏商周时期相宅与卜宅的风水雏形、春秋秦汉时期堪舆与形法的风水理论化"(杨柳,2005),是魏晋审美思潮影响下的山水文化意识形态理性发展的直接见证。其核心是"审慎周密地考察自然环境,顺应自然,有节制地利用和改造自然,创造良好的居住环境,以臻向天时、地利、人和诸吉咸备,达到天人合一的至善境界"(王其亨,2005),是中国古代即已产生的一种环境设计理论和初级的环境科学。但与天文地理等事关国运的术数一样,风水在很长时

❶ 金晟均. 韩国传统风景园林设计观: "楼亭苑" [J]. 中国园林,2013 (11): 9-13.
❷ 《葬书》云: "葬者,乘生气也。经曰: 气乘风则散,界水则止,古人聚之使不散,行之使有止,故谓之风水。"

间内独属于统治阶层皇家把控的范畴。❶ 唐以前有关风水的累世术家与各类术书历，都控制在皇家手里，例如郭璞曾为东晋著作佐郎，萧吉为隋代太府少卿，唐李淳风为太史令，僧一行为司天监，杨筠松为灵台地理事等（杨柳，2005）。唐宋时期中国社会的平民化倾向带动了风水的世俗化发展，成书于唐代的《黄帝宅经》❷ 云："故宅者，人之本，人以宅为家居，居若安即家代昌吉，若不安即门族衰微，坟墓川冈并同兹说。上之军国，次及州郡县邑，下之村坊署栅，乃至山居，但人所处皆其例焉。"可见风水理论已渐趋影响小到亭、阁、桥、堤等山水风景点，大至宅、村、镇、城、都等聚落、城池选址建设。宋代商业经济的发展，社会流动性增加，由富及贫、由贫转富成为社会普遍现象，促动了各阶层希望以小的动作获得改变风水的效果，从而形成了上至官府、下至百姓的一整套利用风水催官、催贵、催富以及兴文运、发人丁等的推导体系，迎合了宋代社会的时代特征和社会需要。"上起皇帝、朝廷，下至士大夫、平民百姓，普遍地讲究风水术，换句话说，风水观念已经是社会生活、思想文化中的一项重要内容。"（许怀林，朱熹，2009）同时随着阶层地位的上升，与风水追求相关的园林生活成为普遍的人居环境模式，带动了私家园林和城市公共园林的大发展，而"园林的普及与风景区的兴盛，使宋代大多数城市成为山明水秀、园林遍布的山水城市"（杨柳，2005）。

另一方面，宋代风水思想继魏晋、隋唐的山水艺术融合趋势，并在宋代山水艺术平民化的社会背景下，以"势壮"为代表的风水营建艺术化倾向成为宋代城市建设的主导思想，促进了宋代城市风景、园林建设与风水优化的融合。风水以山川形胜为要素，关注于山水情性的风物意象，和魏晋以来的山水艺术发展相融合，并在唐代因"山水文化积极的入世态度激起了全社会情绪的发达，上至皇帝公卿，下至庶民百姓，都在山水审美中找到自己的偏好，以势壮为美的壮美取向，最终促使以形势为根本的赣派风水的兴起（杨柳，2005）"。到两宋之际，晚唐时期创始的"主于形势"

---

❶ 英国科学家李约瑟指出，"中国的天文学有一个基本特点，这就是它具有官方性质，并且同朝廷和官府有密切的关系"（《中国科学技术史·天文卷·数学卷》）。转引自：杨柳. 风水思想与古代山水城市营建研究 [D]. 重庆大学，2005：114.

❷ 宋启林在《独具特色的我国古代城市风水格局》（1997）一文中认为，"系1300 年前唐代也可能更早一些的后人仿托黄帝，以提高其身价和经典性"。

的江西形势派，超越作为"宗庙之法"❶的闽中理气派，成为风水主流，宋代山水艺术平民化客观上带来了山水审美与风水思想的融合，并大大提升了风水的艺术品味。风水理论也在广大士大夫的参与下，学术性、艺术性得以加强，相关的风水书籍也大量流传，且首次出现了以风水命名的《地理观风水歌》和《五姓合诸家风水地理》。在对城市山水风景建设的影响上，强调美学成分和艺术价值的形势派流行于士大夫之间，客观上促进了地方官员对城市风水形胜的重视。从两宋方志、文记里记载的风水与城市选址和布局关系来看，倡导的人与山水因素构建的"共生关系"，强调城市选择、城市总体布局和自然山水的耦合关系，成为地方官员营建城市的关注要点，城池建设逐步从与自然的隔离式敬畏转化为与自然融合，形成赏心悦目、怡情寄怀的风景型城市。而在风水的修补、裁成上，地方官员以风水兴文运、发人丁为目的，寄托于风水之术的湖泊、河流浚治以及山林保护等常见于各地城市，以本章起始对《永乐大典·六模湖》中的全国西湖建设目标统计分析为例，"兴形势，祈人物"的风水诉求已成为宋代西湖建设的普遍性的目标之一，客观上也为城市公共园林的营建提供了丰富的物质形态基础。

（二）风水裁成与公共园林营建

城市的实地山水形态与风水理论的理想景观模式总有差距，于是通过"移路避冲，改水换势，种树补缺，培土为照粉饰"等各种的风水裁成途径，成为宋代风水世俗化背景下的常见行为。其中不乏有通过大型的湖池工程、山体植被培育，以及重点区域的园圃、亭榭建设，而成为两宋以来城市公共园林营造的又一重要途径。

"风水裁成"，即风水格局的优化手法，其中与公共园林建设有关的包括改水换势、风水林培育及重点景点建设三类。蔡发在其《地理发微·裁成篇》论述道："裁成者，言乎其人事也。……是故山川之融结在天，而山水之裁成在人。或过焉吾则裁其过，

---

❶ 明初王祎《青岩丛录》："后世言地理之术者分为二宗。一曰宗庙之法，始于闽中，其源甚远。其为说，主于星卦，阳山阳向，阴山阴向，不相乖错，纯取五星（五行）八卦，以定生克之理。其学浙闽传之，而今用之者甚鲜。一曰'江西之法'，肇right于赣人杨筠松、曾文遄，及赖大有、谢之逸之辈，尤精其学。其为说，主于形势，原其所起，即其所止，以定位向，专注龙、穴、砂、水之相配，其他拘忌，在所不论。其学盛行于今，大江南北，无不遵之。"

礼乐的风景

使适于中；或不及焉，吾则益其不及，使适于中。截长补短，损高益下，莫不有当然之理。其始也不过目力之巧，工力之具；其终也夺神工，改天命，而人与天无间矣。故善者尽其当然，而不害其为自然；不善者泥乎自然，而卒不知其所当然。所以道不虚行，存乎其人也。"❶即所谓风水形势的根本为天地自然凝结，但通过发现风水问题的"目力之巧"，加之适当的"裁成"，对于风水格局的优化是有积极意义的。从现存文献分析来看，主要有改水换势的山水格局优化、种树补缺的风水林培育和重点地段修建园圃和亭榭楼台三种途径。

"改水换势"的风水格局优化常与湖池、河流等城市大型水系工程结合，并迎合着风水思想中"水"的形态、向位，城市的财运及科举的象征关系，成为公共园林建设的重要载体。其中又以浚湖以壮形势为主流，如泉州东湖、漳浦西湖、台州东湖等城市湖泊的浚治。"田出谷麦，所利者小；湖关形势，所利者大"（马光祖修、周应，2009），《景定建康志》评元武湖（即现玄武湖）时的评论说明湖池对城市风水格局的社会价值。当然，在中国水利社会的整体背景下，城市湖池的建设往往不尽然是风水的功能，也和经济、生活以及社会教化紧密相关。如泉州东湖，真德秀《开湖祝文》中云，"郡东有湖，其来尚矣。……平畴万亩，灌溉所资，其利一也；以固风气，以壮形势，其利二也；广仁圣好生之德，寓臣子报上之恭，其利三也"❷但又先后在东湖建丰泽、湖光、聚星、绿野等亭榭，而成闽中山水风景之胜，可见浚湖以壮形势的风水裁成为城市公共园林的营建提供了优美的山水物质形态。潮州西湖涵盖放生文化、大众游赏、风水裁成三方面，辛弃《重辟潮州西湖记》记曰，"一以祈君寿，二以同民乐，三以振地灵、起人物"。其他诸如《永乐大典·六模湖》记载的西湖浚治和城市风水格局优化，以及常德东湖以为"风气之储"❸，慈溪县普济湖"浚湖以为

❶ （宋）蔡发撰．地理发微论集 [G]．国家图书馆藏本．
❷ （宋）真德秀．开湖祝文 // 全宋文 [G]．卷七一九八：231．
❸ 魏了翁《常德府东湖记》云，"彼城之隅，有烨其湖，顾谓宾佐，风气之储，而是陻陁，盍辟而肱。略址赋丈，度财庀徒，自朝宗门，迄西南郭，东西攟修，其广百堵。坤厚瀿深，剔疏沮洳。信傮起仆，披薈发薈。乃基乃堂，攸馆攸宇，艺之卉木，沈沈渠渠。为梁十所，可舟其下，庚郑氏楼，以门其圃。鹭桥为防，以泄以瀉，以流其恶，以戒不虞"。

辉映”、风物咸宜[1]等因风水裁成而浚治的湖池，都是湖池裁成普遍性存在的案例支撑。且在宋代大众游赏炽热的影响下，这些湖池大多是具备堤岛桥、亭榭园圃的公共景点，成为公共园林建设的重要物质基础。基于风水格局吉凶评判的城市河流方位、流向、形态的改道，是宋代以水利裁成风水的又一途径。如南宋胡舜申的《吴门忠告》指出苏州城水系流向的问题，曰“今观水之流派，常自阊、盘二门入，即西南、西北水也。由葑、娄、齐三门出，即正东、正北、东北水也。其於来去之法固合，然所以导迎善祥气者尚有缺也。盖胥塘自正西帝旺来，是谓武曲之水，本由胥门入；运河自吴江东南长生来，是谓贪狼之水，由蛇门入。顷岁乃塞胥、蛇二门，而生旺之水遂不得朝向城中，此其为害。明阴阳风水者，常叹息於斯”[2]。而这样改变河道流向的风水修缮方式也常和湖池调蓄相结合，从而形成系统的风水意象。如钱闻时的《浚西湖记》记载的严州西南方水系流向整理，“乌龙严山之主来自东北，聚气於子洲治。按之午向得水山生旺，西南方则潴水。今有湖此方，岁放生，祝圣寿，古碣碣于岸。……地理之说，为水山水利生旺来宜西南，利衰病去宜东北。今西南去，无东北去，水反阴阳之利，始知郡今空乏，人多贫，少富室，士登桂籍、赫赫声名不如旧，皆害於水。而又不能广封人祝圣之意”[3]。将河流改道的风水裁成和放生池营建统一考量，而后绍兴年间（1131 ~ 1162）又在湖畔筑宝华洲、飞桥以及湖光亭、晨光亭、浸云亭、漾月斋等，成为城市胜赏之地[4]。桂林朝宗渠亦是北宋时期因风水裁成需要而修筑的，林哲在其《桂林靖江王府》一书中分析了北宋末年王祖道开凿的朝宗渠，“采堪舆家之说，洫子癸（注：北偏东）之流以注辛戌（注：西偏北），环城有水，如血脉之荣一身”[5]，从伏波山南引入漓江之水，向西经过独秀峰，外绕南门而注入漓江，形成了“朝宗渠—西壕—

---

[1] 桂锡孙《慈溪县濬普济湖记》云，“《易》下经首咸，咸之用大矣哉！其理为感，其象为山上有泽。泽居下者也而上，山居上者也而下。水山泽通气，如坤乾为泰，气可通而不可壅，此其所谓感，感则必有应，万物以之生，天下以至平，咸之用大矣哉！慈邑之东山擅胜概，不专以其山，以其有普济湖者在也，止也，说也，二气感应，以相与也，自有宇宙，便有此山，却浚湖以为辉映而已，阚太傅居之则为德润湖，杨文元公居之则为慈湖，不专以其湖，以其有感人心者在也。……湖之风物又咸矣。适膺比岁郡贡士二十八，邑士独占角宿，应义画，前所未有，争言絜地灵而多人杰也”。

[2] （宋）胡舜申．吴门忠告 // 全宋文 [G]. 卷三九九九；吴郡志 [G]. 卷三．

[3] （宋）钱闻时．浚西湖记 // 全宋文 [G]. 卷六二六三．

[4] （宋）陈公亮修，刘文富纂．淳熙严州图经 [G].

[5] （宋）张仲宇．“桂林盛事记”摩崖石刻．现存于桂林市隐山佛子岩。

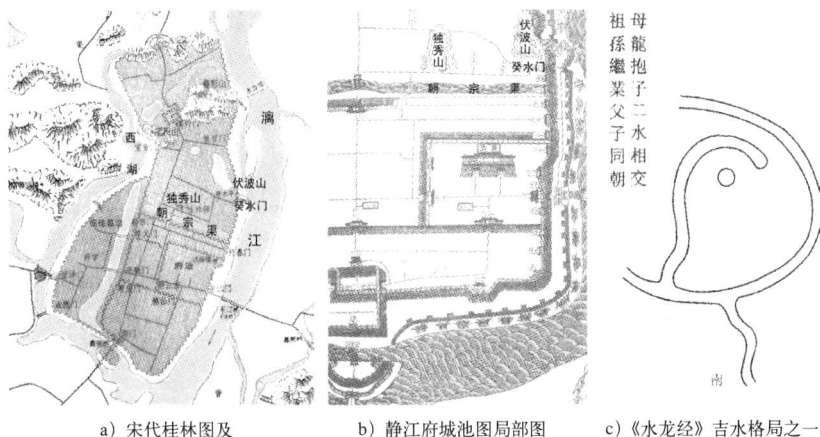

a) 宋代桂林图及　　　　b) 静江府城池图局部图　　c)《水龙经》吉水格局之一

图 3-54　宋代桂林朝宗渠及其风水意象分析

(资料来源：a)、c) 来自林哲.桂林靖江王府 [M].南宁：广西师范大学出版社，2009：35，47；

b) 摹自宋代静江府城池图.)

西湖—阳江—南壕—漓江"❶的城市水系，而与《水龙经》记载的吉水格局吻合；朝宗渠的修建既修缮了桂林的风水意象，又丰富了伏波山、独秀峰的山水风景，后来范成大为郡守时，又修浚旧渠，并在伏波山上修建癸水亭，形成了桂林的新景点（图 3-54）。

　　同时，基于风水理论中的龙、穴、砂等一些山体重要，也常作为控制性区域裁成、培育，通过封山育林的方式形成城市风景中的风水林、水口园林，而成为城市风景和公共园林的组成部分。如《潮州三阳志》记载的西湖湖山，"植松弥山，映带湖光，最为胜景"，其原始于"岁月既久，湖亦莽为蔬蹊，而榛荆丛生，盖童然一山矣。庆元己未夏，太守林侯㦠段成，聚风月，山椒秀丽，殆发越"❷。可见湖山的植物培育与西湖的浚治一样，都是山水形势裁成、修复的组成部分。南宋寿昌军的洪山（现武汉洪山风景区），"以军营视之此，实为主山，乃禁樵采，封植养护，则大者挺然干霄，小者丛生攒立矣"，赵淳的《洪山磨崖》记载即是通过封植养护，同时挖掘山林自然美石、建设亭榭，成为城郊公共游赏景点❸。杨

---

❶　闻海娇.桂林西湖的历史地理考察 [J].桂林师范高等专科学校学报，2012（04）：64—71.

❷　（宋）辛骞.重辟潮州西湖记 // 全宋文 [G].卷六六九八.

❸　赵淳《洪山磨崖》记云，"山固多嘉木，由鬻伐无时，使不得蕃息。以军营视之此，实为主山，乃禁樵采，封植养护，则大者挺然干霄，小者丛生攒立矣。因即山之阳，得胜处，偶拾余材，架屋为阁，榜曰'东岩'，取其石秀而木茂者。又得数所，曰云根、云扃、伏仙、飞雪、栖霞、半霄、清啸、爽垲、巉岩、翠屏、堆云、狮子峰，此又状其石而名之也。奕局琴几，石鼓笔林，因其天成，粗加斲削。循山之巅，至黄鹤亭，仍夹道莳松，俾异时交柯结荫，与东岩相为表里"。

万里《真州重建壮观亭记》同样记载对城子山的培育，"又种万松以缭其西北，又艺桃李杏杨柳千本牧其南谷"**❶**。同时，对这些风水山岭的采石也在禁止之列，以保护山体的秀气。如岳珂对临安北山山岭的保护奏章，云"珂窃见临安府北山剑门岭履泰山一带形势宏壮，秀气所锺，乃行都宫阙发源毓祥之区。昨来被游手无赖之徒贪图石利，穿凿山骨。致蒙嘉定十二年十一月十一日臣寮奏请，以为神京禁地，关系休咎，岂行禁止"**❷**（《禁止坟山凿石申省劄》）。城市山林的这些保护、培育途径，既保证了城市山水良好的风水格局，也为山水园林的营造提供了风景的基底。

亭榭楼台的形势格局强化是风水理论形与势尺度层面的具体实践，包含城市风水格局强化和公共风景营造两方面，既建构了一个层次分明、结构清晰的城市天际轮廓线，又为地方居民提供了登高胜览、寄情畅怀的风景胜地。《嘉定赤城志》记载台州城帢帻二峰的双塔，从城市宏观层面的"影插天半"、"如展图画"的天际线，和"仰山俯池"的游赏并重，其志云："其南则帢帻二峰，角立明秀，若伟丈夫冠剑而坐。双塔亭亭，影插天半，于是仰山俯池，远树近石，环列先后，若相拱揖，烟销日出，层楼飞阁，浮虚跨空，如展图画而望蓬莱之云气也。"**❸**汪纲《镇越堂记》陈述绍兴卧龙山山巅之风景建设，其意云："盖东南之镇，其山曰会稽，而镇东又越之军镇也。名实而核，地高而爽，堂奥而明，秦望诸山，皆欣然领会，有效奇献秀之势。又创行廊四十间于两翼，联属蓬莱，并与阁一新之。山川朝拱，气象环合，而斯堂之胜，遂独擅于越中矣。"**❹**此即为两宋郡圃园林依据镇山而为的亭榭建设，此类案例在潮州金山、福州屏山、台州大固山、杭州凤凰山等都有记载，最为详尽的当为郑厚《金山亭记》记载的潮州金山亭榭建设。《金山亭记》详细记载了潮州镇山金山上的风景营造与形势吉凶，记云："须弥，天下之镇也。岱、华、衡、恒，中国之镇也。金山，潮郡之镇也。郡有镇山，犹人有元气，……即山之阳，为亭者三，曰凝远、曰成趣、曰披云。俯揖金城万家於几席之中，红尘与车马分諅，苍木共闾阎间错。……砌石为道，络绎其间，浇桃灌李，

❶（宋）杨万里．真州重建壮观亭记//全宋文[G]．卷五三五一．
❷（宋）岳珂．禁止坟山凿石申省劄//全宋文[G]．卷七三五六．
❸（宋）陈耆卿撰．赤城志[G]．卷五·州治．
❹（宋）汪刚．镇越堂记//全宋文[G]．卷六九四六．

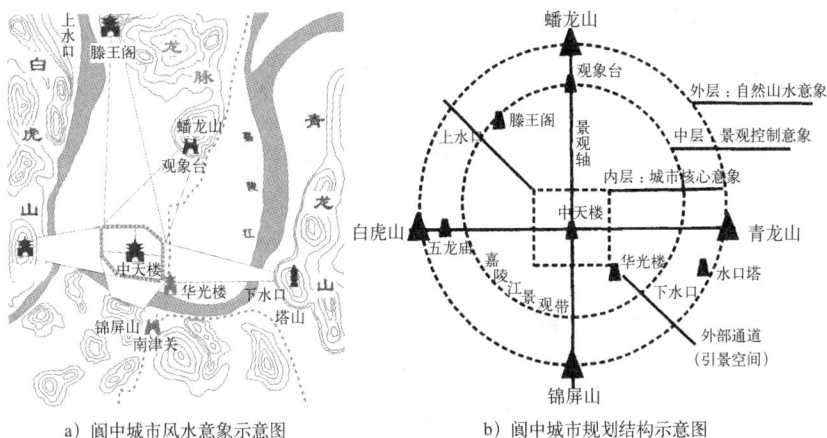

a) 阆中城市风水意象示意图　　　　　b) 阆中城市规划结构示意图

图 3-55　阆中城市风水意象与城市规划结构图

（资料来源：李小波．文绍琼．四川阆中风水意象解构及其规划意义 [J].规划师，2005，8（21）：84，86.）

种竹植木，以足其景物。去潮之形势，不在金山之壮观，不在於亭榭竹木。非亭榭竹木，无以为金山之气象，实潮之气象也，孰谓太守翁侯是役苟作云尔？亭成，太守暇日宴客于其中，邦人士女，操觚挈榼偕乐焉。惟兹邦人，见亭之成，宁知太守营亭之工；共亭之乐，宁知太守建亭之意？不敛一铢，不役一丁，鬻材倩工，筑亭宇如筑私室，此太守营亭之功也。粪本木盛，浚源泉长，提纲振领，类非俗吏所能为，此太守建亭之意也。农丰官达，爰自今日；补弊起仆，繄属后人。"❶ 可见，在金山上的亭榭营造，是为"元气盛衰"、"潮之气象"、"农丰官达"，但后"俯仰之际，形容不尽"、"邦人士女，操觚挈榼偕乐"、"共亭之乐"，又为风景之秀和共乐之游。宋代阆中城池中的观象台、滕王阁、水口塔和锦屏山风景带，布置于具有风水控制点的镇山、望山和水口等，强化城池的风水格局和城市形胜，形成了阆中城池丰富的风景层次和人文景观内涵，可称为两宋城池中风水和形胜互为表里的典型案例（图 3-55），也形成了王其亨称为的中观层面的连续性景观印象❷。

---

❶ （宋）郑厚．金山亭记 // 全宋文 [G].卷四二一一．

❷ 王其亨在《风水形势说和古代中国建筑外部空间设计探析》一文中，分析了风水形势在建筑外部空间的远、中、近景观上的审美取向，认为近观和远观具有时空上的相对静态特征，而中景景观较为动态，并指出"中景景观的艺术处理，须细致缜密地把握这种势与形的时空转换，在空间组群的序列组织中，无能前瞻后顾，都巧加运筹，使人在其间运动时得的'知觉群'的连续性综合印象臻于丰富而极尽变化，构成心目之大观"。笔者认为，这样的观点在城市风景的远、中、近景观层次同样切合，而且基于风水形势的亭榭楼阁和动态的中景山水有机结合，成为城市内外动态天际线的重要物质支撑。

基于风水学说的两宋城市理想景观，关注城市基本的山水框架层次，从而形成了大部分城市优美的"山—水—城"的山水城市结构。同时基于风水形势的风水裁成，也为城市风景物质形态和山水审美意识形态的契合提供了理论和实践的结合，进一步优化了城市的山水风景，也为城市公共开放空间提供了可达性良好的园林空间，是宋代城市湖山风景区的重要物质载体。

二、风景的集体意识与胜览景点建构

唐宋科举制度的确立，在推动中国社会士大夫阶层扩大的同时，也促进了与士大夫精神相关联的山水艺术的平民化；而山水艺术的平民化，特别是宋代水墨画创造技法的成熟，带动了参与城市风景审美、游赏的阶层普及，使得城市风景地志化成为宋代山水艺术发展的一大特点，并渐趋上升为地方集体意识培育的重要途径。与此相关的亭榭楼阁、湖池园囿的胜览景点建设与城市八景的发展成熟，在推动城市风景体系完善的同时，也成为地方城市重要的标识性场所，而与宋代商业娱乐型的城市文化相吻合。

（一）地方风景集体意识的强化

宋代社会的平民化、世俗化进程推动了城市风景由幽赏向胜览的审美范式转变，风景也演变为地方城市集体意识的重要组织部分。其中，山水艺术的平民化进程是地方集体意识形成的重要社会背景。钱穆在《国史新论》一书中指出，"考试制度的开放"、"印刷术的发明"、"书院之兴起"造就了宋代"社会学术之盛"❶。而与之相关的士大夫数量剧增推动了与雅文化相关的山水艺术的社会流行，山水游赏也成为了城市居民日常生活的组成部分，兴起了宋代群体性山水游赏的炽热。同时，唐代以彩色绘画为主流的专业性创作到北宋中期形成了绘画技法、绘画理论成熟的水墨画，毛笔、纸墨日常使用工具的便捷和写意传神的水墨山水推动了诗、画的融合，亦成为士大夫所标榜的"诗书画三绝"组合的重要阶段，推动了士大夫对城市风景的书画意境表述，也促进了相应的城市山水园林建设的群体性审美。

---

❶ 参见钱穆《国史新论》第二章"再论中国社会演变"（北京：九州出版社，2012：44），在第一章"宋代以后的中国社会，开始走上了中国的现代型"的基础上，进而提出了宋代科举制度、印刷技术、书院开设对整个社会风气之影响，其中尤以士大夫阶层的数量之增加、自觉精神之凝练是推动宋代社会自治的关键因子。

风景地志化是宋代城市由幽赏转向胜览的具体表征，体现了山水艺术平民化背景下的城市风景审美集体意识的成熟，在促进宋代城市风景建设的思潮的同时，也为都市游赏提供了指导游览的图文。宋代志书出现与唐代"以政治区域为目，以经世致用为要"[❶]绝然不同的倾向，魏晋《管氏地理指蒙》中，"通显一邦，延袤一邦之仰止，丰饶一邑，彰扬一邑之观瞻"及"一邦有一邦之仰止，一邑有一邑之观瞻，此即一方之发将，而即为一邑一邦之元也"[❷]等彰显地方风物的风水理论，在宋代风水世俗化、山水艺术平民化的背景下，成为宋代地方志文学的重要动力因子，带动了方志胜览景观的记载大量出现。两宋图经既有类似唐代地志山川形势、风土人情、城池、衙署的记载，但不同的是反映当地的风景建设的亭榭楼阁、园圃湖池、遗迹名胜等图文大量出现。最为典型的是社会性胜览型总志的出现，如北宋苏轼的《历代地理指掌书》、南宋王象之的《舆地纪胜》、祝穆的《方舆胜览》等。王象之的《舆地纪胜》序云："世之言地理者尚矣，郡县有志，寰宇有记，舆地有记，或图两界之山河，或纪历代之疆域，其书不为不多，然不过辨古今，析同异，考山川之形势，稽南北之离合，资游谈而夸辨博，则有之矣，至若收拾山川之精华，以借助于笔端，取之无禁，用之不竭，使骚人才士于一寓目之顷，而山川俱若效奇于左右，则未见其书，此胜览之编所以不得不作也。"（王象之，1992）《方舆胜览》的作者祝穆也期望其书能"锓梓以广其传，庶人人得胜览"（祝穆，2003）。可见胜览型总志修撰的目的，是将全国性的风景名胜资源在士大夫阶层推广，向社会中下层广泛传播文化地理知识，成为地方城市风景建设的反映和游赏活动的实际指导。查阅宋代有关图经的诗词，可以了解大众关注图经中的地方风景、典故记载频繁以及其在出行、游赏上的指导意义。汉典诗词网[❸]中含"图经"一词的宋代诗词共有51首，其中以风景资源及其内涵典故为最多，达26首，又以表述官员对地方自然风景的标识、人文风景的营造以及图经记载和实景的比较最盛，典型者如"今日

---

❶　郭声波. 唐宋地理总志从地记到胜览的演变 [J]. 四川大学学报（哲学社会科学版），2000（06）：85—92.

❷　管氏地理指蒙 [G]. 卷二.

❸　http://sc.zdic.net/.

一来探绝赏，始知全胜考图经"（强至，《游宝掌院》❶）、"三十六峰藏不得，小窗趺坐看图经"（汪兼山，《黄山遇雨》)、"图经标八绝，灝霍合相饶"（王禹偁，《琅琊山》)，等等。其中也表达图经对宦游、游学中的游赏指导作用，如"莫倚看山韬墨本，要须入界挟图经。西湖杨柳云生镜，东阜离支锦作屏"（敖陶孙，《上闽帅范石湖五首》)，"试觅图经看，宜章路几多"（赵蕃，《再用前韵并寄孙推官四首》)。这样为旅游者提供了"按图索骥"，循"经"而游的导游作用，在吕祖谦《入越录》中同样存在，"借图经寻近城名山须雨霁遍游"、"遂过报恩光孝寺，寺后飞来山，即图经所谓怪山也"，显然已是读了图经并以图经作为旅游指导的。

作为地方集体意识载体的标识性城市风景，也因地志化的文学、政策推动，成为官方城市园林建设中重要的建设目标。宋代上承隋唐，后启明清，是中国历史上城市风景建设的鼎盛期，潘谷西、王铎、周维权、汪德华等学界前辈都指出，宋代基本上完成了我国历史城市的风景建设格局，明清时期新建、新创的城市风景已是很少，且主要集中于中都城附近。而诸如基于历史名迹、山水胜景的亭台楼阁建设、基于城市风景整体观的集称标识——城市八景以及大型湖池水利工程中的胜概建构等，成为宋代城市胜览式景点建设的主要途径。

（二）胜览式景点的建构途径

整体视野下的中国文化使得城市风景呈现建设目标的综合性，胜览式的风景建设同样也和保民生、成教化的功能相融合，因而在山水物质依托、园林要素、游赏方式上和本书已有分析的公共园林建设方式有所雷同。但从其城市风景胜览建构的目标来看，城市八景、主要的亭台楼阁以及大型湖池等在城市整体风景结构、风物扬逸上还是与前述案例有所不同，更多地承载了城市集体风景意识的社会功能，而成为宋及后世、甚至汉文化圈内重要的风景文化符号。

（三）城市八景的典型建构途径

城市八景滥觞于魏晋"东阳八咏"，并在隋唐多以园林式的八景集称文化存在，到宋代因城市文化发展的高潮，奠定了中国城

❶ 本段引用的宋代诗词采集自汉典诗词网。其中主题为风景的有 26 首，游赏导向 7 首，典故及名贤事迹 14 首，地方特产（含花卉）7 首，其他作为政治、经济取向的 6 首。

图 3-56　辋川图

(资料来源：周维权.中国古典园林史 [M].北京：清华大学出版社，1999：165.)

市八景在选景、命名上的统一范式，并影响了明清及日、韩城市八景的发展。魏晋到隋唐是士大夫寄情山水，开始以诗画情趣表达自然风景的重要阶段，城市山水作为审美对象出现在相关的艺术创作之中，促进了城市八景的萌芽和勃兴，并形成了"东阳八咏"、"辋川别业"（图 3-56）两个典型的文化符号。沈约在东阳以"秋月、春风、衰草、落桐、夜鹤、晓鸿、朝市、山东"为题的组诗，开启了城市八景的滥觞，也成为隋唐时期文豪们所追述的典范。李白、孟浩然、刘禹锡、崔颢、元稹等著名诗人对此文化符号的赋诗歌咏，强化了"东阳八咏"在雅文化圈内的传播。而科举制度的推行，使隋唐社会呈现由贵族阶级转移到平民社会和由宗教方面转移到日常人生两大特点，逐渐壮大的士大夫阶层在扩大山水审美欣赏阶层的同时，形成了以王维的《辋川集》、韩愈的《奉和虢州刘给使君三堂新题二十一咏并序》、韦处厚的《盛山十二咏》、刘禹锡的《海阳十咏》等"别墅、官舍园亭、寺观"为对象，以及李白的《姑熟十咏》、柳宗元的《永州八记》、刘长卿的《龙门八咏》等"以地域、城市的名胜景点与古迹"为题的连章组诗，使风景集为主题的山水文化艺术类型在隋唐得以勃兴（图 3-57）。但此时的城市八景局限于士大夫个人或小团体的幽赏，在景源上围绕作者个人审美取向，且以自然风景为主。同时因魏晋、隋唐行政型城市性质的限制，诸如八景在内的城市风景与城市大众生活关联不大，城市型八景落后于园林型八景的发展，相关诗文也只是出现在文人间的歌咏之中，未在官方的图经、方志中出现，没有形成地方的集体记忆。

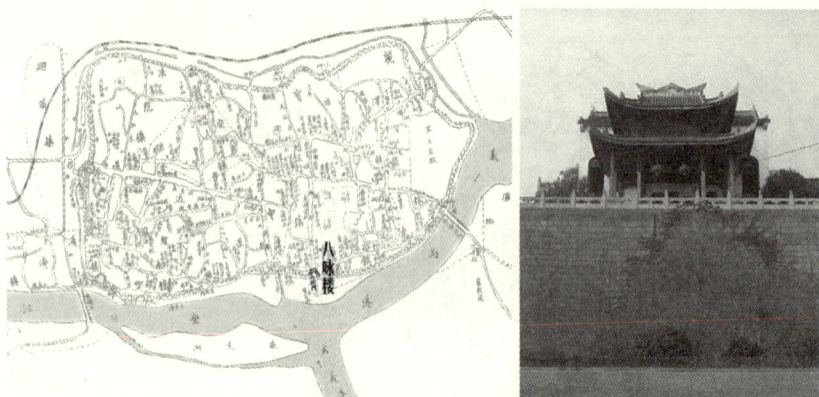

a）八咏楼在金华城的区位　　　　　　　　　　　　　　　b）金华八咏楼

图 3-57　金华八咏楼区位及现状景观

（资料来源：a）摹自光绪《金华县志》卷一；

b）来自 httpblog.sina.com.cnsblog_48c218500100cbnv.html.）

宋代水墨山水画的成熟，使士大夫在诗画融合艺术上创作器具、表达形式更为便捷，而平民化的城市变革又推动了文人官员在地方风景形胜推广上的积极性，形成了虔州八景、潇湘八景两个典型的八景文化符号，八景作为地方形象的标识开始出现在图经、方志之中，并成为重要的旅游目的地。加之宋代城市文明的商业娱乐型转变，开放的街市在城市的发展动力依托于开放的街市中大量存在的商业、娱乐产业，城市居民也以工商业主及其雇佣人员为主体，平民化倾向的城市文化亦带动了旅游产业的快速发展。同时宋代统治阶级采取的右文政策，重视"与民同乐"，强化了士大夫对国家事务的主体意识、自觉精神，带动了官员对以八景文化为代表，培育地方荣誉感的城市形态建构的主动性。城市八景大量出现，单从《全宋诗》、《全宋文》以及《舆地纪胜》、《方舆胜览》等两宋文献记载就至少有9处（表3-11，图3-58），而散布于元、明、清文献中的宋代八景仍有不少，如已有研究常涉及的汴京八景、严州八景、广州八景等。

城市八景受宋代风水思想的世俗化、城市游赏及山水艺术平民化的影响，逐渐形成了整体环境观、场所化和意境化的八景文化内核，并成为城市风景建设的范式之一。城市八景的择景强调"四面八方"空间格局及"山—川—物—人"互动的整体环境观。苏轼在《虔州八景诗并序》中追溯"东阳八咏"的同时，提出"八"

城市	八景内容	文献来源	创建人及时间
福建古田	翠屏朝雨、仙岭樵歌、文笔夕照、蓝洞归云、华顶秋容、西山晴雪、剑溪渔唱、玉滩夜月	李堪，《八景诗序》，《全宋文》卷二〇七.	李堪（965～？）；景德间为古田令
陕西延州	迎熏亭、供兵硇、延利渠、柳湖、飞盖园、缘云轩、翠漪亭、褉堂	《全宋诗》卷司马光《奉和经略庞龙图延州南城入咏》	庞籍（988～1063）；庆历元年（1041）知延州
陕西凤翔	石鼓、诅楚文、王维吴道子画、杨惠之塑维摩像、东湖、真兴阁寺、李氏园、秦穆公墓	苏轼《凤翔八观》诗序及《和子瞻凤翔八观八首》	苏轼，嘉祐六年（1061）为授大理评事、签书凤翔府判官
江西赣州	石楼（八境台）、章贡台、白鹊楼、螺亭、郁孤台、马祖岩、尘外亭和崆山	《方舆胜览》卷二十；苏轼《虔州八境图》序；《舆地纪胜》卷三十二	孔宗瀚，嘉祐年间（1056～1063）为赣州知军
广东连州	巾峰远眺、圭峰晚霞、秀岩滴翠、昆湖叠献、静福寒林、楞伽晓月、双溪春涨、龙潭飞雨	《方舆胜览·连州》卷三十七，P666	绍兴十六年（1147）张栻作连州八景诗
重庆万州	岑公洞、西山、秋屏、鲁池、江会楼、天生桥、峨眉碛、古练岩	《方舆胜览》卷五十九，P1045《舆地纪胜》卷一百七十七	南宋庆元年间郡守赵善赣有《万州八景》诗
湖南常德	桃川仙隐、白马雪涛、绿萝晴画、梅溪烟雨、寻阳古寺、楚山春晚、沅江夜月、童坊晓渡	《方舆胜览》卷三十，P535《舆地纪胜》卷六十八	不详
浙江武康	清渭晴岚、箭山晚翠、北涧双流、指崖一览、桐畈犁耕、派溪钓隐、大陇秋云、高村夜月	何子举（？～1266），《清渭八景》（《全宋诗》卷三二九八，册62，P39292，七言绝句）	不详
甘肃成县	仇池、子美祠、凤台、醉仙崖、仙人兔、鹿玉山、泥功山、裴公湖	《方舆胜览·利州西路·同庆府》，P1224	不详，1227 年设同庆府

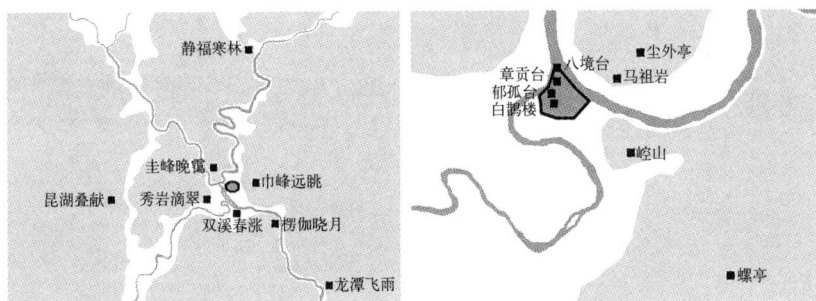

图 3-58　宋代连州、赣州八景与城池的整体关系
(资料来源：作者自绘.)

之来历，云"如知夫八之出乎一也，则夫四海之外，诙诡诵怪，《禹贡》之所书，邹衍之所谈，相如之所赋，虽至千万，未有不一者也"。从禹贡地理、邹衍阴阳、体像天地的汉赋阐述了"八"之为"一"的整体概念。因而八景在择景上以城市为中心，提炼了城内外"四面八方"的典型时空景观，象征地方城市风景的整体形态。同时隋唐诗文中"人杰地灵"的概念在两宋时期得到全面的贯彻，八景作为城市形胜标识的重要组成部分，亦重视"物不自美，因人而彰"，景源选择也从纯粹自然风景演变到"山—川—物—人"互动的人文景观。如万州岑公洞，因隋末隐士岑道原而得显，黄庭坚、陆游皆有游赏及诗文；西山、鲁池为宋代修筑的城市公共园林，有"林泉之胜，莫与南浦争长者也"（万州在宋代又称南浦）之称；而天生桥、峨眉碛、古练岩皆为城郊的自然风景，可见万州八景在选景上的山川的物人相融合的整体观（图3-59）。同时，在城市八景从幽思到胜览的发展历程中，八景逐渐成为地方城市重要的旅游指导，并在平民化、世俗化的宋代城市，成为节庆活动的体系化场所空间，带动了八景文化的集体意识强化。如《全金诗》辑录的平水（临汾）八咏及序中的陶春春色、平湖飞絮明确注明为居民"春月"、"上巳"的活动场所，可见在平民化社会语境下，

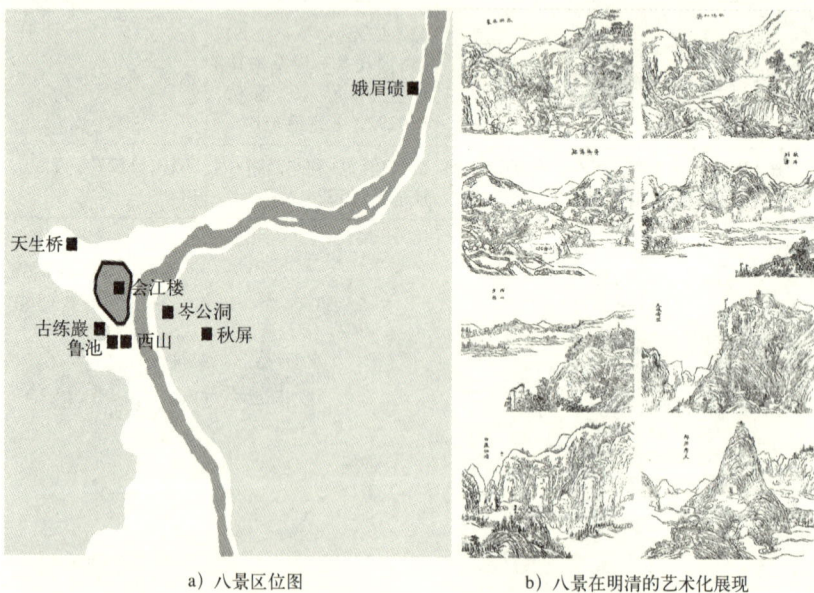

a）八景区位图　　　　　　　　　b）八景在明清的艺术化展现

图 3-59　宋代万州八景区位及其在明清时的艺术化展现
（资料来源：a）为作者自绘；b）自同治《万县志》.)

八景在择景中逐渐公共化、民俗化，成为地方场所化空间体系的组成部分。而且在命名方式和表达形态上，宋代城市八景重视风景的意境化再创造，具有"上层文化现象"的历史特点。八景的文化推广从魏晋、唐代单纯的诗文形式转到宋代的图文并茂的表达方式，加之以"地点＋风物"的潇湘八景命名方式成为八景命名的主流，使得城市八景更多地以一种艺术的形式得以展现，进一步推动了八景的发展，促进了官方对城市风景的系统性规划建设思路的形成。

（四）亭台楼阁式的胜概建构

亭台楼阁式的胜概建设是宋代城市风景设计的普遍现象，且多以"人杰地灵"的宗旨展开，通过亭台楼阁的建设将自然风景、人文历史有机融合，而成一邦、一邑之伟观。亭台楼阁式胜概建设的普遍性可从与之相关的文记略窥一斑，两宋城市亭榭楼台赋大量涌现，保存至今仍有 565 篇之多，远超包括秦汉、隋唐、五代在内的 119 篇（黄丽月，1994）。且在这类记、赋中，常依托于风景、人文的"人杰地灵"的胜概基础，如蒋之奇《叠嶂楼记》云，"夫以游观之胜称天下，而其名足以久传者，是必有殊尤绝异之赏，而又遇夫卓伟俊杰之才以振发之，然后足以有传于天下"❶；毛滂《双石堂记》云，"抑佳致所在，地灵固自藏靳，故必俟其人而付之耶？滕王阁，天下伟观，得三王而名益传。如庾元规南楼，谢安石东山，皆因人以不朽，故至今好事者，想见其处"❷。这样将山水彰显、人物不朽相关联的亭台楼阁式胜概建设，又和儒家官员"达则兼济天下"的政治追求相吻合，而成为地方官员政定人和的政绩形象体现。如曾巩记载的抚州拟岘台，重于记述郡守裴材的治绩颂扬，"州人士女，乐且安且治，而又得游观之美，亦将同其乐也"，即为将"风物游观之胜"与政定人和的气象相与共美，促进了两宋亭台楼阁建设的政治化。

亭台楼阁式的胜概建设常通过三种方式来实现（表 3-12）：一类是自然胜景类，即在城内外自然风景胜处，通过亭台楼阁的建设，彰显山水而有得以观风物胜景的建设模式；一类是遗迹文化类，即在历史文化遗迹基础上进行相应的保护、拓展式的遗迹类胜概

---

❶ （宋）蒋之奇．叠嶂楼记∥全宋文 [G]．卷一七零六．

❷ （宋）毛滂．双石堂记∥全宋文 [G]．卷二八五九．

宋代城市典型亭台楼阁景点分析　　　　表 3-12

类	景点名	选址、建构及游赏	文献来源
自然胜景类	绍兴望海楼	在郡圃西园，据卧龙山之脊，"诸景丛集"；在北宋初年五桂亭基础上拓展，"以广古基，纵横凡增四丈余"，"周覆轩庑"，"三开蹬道，以便上下也"，"四隅翼以石栏"，"前堮傅以花槛，饰其趣也；东西列屋四楹，置宴具也"	刁约.望海楼记 // 全宋文 [G].卷五七八.
	滁州丰乐亭	在滁州城南"百步"外的丰山幽谷；"疏泉凿石，辟地以为亭，而与滁人往游于其间……以与民共乐"，又移冯氏旧物"二怪石"在亭前，"广陵韩公（即韩琦）闻之，以细芍药十株见遗，亦植于其侧。其他花竹，不可胜纪"	欧阳修.与梅圣俞书；丰乐亭记 // 全宋文 [G].卷七一〇、七三九.
	扬州平山堂	在城北蜀冈，"占胜蜀冈，江南诸山一目千里"；欧阳修始建，嘉祐八年郡守刁公"撤而新之"，"又封其庭中，以为行春之台"；绍熙元年郡守郑兴裔重建，而"游人士女，摩肩叠趾"	郑兴裔.平山堂 // 全宋文 [G].卷四九九二.
遗迹文化类	襄州岘山亭	在襄阳岘山上，"世传以为叔子（羊祜）之所游止也"；熙宁元年郡守史中辉"因亭之旧，广而新之，既周以回廊之壮，又大其后轩，使与亭相称"、"襄人安其政而乐从其游也"	欧阳修.岘山亭记 // 全宋文 [G].卷七四〇.
	成都合江亭	在成都城郊东南两江合流处，亭故为"唐人晏饯之地"；北宋成都郡守吕大防"始命亭之，以为舡官治事之所"，"春朝秋夕置酒其上，亦一其事府之佳观也"；淳熙二年郡守李唐，"废其旧而加壮焉。而又补艺花竹，丛条畅茂，咸复其故"，改为合江园	吕大防.合江亭记；蔡迨.合江园记 // 全宋文 [G].卷一五七三、五八二五.
	岳州岳阳楼	在岳阳城西洞庭湖侧城墙上，"有唐以来，文士编集中无不载，其声诗赋咏，与洞庭君山率相表里"，而"衔远山，吞长江，浩浩汤汤，横无际涯，朝晖夕阴，气象万千"；"乃分命僚属于韩、柳、刘、白、二张、二杜、逮诸大人集中摘出登临寄咏，或古或律，歌咏并赋七十八首，暨本朝大笔，如太师吕公，侍郎丁公，尚书夏公之作榜于栋梁间"、"又明年春，鸠材工，稍增其旧制"	范仲淹.岳阳楼记；滕宗谅.求书记 // 全宋文 [G].卷三八六、三九六.
基础设施类	新余绿荫亭	在新余城江畔，"去阛阓中尘不数十步，喧尘声绝耳"，兼做驿亭；北宋郡守楮公"柱以固本，石以崇基"，重建绿荫亭，元丰八年郡守许巨卿又"易敝屋以碧栋丹甍，改断槛以朱栋曲牖"，"眺前以虚阁，而他山开明；维下以彩舟，而惊波澄湛。复於其旁培高柳，足以壮景物而来轻阴，又以称其亭之名焉"，而成为"邑人士子相与嬉游，舟车过从，每至辄息，盖有徘徊恋顾终日不能去者"的公共园林	王钦若.新余绿阴亭记，许巨卿绿荫亭记 // 全宋文 [G].卷一九二、二六三八.
	宁波众乐亭	在宁波月湖，嘉祐六年钱公辅治理月湖时建；"中为亭观、花木、州屿，於今百年"，钱公"阙者辟之，窒者隆之，……周为飞梁，於以往来；合为大屋，鳞舒翼张"，于是"荷房芰盘，凫飞鸿翻，飘浮满前。凡州之人，月惟暮春，联航接舻，肴酒管弦，来游期间，环堤彷徉，风于柳杨，夕以忘还"	邵亢.众乐亭记 // 全宋文 [G].卷一〇三三.
	密州超然台	在密州郡圃园西城墙上；苏轼为密州郡守时，因"治其园圃，洁其庭宇，……而园之北，因城以为台者旧矣，稍葺而新之"、"时相与登览，放意肆志焉"	苏轼.超然台记 // 全宋文 [G].卷一九六七.
	赣州章贡台	在赣州府治城墙西北隅，章、贡二水交集处；嘉祐六年郡守赵忭因野景亭旧址新建，"斫榛剪蔓，复葺其上"、而与"望阙"、"郁孤"、"皂盖"、"白鹊"等四合相望，"英僚佳课，间为游观"，而"新其名曰章贡台"	赵忭.章贡台记 // 全宋文 [G].卷八八八.

152

建设；另一类是附属于基础设施的，如城墙、河池、驿路等，一以纪念工程本身，二来结合基础设施有利的山水风景，形成城市胜览式的风景点。

从上述典型的宋代城市亭台楼阁建设案例分析可知，亭台楼阁的建设首先关注于山水的自然风景，即得"江山之助"；而后又常与名迹相关，以重文化名人的衬托作用，即所谓"大抵江山之胜，必托诸伟人，然后名显而人乐之。盖江山虽人所乐，而所乐非江山也"（许永，《颜元祠记》）。正如滕宗谅《求书记》云："窃以为天下郡国，非有山水环异者不为胜，山水非有楼观登览者不为显，楼观非有文字称记者不为久，文字非出于雄才钜卿者不成著。今东南郡邑，当山水间者比比，而名与天壤同者则有豫章之滕阁，九江之庚楼，吴兴之消暑，宣城之叠嶂，此外无过二三所而已。"❶ 其所列举的滕王阁与王勃、庚楼与白居易、消暑楼与杜牧、叠嶂楼与独孤霖等案例❷，皆强调了作为物质形态的山水风景、亭榭楼阁与著名文人士大夫的主动性游赏、建设以及歌咏的相互关系。吴良镛基于王十朋《会稽风俗赋》中对绍兴"山"、"水"、"物"、"人"的热情歌颂，阐述了"山—川—物—人"是互为联系的整体环境观（吴良镛，1985）。潘谷西也认为形胜是古代中国人在"天人合一"观念的影响下，将景观与人事联系，与人的理想联系起来，尤其常因"人杰"而感"地灵"，将人才辈出与山川秀丽建立关系（潘谷西，2001）。宋代亭台楼阁浸润了"人杰"、"地灵"的整体环境观，从而更趋向于山水形势和名胜的结合，"据其形，得其胜，斯为形胜"，建构这样的一郡一府之胜概也成为官方普遍性的地方城市风景实践，促进了类似的公共园林大发展。

第五节　小结

宋代城市文明的演变强化了"社会—经济—自然"的整体环境观的形成，为公共园林的建设提供了多元的目标与途径。本章通过方志、文记中宋代城市风景建设文献的定性归纳，纵向对比汉唐时期的城市风景建设思想，提出了宋代公共园林建设与保民

---

❶ （宋）滕宗谅．求书记 // 全宋文 [G]. 卷三九六．
❷ 这些楼阁与其相应关联的文化名人资料来自《方舆胜览》，包括卷十九的隆兴府（现南昌）、卷二十二的江州（现九江）、卷四的安吉州（现湖州）、卷十五的宁国府（现宣城）等。

生、成教化、兴风物的多元城市建设目标相融合，为公共园林的建设提供了丰富的物质基础和文化导向。主要包括以下四点：

第一，受平民化、世俗化的宋代城市文明演变影响，中国城市形态象征由"神"的城市向"人"的城市转化，城市空间功能由政治礼仪转向日常功能的生产生活，城市文化由贵族精英文化向大众文化转向，共同作用推动了城市建设"社会—经济—自然"的整体环境观形成，促进了包括公共园林在内的城市风景在保民生、成教化、兴风物方面的多元建设目标与途径。

第二，包括与生产生活紧密相关的水利设施、城市路桥交通设施及其以官方产业为主的酒肆建设等民生性场所，成为公共园林建设的主要物质基础，且因其基于大众的社会目标及官方的用地权属、营建方式，成为宋代公共园林建设的主要物质基础。

第三，平民化、世俗化的唐宋文明演变推动了社会教化下移，推动了以名贤祭祀、仁义旌表的祠庙、遗迹、放生池为载体的公共园林渐趋兴盛，并成为公共园林社会教化目的的重要文化基础。

第四，宋代城市风景从隋唐名贤的个人幽赏上升为地方集体的胜览，成为官方彰显城市风物、培育集体意识的重要途径，促进了与风水裁成、胜览风景点建设相关的公共园林普遍建设；并为西湖、八景、"楼亭苑"等风景符号的成熟及其在东亚文化圈的传播，奠定了山水审美与空间建构的范式基础。

第四章 多元思想下的公共园林分类及其营建方式

　　城市文明的演变，推动了宋代城市建设"社会—经济—自然"的整体环境观形成，造就了公共园林在保民生、成教化、兴风物的多元建设目标，促进了公共园林成为承载城市社会、政治、经济等复合功能的物质载体。在宋代"与民同乐"的政策影响下，不同尺度园林在营建方式上渐趋制度化，并由此奠定了宋代公共园林的分类及其相应特征。本章综合方志、园记、亭记等宋代文献资料，将城市公共园林分为湖山风景区、城市园圃、公共风景点三种主要类型；并重点以公共园林营建记载系统的《宋元方志丛刊》为载体，通过对临安府（杭州）、建康府（南京）、苏州、明州（宁波）、越州（绍兴）、台州、严州（建德）等典型城市公共园林实例收集，结合图表形式定性，定量分析公共园林在选址、土地属性、建设主体、管理方式、开放方式等关键因子上的差异，以凸显、论证相应的理论观点，从而理清官方在公共园林事业的建设路线，弥补基于单纯隶属关系带来的分类模糊和历史脱节的现状研究问题（图4-1）。

第一节 多元思想下的宋代公共园林类型分析

　　园林艺术上的任何一种分类方法都不是绝对的，各类之间不可能有一个恒定的分界线，但基于历史文献提供的园林生活信息，也许更接近于真实的面貌。根据多元建设途径下的宋代公共园林在选址、建设、管理、开放以及建设目标等方面的不同，大致可以分为宏观尺度的湖山风景区、中观尺度的城市园圃、微观层面

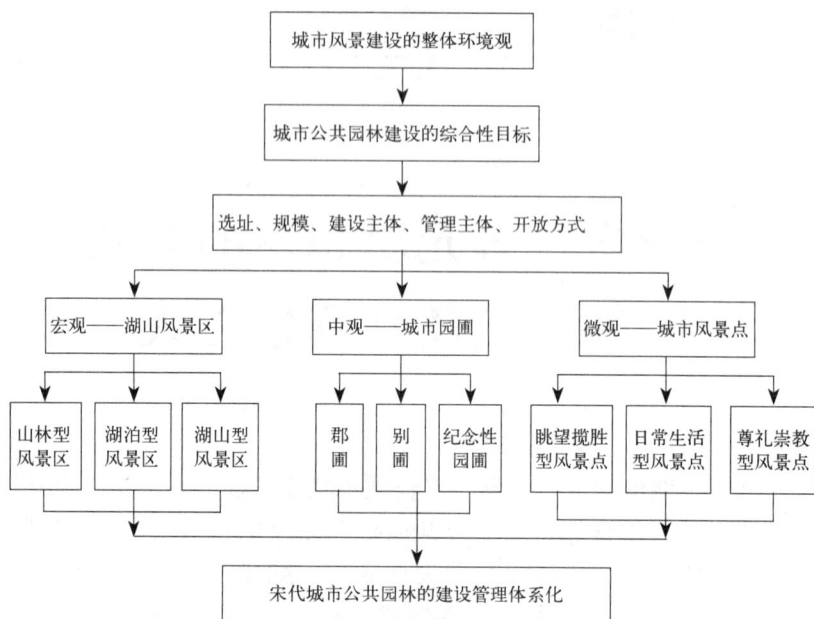

图 4-1　公共园林分类及营建途径分析结构框架图
(资料来源：作者自绘.)

的城市风景点三类，并对应于诸如山川、水利、园苑、祠祭、台观、亭榭等不同的宋代方志门类。

　　受城市建设上的整体环境观影响，加之公共园林建设的多元目标途径，造成了公共园林在分类上的长期混沌、模糊。其中古人在公共园林分类的记述上，虽能基本遵循宏观的山川形胜、中观的衙署城池、微观的亭台楼阁等与园林尺度紧密相关的标准，但也掺和着诸如水利、古迹、祭祀、祠庙等经济、教化门类，而且也有同一园林记述于不同门类 ❶ 的情况，造成了公共园林类型分析历史上的模糊（表 4-1）。从表中的方志公共园林归纳，可以看出宋代方志在凸显"地理和水利、历史人物、地方掌故"（潘晟，2008）的同时，也与园林的规模及其相应的建设主体、管护官方与开放程度有着一定的关联，体现着方志修撰主体——官府——对于作为社会教化设施组成部分的公共园林的系统性政

───────────

❶　如《景定建康志》园苑中的乌衣园和堂馆中的来燕堂等。

方志名称	门类	公共园林案例	文献来源
《方舆胜览》 （临安府）	山川	南高峰、北高峰、苏公堤、西湖	卷一
	井泉	六井、六一泉	
	堂亭	三贤堂、冷泉亭、浙江亭	
	楼阁	丰乐楼、四照阁	
《咸淳临安志》	山川（含山、岩、岭、江、湖、河、井、泉等小类）	吴山、虎林山、包家山、灵隐山（并酿泉、暖泉及冷泉亭、侯仙亭、虚白亭、见山亭等亭堂十一所）、孤山（并白公竹阁、东坡庵、闲泉、四照阁等景点十二所）、西湖（并六井、孤山路、苏公堤、小新堤、丰乐楼、三贤堂等景点十四所）等	卷二十二~卷三十九
	祠祀	白文公祠、苏文公祠（三贤堂）、许箕公由下三十四贤祠（先贤堂）	卷七十二
	寺观	广化院（附竹阁、白公祠，皆为郡守建）	卷七十九
	园亭	鳌亭、放龟亭、迎晖亭（以上在于余杭县）；双溪亭、溪翁亭、清白泉亭（以上在于潜县）等	卷八十六
《吴郡志》	官宇	郡圃（附东亭、西亭、西园、齐云楼、西池等）、姑苏馆	卷六
	园亭	南园、鲈乡亭	卷十四
	虎丘	虎丘山	卷十六
《景定建康志》	建康表十（官员业绩）	有相关青溪园、赏心楼、二水亭、东冶亭等公共园林建设记载	卷十四
	桥梁	有镇淮桥、饮虹桥的桥亭和井记载	卷十六
	溪涧	青溪（有青溪先贤祠记载）	卷十七
	井泉	忠孝泉与忠孝亭	卷十九
	楼阁	东南佳丽楼、伏龟楼、层楼、青溪阁等	卷二十一
	堂馆	来燕堂（乌衣园内）、通江馆、横江馆等	卷二十一
	亭轩	赏心亭、白鹭亭、二水亭、东冶亭、翠微亭、白下亭、劳劳亭、偃秀轩、郡圃十亭、青溪诸亭等	卷二十二
	台观	凤凰台、周处台、雨花台等	卷二十二
	园苑	乌衣园、古东园	卷二十二
《淳熙三山志》	地理类	欧冶池、西湖	—
	公廨类	甘棠院、澄澜阁、提刑司乐圃	—
	寺观类	乌石山三十六奇	卷三十三

策❶。因而从宋代方志基于尺度、目标以及相应投资管理的实际情况，综合分类就有可能接近于宋代公共园林实际的类型特点。

而今人也受整体环境观下的历史公共园林建设多元途径与模糊记述影响，在公共园林的分类上出现了差异、冲突的表述，并随历史资料信息解读的发展，呈现为阶段性递进。当代对公共园林研究关注于园林中的公共游赏事实，并渐趋从寺观园林中分化出来，成为独立的园林类型❷。对公共园林的定义及分类大多依据于周维权提出的"一般由地方官府出面策划，或为缙绅出资赞助的公益性质的善举"、"为居民提供公共交往、游憩的场所"，以建设主体、开放方式为界定的两个主要标准，也由此带来了"依托于城市水系"、"利用寺观、祠堂、纪念性建筑的旧址，或者与历史人物有关的名迹"、"农村聚落的公共园林"等三个分类。但在实际的分析过程中，又常以第二个标准即向大众提供游赏场所进行阐述，而将寺观园林、书院园林、衙署园林等也归为公共园林或"类似于公共园林"，且影响了后人（如蓝先琳、永昕群、王丹丹等）对公共园林的分类。正如本书第三章所论，传统城市包括园林在内的风景建设常包含着多样性的综合目标，且在园林建设管理上存在建设主体、管理主体的部分脱节，加之园林场所长期动态的演变，如单纯从现存的公共园林遗迹来分析宋代城市的园林分类，客观上也会出现诸如公共园林、类公共园林的概念混淆。典型者如第三章已阐述的绍兴兰亭，其始为官方建设的名贤遗迹纪念性公共园林，托于天章寺代管，而后岁月变迁，寺大于园，后人多将其归入到寺观园林一类。同时，宋代城市极为普遍的开放式郡圃、别圃在明清后已少有开放，加之明清对衙署园林建设的限制，使得此类公共园林在相关园林史研究中少有提及或未深入探究。因而立足于宋代城市文明演变下的综合性园林建设

---

❶　在宋代其他方志中城市公共园林一样以多样、复杂的状态存在于各尺度层次的门类之中。如在全国性总志上，王象之的《舆地纪胜》在风俗形胜、景物、古迹等方面涉及各类公共园林案例，祝穆的《方舆胜览》里分别有形胜、山川、井泉、楼亭、堂斋、祠庙、古迹等方面涉及各类公共园林。在各地方志记载上，包含城市公共园林的记载有山川、城池、祭祀、水利、亭馆、古迹等，如《淳祐临安志》在城郭部分的官宇、楼观篇和山川篇包含城市公共园林的内容，《四明图经》在城池、子城、祠庙、水利、城内古迹等篇章涵盖了公共园林的选址建设。《永乐大典方志辑失》中的《临川志》（江西抚州）上有城池、山川、门堂、庙祠、古迹等，《临汀志》（福建临汀）中的桥梁、山川、亭馆、祠庙、寺观、廨舍、古迹等，《江阳谱》（四川泸州）中的城池、桥、园、山川、宫室（又分为楼、亭、庵、堂、馆、斋、庐、荔遂和翠壑）。

❷　参见本书第一章之"研究现状分析之公共园林研究历程"。

目标，提取其在建设、管理、开放上的不同特点，对于理解建设主体——官府——在公共园林建设中的目标分类有着客观的科学意义。

从上述宋代方志宏观、中观、微观的园林门类归属记载及当代公共园林研究的分类经验，综合宋代文献中各类公共园林在选址、土地属性、建设主体、管理方式、开放方式的分异，可以把宋代公共园林分为湖山风景区、城市园圃、城市风景点三大类型（表4-2）。其中湖山风景区常出现在方志的山川、地理、形胜、水利等门类，从属于有关城市风物形胜的大型宏观尺度层面，一般由湖泊、山林或两者组合的湖山风景奠定风景区的整体景观基底，有位于城郊的（如杭州西湖、惠州西湖、福州西湖等），有位于城内的（如宁波月湖、杭州吴山、福州乌日山等）。湖山风景区存在多样兼容的土地属性，景区内常包容官私园圃、寺观祠庙、酒肆茶楼等多样性的景点，各类文化交融互存，而成为宋代公共园林中最具活力的园林类型。景区的建设常于官方通过浚湖司、水利司等官署机构和相关兵员编制，完成诸如湖池浚治、堤岛桥、登山步道、关键节点的亭台楼阁建设以及部分城市园圃建设，从而得以串联其他类属的园林，形成联系、开放的游赏体系。湖山风景区因其在城市风水形胜中的重要地位，常作为城市风水裁成的组成部分，而纳入到山川、形胜的门类之中。城市园圃一般附属于衙署、名贤祭祀祠庙，是官方全额产权所有、投资建设、园林管护公共园林类型，根据其与衙署的关系、主导功能不同，又可以分为郡圃、别圃、先贤纪念园圃三类。其中郡圃附属于州县长吏衙署，别圃常在城内结合风景胜处、名贤遗迹独立建设，名贤纪念园圃一般结合先贤祠、三贤祠等名贤纪念祠庙建设。在功能上前两者多作为官员休憩、政务接待、兼做举行射礼以及城市岁时佳节开放的公共活动场所，后者大多为全开放式的园林类型。因官方在城市建设上的主导性的话语权，园圃的建设也常选址于城市形胜之处，所以在方志门类上除官宇、园苑、台观等中观尺度外，也常在山川、地理宏观门类上出现，如福州的欧冶池、绍兴卧龙山西园等。相对于湖山风景区、城市园圃较大规模的用地要求，城市风景点一般附属于城市基础设施、寺观而存在，包括城内、城郊的桥梁、渡口、堰坝等的园林化建设，城市边缘的迎送园林建设，城内城外大部分井泉园林化建设，城郊部分山川的名人古迹保护建设等，作为

宋代城市公共园林分类及其特点一览表　　　表 4-2

类型	建管方式	特点	方志门类
湖山风景区	选址	城内外大型水利、有关城市风水形胜的主要山林	宏观层面：山川、地理、形胜、水利
	土地权属	权属较为复杂；其中湖池部分为官署产权，山林、陆地为官署、寺观、私人等混合组成	
	建设主体	以官署为主体，建构完成风景区的骨架性风景基地培育、游赏路径、休憩楼亭等；辅以部分寺观、乡绅的景点建设	
	管理方式	水利部分由官署成立专门的机构并辅以兵员修护、管理，重要的形胜景点也有官署维护；一般的山林路桥、亭榭常委托寺僧管护	
	游赏开放	全开放性景区；常作为竞渡、放生等大型活动场所	
	建设目标	风物形胜、城市节庆活动、大众日常游赏	
城市园囿	选址	一般附属于衙署、名贤祠庙，也有在风景区独立建设	宏观层面：山川、地理、水利；中观层面：园苑、园池、官宇、园祭、祠庙、台观
	土地权属	为官方全产权式的用地	
	建设主体	为官署全资建设	
	管理方式	封闭式管理，由官署组织专门人员建设管理	
	游赏开放	有全开放式，也有岁时佳节开放式	
	建设目标	官吏休憩接待、名贤祭祀、大众节庆游赏、形胜点缀	
城市风景点	选址	附属于城市基础设施（路桥、城墙、码头）或寺观	宏观层面：形胜；中观层面：城池、寺观；微观层面：桥梁、井泉、亭轩、园亭
	土地权属	为官方全产权式的用地	
	建设主体	由官署建设为主，辅以部分寺观、乡绅的投资建设	
	管理方式	一般由寺僧参与维护、管理	
	游赏开放	全开放式	
	建设目标	大众日常游憩、名贤纪念、形胜点缀	

居民日常休憩的场所。因规模小、分布广，在建设管理上常分离，即常由官方投资而委托寺观、祠庙僧道管理的建管方式，如扬州平山堂、杭州六一亭、建康半山亭等。也有部分风景点与城市形胜相关联，纳入到了官方的管理体系，且在方志的形胜门类中出现，如岳州岳阳楼、南京伏龟楼、桂林湘南楼等。

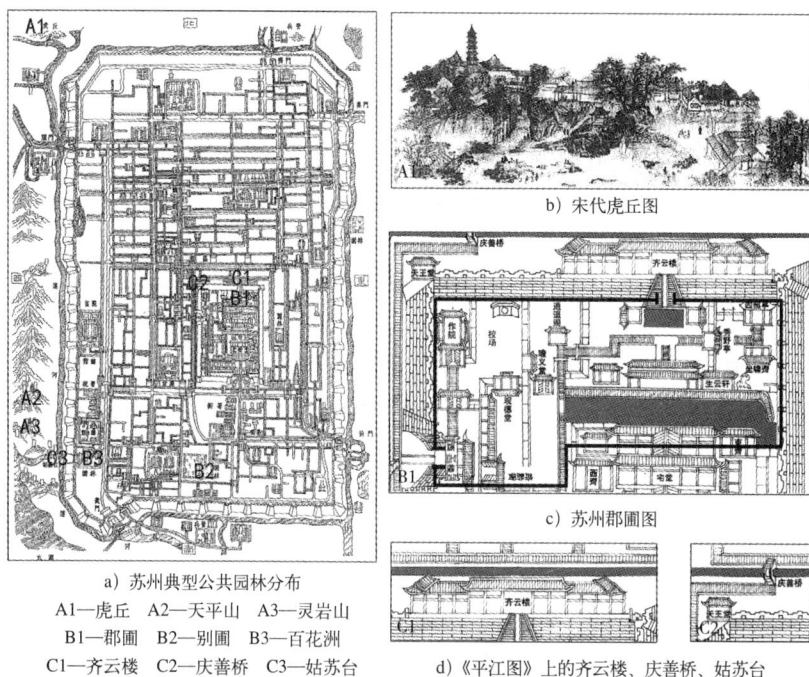

a) 苏州典型公共园林分布
A1—虎丘　A2—天平山　A3—灵岩山
B1—郡圃　B2—别圃　B3—百花洲
C1—齐云楼　C2—庆善桥　C3—姑苏台

b) 宋代虎丘图

c) 苏州郡圃图

d)《平江图》上的齐云楼、庆善桥、姑苏台

图 4-2　宋代苏州各类城市公共园林分布

（资料来源：a）摹自宋代平江府城池地图；b）来自潘谷西著《江南理景艺术》[M].南京，东南大学，2001：263；c）来源：《平江图》上的苏州郡圃；d）来自傅熹年.宋《平江图》碑摹本.中国科学技术史（建筑卷）[M].北京：科技出版社，2008：360.)

　　湖山风景区、城市园圃、城市风景点等三类宋代城市公共园林基本类型，基于多元的目标途径，通过不同的选址、园林营建和开放方式，构成了宋代城市风景的基本骨架和公众日常生活的主要场所，反映了城市文明演变下的宋代公共游赏诉求和城市建设的整体环境观（图 4-2）。

第二节　湖山风景区的特点与园林营建

　　湖山风景区是依托于城内外的大型自然山水风景或大中型水利项目建成的风景区，既与城市生产生活紧密相关，又是城市风物形胜的重要载体，而成为官方主导建设的重要公共园林类型，一般出现在方志中宏观尺度的山川、湖泊门类之中。以《永乐大典方志辑佚》中的两宋方志为例，杭州西湖、建康青溪、宁波月湖、台州东湖、福州西湖、泉州东湖、漳州西湖、婺源西湖等皆出现

在山川一篇中 ❶；武陵（常德）东湖、潮州西湖等记载在湖泊一篇中，庆元府（现宁波）的西湖、万州八景中的西山、鲁池皆纳入到《舆地纪胜》的风俗形胜篇中 ❷。而在众多的风景志、亭记、堂记之中，也将这些湖山风景区描述为城市山水形胜要区 ❸。可见与园圃、风景点相比，湖山风景区在用地选择上更依托自然大型山水，成为城市宏观山川形胜的结构性要素，其选址的优越、规模的影响力和建设的重要性可见一斑，是城市风景体系和公共开放空间的重要支撑。

　　湖山风景区根据其所依托的湖、山环境不同，又可分为湖泊型风景区、山林型风景区以及两者组合而成的湖山型风景区，三者在园林营建上既具有近便、兼容、持久、开放的共性，又因在地权属、设施功能、自然条件的不同，其在官方主导力度、管理机构、景点建设上有着不同的营建途径。相对而言，水利性质的湖泊型风景区的官方主导力度要大于山林型风景区，园林景点类型也更多样、丰富，涵盖了园圃、亭榭、堤岛桥等多种类型，并有着专属的管理机构；而山林型则采取官方与寺观共同建设维护的方式，景点类型也以自然类的石、泉、洞，辅以与游赏路径有关的亭榭楼阁为主，略逊于湖泊型风景区的官方重视程度。

一、湖山风景区的园林特点与类型组成

　　湖山风景区作为宋代及其以后普遍性建设的城市公共园林，在已有的园林史研究中多有提及，普遍注意到了湖山风景区游赏条件的便利、区域分布的广泛、规模上的宏大、空间上的兼容和园林游赏的开放性等共性。如周维权、潘谷西、罗哲文、王铎、侯迺慧等学者的已有研究成果（表4-3），在类型定义、特点上有较多的相似之处，但也因文献资料考证的深度、关注的视野不同，而产生了与类型适应性相关的案例提取、园林功能特点、园林营建途径等方面的不同结论，尚有待深入研究的空间。为了更好从

---

❶　参见《永乐大典方志辑佚》中杭州西湖（《永乐大典方志辑佚·杭州府志·山川》P598–600）、宁波月湖（《永乐大典方志辑佚·四明志·山川》，P634）、建康青溪（《永乐大典方志辑佚·洪武京城图志·山川》，P438）、台州东湖（《永乐大典方志辑佚·赤城志·山川》，P934）、福州西湖（《永乐大典方志辑佚·三山志·山川》，P1081–1085）等，皆在方志中的"山川"一门之中。

❷　参见《舆地纪胜》卷十一庆元府府俗形胜篇记曰，"众乐亭居南湖之中，南湖又居城之中，望之真方丈瀛洲焉"；卷一百七十七万州风俗形胜篇记曰，"万州西山，为峡上绝胜"。

❸　参见《全宋文》中的各地湖山风景区宋代文献记载。

礼乐的风景

城市变革的视角来强化对湖山风景区形成、发展历程的理解，特结合《宋元方志丛刊》中宋代城市方志❶的 45 个湖山风景区的统计分析，从而以科学的方式界定、论证湖山公共园林的特点与园林营建过程。

现代类似湖山风景区分类的已有研究统计表 ❷　　　表 4-3

序	作者	分类名称	特点或归纳	典型案例
1		邑郊风景区	临近城市可以当日往返	绍兴兰亭
2	周维权	城市水系园林	1.城市及近郊公共园林的大多数类型；2.作为文人墨客诗酒聚会和市民阶层消闲、交往的场所，伴有商业和服务行业，成为多功能的开放性绿化空间	北京什刹海、陶然亭；济南大明湖；昆明翠湖
3		城郊风景点	社会文化活动的重要组成部分	开封金明池；杭州西湖
4	潘谷西	邑郊风景点	特点：1.近便；2.开放；3.文化兼容。类型：1.宗教山林理景；2.城邑治水理景；3.名人效应理景；开山采石理景；4.登高远眺理景	镇江金山寺；苏州虎丘；南京栖霞山、莫愁湖；杭州西湖；嘉兴南湖、绍兴鉴湖、柯岩、东湖；扬州平山堂；岳州岳阳楼等
5	罗哲文	山水胜景园	优美的自然环境和高超的造园艺术结合，是中国古典造园艺术不可缺少的重要部分；对城市园林化、村镇园林化、大地园林化而言，是一笔宝贵的财富	杭州西湖；永嘉楠溪江；绍兴东湖；嘉兴烟雨楼；乐清雁荡山；肇庆星湖；昆明滇池；丽江黑龙潭；扬州瘦西湖；四川峨眉山；安徽黄山等
6	王铎	邑郊风景园林	1.邑人共享的园林空间；2.开放的自然山水园林空间；3.社会宣教作用的文化空间；4.自然山水园林的艺术空间	洛阳龙门；长安曲江池；建康钟山；北京西山；杭州西湖；桂林环城风景带；滁州丰山琅琊山；真州东园；成都浣花溪；福州鼓山
7	侯迺慧	湖山公园	官员们在游览湖山之际，致力于营造各种点化美景，使得一些湖山逐渐成为可游可息的园林	杭州西湖

---

❶ 包括《长安志》（西安）、《景定建康志》（南京）、《咸淳临安志》（杭州）、《淳熙三山志》（福州）、《吴郡图经》（苏州）、《淳熙严州图经》（建德）、《嘉定赤城志》（台州）、《毗陵志》（常熟）等。

❷ 表格文献资料依序号分列如下：1.周维权 . "名山风景区"浅议 [J] . 中国园林，1985（1）；2.周维权 . 中国古典园林史 [M] . 1999；3.《中国建筑史》编写组 . 中国建筑史 [M] . 1993；4.潘谷西 . 江南理景艺术 [M] . 2003；5.罗哲文 . 中国古园林 [M] . 1999；6.王铎 . 中国古代苑园与文化 [M] . 2003；7.侯迺慧 . 唐宋时期的公园文化 [M] . 1997.

（一）湖山风景区特点

湖山风景区在风物形胜、社会经济的综合性，使其与城市生产生活关系密切，加之环境尺度的宏大、景物类型的复杂、游赏组织的多样，造就了湖山风景区选址近便、建设持久系统、投资管理多样、游赏组织复合的园林特点，而成为宋代最具兼容性的公共园林类型，也是历经元明清而保留至今最多的公共园林类型。

1. 风景选址的近便和胜景基础

宋代商贸娱乐型的城市文明演变带来的公共游赏炽热，推动了湖山风景区成为"社会文化活动的重要组成部分"❶，可达性良好的优美湖山资源成为湖山风景区选址建设的首要条件。

宋代城市湖山风景区的选址一般在一日游的路程范围之内，以方便大部分居民的日常出游需要。作为全面开放的城市公共园林，湖山风景区在选址上注重与城市居民日常游赏生活的结合，"都具有近便的特点，大致可以朝往而夕返，一日之内可以完成朝拜、宴饮、游览各项活动"（潘谷西，2001）。以《宋元方志丛刊》中的湖山风景区选址分析为例，在城内的有建康青溪河，镇江北固山，临安凤凰山及吴山、竹园山，於潜东山，富阳观山，严州西湖，湖州霅溪，宁波月湖，绍兴卧龙山、蕺山，台州巾子山，福州乌石山和九仙山、欧冶池等 16 处；在城郊（10 里以内）的有苏州虎丘，昆山马鞍山，常熟虞山，镇江招隐山、金山，临安西湖及包家山、武林山、孤山及余杭县的南湖、於潜县的牟萼山，严州仁安山及淳安县的南山，湖州长兴罨画溪，宁波象山蓬莱阁，会稽镜湖及上虞县南明山，台州大固山、东湖，福州西湖等 20 处；在远郊（10 里之外）的苏州天平山、灵岩山，建康钟山，句容县茅山，临安余杭县的大涤山洞天，於潜县的天目山，宁波鄞县的东钱湖，会稽的会稽山及兰渚（即兰亭）等 9 处。其中近郊区域内的城内和城郊合计 36 处，占全部 43 处湖山风景区的 80% 之多，可见宋代湖山风景区建设的近便特点（图 4-3，图 4-4）。而其他宋代城市有关湖山风景区的文记、题名中，多有基于近便选址的各类记载。如漳州西湖，叶爽《辟西湖记》云"君治县宽简，即山水之近，与民同乐，以宁其神"❷；潮州湖山，黄景祥《潮州湖山记》

---

❶ 潘谷西在《中国建筑史》（2001，第 5 版）指出，"可见两宋时期，风景园林已广泛渗入城市各阶层的生活，成为社会文化活动的重要组成部分，这是宋以前所未见的"（P151）。

❷ （宋）叶爽．辟西湖记 // 全宋文 [G]．卷六九三八．

礼乐的风景

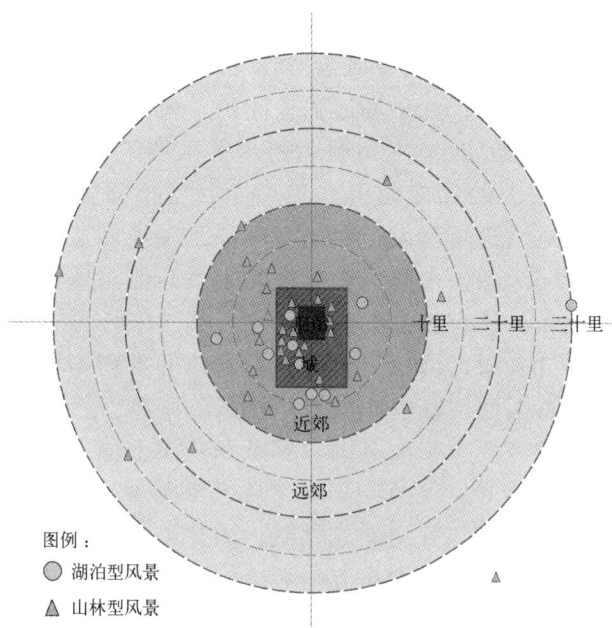

图 4-3 《宋元方志丛刊》的湖山风景区与城市区位统计分析图
（资料来源：作者自绘.）

云"阖郡之人，以恬以嬉，相与具盘飧，罗樽罍，以穷登览之胜。饮者酡颜，歌者呕哑，舞者抃跃，朝而往，夕而归"❶；洛阳龙门曲水，孔武仲《信安公园亭题名记》云"暮春之月，锦绣夺目，车趋填道，倾巷空坊，旦朝而出游，鼓鼙振野，笙箫顺耳，日暮而望归，则洛阳之曲水也"❷。再如董鸿道《群玉山亭游记》中零陵群玉山游赏的"抵暮方还"❸等等，皆是以城市为支点的"一日游"范围内的城郊风

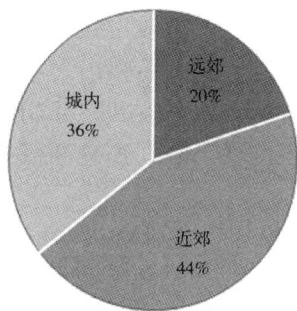

图 4-4 《宋元方志丛刊》中湖山风景区可达性分析图
（资料来源：作者自绘.）

景记载，可见湖山风景区的建设更贴近于游赏的便利性，在选址上重点考虑了一日出行、游赏、休憩的空间距离。

---

❶ （宋）黄景祥．潮州湖山记 // 全宋文 [G]．卷六七零一．
❷ （宋）孔武仲．信安公园亭题名记 // 全宋文 [G]．二一九四．
❸ （宋）董鸿道．群玉山亭游记 // 全宋文 [G]．卷六九四五．

湖山风景区在重视山水资源的天然优势的同时，多以湖池及城市镇山、案山、水口山等风水形胜之处为选址的风景基底。"风景名胜区尺度巨大，如果场地先天不足，再穷尽人力也不可能成为名胜，选择合适地宜对风景营造至关重要。"（梁仕然，2012）湖山风景区宏大的尺度使得其不可能如城市园圃这般精细化营造，只能是通过筑堤蓄湖、封山育林、路径规划、景点点缀等朴素的风景造园手法，串联风景区内的各类其他园林景点，从而形成空间容量大、兼容性高的游赏环境。从《宋元方志丛刊》的湖山风景区统计来看，依托自然和前人营建的水利工程基础直接而为的有建康青溪河、临安西湖、余杭县的南湖、严州西湖、湖州雪溪、长兴罨画溪、宁波月湖、鄞县东钱湖、绍兴镜湖、台州东湖、福州西湖及欧冶池等 12 处，且又都为城市重要水利工程，加以浚湖塑堤、筑亭置榭而成胜概。山林风景区多为城市风水要地，有明确为镇山记载的有苏州天平山、建康钟山、临安竹园山（志中记为主山）、於潜县天目山、严州仁安山、会稽卧龙山及会稽山、台州大固山 8 处，明确记为案山（对山）的有镇江北固山、淳安县南山、象山县蓬莱山等 3 处，明确为水口镇山的有富阳县观山 1 处，合计 12 处（图 4-5）。其他虽未明确在城市风水中的地位，但也或以绝境、胜概称之，如虎丘之"浙中绝境"、常熟虞山、昆山马鞍山之"邑中之胜概"等；或以佛道仙释、皇族名士的遗迹为胜的，如句容茅山、余杭大涤山洞天、镇江招隐山及金山等 4 处以佛道仙释为胜，苏州吴县灵岩山、绍兴兰渚即蕺山、湖州雪溪等 4 处以皇族名士的遗迹为胜。其他湖山风景区多为历代渐趋形成的城市日常游赏胜地，如临安吴山记曰"故为登览之胜"等。而宋代其他城市的湖山风景区也多以湖池及城市镇山、案山、水口山等风水形胜之为基础，如桂林漓江风景带、惠州西湖、潮州西湖、常德东湖等，以浚湖塑堤、筑亭置榭而成胜概；鄂州黄鹄山及洪山、万州西山、滁州琅琊山、英德南山等又直接依托城内外山

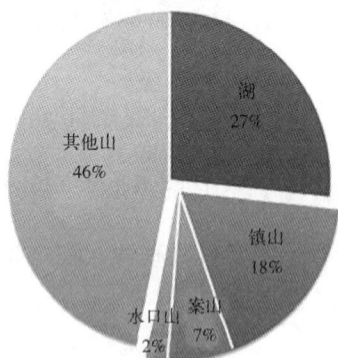

图 4-5 《宋元方志丛刊》中湖山风景区
依托资源类型统计分析图
（资料来源：作者自绘.）

林，适当地点缀池塘、亭榭，建设游憩、登高、临望之地。这些地点切合"朝往而夕返"的可达性要求，位于城内或城郊，强化了与城市日常生活之间的关系。

2. 风景建设的持久性和系统性

湖山风景区或依托于与城市风水形胜相关的山脉岭岗，或依托于与城市生产生活关联的重要水利设施，因而与城市组成稳定、持续的空间结构，形成了比之城市园圃、风景点更为稳固的物质基础，其风景建设历程也表现为持久、系统的特点。一些著名历史风景区甚至可以追溯到魏晋、隋唐，如杭州的西湖、苏州的虎丘、绍兴的鉴湖等。而入宋后随着城市山水形胜思想的人文化转向城市商业化、平民化，风景区的建设更是持续不断，特别是游赏路径的系统性、风景点的丰富性和游赏氛围的大众化有着显著的提升，在风景区纵向的时间轴上起到了承上启下的作用。

在风景区的持久性建设上，宋代城市湖山风景区上承魏晋、隋唐，且园林要素的建设数量更为密集，奠定了风景区大众游赏的物质基础；在建设频率上渐趋日常化，几乎成为承平时各届郡守的必要性基础建设活动。以杭州西湖为例，其风景文化之所以兴盛于宋，离不开历届郡守持续的湖面浚治、景点维护和新建（图4-6）。从秦汉至南宋西湖风景建设系统性统计可以看出，宋代西湖在风景基底（湖面浚治）的维护、游赏路径的增修、园林景点的维护建设等已然是非常频繁，才造就了"西湖天下景，朝昏晴雨，四序总宜，杭人亦无时不游"、"都人士女，两堤骈集，几于无置足之地"、"画楫轻舫，旁午如织"❶的游赏氛围。其中的变化虽然离不开城市游赏文化的影响，"在唐代，西湖所展现的几乎都是纯朴自然的原貌。……游赏西湖的活动以游访寺院为主，而其形态为以沉静的心灵去品尝并契应湖山景色，是十分朴素简单而又深富情味的游赏活动"（侯迺慧，1997），与此相比，两宋时期环绕西湖浚治的风景资源保护，诸如先贤堂、丰乐亭、湖山伟观以及苏堤等一系列的公共风景点的建设活动，对风景资源保护、开发有作用，促进了西湖大众游赏的发展。而据《梦粱录·卷一·二月》记载，"州府自收灯后，例于点检酒所开支关会二十万贯，委官属差吏雇唤工作，修葺西湖南北二山，堤上亭馆园圃桥道，油饰装

---

❶ 〔宋〕周密. 武林旧事 [G]. 卷三·西湖游幸·都人游赏.

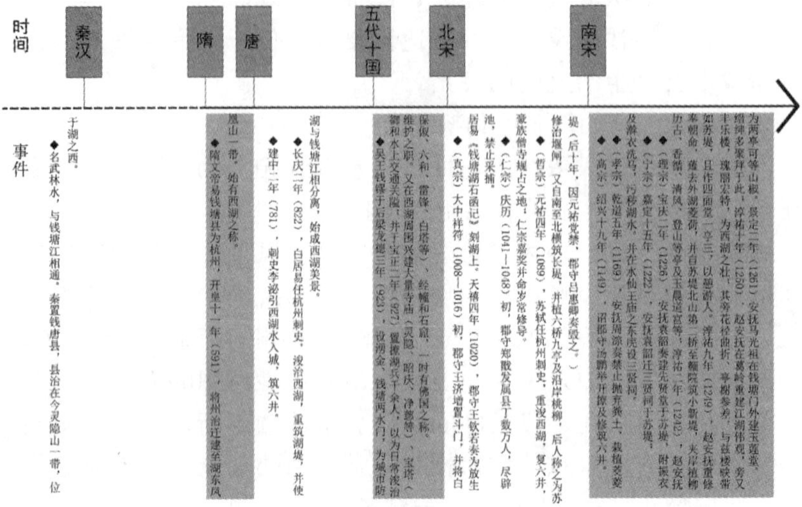

图中时间轴（时间）自左至右依次为：秦汉、隋、唐、五代十国、北宋、南宋。

图 4-6　秦汉—南宋杭州西湖风景建设时间、事件轨迹图

（资料来源：作者自绘.）

画一新，栽种百花，映掩湖光景色，以便都人游玩”❶，即西湖每年旺季游赏设施维护的提前准备，更是风景区持续性建设维护的典型。而其他城市湖山风景区的持续性建设也很普遍，如宁波月湖园林始成北宋初期，大中祥符中（真宗年号）郡守章郇在湖北设红莲阁，天禧间（1017～1021，真宗年号）的郡守李夷庚建湖桥“憧憧”，嘉祐中（1056～1063，仁宗年号）郡守钱昱作而新之，架桥三十丈以通街巷，并设众乐亭、植花木，“遂为州人胜赏之地”，元祐癸酉（1093）郡守刘纯父“环植松柳，复因其积土，广为十洲”，而基本奠定西湖“十洲三岛”的景观格局；南宋绍兴十四年（1144），郡守莫将建逸老堂于西湖上，乾道五年（1169）四月郡守张津重修；乾道元年（1165）郡守赵伯圭建广生堂于西湖，以为放生之所❷。又如万州西山，北宋至和元年（1054）郡守鲁公虞始创，并建“高亭”、“鉴亭”、“集胜”三亭，嘉祐八年（1063）郡守东平东公创亭“碧照”、“绿阴”、“玉泉”，以及碁局、流杯渠、土地祠等❸；南宋淳熙九年（1182）郡守鲜于沔仲新作飞云楼❹，而成书于南宋末年的《舆地纪

❶　（宋）吴自牧. 梦粱录 [G]. 卷一·二月.

❷　（宋）张津等撰. 乾道四明图经 [G].

❸　（宋）刘公仪. 万州西亭记 // 全宋文 [G]. 卷一零零四三.

❹　（宋）阎苍舒. 鲁池岑洞题名 // 全宋文 [G]. 五零一一.

胜》记载的王可道建设的般斋、云锦、烟霏、尘外诸亭应为其后郡守所建❶，可见从北宋到南宋西山风景区官府建设的持续性。同样的风景建设持续性在潮州西湖、惠州西湖、南昌东湖、泉州东湖以及建康青溪等大多数两宋城市湖山风景区都有体现。这种官府出于地方形胜、城市水利维护和"与民同乐"公共游赏环境建设，成为宋代官员政绩的重要组成部分，既保障了风景区的风景质量，也装点了江山，丰富了城市居民的游赏生活。

同时，宋代湖山风景区建设从唐代官员为主体的单点式游赏线路演变为大众游赏的环线建设，满足了城市文明演变的大众游赏炽热的市民诉求，也形成了风景区游赏路径、园林景点系统化建设的基本特点。如桂林漓江两岸的环城风景区，宋代官府的持续建设不仅在游赏系统建设上渐趋完善，而且在各景点的建设上也是渐趋提升，从而在唐代官员的少量、散点式风景建设基础上，形成了自然景点、人文景点和游赏线路系统组合的宜人风景带。唐代《桂林风土记》有虞山下的舜祠和舫亭、府城北的越亭、北罗门外的岩光亭、子城东南漓江中的訾家洲等一些基于自然风景的游赏点建设。两宋在唐代建设的基础上，强化了游赏路径规划和沿线风景点建设，包括府城上的逍遥楼、湘南楼、千山观，隐山与西湖亭榭，七星岩与"骖鸾"、"环翠"两阁，伏波岩与蒙亭以及龙隐、栖霞、程公等诸岩的开发，使得唐代的单点式游赏变成环城的风景游赏环线（图4-7）。如管湛的《北牖洞题记》："嘉定壬申（嘉定五年）六月下汗，括苍管湛携家登千山观，泛西湖，访朝阳、北牖、潜洞，憩百花洲、招隐亭、相清阁，积雨初霁，农事丰成，民物熙然，相与共乐。"❷除风景游赏系统渐趋完善，在景点的建设方面也得以进一步完善。桂林西湖景区是在唐代蒙溪、隐山风景的基础上建设的（唐代吴武陵有《隐山记》、韦宗卿有《六洞记》），南宋乾道四年（1168）经略使张维复建形成著名的桂林西湖景区，为亭瀛洲、怀归、湘清、集贤、望崑，新开"北潜、南潜"两洞，"发前人之遗逸，增往牒之未载。遂使西湖胜概，翛然如立尘寰之表"❸。而且这样的系统建设是以郡守领衔，各级官吏参与的持续性建设，如伏波岩的蒙亭，"嘉祐中，经略吴公即岩之

---

❶ （宋）王象之．舆地纪胜 [G]．卷一百七十七・万州．

❷ （宋）管湛．北牖洞题记 // 全宋文 [G]．卷六九七六．

❸ （宋）鲍同．西湖记 // 全宋文 [G]．卷四四三三．

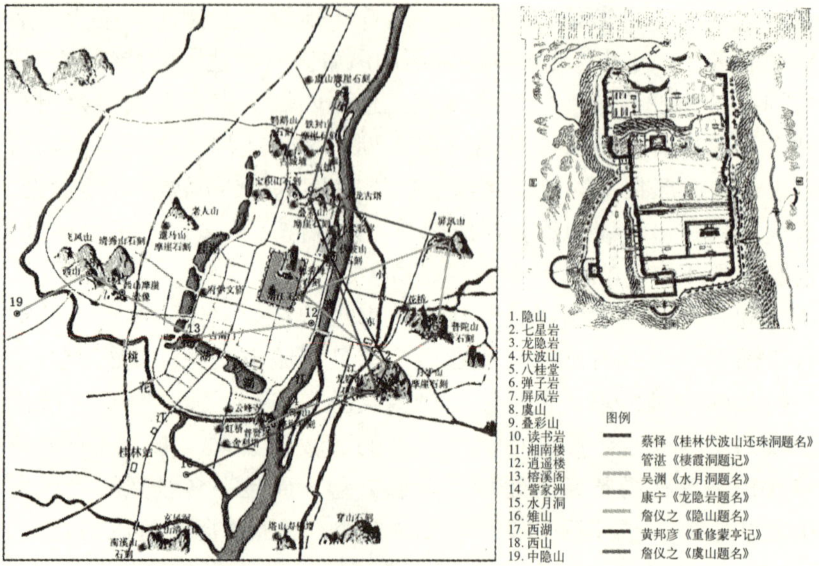
1. 隐山
2. 七星岩
3. 龙隐岩
4. 伏波山
5. 八桂堂
6. 弹子岩
7. 屏风岩
8. 虞山
9. 叠彩山
10. 读书岩
11. 湘南楼
12. 逍遥楼
13. 榕溪阁
14. 訾家洲
15. 水月洞
16. 雉山
17. 西湖
18. 西山
19. 中隐山
图例
蔡怿《桂林伏波山还珠洞题名》
管湛《栖霞洞题记》
吴渊《水月洞题名》
康宁《龙隐岩题名》
詹仪之《隐山题名》
黄邦彦《重修蒙亭记》
詹仪之《虞山题名》

a）桂林城市周边景点分布及游览线路图　　b）宋静江府图

图 4-7　宋代桂林城市周边景点分布与游览线路

（注：城市周边丰富的游览景区为游历提供多样的线路）

（资料来源：a）自绘，底图自林哲著．桂林靖江王府 [M]. 广西师范大学出版社，2009：38；
b）来自郑锡煌编．中国古代地图集 [M].2005：130.）

左为亭，名之曰蒙亭”，绍圣元年（1094）八月，郡守胡公“斥其基而新之也，因土为台，筑之登登；因石为隄，削屡凭凭”❶；曾公岩，元丰元年（1078）郡守曾布建设，“构长桥跨中流而渡，以为游观宴休之处，日与众共乐之”❷；范成大（1126 ~ 1193）筑七星岩碧虚亭，并题“壶天”、“空明之洞”❸；乾道丙戌（1166），郡守张孝祥作西山千山观❹；詹仪之作西湖“招隐”亭❺等景点建设，大量出现在《桂林石刻》之中，可见宋代官府对桂林环城风景区的持续开发。其他如南昌东湖，“于是浚治增筑，湖既泓深，堤亦坚固。沿堤上下植以万柳，绕湖周遭通以行路，楼观园圃，左右映带，四时游观，车盖相望”❻；潮州西湖，“绕湖东西古无路，诛茅穿苏，

❶（宋）黄邦彦．重修蒙亭记 // 全宋文 [G]. 卷二七七八．
❷（宋）刘谊．曾公岩记 // 全宋文 [G]. 卷二零一三．
❸（宋）范成大．碧虚铭 // 全宋文 [G]. 卷四九八五．
❹（宋）张孝祥．千山观记 // 全宋文 [G]. 卷五七零三．
❺（宋）廖重能．隐山题名 // 全宋文 [G]. 卷六一一六．
❻（宋）詹仪之．隐山北牖洞题名 // 全宋文 [G]. 卷五四一四．

插柳植竹，间以杂花，盤纡诘曲，与湖周遭"❶（辛骞，《重辟潮州西湖记》），以及杭州西湖的苏堤及六亭、小新堤和宁波西湖的二桥、十洲、众乐亭等，句容县茅山通过路径、亭榭的建设，使其"朝有至诚之地，游居有税驾之所"❷的风景建设过程，皆为这样游赏途径、休憩景点等系统性建设。

3. 风景资源的多样性和建管主体多元化

湖山风景区因其选址于自然山水或大型水利周边，容纳了自然风景、人文景观、宗教景观多种景观资源，民田、村舍、街市以及寺观、官署与公共园林复杂同处，与两宋其他类型的公共园林相比，具有极大的多样性、包容性和复杂性。同时这样的多样性景观资源类型，也使得湖山风景区在建设投资、管理维护上呈现多元化的格局，不仅有官方的主导建设骨架性游赏路径及休憩亭榭，还有寺观、乡绅也参与了公共风景区的景点建设和管理。

湖山风景区宏大环境兼容的多样性景观资源和中国古典园林普遍存在的公共性倾向，使各类属性的风景园林资源在湖山风景区共存、共享，形成了宋代湖山风景区包容复合的空间属性。其中中国古典园林的公共性倾向是湖山风景区融合为整体而系统的公共游览区的文化保障。与寺观园林、私家园林相应，公众游赏在魏晋时期就有记载，而宋代"各大御苑所推行的法定公共游豫和定时游览制度，将中国园林公共性的传统发挥到更高阶段"（王劲韬，2011）。《东京梦华录·卷六》记载的都人游赏场所，可略见这样园林普遍开放性的发展阶段。记曰："收灯毕，都人争先出城探春。州南则玉津园外学方池亭榭，玉仙观，转龙弯西去一丈佛园子，王太尉园，奉圣寺前孟景初园，四里桥望牛冈剑客庙。自转龙弯东去陈州门外，园馆尤多。州东宋门外快活林，勃脐陂，独乐冈，砚台，蜘蛛楼，麦家园，虹桥王家园。曹、宋门之间东御苑，干明崇夏尼寺。州北李驸马园，州西新郑门大路，直过金明池西道者院，院前皆妓馆，以西宴宾楼有亭榭，曲折池塘秋千画舫，酒客税小舟，帐设游赏，相对祥祺观，直至板桥，有集贤楼、莲花楼，乃之官河东，陕西五略之别馆，寻常饯送，置酒于此。过板桥，有下松园，王太宰园，杏花冈，金明池角南去水虎翼巷水磨下蔡太师园，南洗马桥西巷内

---

❶ 永乐大典方志辑佚 [G]. 豫章志·山川：1490.
❷ （宋）辛骞. 重辟潮州西湖记 // 全宋文 [G]. 卷六六九八.

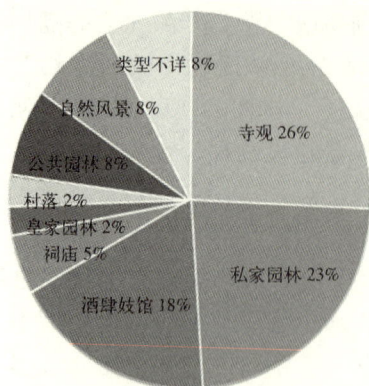

图 4-8 《东京梦华录》开封城郊大众游
赏景点类型统计图
（资料来源：作者自绘．）

华严尼寺，王小姑酒店北金水河两浙尼寺巴娄寺，养种园，四时花木，繁盛可观。南去药梁园，童太师园，南去铁佛寺，鸿福寺，东西柏榆村。州北模天坡，角桥至仓王庙，十八寿壁尼寺，孟四翁酒店。州西北元有庶人园，有创台，流杯亭榭数处，放人春赏。大抵都城左近，皆是园圃，百里之内，并无闲地。"❶ 其共记有游赏景点 39 处（图 4-8），其中公共园林 3 处、酒肆妓馆 7 处、祠庙 2 处、皇家园林 1 处、寺观 10 处、私家园林 9 处、自然风景 3 处、村落 1 处、类型不详的 3 处❷。各类型的游赏风景在东京城外共融，形成系统的公共游赏环境，造就了开封城外园圃、苑囿组成的城市风景带。这样公共性倾向的古典园林特点，同样存在于"杭人无时不游"的杭州西湖。保存完整的南宋《咸淳临安志》详细地记载了西湖及其环湖各山麓的各类园圃（图 4-9）、寺院、宫观、祠庙、亭榭及堤岛桥等风景要素，数量巨大，类型丰富，堪称是我国湖山风景区包容、复合的集大成者。对应参考《武林旧事》、《梦梁录》、《都城纪胜》等湖山胜概记载，其中的御苑（皇家园林）、公私园圃在春夏节庆之际也向都人开放❸；寺院、宫观在佛诞日、放生会甚至元宵节等节庆时节及

---

❶ （宋）孟元老．东京梦华录 [G]．卷六．

❷ 根据文献记载和相关研究分析，基本可分为公共园林：学方池亭榭、砚台、养种园（3）；皇家园林：御苑（1）；寺观园林：玉仙观、一丈佛园子、崇夏尼寺、金明池西道者院、祥祺观、华严尼寺、巴娄寺、铁佛寺、鸿福寺、十八寿壁尼寺（10）；祠庙：剑客庙、仓王庙（2）；私家园林：王太尉园、孟景初园、麦家园、王家园、李驸马园、王太宰园、蔡太师园、童太师园、庶人园（9）；酒肆妓馆：快活林、妓馆、西宴宾楼、集贤楼、莲花楼、王小姑酒店、孟四翁酒店（7）；自然风景独乐冈、杏花冈、模天坡（3）；村落：柏榆村（1）；不详：蜘蛛楼、松园、药梁园（3）。

❸ 《武林旧事》卷三祭扫云："若玉津富景御园，包家山之桃，关东青门之菜市，东西马塍，尼庵道院，寻芳讨胜，极意纵游，随处各有买卖赶趁等人，野果山花，别有幽趣。"《梦梁录》卷一记曰："仲春十五日为花朝节，浙间风俗，以为春序正中，百花争放之时，最堪游赏，都人皆往钱塘门外玉壶、古柳林、杨府、云洞，钱湖门外庆乐、小湖等园，嘉会门外包家山王保生、张太尉等园，玩赏奇花异木。" 其中庆乐园即为南园，原为御苑，见《淳祐临安志》卷六和《武林旧事》卷五。另《梦梁录》卷十九有记，"显应观西斋堂观南聚景园，孝、光、宁三帝尝幸此，……每盛夏秋首，芙蕖绕堤如锦，游人舣舫赏之，顷有侍从陆游舟过作诗咏曰：'圣主忧民罢露台，春风侧苑画常开。尽除曼衍鱼龙戏，不禁刍荛雉兔来'"，即为聚景园开放之证。

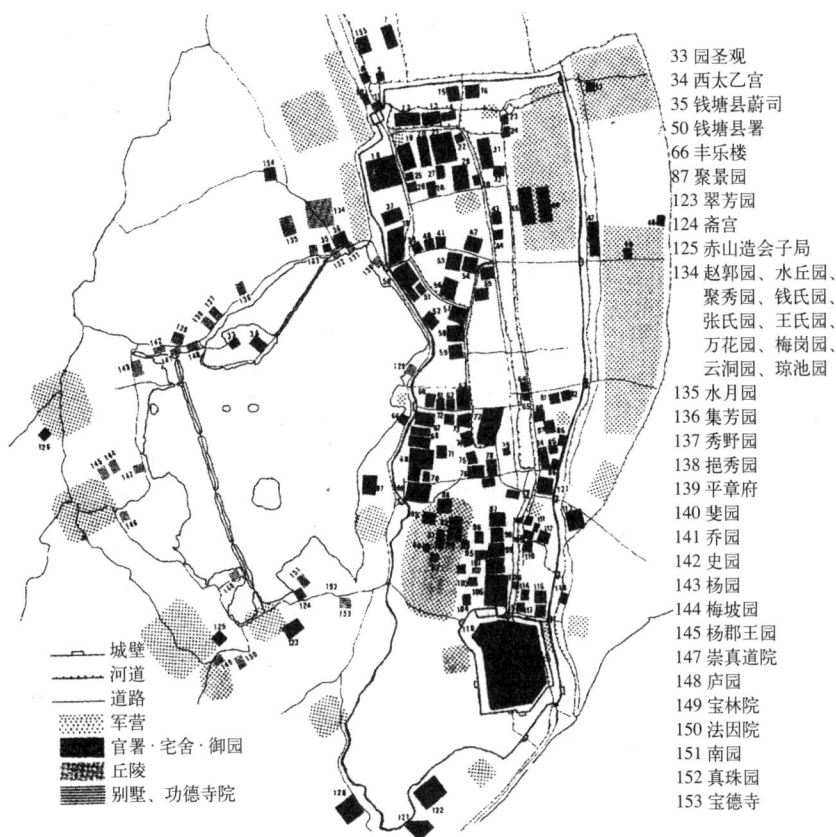

图 4-9　南宋杭州西湖周边各类型园圃景点分布图
（资料来源：摹自斯波义信著．宋代江南经济史研究 [M]．江苏人民出版社，
2012：333．注：景点标注顺序引用原图序号．）

33 园圣观
34 西太乙宫
35 钱塘县蔚司
50 钱塘县署
66 丰乐楼
87 聚景园
123 翠芳园
124 斋宫
125 赤山造会子局
134 赵郭园、水丘园、
　　聚秀园、钱氏园、
　　张氏园、王氏园、
　　万花园、梅岗园、
　　云洞园、琼池园
135 水月园
136 集芳园
137 秀野园
138 挹秀园
139 平章府
140 斐园
141 乔园
142 史园
143 杨园
144 梅坡园
145 杨郡王园
147 崇真道院
148 庐园
149 宝林院
150 法因院
151 南园
152 真珠园
153 宝德寺

日常的礼佛祈福活动中，成为市民游赏的场所❶；祠庙不仅在祭祀活动中有群众参与，而且因官府社会教化的推动作用，在选址上重视游赏品质、开放形式上的全面性，而成为日常游赏的热点风景，如先贤祠、三贤堂、竹阁白公祠等❷；其他官府组织建设的堤上路旁亭榭以及酒楼妓观，更是大众可达的开放性景点。以宋人陈造的杭州

❶《梦粱录》卷十九社会有记，"每月遇庚申或八日，诸寺庵舍，集善信人诵经设斋，或建西归会。宝叔塔寺每岁春季，建受生寄库大斋会。诸寺院清明建供天会。七月十五日，建盂兰盆会。二月十五日，长明寺及诸教院建涅会。四月八日，西湖放生池建放生会，顷者此会所集数万人"，皆为诸寺院宫观的宗教时节性的群体性社会活动；《武林旧事》卷二记，"西湖诸寺，惟三竺张灯最盛，往往有宫禁所赐，贵珰所遗者。都人好奇，亦往观焉"，即为元夕灯会西湖寺院的公共游赏。
❷《武林旧事》卷三描述都人游赏时有记，"如先贤堂、三贤堂、四圣观等处最盛"；《梦粱录》卷十九也有"沿堤先贤堂、三贤堂、湖山堂，园林茂盛，妆点湖山"的记载，可见祠庙园圃的景物之胜和游赏之盛。

西湖游记——《游山后记》为证，"予游南山竟，再宿，雨既小霁，复携儿出闇门，历观庙二，僧寺四，略亭榭馆墅，降陟山阪，遵柳隄，穿花坞，几十里所"❶，可见杭州西湖日常游赏景物在类型上复合、包容的多样性。同样的情况在两宋其他湖山风景区也存在，如温州南湖"东岸为南塘市，列肆临湖，舟航来往。西岸则流水江村，渔家田舍，菱洲荷荡，橘圃柑园，在在有之，不减苕霅之胜"❷（永乐大典）；义乌绣川湖，"……濒湖居者，筑亭榭，艺花木，底春风物骀荡，盛夏芰荷敷腴，歌艎酒舫，四时不绝。湖之亭有六，南曰会景、清旷、撷芳，北曰清胜、绣光。附以钓轩，而花岛、柳洲直其中。湖之傍又有月岩、秋光阁、登高台。大观三年，邑官祷雨，因筑堤以通往来，即柳洲造塔，徙大安尼寺额，更建僧刹，由是湖之景益胜。绍兴十三年，知县董燿以为放生池"❸，山峰、湖泊、洲岛等自然景观与私家亭馆、湖中的公共园林会景、清旷、撷芳等六亭和寺观风景共存；《舆地纪胜·卷九十五·英德府·景物下》记载的英州南山，"众乐亭，在南山寺东。……寒翠亭，在晞阳岛之北。……翠阴堂、澄光台，并在涵辉谷；潜灵洞，在涵晖谷；梦弼岩，在涵晖谷；栖云洞，在涵晖谷；飞霞岭，在涵晖谷。晞阳岛，在涵晖谷南隅。涵晖谷，在州南鸣弦峰下，前枕真水。……虎跑泉，在涵晖谷山后"❹，南山、晞阳岛、涵辉谷、潜灵洞、梦弼岩、栖云洞等自然风景和众乐亭、寒翠亭、翠阴堂、澄光台等人文景观以及南山寺、圣寿寺的寺观风景共存，风景资源的多样性和复杂性可见一斑。而规模略小的风景区，至少也是自然景观、公共亭榭和寺观建筑复杂共存，如万州西山，山林、鲁池、水泉等自然资源和高亭、鉴亭、集胜、碧照、绿阴、玉泉等公共亭榭，以及射埤、流杯池、碁局等活动场所和五座寺观共存。可见公共风景区景观资源的多样性、复杂性是普遍存在的，而两宋时期各类园林的公共开放性倾向将湖山景区的多样化资源有机地串联成一个整体。

而正是湖山风景区景观资源的多样性共存，促动了风景区景点建设管理的多元化，形成了以官府为主导，寺僧、道士和乡绅参与的风景区建管特点（表4-4，图4-10）。其中官府是湖山风景

❶ （宋）陈造．游山后记 // 全宋文 [G]．卷五七六五．
❷ 永乐大典方志辑佚 [G]．温州府志·山川：679—680．
❸ 永乐大典方志辑佚 [G]．金华府义乌县志·湖泊：923—924．
❹ （宋）王象之．舆地纪胜 [G]．卷九十五·英德府·景物下．

宋代湖山风景区的多元建管方式分析表（以杭州西湖为例）❶   表 4-4

主体	建管方式	典型例证	资料来源
官府	整体环境的保护培育	1.元祐五年守苏轼浚治西湖；绍兴十九年守汤鹏举开撩西湖，并设开湖司；乾道五年守周淙招军兵三百人专一撩湖，由钱塘县尉主管；淳祐丁未郡守赵安抚再开浚 2.南宋"州府自收灯后，……修茸西湖南北二山，堤上亭馆园圃桥道，油饰装画一新，栽种百花，映掩湖光景色，以便都人游玩"	1.《咸淳临安志》卷三十二； 2.《梦粱录》卷一
	游赏路径及沿路休憩点建设管理	1.苏公堤，元祐中守苏轼以所积葑草筑为长堤，夹道杂植花柳，为六桥，行者便之；邦人祀公堤上。咸淳五年，朝廷给钱，守潜说友增筑，沿堤有亭九亦新之。 2.小新堤，淳祐二年守赵安抚筑，夹岸植柳如苏堤，作四面堂一亭三以憩游人，（费用由）朝廷所给赐也	《咸淳临安志》卷三十二
	祠庙及纪念性园圃、亭榭的建设	1.三贤堂，在苏堤，嘉定五年守袁韶建，奉安三贤；祠堂外参错亭馆，周植花竹，以显清概；最为雅洁游者乐之。 2.先贤堂，在南山之北新堤，宝庆二年守袁韶以公帑售居民园池建；室宇靓丽，遂为湖中胜赏	《咸淳临安志》卷三十二，《淳祐临安志》卷六
	酒楼建设管理	丰乐楼，为官酤所在，淳祐九年守赵安抚因"官酤喧杂，楼亦卑小，弗与景称"，始撤而新之，为西湖之壮；旁花径曲折，亭榭参差，与此楼映带，缙绅多聚拜于此	《咸淳临安志》卷三十二
	城市园圃的建设管理	1.一清（堂园），在钱塘门外菩提寺南，景定间京尹马光祖建，次年魏克愚徙郡治竹山阁改建于此，但堂宇爽苓，花木森森，顾盼湖山，蔚然堪画。 2.湖山，在苏堤，扁曰"湖山"。咸淳间守洪焘买民地创建，栋宇雄杰，面势端闳，冈峦奔赴。后二年，守潜说友增建水阁六楹，又纵为堂四楹，以达于阁。迩延远挹，尽纳千山万景，卓然为西湖堂宇之冠，游者争趋焉	《梦粱录》卷十二
	部分寺院、宫观的观景、休憩亭榭的建设	1.江湖伟观，在寿星寺。淳祐赵尹京重创广厦危栏，显敞虚旷，旁又为两亭，巍然立于山峰之顶。游人纵步往观，心目为之豁然。 2.荣国寺亭榭，咸淳六年守潜说友创华光阁及门庑、斋堂、亭台等屋，又拓径以便登陟。 3.竹阁（在广化院，赵安抚建）、华光宝阁及斋堂亭榭（在修吉寺，潜说友建）、寒泉亭（在嘉泽庙，赵安抚建）、德威亭（在惠济庙，潜说友建）等	1.《淳祐临安志》卷六、《梦粱录》卷十二； 2、3.《咸淳临安志》卷七十五、七十八、七十九

❶   资料整理自南宋时期的《咸淳临安志》、《淳祐临安志》两部杭州府志以及《梦粱录》、《武林旧事》、《都市纪胜》三部宋代城市笔记。

主体	建管方式	典型例证	资料来源
寺院	寺院所属的园圃、亭榭的建设与维护	1. 报国看经院亭榭，元丰二年辩才大师鼎新栋宇游览之所，有过溪亭、德威亭、归隐桥等，一时名贤有游。 2. 宝严院亭榭，元丰中僧清顺作垂云亭、借竹轩。 3. 崇福寺茶汤亭，嘉祐五年守赵安抚筑小新堤，僧道圆即在寺前建茶汤亭	1.《咸淳临安志》七十八； 2、3.《咸淳临安志》七十九
	官府、乡绅在寺院所建祠庙、景点的维护	荣国寺亭榭，守潜说友既创亭榭，又买官田二百亩，为僧供	《咸淳临安志》七十八
宫观	参与各类祠庙及附属园圃的管理、维护	1. 旌德观，在苏堤第一桥，宝庆二年守袁韶创先贤祠，徙玉晨道观于东北隅，以供洒扫，赐名旌德观。 2. 崇真道院，在苏堤，咸淳四年贾平章给钱创建，拨租田以赡，其地旧有水仙王庙，并以香火之奉属也	《咸淳临安志》卷七十五
	宫观所属园圃、亭榭的建设维护	1. 灵芝崇福寺钱王故苑，有浮碧轩、依光堂，亦为新进士会拜题名之所。 2.《都城纪胜》园苑门有显应观西斋堂、慈明殿环碧园	1.《武林旧事》卷五； 2.《都城纪胜》园苑门
	官府乡绅在宫观所建祠庙、亭榭的维护	文献只有官府乡绅在宫观的风景建设，但没有相应维护记载，但实际应为宫观在维护	—
乡绅	在寺院、宫观捐资建设园圃、亭榭	1. 贾平章在崇福寺云会堂、浮碧轩、夜讲亭、日观堂；在观音寺捐建园圃，亭馆几五十所。 2. 圆通接待庵，在苏公堤，咸淳四年贾平章捐钱创建，施往来者茶汤，仍灯笼以惠夜行之人。 3. 宝林庵，邑人闵道心等建，施水接待	1.《咸淳临安志》卷七十九； 2、3. 同上卷八十二

区的建管主体，涵盖风景区整体环境的保护培育，以及主要的游赏路径、休憩景点、核心景区的城市园圃（以祠庙及纪念性园圃为主）、亭台、酒楼等整体风景品质、游赏体系和重要景点的建设和日常维护，并参与部分寺院、宫观的观景、休憩亭榭的建设。而寺院、宫观是湖山风景区建管的重要参与者，并受官府权力、资金的影响。从寺院、宫观本身的建设就受官府赐额、度牒的影响，几乎都是在政府引导下建设的，特别是宫观，在宋代更是以官府批准、投资、建设为主❶。两者在湖山风景区的建管中，主要参与

❶ 《咸淳临安志》卷七十五录城内外宫观 22 所（州城，未含属县及女冠、尼庵及道堂），其中由官府全额建设的有 9 所（天庆观、天真观、水府净鉴观、表忠观、旌忠观、中兴观、清源崇应观、显应观、旌德观）；由管家赐田、赐钱参与建设的有 3 所（承天应观、景隆观、玉虚观）；由道士建设的有 3 所（至德观、鹤林观、真圣观）；未能判别建设主体的有 7 所。

礼乐的风景

自身所属的园圃、亭榭的建设与维护，以及官府、乡绅在寺观所建祠庙、景点的维护，而宫观更参与到纪念性园圃的管理维护中。乡绅，包括士大夫和在朝的官员，是湖山风景区建管的积极补充，主要参与到寺院、宫观的游憩亭榭建设以及部分游赏路径上的休憩、茶亭建设。

湖山风景区多样性的风景资源和多元化的建管主体普遍存在于宋代城

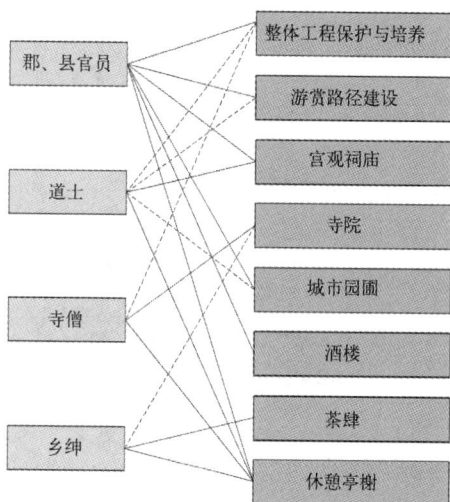

图 4-10　湖山风景区大众游赏景点与建管主体关系图
（资料来源：作者自绘．）

市公共园林营建之中。如宁波月湖专设寺僧守桥之处，"亭之南小洲，前此有屋才数椽，乃僧定安守桥之所。后浸广，今遂以为僧院，寿圣是也"❶；广东博罗县罗浮山风景区，郡守"捐缗粟，命道士从所取道辟焉，且以目行心画者指而授之，曰：'某地宜门，某地宜亭，又某地宜庵焉。'博罗令赞其事，薄相其役"❷；常德府德山风景区，袁申儒《楚望临睨仰止三亭记》记曰，"申儒与太守许公捐金，俾主僧介山之中，度地於善卷坛之西，夷坡砦石，以亭其上，扁楚望旧名"❸；桂林独秀峰五咏堂，亦为官府委托寺僧所建，"乃命寺僧芟刈营葺之，创为堂轩，以面岩曲，而唐人名刻犹有存者，因镵其旁曰颜公读书岩"❹；湖北监利章华台历史风景区的修复，"予到官之明年，因与二三士考古访迹，得故基于篁竹丛棘之间，而垣堑犹在。缘际天胜地，可为一邑之望，盍不筑而为壮观，以慰父老之意焉？予辞县帑空虚，丁力不可役也。士则又曰，"愿无烦于公家，我辈各以耘耨余力而治之"，于是有"张左林者以石柱献，张雄飞者以欀栋来。李造、严卒、张逢吉、陈諟、李承租、蔡世

---

❶　〔宋〕舒亶．西湖记 // 全宋文 [G]．卷二一八一．
❷　〔宋〕赵汝驭．罗浮山行记 // 全宋文 [G]．卷七零四四．
❸　〔宋〕袁申儒．楚望临睨仰止三亭记 // 全宋文 [G]．卷六四六三．
❹　〔宋〕孙览．五咏堂记 // 全宋文 [G]．二二三七．

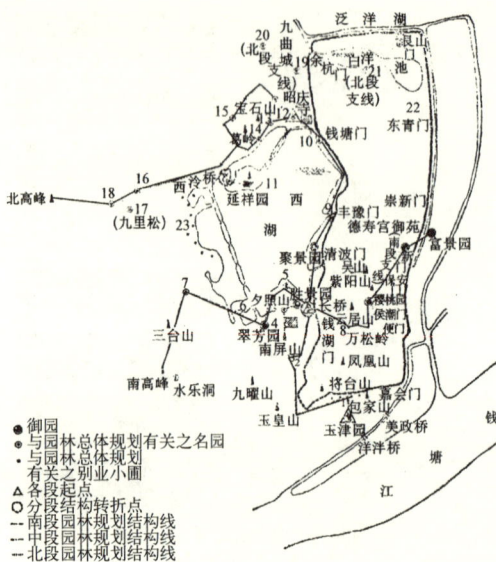

图中标注：
泛洋湖
九曲（北段城线）
20
19 余杭・白洋（北段支线）池
浪江
15 宝石山 12 昭庆
17 钱塘门
22 东青门
北高峰 18 16 *17（九里松）23 西段桥 延祥园 西湖 崇新门
丰豫门 德寿宫御苑 富景园
聚景
南高峰 水乐洞 九曜山 玉皇山 南屏门 翠芳园 万松岭 凤凰山
将台山 嘉会门
玉津园 美政桥
洋洋桥
钱塘江

1. 桃花关一带别业小圃，如壮观园等；
2. 华津洞赵翼王园；
3. 西林法惠之小圃；
4. 真珠园；
5. 湖曲园；
6. 大麦岭畔之卢园；
7. 小麦岭之梅坡园；
8. 万松岭之别业小圃，如富览园等；
9. 环碧园；
10. 玉壶园；
11. 水竹院落；
12. 云洞园；
13. 水月园；
14. 集芳园；
15. 养乐园；
16. 嬉游园；
17. 斑衣园；
18. 香林四；
19. 择胜园；
20. 海冷园；
21. 北园；
22. 桂隐园；
23. 赵公堤之小隐园等别业小圃及里湖之内待诸园

图例：
● 御园
◉ 与园林总体规划有关之名园
◎ 有关之别业小圃
△ 各段起点
○ 分段结构转折点
—— 南段园林规划结构线
—— 中段园林规划结构线
—— 北段园林规划结构线

图 4-11 《梦粱录》中的南宋杭州西湖游览线路及景点分析图
（资料来源：郭黛姮编．中国古代建筑史（第三卷）[M]．北京：中国建筑工业出版社，2009：63.）

南各施其壮宾锸夫"❶（胡绾，《章华台记》）等。这样以官府为主导，寺僧、道士和乡绅参与的风景区建管特点，提高了社会各阶层的公众参与度，也促进了地方城市审美的集体意识培育和公共游赏文化的凝练。

　　4. 游赏空间的宽宏和组织形式的丰富

　　湖山风景区通常具有宽宏的游赏空间，其巨大的空间容量为大型的公共活动提供了基础的物质保障，成为官方组织城市节庆遨游的首选场所，而相应丰富的游赏路线也使一日游、二日游成为湖山风景游赏区别于城市园圃、风景点游赏的特殊游赏形式。同时湖山风景区多样性的风景资源和彻底的公共开放性，也为各类社会政治活动、阶层游赏诉求提供了空间和时间上的自由，促进了公共游赏组织形式的丰富性（图 4-11）。

　　宽宏的风景物理空间和多样性的游赏资源，使得湖山风景区成为宋代城市狂欢式遨乐的首选场所，成为两宋时期官府主导的遨乐式活动的主要空间载体。湖山风景区典型的遨乐式活动有赛龙舟、放生、重九登高、寺庙圣诞等，如《梦粱录》、《武林旧事》记载杭州西湖正月初八赛龙舟、二月八日霍山桐川张王生辰、三

侧栏竖排：礼乐的风景

月三殿司真武会、三月二十八日东岳生辰、四月初八佛诞西湖放生和浙江亭八月八日观潮等；《淳熙三山志》中的寒食西湖竞渡、上巳日（三月三）南湖竞渡、四月八日西湖放生、重九乌日山登高等；《岁华纪丽谱》记载的成都三月三学射山竞射、二月二浣花溪小游江、四月十九（浣花夫人诞日）的大游江等。其状是士女骈阗，游人如织，如杭州西湖竞渡，"都人士女，两堤骈集，几于无置足地"❶；成都浣花溪竞渡，"府尹亦为之至潭上，置酒高会，设水戏竞渡，尽众人之乐而后返。……凡为是游者，架舟如屋，饰以缯彩，连墙衔尾，荡漾波间。箫鼓弦歌之声，喧阗而作。其不能具舟者，依岸结棚，上下数里，以阅舟之往来"❷，学射山竞射，"轻裾小盖，照烂山阜"❸。也有一些皇家、官府接待、游赏的活动带动的湖山遨游式活动，特别是杭州西湖的皇家活动，如淳熙间孝宗游西湖，"游幸湖山，御大龙舟。……时承平日久，乐与民同，凡游观买卖，皆无所禁。画楫轻舫，旁舞如织"❹；景定间公主驸马游湖，"周汉国公主得旨，偕驸马都尉杨镇泛湖，……倾城纵观，都人为之罢市"❺，其中"旁舞如织"、"倾城纵观"亦可见西湖湖山风景的巨大空间容量。

同时，宋代城市文明演变下的时空自由和湖山风景区彻底的公共开放性相融合，促进了游赏时序、时间跨度的增加，"无日不游"和一日游、二日游成为湖山游赏的常态。宋代湖山游赏的时序已突破了春、秋两季和重大节日的常规园林游赏时段，湖山游赏已然成为城市居民日常生活的重要组成部分。诸如西湖"四序总宜，杭人亦无日而不游"❻的记载在各地风景区大量呈现，如桂林曾公岩，"自是州人士女与夫四方之人，无日而不来，其岩遂为桂林绝观"❼；宁波西湖，"以其近而易至，四时胜赏得以与民。其之民之游者，环观无穷，而终日不厌"❽；南昌东湖，"四时游观，车盖相望"❾；

---

❶ （宋）周密. 武林旧事 [G]. 卷三之西湖游幸·都人游赏.
❷ （宋）任正一. 游浣花记 // 全宋文 [G]. 卷四八六五.
❸ （宋）文同. 静难军灵峰寺新阁记 // 全宋文 [G]. 卷一一零六.
❹ （宋）周密. 武林旧事 [G]. 卷三·西湖游幸.
❺ （宋）周密. 武林旧事 [G]. 卷二·公主下降.
❻ （宋）周密. 武林旧事 [G]. 卷三·西湖游幸.
❼ （宋）刘谊. 曾公岩记 // 全宋文 [G]. 卷二零一三.
❽ （宋）张津等纂修. 乾道四明志 [G]. 钱公辅·众乐亭二首序.
❾ 永乐大典方志辑佚 [G]. 豫章志·山川：1490.

义乌绣川湖，"歌艎酒舫，四时不绝"❶；英德碧落洞，"自是益号名迹，标望岭南，南北来游，无日无之"❷（王陶，《碧落洞记》）等。各地湖山风景区中的游赏题名中的游赏时间也不局限于诸如元宵、人日、三月三、清明、中秋等常规节日，如曾为桂林郡守的詹仪之在隐山、雉山、虞山等处保存题名9处，分别为正月中澣（一月）、二月己巳、春分日（三月）、寒食休务（四月）、四月辛巳、淳熙戊戌闰月（七月）下澣、七月下澣、九月廿有九日、冬十月己亥等，涵盖了春、夏、秋、冬各季及非节庆时日❸。《武林旧事》记载的张镃（号约斋）的日常游赏❹，涉及杭州湖山风景的有正月孟春的"湖山寻梅"、二月仲春的"马塍看花"、三月季春的"清明踏青郊行"、六月季夏的"西湖泛舟"、七月孟秋的"西湖荷花泛舟"、八月中秋的"湖山寻桂"和"浙江亭观潮"、九月季秋的"九日登高把萸"和"苏堤上玩芙蓉"、十一月仲冬的"孤山探梅"、十二月季冬的"湖山探梅"等，也是涵盖一年四节的各个湖山风景佳时，可见宋代湖山游赏的时序跨度之大。与此同时，湖山风景区景观资源的多样和丰富也使得湖山游赏的时间跨度得以延展，一日游、二日游成为游赏组织的常态。保存至今众多宋代题名，大多为一日游的记载，如福州的鼓山、乌日山题名，南宋淳祐辛亥史季温的《鼓山游记》、绍兴己巳苏文津的《鼓山题名》、乾道丁亥王之望的《鼓山题名》等❺，都为一日游赏，登临沧亭而返；北宋崇宁五年乔世材的《乌石山题名》，"游乌石山诸寺，会食横山阁，晚归"❻；南宋绍兴壬子程迈的《乌石山题名》记载了仲秋、季秋七日两次一日游；绍兴乙丑向彦绩的《乌石山题名》："登乌石山，访三十三奇，由致养亭以归"也略同程迈的游赏路径❼；嘉定甲申詹乂民的《乌石山题名记》记载了其乌石山、九仙山的一日游，也是"薄暮而归"❽。桂林游赏题名的一日游记载更多于福州鼓山、乌石山题名，

❶ 永乐大典方志辑佚 [G]. 金华府义乌县志·湖泊：923—924.

❷ （宋）王陶. 碧落洞记 // 全宋文 [G]. 卷五九六.

❸ （宋）詹仪之. 叠彩山题名、隐山北牖洞题名、还珠洞题名、雉山题名、弹子岩题名、虞山题名、龙隐岩题名、隐山题名、水月洞题名 // 全宋文 [G]. 卷五四一四.

❹ 武林旧事 [G]. 卷十·张约斋赏心乐事.

❺ （宋）王之望. 鼓山题名 // 全宋文 [G]. 卷四五七四；（宋）苏文津. 鼓山题名 // 全宋文 [G]. 卷四三七零；（宋）史季温. 鼓山游记 // 全宋文 [G]. 卷七九五九.

❻ （宋）乔世材. 乌石山题名 // 全宋文 [G]. 卷二九一八.

❼ （宋）向彦绩. 乌石山题名 // 全宋文 [G]. 卷四三八零.

❽ （宋）詹乂民. 乌石山题名记 // 全宋文 [G]. 卷六七六六.

典型者如北宋宣和乙巳蔡惇的《桂林伏波山还珠洞题名》，"……早饭灵隐。过曾公岩、栖霞、风洞、程公岩，烹茶。晚会於八桂伏波岩，抵暮而归"；南宋淳熙十四年詹仪之的《隐山题名》，"……蚤饭榕溪阁，观青带甘棠新桥，历览西湖六洞之胜。时膏雨初霁，风日融怡，流峙动植，触目会心，分韵赋诗，薄暮而返"❶；绍熙甲寅张釜的《桂林水月洞题名》，"……集宾僚，……於报恩寺偹然亭，食已，泛舟龙隐，遂过訾家洲，访水月洞，登慈氏阁，从容竟日而归"❷，都为游经桂林城郊风景带的主要景点，在寺观、厅馆就餐、烹茶，历时一天（见图4-7）。而大型的湖山除一日游外，还有二日游、多日游，如杭州西湖湖山风景区，秦观的《龙井题名记》记曰，"……龙井辩才法师以书邀予入山。比出郭，已日夕，航湖之普宁，遇道人参寥，……遂弃舟从参寥杖策并湖而行，出雷锋，度南屏，濯足惠因涧，入灵石坞，得支径上风篁岭，憩龙井亭，酌泉据石而饮之。自普宁经佛寺上，皆寂不闻人声，道傍庐舍或灯火隐显，草木深郁，流水激激悲鸣，殆非人间有也。行二鼓矣，始至圣寿院，谒辩才於潮音堂，明日乃还"❸，及程珌的"旧读秦太虚笔记"而仿其足迹游而记之的《游龙井记》记载了杭州湖山二日游❹，陈造的《游山记》记，"黎明策杖出钱湖门，饭于旅邸主人。入刘氏寺，遍览其胜处。度慈云岭，窥易安斋，酌虎跑、真珠二泉。登六和塔，就市楼小饮。闻骎万鼓声，则涛头来自海门。舟之侯潮者如鼍如鼉，如乱叶，如蜚。而西客意漂萧，有凭虚意。潮事已，北访石屋。阅象鼻石，入烟霞洞，徙倚於清心阁，晚宿于延寿小奄。翼日，茗饮于慧因僧了心之室，小留郭氏庵，坐于龙井石上，漱其泉，徜徉于新旧圆觉。日已西，自麵院买舟以归。周游历览，然止二日，不已劳乎"❺，也为二日游记载，其后作的《游山后记》也是杭州西湖的二日游记。《武林旧事》还记有"入夏则游船不复入里湖，多占蒲深柳密宽凉之地，披襟钓水，月上始还。……或留宿湖心，竟夕而归"❻，也为城中部分富家游人的二日游记载。

---

❶（宋）蔡惇.桂林伏波山还珠洞题名//全宋文[G].卷二九二零；（宋）詹仪之.隐山题名//全宋文[G].卷六一一六。
❷（宋）张釜.桂林水月洞题名//全宋文[G].卷六四一零。
❸（宋）秦观.龙井题名记//全宋文[G].卷二五八五。
❹（宋）程珌.游龙井记//全宋文[G].卷六七九二。
❺（宋）陈造.游山记//全宋文[G].卷五七六五。
❻（宋）周密.武林旧事[G].卷三·都人避暑。

在组织形式上，湖山游赏除以龙舟、放生、重九登高等城市狂欢式的邀游，以及市民自由开敞的一日游、二日游外，还有各类"社会"组织、香会庙会（寺庙）、乡绅团拜等及其相应带来的各类服务性游赏项目。湖山风景区是各类共同旨趣的人群组织"社会"活动的密集之处，如杭州西湖，《梦粱录》记曰，"文士，有西湖诗社，此乃行都□绅之士及四方流寓儒人，寄兴适情赋咏，脍炙人口，流传四方，非其他社集之比。武士有射弓踏弩社，皆能攀弓射弩，武艺精熟。射放娴习，方可入此社耳。更有蹴、打球、射水弩社，则非仕宦者为之，盖一等富室郎君、风流子弟与闲人所习也。奉道者有灵宝会，每月富室当供持诵正一经卷。如正月初九日玉皇上帝诞日，杭城行香诸富室，就承天观阁上建会。北极佑圣真君圣降及诞辰，士庶与羽流建会于宫观或于舍庭。……奉佛者有上天竺寺光明会，俱是富豪之家，及大街铺席施以大烛巨香，助以斋赍供米，广设胜会，斋僧礼忏三日，作大福田。……四月八日，西湖放生池建放生会，顷者此会所集数万人"❶。《都城纪胜•社会》另还记有酒行、锦体社、八仙社、渔父习闲社、神鬼社、遏云社、奇巧饮食社、花果社清乐社等社会组织。《武林旧事》中的"三月三日殿司真武会，三月二十八日东岳生辰社会之盛，大率类此，不暇赘陈"❷ 和《梦粱录》中的"诸军寨及殿司衙奉侍香火者，皆安排社会，结缚台阁，迎列于道，观睹者纷纷"❸ 等，也即是社会参与并成为湖山人文风景点的记载。庙会、香会、花会也成为湖山风景重要的活动组织形式。

湖山风景区选址上的近便和胜景基础，园林景点建设上的系统和持续，以及社会各阶层的积极参与，带来了游赏资源的多样性。从而在宋代群体性游赏炽热的变革背景下，成为城市日常生活空间的重要组成部分。

（二）湖山风景区的类型组成

宋代城市的湖山风景区虽然具有上述的四类共同特征，但在具体的建设管理过程中，根据依托风景资源的不同还是略有区别，特别是山林风景区和湖泊风景区两类基本湖山风景资源，官府在

---

❶ （宋）吴自牧．梦粱录 [G]．卷十九•社会．
❷ （宋）周密．武林旧事 [G]．卷三•社会．
❸ （宋）吴自牧．梦粱录 [G]．卷二•三月．

礼乐的风景

风景建设的主导性地位略有不同。加之市民游赏组织方式上的区别，可将湖山风景区分为山林型风景区、湖泊型风景区及两者相融合的湖山型风景区三类。

山林型和湖泊型风景区因资源依托不同，在官府主导性上有较大的区别，也带来了游赏景点类型的差别。具体而言，山林型风景区依托于城市形胜构成的自然山体，且大多为城市镇山、案山，在具体建设中以官方指导、寺院宫观参与建设的方式进行，官方的力度逊于湖泊型风景区的建设。在土地权属上虽也有部分转为官方属性的案例，但多以保持原有权属或捐助寺院宫观持有，进行封山育林和主要游观亭榭的建设为主；且在游赏景点上；多以自然景点、寺院宫观亭榭为主，间以部分官府建设的公共景点。而湖泊型风景区依托于基于城市生产生活的水利基础设施，是在官府社会经济职能在城市物质空间的投影，因而常由官府为主体建设完成，其湖泊、河池的风景基地多为官方土地属性，且重要的园圃、景点都由官府全额持有，因而在游赏资源上也多以亭榭、园圃等公共景点为主。以《咸淳临安志》中"西湖"、"武林山"两目中的景点记载整理对比可知（表4-5，图4-12），山林型和湖泊型风景区的景点类别在宋人自己的视野里本来就有很大的区别。

《咸淳临安志》西湖、武林山景点类别对比分析 ❶　　　表4-5

类别	西湖	武林山
自然景观	未有记	飞来峰、稽留峰、月桂峰、莲花峰、武林泉、石门涧、连岩栈、青林岩、理公岩、呼猿洞、石室龙泓洞、女儿山玉女岩、醴泉、暖泉
官建景点	孤山路、苏公堤、小新堤、三贤堂、丰乐楼、先贤堂、湖山堂、玉莲堂、江湖伟观	鏊雷、侯仙亭、虚白亭、翠微亭
僧道建设景点	未有记	合涧桥、炼丹井、冷泉亭
乡绅建设景点	望湖楼	观风亭

❶　本表景点分别来自《咸淳临安志》二十三（武林山）和卷三十二（西湖），且只统计了志书提及在宋代尚存的景点，未包括已废不存的景点。其中武林山一目下未计入的有见山亭、观风亭、袁君亭、紫薇亭、石桥亭、梦谢亭、丹龟堂、隐居堂、真思堂，皆为唐人所建，至宋已废不存。西湖未统计入内的有十三闲楼、湖堂，为宋人所建，但咸淳间已废不存。

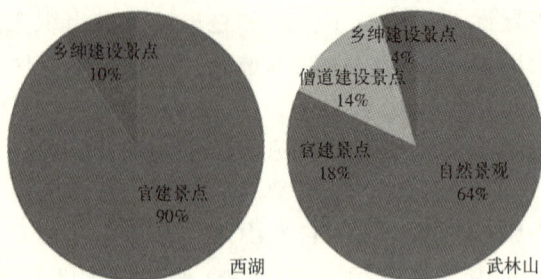

图 4-12 《咸淳临安志》中南宋杭州西湖、武林山景点类型比较分析图
(资料来源：作者自绘.)

二、山林型风景区

山林型风景区是依托于影响城市形胜的城内、城郊山林，通过风景资源的培育、自然景点的意境化再创造、游观路径和亭榭景点以及休憩服务设施的配套等由官方主导的骨架性风景建设基础，融合寺院宫观的日常管理维护和游赏景点建设而形成的城市公共园林。因其依托自然资源的普遍性和投资建设的便宜，成为宋代城市风景区的主要组成部分。

宋代风水形胜学说的世俗化倾向和园林游赏的平民化普及，推动了城市山林风景区的蓬勃发展。山林作为城市风水格局的重要组成部分，引起了两宋文人官员的关注，围绕形胜强化的寺观、亭榭、楼塔建设成为官员乐衷建设的风景建设内容。不仅城郊的山林作为城池的祖山、镇山、案山以及水口山得以封山育林和亭榭楼阁点缀，形成城市中观的连续性景观印象[1]，造就了诸如建康钟山、绍兴会稽山、阆中锦屏山（图 4-13）、泉州九日山、真州城子山等诸多的城市山林风景区；而且城市内部的山林风景区也在形胜文化和城市游赏的双重影响下开始普遍兴起，如沈起《志省堂记》云，"城之中有山以胜概名天下者，唯余杭、会稽、丹阳、括苍、闽五郡焉"[2]。其所提到的杭州、绍兴、镇江、台州、福州皆为城内有山体的典范（图 4-14）。围绕封山育林的风景资源保护、游赏路线的规划建设与公共风景点的城市形胜强化，使得我国大部分历史文化名城的山林资源在两宋之际成为城市风景区。

---

❶ 见本书第三章第四节之"风水思想的世俗化与风水裁成"中有关阆中城市风景建设的理论分析及图 3-55。

❷ （宋）沈起. 志省堂记 // 全宋文 [G]. 卷一六三七.

图 4-13　清代阆中锦屏山风景形态
（资料来源：摹自咸丰《阆中县志》城外东南图，其中的奎星楼、大佛寺建于宋代。）

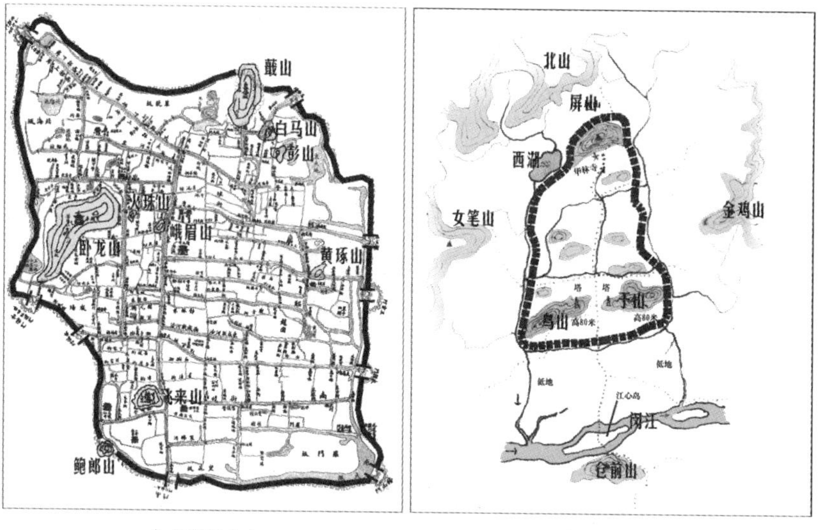

a）绍兴城中山　　　　　　　　　　　b）福州城中山

图 4-14　宋代典型的城中山林城市（绍兴、福州）
（资料来源：a）摹自邱志荣.绍兴风景园林与水 [M].上海：学林出版社，2008：69；
b）摹自汪德华.中国山水文化与城市规划 [M].南京：东南大学出版社，2002：142.）

1. 风景资源的选址与培育

　　山林风景区的自然资源选择一般与风水形胜相结合，优选风水格局中的镇山、案山或水口山以及蕴含"人杰地灵"、名迹丰富的历史名胜要区。从《宋元方志丛刊》中宋志上山林风景区归纳的选址要由统计分析可见，风水控制型的自然山林是主要组成部分，"镇山"、"主山"、"案山"的记载也较为常见，可见宋代城市山林风景区与风水形胜中的紧密关系。也有部分山林风景区是依托于历史遗迹丰富的人文景观奥区或宗教胜地，如苏州虎丘为"浙中绝景"、灵岩山为春秋吴国苑囿遗迹，绍兴戢山为王羲之故居所在；句容县茅山"茅君得道处"，余杭县大涤山洞天为道家洞天福地所在，"考校灾祥之所"等。因而对于山林风景的培育和点缀成为城市风物彰显和大众游赏的共同基础。

因山林风景区与蕴含风水形胜、人杰地灵的地方城市风景集体意识培育的高度契合，推动了官府以封山育林为主要方式的风景资源保护，为山林风景区保障了良好的风景基底。以建康府茅山风景建设为例，大中祥符二年（1009）润州（即镇江府）即通过《敕禁山碑》规定茅山的封山育林及相应建设控制，保障了远郊山林风景区的游赏品质，记云"禁山之地，有良常洞至雷平山十里，而近入于萌隶者尽赎之，刍荛者不得辄至，墟墓不得杂处，蓺树蔽野，植松为门，川梁必通，榛莠必剪。建方坛于雷平之上，造高亭于良常之前。朝奉有至诚之地，游居有税驾之所"❶。富阳观山（图 4-15）❷ 在宋代方志有记曰，"地属居民，病于樵采，会真觉僧贸得之，邑令曾治凤出公帑钱六万，易而属之官。竹木茂蔚，自是邑之形胜改观"❸，即为官府购得山林产权并加以封植的案例；绍兴卧龙山，《嘉泰会稽志》引吴芾《卧龙山草木》记曰，"越城八面蜿蜒，奇秀者卧龙山也。山之阳，州宅据其下。是宜林木丛茂，乃大不然。驱铃下卒辇粪壤，除榴薿，种竹万竿，桃李千本，方将艺茶于秋，栽松于冬，植花卉于春，以尽复旧观，而予还朝矣。余吏枚数竹之数，今所植外凡得七百余根，并列于碑阴"❹，即为宋代卧龙山风景区的植被恢复和优化。又如南宋赵淳《洪山磨崖》记载的武汉洪山植被保护（图 4-16），"山固多嘉木，由翦伐无时，使不得蕃息。以军营视之此，实为主山，乃禁樵采，封植养护，则大者挺然干霄，小者丛生攒立矣。……循山之巅，至黄鹄亭，仍夹道莳松，俾异时交柯结荫，与东岩相为表里"❺，即为植被保护、行道树栽植的风景基底培育记载。宋代这样以松、竹为

---

❶ （宋）马光祖修，周应合纂. 景定建康志 [G]. 南京：南京出版社，2009：415.
❷ 光绪年间的《富阳县志》称"鹳山"为"观山"。
❸ （宋）潜说友纂修. 咸淳临安志 [G]. 卷二十七.
❹ （宋）沈作宾修，施宿等纂. 嘉泰会稽志 [G]. 卷第九·山·府城·卧龙山.
❺ （宋）赵淳. 洪山磨崖 // 全宋文 [G]. 卷六六零一.

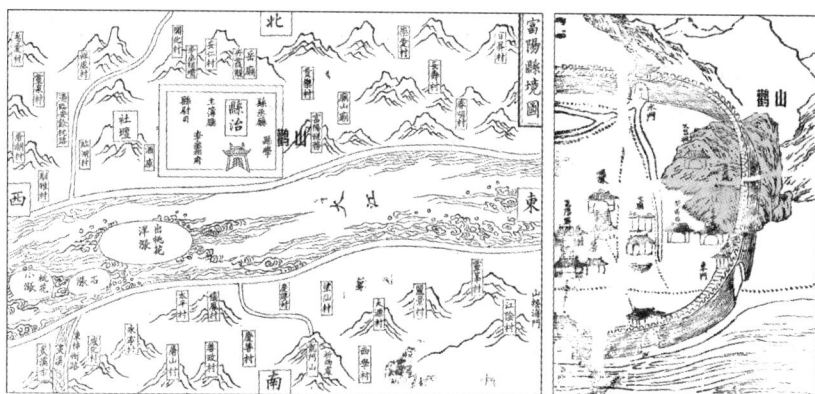

a) 观山与城池关系图 b) 观山形态图

图 4-15 富阳观山的区位与形态图

（资料来源：a) 摹自《咸淳临安志》富阳县境图；b) 摹自清光绪《富阳县志》城池图 .)

a) 洪山区位图 b) 洪山形态图

图 4-16 武汉洪山区位及形态图

（资料来源：郑锡煌编 . 中国古代地图集 [M]. 西安地图出版社，2005：114.)

背景树种，桃李梅为点景树种的山林风景区资源培育途径，在各地城市公共园林建设中较为普遍，在本书后续的山林风景建设分析中也将会有所论及。

2. 自然风景的评估和景点优化

山林风景区相对于湖泊型风景区以自然景点为主体的特点，使得自然风景风景要素的评估和相应的意境化命名、景点配套成为山林风景区建设的重点工作。通过《宋元方志丛刊》上宋代方志中的典型山林风景点❶统计分析可知，以峰岗岭坡、石岩洞、井泉溪等自然资源为风景点的占到了山林风景区文献记载景点总数的一半以上（表4-6，图4-17），可见自然景点的维护、培育彰显在山林风景区建设上的重要性。这些自然景点在经历了官员主导的资源评估、景点培育与优化、意境式命名、配套亭榭建设等过

《宋元方志丛刊》典型山林风景区园林景点分类统计表　表4-6

风景区	自然景点			人文景点			
	峰岗岭坡	石、岩、洞	井、泉、溪	宅第祠庙墓园	休憩观景亭榭	桥栈路	寺院宫观
武林山	飞来峰、稽留峰、莲华峰	青林岩、理公岩、呼猿洞、龙泓洞、玉女岩	武林泉、炼丹井烹茗井、醴泉、暖泉、石门洞	葛坞朱墅	冷泉亭、蛰雷亭、候仙亭、虚白亭	连岩栈伏龙栈、合涧桥	—
孤山	玛瑙坡	—	金沙井、六一泉、闲泉、仆夫泉	处士墓	柏堂、白公竹阁	—	—
大涤山洞天	九锁山、天柱山	伏波岩、来贤岩、仙迹岩、大涤洞、栖真洞、石室洞、鸣凤洞、鸣铃洞、龙蜕洞、白茅洞、归云洞、云根石	抚掌泉、明星浃、瀑泉、冷泉、新池	乐圃	清音亭、祥光亭、翠微亭	—	—
乌石山	薛老峰、初阳顶、落景坪、射乌山、蟠桃坞、向阳峰	石龟、坐禅石、宿猿洞、华严岩、石观音、石像、金鳞穴	仙井、鸦浴池、崔公井	盘陀塔、金刚迹、李阳冰篆、高僧行道处、铜像、刚显祠	放鹤亭、观稼亭、道山亭、五台山、慈氏阁、谢公浴堂、不危亭、凌霄台、幽幽亭、跨鳌亭、三贤堂、篆香台、击壤亭、宿云庵、横山阁	天台桥、百道阶	尊胜真堂、王氏像设、迦毗罗神、大悲院、四圣院、神光寺、白塔
合计	12处	24处	17处	9处	25处	4处	7处

---

❶ 因山林风景区景点在宋代各类文献中的记述差别较大，特选取有同样的方志文学语境、景区目录（一般在山川门）下有单列的各类景点名的案例作为宋代山林风景区景点类别分析的典型案例。

程后，由自然要素转化为园林要素，也是山林风景区作为城市公共园林区别于纯粹的自然景物的不同之处❶。

石、岩、洞、穴是山林景观的普遍性自然要素，也是中国传统山水艺术审美的重要组成要素，因而也成为山林风景区普遍性建设的园林景点。其园林营建过程包含了自然要素强化、景点花木环境优化、休憩观景亭榭建设以及题字铭刻等部分。如潮州

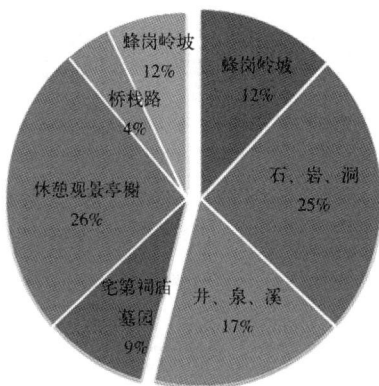

图4-17 《宋元方志丛刊》典型山林风景区景点类别占比分析图
（资料来源：作者自绘.）

金城山（图4-18），北宋时郡守王汉辟榛莽、筑路径、疏石林、立亭榭，文记中共有石岩洞景点7处（秀石、望贤石、鉴石冈、西晖岩、隐石、仙游台、凤台）、亭4所（荔枝亭、风亭、初阳亭、西晖亭）、花木1处（荔枝林），而为潮城山林风景。其中在石、岩的评估建设中，根据其形态、周边环境、外部景借，加以对应的景物梳理和命名，如"峨然出众薄中"的秀石、东面"宜朝旭"的初阳石及相应亭榭建设、"如翘首状"的望贤石、"光泽可鉴"的鉴石冈、"众篁蔽之"的隐石等，又"命名皆刻于石，俾来者得以观焉"❷。又如武汉洪山，庆元时郡守赵淳在"禁樵采，封植养护"的同时，"因即山之阳，得胜处，偶拾余材，架屋为阁，榜曰'东岩'。取其石秀而木茂者。又得数所，曰云根、云扃、伏仙、飞雪、楼霞、半霄、清啸、爽垲、巉岩、翠屏、堆云、狮子峰，此又状其石而名之也。奕局琴几，石鼓笔林，因其天成，粗加斲削"。其中"因其天成"、"石秀而木茂者"的云根、云扃、伏仙等数所景观，成为山林风景区自然而然的人文风景，又刻石题名，留下著名的"洪山磨崖"❸。诸如这样的石岩洞穴风景评估、意境化建设在宋代方志、笔记中尚有很多记载，如《嘉泰会稽志》的洞、石两门辑录的宛委山阳

图 4-18　潮州金山区位及形态分析图
(资料来源：摹自郑锡煌主编．中国古代地图集 [M]．西安地图出版社，2005：128，129.)

图 4-19　绍兴会稽山宕石及其园林空间示意图
(资料来源：清乾隆《绍兴府治》大禹图陵.)

明洞天、会稽山的宕石（图 4-19）、石伞、飞来石、新妇石等 **❶**。而且从志书、笔记的文献系统性记载，也可以看出石岩洞穴意境命名的多样化途径，如范成大《桂海虞衡志·志岩洞》辑录的桂林环城风景区读书岩、伏波岩、叠彩岩、水月洞等 25 处（图 4-20），其中以形态、周边环境、外部景借等自然因子命名的有 18 处，以神话传说为依托命名的有 5 处，以文人遗迹命名的有 2 处 **❷**，可见自然因子还是山林风景区石岩洞穴景点建设的主要影响因子。

---

❶　（宋）沈作宾修，施宿等纂．嘉泰会稽志 [G]．卷十一·洞及卷十一·石.
❷　（宋）范成大．桂海虞衡志 [G]．志岩洞.

礼乐的风景

图 4-20　古代方志中的桂林典型岩崖风景图
(资料来源：(清) 罗辰编. 桂林山水 [M].P1644-1911.)

井、泉、池、瀑是山林风景区优良的景观资源。水要素的融入符合了山水园林的传统审美范式，加之井泉一般地处空间相对内向的山谷、洼地，因而常成为山林风景区园林要素密集、园林环境品质较高的重要休憩、接待、观景的景点。如滁州丰山土泉（图 4-21），"乃一山谷中，山势一面高峰，三面竹岭回抱。泉上旧有佳木一二十株，乃天生一好景也"，郡守欧阳修"遂引其泉为石池，……作亭其上，号丰乐"❶，又移菱溪二怪石在亭前，植花竹、芍药等，始成丰山一景。万州西山鲁公池，始作于至和元年郡守鲁公，建三亭焉，曰高亭、鉴亭、集胜；嘉祐八年郡守东公又在池南岸建造碧照亭、绿阴亭、玉泉亭、土地祠等，于是"池之周回皆有亭榭"。又如东阳石洞的飞

---

❶　（宋）欧阳修. 与梅圣俞书 // 全宋文 [G]. 卷七一零.

图 4-21　滁州丰山土泉与丰乐亭建设示意
（资料来源：清康熙《滁州志·卷一》.）

瀑景点，王徒《石洞记》记曰"上至小谷，石壁十丈余，飞瀑下注为方潭，跨潭为亭。黛蓄膏润，磅礴空翠，桂木茂秀，不植不蕃，黄花饶馥，泛满襟袖"❶，即通过积潭构亭形成的山林园林景点。

　　而峰岗岭坡或以远观之自然形态命名，或在其上配以观景台，作为远眺型景点存在。如杭州武林山的月桂峰，"山状如珠玑，识者曰此月中桂子"；莲花峰，"峰顶有孤石，可四十围，顶上四开状如千叶莲花"；孤山玛瑙坡，因其地有"碎石如玛瑙，故以名"❷。又如福州乌日山的薛老峰，位于"乌石山顶"，"咸通中，侯官令薛逢与神光僧灵观游，创亭其侧，乃倒书'薛老峰'字"，因之得名；初阳顶，取名于"群山犹暝，独此峰太阳先升"，即为遥观日出之所❸。

---

❶　（宋）王徒．石洞记//全宋文[G]．卷五四二七．
❷　武林山、孤山的景点释名资料来源于《咸淳临安志·卷二十三》。
❸　乌日山的景物命名，见：（宋）梁克家纂修．淳熙三山志[G]．卷第三十三·寺观类·僧寺·山附之乌石山三十六奇．

3. 游观路径规划与游憩设施建设

在自然风景的评估和景点优化的同时，游赏路径的规划与相应配套服务设施也一并建设，编织成完善的山林风景区游赏环境。

山林风景区的游赏路径规划与自然景物的分布紧密结合，在相关的文记中也常是同步进行。特别是宋代新创设的山林风景区，如潮州郡圃后山的金城山、西湖西侧的湖山、惠州的罗浮山、蓬州的嘉祐岩等，皆是自然景物挖掘、路径规划、休憩亭榭同步建设的记载。如潮州湖山，庆元间郡守林㵾新建，记曰"堑者夷之，翳者剔之，崎岖者砌而级之，植以松竹，杂以花卉，复创三亭，以便游憩。缘山在趾，扪藤萝而上，半蹑烟云者，命之曰云露。岿然负塔而东向，坐视前峰者曰东啸。少迁而西，巨石数四，卓荦而环侍者曰立翠。洞心骇目之观，一朝阐露，得非天造地设，固有自然之境，必得人而后兴耶"，而使"阖郡之人，以恬以嬉，相与具盘飧，罗樽罍，以穷登览之胜。饮者酡颜，歌者呕哑，舞者抃躍，朝而往，夕而归"，与西湖一起构成湖山型城市风景区❶。惠州博罗县罗浮山，淳祐年间郡守赵汝驭增建景点，在先期考察评估后，"默识所经行，地势折旋，归而指画，授其属相险易，取便捷，补陷阙隘，夷峭曲直，设横木，栉比级而上，迎辖脂，纳屐齿，乘月冲雨俱可诣。每历一峰，望之壁立，层蹑徐以进，不觉其为峻，遂成通涂。亭于冲要五，少憩亦占胜概。平麓曰展云，峒户曰仙春。邝仙石之前，千玉树横斜，明葩异馥，仙种非人世有，曰梅花村。路中分处，度短碉，小石室砑其傍，蔚苍周遭，曰横翠。过朝真石，石矶砥焉横出，俯见大小石楼，椀盂覆万阜，曰拂松。最上峰筑庵五间，宿好事者，俟鸡一鸣，观烛海日见日"，就是在游赏路径优化的同时，将自然景物串联起来，并设置相应观景、休憩的亭榭，从而成为适宜大众游赏的风景区❷。其他如东阳《石洞记》中的松间小径、石桥、蹬道以及小亭、书院，以及蓬州嘉祐岩"梯而登"的石蹬、供游人休憩的游虚亭、茅亭和"守岩者居之"的庵等，皆是典型的山林风景建设途径❸。

建设简单、立地条件要求低的观景亭建设，易和自然景点相

---

❶ 宋代潮州湖山风景建设，见：（宋）黄景祥．潮州湖山记 // 全宋文 [G]．卷六七零一．

❷ 宋代惠州博罗县罗浮山风景建设，见：（宋）李昂英．罗浮飞云顶开路记 // 全宋文 [G]．卷七九四四．

❸ 宋代东阳石洞风景区建设，见：（宋）王襘．石洞记 // 全宋文 [G]．卷五四二七．

融合，而成为山林风景区建设的主要景观建筑。笔者统计的《宋元方志丛刊》典型山林风景区园林25处景点建筑中，亭、堂、阁及其他（庵、台及类型不清者）的比例为15：3：3：4，亭的建设比例高达60%。而《全宋文》中山林风景区创建记载也大致雷同，如潮州金山，南北两宋的两篇文记记载的园林建筑9处，皆为亭；万州西山，前后郡守除建土地祠1所为管理风景区外，其园林建筑也全是亭（高亭、鉴亭、集胜亭、碧照亭、绿阴亭、玉泉亭、茅亭），共7所；罗浮山，南宋郡守赵汝驭增建时，也是建造亭3（仙春、横翠、拂松）门1（梅花村）庵1（见日）。这些亭榭的样式不仅仅是常见的四方亭、园亭、八角六角亭等，而呈现为多样性的组成方式，如南宋《黄山图经》中的招隐亭、天仙亭、天下第一泉等（图4-22）。

在山林风景区的游憩设施建设中，除与自然景物相映得彰的小型亭榭建设外，也有沿路和寺院道观相结合的馆阁、客栈、饮水点甚至酒楼的建设。如潘景愈《湘山图记》记载的云归庵，即为乡人建设而托于寺僧管理的游赏接待景点，记曰"自东而上，有庵曰'云归'，僧有行业，邦人筑屋以居之。又其上曰'涌泉'，

图4-22　南宋《黄山图经》中典型楼亭
（资料来源：《宋元地理史料汇编·黄山图经》.)

中有穴方丈许，泉深且甘，接笕引流，入于斋厨，日饮数百人"❶。
富阳富春山的严子陵祠堂景区，郡守陈公亮"辟登坛之道，而级
之以石，道先有亭以憩，视坛稍远，复为亭於中以便游者。阁之
东偏有泉，其色如玉，亦亭於上，牓曰玉泉"，而使"寓僧有舍，
休客有馆"❷。常德德山风景区，郡守袁申儒为使"一郡之民有乐乎
此"，新设楚望、临睨、仰止三亭，其中楚望亭在山巅善卷坛侧，
为远眺之胜；又设临睨、仰止二亭，记曰"又即善卷坛前临江迫崖，
别为亭，名临睨；善卷坛、云深之间，又为亭名仰止，而行有憩。
梅桃茶桂、芙蓉橘奴，夹道分植，寓自目者无蓝缕之叹、行迈之
悔矣。舍旁设庖厨帷具，携酒肴者无徒行之劳、途穷之恨矣"❸。
甚至还有酒楼，一以尽民乐，二来也带动政府酒税的收入。如温
州永嘉西山的醉乐亭，叶适《醉乐亭记》记曰，"至清明节，使罢
榷弛禁，纵民自饮。又明年，宅西山之中，作新亭以休遨者，名
曰醉乐，取昔人"醉能同其乐"之义。……因民之自游而为之御，
招民之极醉而尽其利"❹，而成西山一景。

　　宋代山林风景区的园林营建途径已基本成熟、定型，其中
依托城内外山林自然风景资源的选址和生态培育，通过游赏路
径串联石洞、井泉、峰岭等自然风物景点，以及休憩、观景、
食宿等服务性亭榭楼阁的配套建设，成为山林风景区建设的规
律性造园手法，从而区别于隋唐及其前士人幽赏型的分散、点
缀式山林风景营造建设方法，也适应了文明演变下的宋代城市
公共游赏的炽热。

三、湖泊型风景区

　　相比于山林型风景区，湖泊型风景区的园林要素多以人工要
素为主体，包括：基于城市水利的湖泊风景资源，基于湖泊修建
的堤坝及交通性的堤桥，基于湖泊浚治的岛、洲，以及附属于湖
泊水利工程的亭榭楼阁园林建筑要素。而且因受东方水利社会官
方主导建设的影响，湖泊型风景区在园林景点的质量和丰富度上、
游赏环境的舒适性上都胜于山林型风景区，也因而成为城市中更

❶ （宋）潘景愈．湘山图记 // 全宋文 [G]. 卷六零六二．
❷ （宋）陈公亮．重建严先生祠堂记 // 全宋文 [G]. 卷六二一二．
❸ （宋）袁申儒．楚望临睨仰止三亭记 // 全宋文 [G]. 卷六四六三．
❹ （宋）叶适．醉乐亭记 // 全宋文 [G]. 卷六四九二．

为热闹的群体游赏场所。

在宋代商业娱乐型城市文明的演变下，与城市产业发展紧密相关的城市水利达到了历史的顶峰，并在平民化游赏环境、世俗化风水审美的共同影响下，推动了宋代城市水文化的鼎盛，奠定了众多历史城市湖泊风景区的基本空间格局，形成了相对规律化的风景园林建构途径。其中基于城市水利的湖泊风景资源建设和维护、湖堤堰坝的园林化和游赏路线组织和重要风景点或城市园圃的点景效应是较为普遍的湖泊型风景园林营建途径。

（一）基于城市水利的湖泊风景资源建设和维护

湖泊型风景区依托于城市水利建设中形成的湖、池，诸如"兹盖天成，非假人力"（鲍同，宁波《西湖记》）、"远近利民因智力，周回润物像心源"（方干，《侯郎中新置西湖》）、"混元神巧本无形，匠出西湖作画屏"（林逋，《西湖》）等宋代文记、诗词，都客观表明了湖泊型风景区建设遵循于"因势利导"的生态智慧，是古代城市生态绿色基础设施的重要组成部分。从其风景资源的形成而言，基于城市自然地理的湖池建设与湖面浚治维护是宋代不同城市湖泊风景各有特色的关键因子，也是湖泊型风景区得以建设形成的重要基础。

湖池的基础设施功能和选址营建基于不同的地理地貌和城市形态，湖池在宋代城市水利体系中承载着水源地、调蓄池的不同功能，影响着湖池的选址、规模和风景特质。

其中作为城市水系水源地的大中型湖泊，多位于我国的南方丘陵地区。水源地湖泊的建设首先是基于城市饮用水的保障，南方丘陵地域受城市选址高，引水困难❶，周边大江大河因落差大，洪水时期破坏力更大等环境因素影响，多通过湖池的建设来缓解城市饮水保障，如台州东湖、慈溪慈湖、绍兴鉴湖等。加之城市风水格局上西高东低的青龙白虎格局，大多在城市西侧修筑大中型湖池，作为城市饮用水保障、雨洪调节的重大基础设施，如雷州西湖（图4-23）、嘉州西湖。部分城市临近海岸，城市地下水盐碱化严重，更需要城市饮水水源保障，如杭州西湖、惠州西湖、

❶ 丘陵地区城市选址造成的饮用水保障问题，在唐代宜春李渠的建设中就有记载。《唐书》记曰："袁州（即现宜春）西南十里有李渠，引仰山水入城。元和四年，李将顺守袁州时，州多火灾，居民负江汲溉甚艰，将顺以州城地势高，而秀江低湖数丈，不可堰使入城，惟ына山水可堰，乃凿渠引水，溉田二万。又决而入城，缭绕闾巷，其深阔使可通舟，经城东北而入秀江。邦人利之，目曰李渠。"

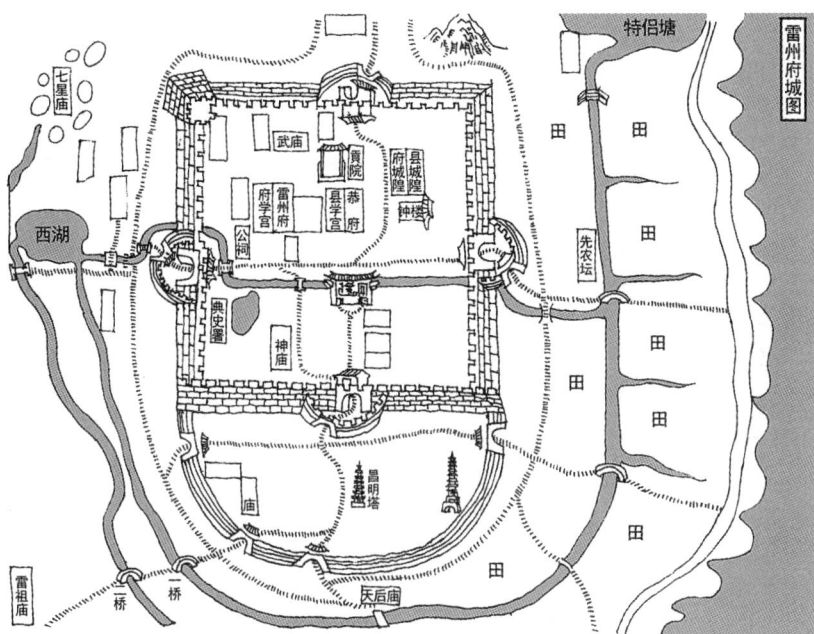

图 4-23　雷州西湖与城市水系关系图

（资料来源：摹自嘉庆《雷州府志》城池图.）

福州西湖、潮州西湖等。水源地湖泊在提供城市饮水保障的同时，还与城市防洪、灌溉用水、内河（运河）水量补充等有关。如杭州西湖（图 4-24），汇聚武林山水，联通城内运河，达成了"上自运河，下及民田，亿万生聚饮食所次，非止于游观之美"[1] 的综合性目标；又如福州西湖（图 4-25），"凿渠引西湖清水贯城而入"，又"迤逦并城南流接大壕"，通南湖，潴水泽，灌溉民田等[2]。因而这类湖泊规模也较之其他湖池更大一些，游赏容量更大，且常位于城市外部，且常和城郊山林风景区相融合，形成宋代城市著名的湖山型风景区，如杭州的西湖—武林山风景区、绍兴的鉴湖—会稽山风景区及惠州西湖、福州西湖、潮州西湖等与城市周边山林组成的湖山型风景区。

　　而作为城市水系中调蓄功能池的湖池多存在于平原城市，常与城市远郊的水源地（大型湖泊、江河、山泉）相连，多在城内（如宁波西湖、南昌东湖、蜀州西湖、严州西湖等），也有部分在城外

---

[1] （宋）苏轼 . 杭州乞度牒开西湖状 // 全宋文 [G]. 卷一八七四 .

[2] （宋）梁克家纂修 . 淳熙三山志 [G]. 卷第四·地理类四·内外城壕之西湖 .

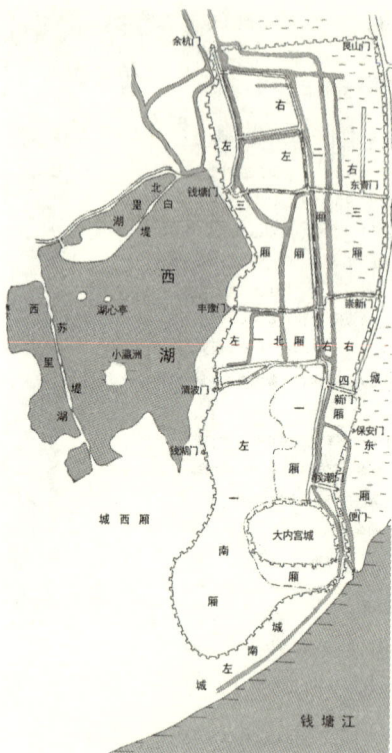

图 4-24　杭州西湖与城市水系关系图
（资料来源：吴庆洲. 杭州西湖文化景观的兴废及
其启示 [J]. 南方建筑，2013 (05)：60-68.)

（如昌平西湖、宜春东湖）。其中宁波西湖（见图 3-12）以甬江为源，通过它山堰、南塘河引入西湖，作为城内饮用水保障，即宋代舒亶《西湖记》所云，"南引它山之水，畜以备旱岁" ❶；蜀州西湖，在北宋赵忭的《引流联句》中可见为引城外河渠之水（源自都江堰）而成（曹学佺，1984）。昌平西湖，在南北朝就已存，因汇集玉泉诸水，灌注城内河渠而设，即《水经注》卷三所云，"水上承蓟水，西注大湖，湖有二源，流结西湖。湖东西二里，南北三里，盖燕之旧池也。绿水澄澹，川亭望远，亦为游属之胜所也。湖水东流为洗马沟，侧城南门东注"（郦道元，2013）（图 4-26）。宜春东湖，在府衙东侧，从李渠引

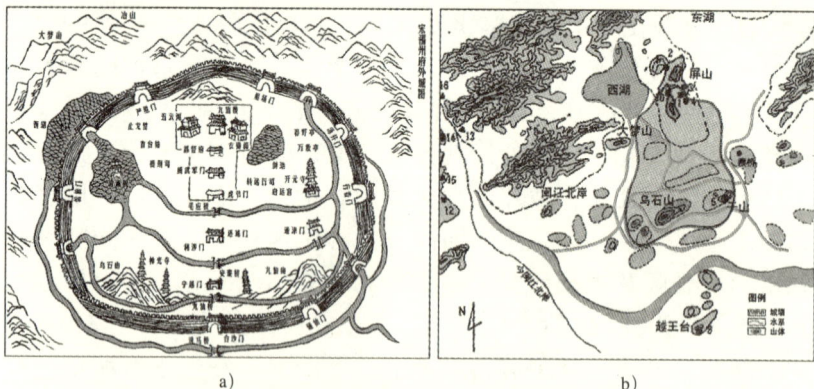

a)

b)

图 4-25　福州西湖与城市地貌、城市水系的关系图
（资料来源：a）摹自《闽都记》的宋外城图；b）为作者自绘，综合了雷芳、朱永春
《闽东古典园林发展史略》一文中图一（福州城、郊秦汉水陆和遗迹空间平面）以及
刘晓芳、董栋《古代福州城市形态特征及演化机制探析》一文中图一（宋代福州城图）.)

❶　（宋）舒亶. 西湖记 // 全宋文 [G]. 卷二一八一.

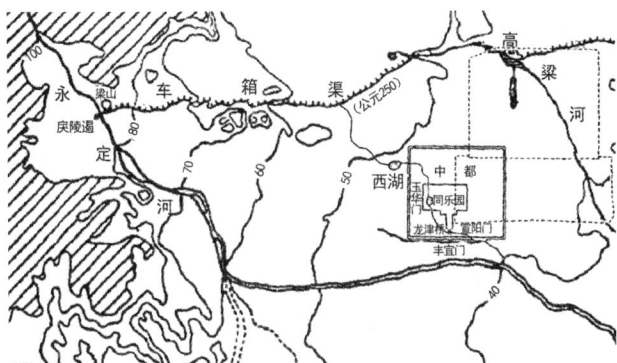

图 4-26 昌平西湖城湖关系图

(资料来源：自绘，综合了侯仁之先生《北京都市发展过程中的水源问题》一文中图三（戾陵遏—车箱渠灌溉干渠意想图）和图五（金中都城宫苑水道及其遗址意想图整理而成）.)

图 4-27 富顺西湖城湖关系图

(资料来源：摹自清同治《富顺县志》.)

仰山之水入城为饮水水源，在北宋年间郡守袁延庆、祖无择分别修筑，而成为袁州胜概。也有部分平原城市的湖池地处城内低洼之地，并与城市水系相连，作为旱涝水位调节池的城内小型水利工程，如松江西湖、富顺西湖（图 4-27）、广汉西湖、婺源西湖等。这类西湖虽没有上述两类在城市饮用水保障上意义重大，相关文献也多以记载其园林建设、游赏活动为主，少及水利功能。但从其历史的长期存在来看，应对城市旱涝的调节有着积极的意义，类似于现今城市常设的城内湖池湿地。

还有以城郊河流的堤堰、环城壕沟的拓展以及自然湖泊的形态参与到城市水系组织，并加以风景化建设的湖泊型风景区建设途径。如常德东湖、青州东湖即为通过城郊河流的筑坝成湖形成的城郊湖泊型风景区。魏了翁《常德府东湖记》（附表）记云："彼城之隅，有烨其湖，顾谓宾佐，风气之储，而是陲陁，盍辟而肱。略址赋丈，度财庀徒，自朝宗门，迄西南郭，东西擪修，其广百堵。埤厚濬深，剔疏沮洳。信偃起仆，披聋发瞽。乃基乃堂，攸馆攸宇，艺之卉木，沈沈渠渠。为梁十所，可舟其下，庚郑氏楼，以门其圃。鹭桥为防，以泄以潴，以流其恶，以戒不虞。"❶ 岳州南湖为环城壕沟的拓展形成的湖泊型风景区，《永乐大典方志辑佚·岳州志·城池》记载了宋代时的风景建设历程，记曰："疏浚沟域，增筑长堤，补缀垠塄，固内襟抱，外捍寇偷，一郡之水，潴而为渊，汪洋衍溢于两山之间。……则又徙放生池榜之濠上，去湫底而就深广，为亭山椒。"❷ 而温州南湖、湘阴的西湖即是对城西自然江河的风景化处理，如湘阴西湖结合八景楼、恩波桥的风景点缀（图 4-28），将自然的白水江建构成了城市的邑郊园林。

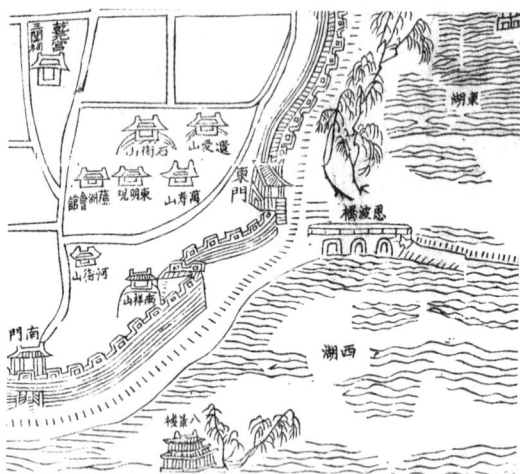

图 4-28　湘阴西湖一角（八景楼、恩波桥将水利基础设施演变为城市园林）
（资料来源：道光《湘阴县志》城池图.）

同时在宋代世俗化风水审美影响下，蕴含水利、游赏功能的湖池也成为城市风水格局优化的重要物质载体。如《永乐大典·六模湖》中的全国 36 个西湖文献分析，明确将西湖建设作为城市风物象征，兴文运、振地灵的文献有 13 个之多，包括杭州、温州、宁波、潮州等城市。有些城

❶　（宋）魏了翁. 常德府东湖记 // 全宋文 [G]. 卷七一零四.
❷　马蓉，陈抗等点校. 永乐大典方志辑佚 [G]. 岳州志·城池：1129—1130.

市西湖甚至将风水形胜改善作为建设的首要因子，如严州西湖就是因城市溪河"今西南去，无东北去，水反阴阳之利，始知郡今空乏，人多贫，少富室，士登桂籍、赫赫声名不如旧，皆害於水"❶，而改变水流方向，浚治西湖以利于城市风水。而常德东湖以为"风气之储"、泉州东湖"以固风气，以壮形势"❷、台州东湖"湖之利，有关泮（意指科举）之义大矣"❸等湖泊型风景区风水审美思想的文本传递在宋代文献中极为普遍。

湖池风景品质的日常维护方面，湖泊虽然在城市水利、风水形胜、城市游赏上有积极的意义，但与山林型风景区相比还是更容易受到侵蚀，包括开湖为田、种植菱角的人文破坏和洪流冲刷、泥沙沉淀的自然因素，又尤以开湖为田为重。即便是《景定建康志》中声称"湖关形势"的玄武湖，在北宋王安石为郡守时也上奏朝廷，改湖为田。因而，在宋代湖泊型风景区相关记载中，风景区景点的建设常伴随着湖池湖面的疏浚、相关管理机构的设置和管理办法的制定。

湖池的疏浚是湖泊型风景区的常态化维护工程，并常由有司专属管理。杭州西湖就历经了"於塞—疏浚—再於塞—再疏浚"的过程，其中单两宋之际就有十余次。且在疏浚过程中，完善相应的管理机构和管理办法，绍兴八年（1138）郡守张澄首次设立由钱塘尉兼领其职，带领专职的厢军兵士200人专门负责西湖疏浚之事，并申明"若包占种田，沃以粪土，重寘于法"❹，而后郡守或专设开湖司，或明确条例，才确保了"终宋之世，湖无壅淤之患"❺。而南昌东湖，"复创修湖司，拨官田若干亩，专莅倅厅收积岁租，以备浚湖之用"❻；泉州东湖，"置水利局，命僧司之"❼，也即是这样常态化维护工程的机构及资金保障。

同时，湖面的疏浚也为风景区空间格局的优化提供了可能，包括堤、岛、洲的园林景点由浚治过程中的淤泥累积而成，加之柳、

❶ （宋）钱闻时. 浚西湖记 // 全宋文 [G]. 卷六二六三.
❷ （宋）真德秀. 开湖祝文 // 全宋文 [G]. 卷七一九八.
❸ （宋）包恢. 州学沂詠堂记 // 全宋文 [G]. 卷七三三四.
❹ 《宋史》卷九七《河渠七·东南诸水下》载，"绍兴九年，以张澄奏请，命临安府招置厢军兵士二百人，委钱塘县尉兼领其事，专一浚湖；若包占种田，沃以粪土，重寘于法"。
❺ （清）李卫. 西湖志 [G]. 卷一·水利一.
❻ 马蓉，陈抗等点校. 永乐大典方志辑佚 [G]. 北京：中华书局，2004：1490.
❼ 马蓉，陈抗等点校. 永乐大典方志辑佚 [G]. 北京：中华书局，2004：1135–1136.

杨、松等护堤植物的栽植和桃李的配置，形成了湖面骨架性的空间结构。在相关文献中相关宋代城市湖面疏浚和堤岛洲平行建设的案例较为普遍，典型者如杭州西湖苏堤、小新堤，宁波西湖的十洲等（表4-7，图4-29）。

杭州、惠州、宁波西湖部分堤岛桥的风景建设分析表　表4-7

城	堤岛	建设年代	建设历程	资料来源
杭州	白堤	不详，唐代已建	始称捍湖堤，"筑以蓄上湖之水"，明正德间杨孟瑛治西湖，取湖中淤泥蓊草修补堤面，并列植万柳；万历间孙隆用石固堤，杂植四时花木，建望湖亭、锦带桥和垂露亭	宋文献：苏轼《苏轼全集》、《咸淳临安志》、《乾道临安志》、吴自牧《梦粱录》；明文献：田汝成《西湖游览志》；清文献：翟灏、翟瀚《湖山便览》、雍正朝《西湖志》、夏基《西湖览胜诗志》、阮元《西泠怀古集》等
	苏堤	元祐五年(1090)	苏轼浚湖，以"所积蓊草，筑为长堤"，"杂植花柳，置六桥，建九亭，以为游人玩赏驻足之地"。清雍正初李卫将所浚西湖蓊泥增筑苏堤，倍高之	
	小瀛洲	元祐五年(1090)	苏轼为湖面埋塞，筑三石塔，禁止在石塔范围内种植菱藕；万历间知县聂心汤取湖中蓊泥，筑梗拦水，形成"湖中岛，岛中湖"的景观，并辟为放生池	
惠州	平湖堤	治平三年(1066)	太守陈偁"领经画，筑堤截水"，"东起中廊，西抵天庆观，延袤数里"；"中置水门备潦，叠石为桥其上"，桥名拱北；"植竹为径二百丈以固堤"	宋文献：苏轼《苏轼全集》；清文献：吴骞《惠阳山水纪胜》、光绪《惠州府志》
	苏堤	绍圣三年(1097)	苏轼谪惠时建。"去城数百步，为湖堤长里许，实惠人入山之路"，堤中筑西新桥，北宋有"飞楼九间"，以"导湖山之胜，据登览之会，以成此邦之为观"	
宁波	二堤四桥十洲	元祐癸酉(1093)	疏浚湖池，增卑培薄二堤，植松柳；复因其积土，广为十洲，而敞寿圣之阁	宋文献：乾道《四明图经》

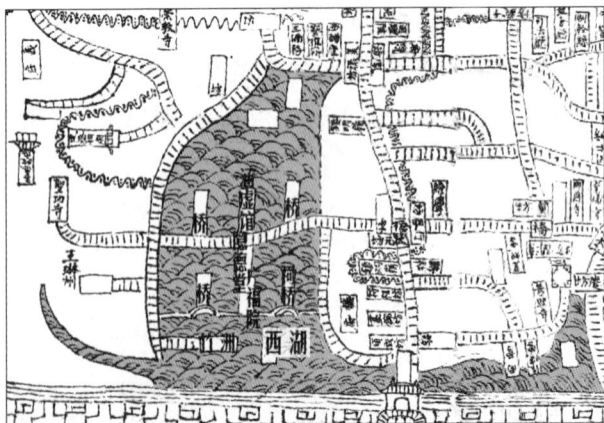

图4-29　宋代方志图
上的宁波西湖堤、桥
风景要素分析图
（资料来源：摹自《宝庆
四明图经》城池图.）

礼乐的风景

（二）湖堤堰坝的园林化和游赏路线组织

　　湖堤、堰坝及游赏路径的建设不仅和水利功能、城市交通相结合，也是城市湖泊型风景区骨架性的游赏路线和重要的风景点，而且也合理划分了大型湖泊的空间形态，改善了游赏环境。

　　湖堤的建设除上节所述结合湖面疏浚过程建设的，还有基于堰坝、交通修筑并进行园林化处理的。如惠州西湖平湖堤即为北宋郡守陈偁新建西湖的堰坝，苏堤即为苏轼放逐到潮州时募资建设，以便惠人入山的湖堤建设。而这些湖堤不仅是交通性道路，本身就是一重要风景点，如苏堤六桥九亭（图4-30），元祐中苏轼"奏开浚湖水，所积葑草，筑为长堤，故命此名，以表其德云耳。自西迤北，横截湖面，绵亘数里，夹道杂植花柳，置六桥，建九亭，

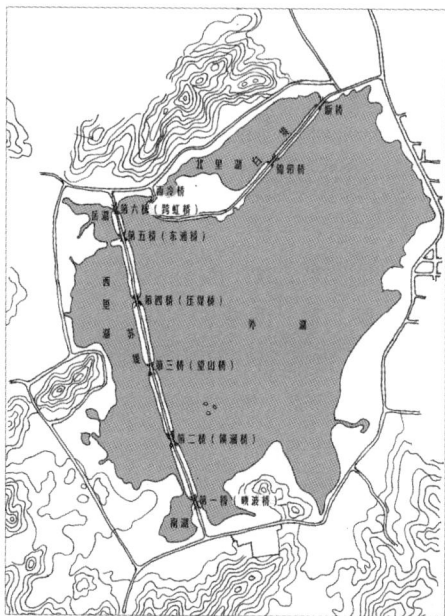

a）绘苏堤六桥平面图

b）宋朝西湖六桥图

图4-30　杭州西湖苏堤六桥示意图

（资料来源：a）来自周维权著.中国古典园林史[M].清华大学出版社，1999：202；

　　　　　　b）摹自明田汝成《西湖游览志》的西湖图.）

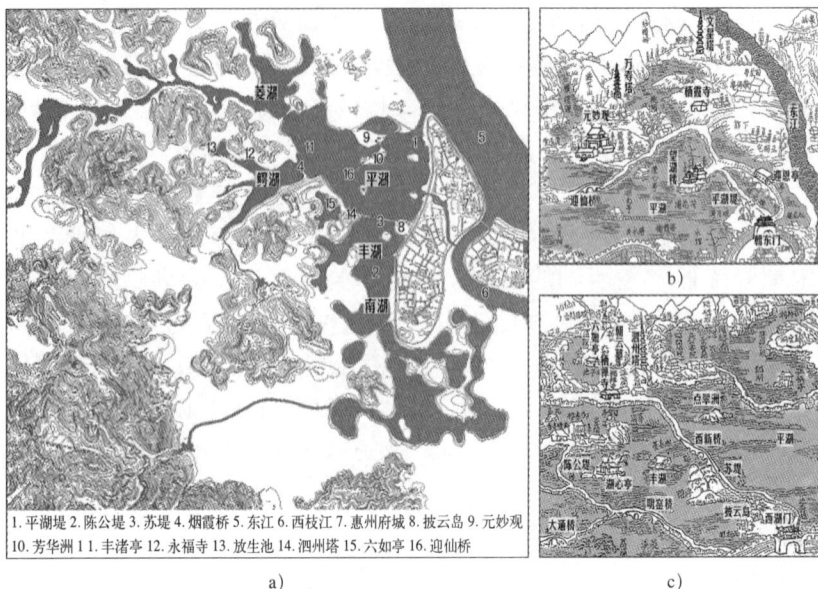

1.平湖堤 2.陈公堤 3.苏堤 4.烟霞桥 5.东江 6.西枝江 7.惠州府城 8.披云岛 9.元妙观
10.芳华洲 11.丰渚亭 12.永福寺 13.放生池 14.泗洲塔 15.六如亭 16.迎仙桥

图 4-31　惠州西湖湖堤示意图

（资料来源：a）摹自梁仕然，广东惠州西湖风景名胜理法浅论 [J].风景园林，2012（4）：153-157；
b）、c）摹自（清）吴骞《惠阳山水纪胜》西湖图 .）

以为游人玩赏驻足之地"[●]；惠州西湖苏堤，"导湖山之胜，据登览之会，以成此邦之为观"^❷（图 4-31）。

湖泊型风景区的游赏线路常以环状的游赏线路和深入湖面的湖堤为骨架，并在一些临城、城内湖池中形成以城市主要的城门、街坊相结合的开放式游赏线路体系。如《武林旧事》记载的杭州西湖主路"南山路"、"北山路"、"葛岭路"等，其起点皆与城区城门（钱塘门、钱湖门）、城郊重要景点（丰乐楼、德生堂）有紧密关系，并紧邻城墙；通过这样的主路和"方家峪"、"小麦岭"、"西湖三堤路"、"孤山路"、"西溪路"等景区支路，组合成杭州西湖湖山风景区层次分明的游赏路线层次。宁波西湖，从宋代宝庆《四明图经》保存的城池图可以清晰看出环湖游线和湖中四桥的组成关系。《淳熙三山志》记载赵汝愚新浚福州西湖的西湖闸 7 座、四围堤路 283 丈以及迎仙桥、凤池桥、鼋潭三桥等。通过这些骨架性的基础设施，保障了湖区水面以及百姓的日常通行。又如北宋

---

❶　（宋）吴自牧 . 梦粱录 [G]. 卷十二·西湖 .

❷　（清）吴骞 . 惠阳山水纪胜 [G].

时期的济南大明湖，根据曾巩《元丰类稿》中的《齐州二堂记》、《齐州杂诗序》以及相关诗词里可以清晰大明湖风景区营造途径：在北城墙修建"北水门"水闸，以调剂宣泄湖水，改善了齐州城内外水上交通，使得湖水泛滥之势得到调节；在湖东部，利用疏浚湖水时挖掘出的泥沙，修筑了一条贯通南北的长堤——百花堤，俗称"曾堤"，沿堤栽花植柳，并修石桥以沟通东、西湖水系；在湖周边修建多处园林建筑，包括著名的历下亭、北渚亭、静化堂、名士轩、芙蓉堂、芍药厅、凝青斋、环波亭以及水香亭等；并修筑了 7 座桥梁以疏通水系、连接景点，成就了著名的"七桥风月"景观，每至春时佳日，士女云集，画舫往来，碧波荡漾（宋风，2010）。而其他诸如南昌东湖，"沿堤上下植以万柳，绕湖周遭通以行路" **❶**，筑有橘亭、徐孺子亭及其祠宇、三李堂、东湖书院等亭榭及祭祀、书院建筑，"长堤回环，柳阴四合，水光照耀，芙蕖舒红。重之以古木森列，飞梁之外，佳致无穷"。**❷**

同时，湖堤的建设也优化了湖泊型风景区的空间形态格局和风景游赏氛围。如杭州苏堤、白堤将湖面划分为里湖、外湖两部分，形成了差异性的风景形态和游赏氛围。《梦粱录》记"里湖内诸内侍园囿楼台森然，亭馆花木，艳色夺锦，白公竹阁，潇洒清爽"，《武林旧事》记"若游之次第，则先南而后北，至午则尽入西泠桥里湖，其外几无一舸矣"、"盖入夏则游船不复入里湖，多占蒲深柳密宽凉之地，披襟钓水，月上始还"等，即是外湖的开朗、淡雅和里湖的幽闭、艳丽所不同的空间和形象特征。惠州西湖平湖堤、陈公堤、苏堤以及自然岛屿将西湖划分为丰湖、平湖、鳄湖、菱湖、南湖等不同空间尺度的游赏环境（图 4-31）。宁波月湖虽未分成诸多的小湖，但通过堤岛的划分，形成了"西湖之胜绝今，十洲三岛错乎城之里"**❸**的空间格局。

（三）游憩风景点的选址建设

湖泊型风景区的园林景点的质量和丰富度远胜于山林型风景区，其重要风景点除上述的湖面、堤岛洲等自然景点外，还有众多的亭榭、楼阁、堂馆以及城市园囿，并对应于相应的选址布局。

湖泊型风景区的风景建筑超越了山林型风景区以简单的休憩

❶ 马蓉，陈抗等点校．永乐大典方志辑佚 [G]．豫章志·山川：1490．
❷ （宋）袁燮．东湖书院记 // 全宋文 [G]．卷六三七六：226．
❸ （宋）史浩．葬五世祖衣冠招魂辞 // 全宋文 [G]．卷四三九七：83．

图 4-32　元画中的杭州西
湖丰乐楼

（资料来源：中国景观网
http：//gujian.cila.cn，元夏永
绘《丰乐楼图》.)

亭榭为主体的模式，而是形成了包括亭榭、楼阁、堂馆等系列完备的风景建筑体系。如杭州西湖，《咸淳临安志》卷三十二辑录的西湖重点风景建筑 8 处，其中堂 4 所（三贤堂、先贤堂、湖山堂、玉莲堂）、楼 4 所（丰乐楼（图 4-32）、望湖楼、十三闲楼、江湖伟观），而未记述苏堤九亭、放生亭、上船亭等亭榭，可见杭州西湖园林景点的质量和丰富度。而且志书中的三贤堂、先贤堂从其园林规模、景点数量来看，应为城市园圃，在《都城纪胜》一书中更是直接将它们纳入到园圃门一属。从其他宋代中小城市的典型湖泊型风景区的风景建筑统计情况来看（表 4-8），亭榭与堂馆、楼阁的比例从山林型风景区的 15：3：3 下降到 11：9：4，可见湖泊型风景区园林景点建设上与山林型风景区的不同。

　　湖泊型风景区的园林建筑选址与用地规模、景观视野相关联。其中亭榭一般位于堤、坝、桥上，用地相对局促，主要作为大众游赏过程中的休憩性景点。如杭州西湖的苏堤九亭、孤山路断桥亭。也有位于湖心小洲上的亭榭，如宁波西湖的众乐亭，"亭於城西南偏之湖中"[1]；十洲之一亭，因建于一小洲，"广袤不盈丈"，郡守命吏属"植亭其上，与邦之人及远方好游者共之"[2]。而楼阁与堂馆与

---

[1] （宋）邵亢．众乐亭记 // 全宋文 [G]．卷一零三三．

[2] （宋）张津等纂修．宝庆四明志 [G]．国家图书馆藏本．

景区	堤岛洲景点		园圃与风景建筑				其他	文献来源
	堤桥	岛、洲	园圃	亭榭	楼阁	堂馆		
宁波西湖	憧憧桥	柳汀、雪汀、芳草洲、芙蓉洲、菊花洲、月岛、松岛、花屿、烟屿、竹屿		众乐亭、十洲之一亭		众乐堂、涵虚馆、隐德堂、广生堂	寿圣院及其他佛祠四	《永乐大典方志辑佚·四明志·山川》;舒亶《西湖记》,《全宋文》卷二一八一;《宝庆四明图经》卷三
许昌西湖			"梅梨桃杏之园"、射埔	会景亭、绿鸭亭、流杯亭		清暑堂、净居堂	钓台、迷鱼池	胡宿,《流杯亭记》,《全宋文》卷四六六
宜春东湖			射埔	休亭、销署亭、风亭	采香阁、采珠阁	乐游堂、廉堂、逊堂	月台	祖无择,《袁州东湖记》,《全宋文》卷九三六
惠州西湖	西新桥	披云岛、点翠洲、漱玉滩、芳华洲	荔枝圃	孤屿亭、鳌峰亭、六如亭	平湖阁、		平远台、月亮湾、归云洞	《惠州》,《舆地纪胜》卷九十九
数量(个)	1	14	4	11	3	9	13	

亭榭相比，需要相对宏大的用地条件，且在宋代大众游赏炽热的环境下，一些大中型城市楼阁、堂馆建设为城市园圃的形式，或与名贤纪念相结合，以施社会教化；或作为酒楼驿馆，以促进城市政府收入。但一般都向大众开放，成为湖泊型风景区最为胜概的风景场所。只是楼阁一般在环湖或临湖高地上，以便一揽湖山胜景。如杭州丰乐楼，是在丰乐门外临湖而设的酒楼，淳祐间郡守赵安抚在原"耸翠楼"的基础上重建，"宏丽为湖山冠。又凿月池，立秋千梭门，植花木，构数亭，春时游人繁盛"❷；宜春东湖采香阁，也为"抗水而树"，且"为庖厨二，以供宾客"❸；采珠阁，"背城而东向"，即也在临城的湖岸上。而堂馆一般在湖池中，追求平和的

---

❶　本表案例提取的依据是在宋代方志、文记中有明确的园林建筑名称及相应类型的园林景点。

❷　(宋) 周密. 武林旧事 [G]. 卷五·湖山胜概. 又有宋人董嗣杲《西湖百咏》记曰，"丰乐楼，在涌金门外，旧为丰豫门。政和七年于湖堂右，以众乐亭旧基建楼，扁耸翠。建炎后改今名。乾淳间设法酤酒，继有抗政者罢之。淳祐九年改建，官为扁鑰。城之西有四门，曰钱湖、曰清波、曰钱塘，出此三门皆不见湖，独涌金门正与湖水相对，建楼掩之，关闭风水。古传楼未建时，山水或溧城居"。

❸　(宋) 祖无择. 袁州东湖记 // 全宋文 [G]. 卷九三六.

风景氛围，常作为名贤纪念性园囿。如杭州西湖苏堤侧的三贤堂、先贤堂；又如宁波西湖的众乐堂，选址于湖中，"东西有桥通往来，风漪月浦，极目无尘"，又和涵虚馆、隐德堂（即为贺知章祠）相组合，形成游赏、纪念相结合的风景点❶。宜春东湖的乐游堂，也在湖中，且与逊堂相邻，又设礼教序贤的射埘、唐代名贤卢肇的古石遗迹，应也为类似于宁波西湖众乐堂的空间布局和园林功能。

城市园囿是湖泊型风景区兼容、复合结构中的一部分，但其名称在宋代仍多以堂馆、楼阁的形式出现。如上节分析的杭州西湖三贤堂、先贤堂、丰乐楼，宁波西湖众乐堂、宜春东湖乐游堂等。而且这样的园囿式建设情况在南宋后期较为普遍，如丰乐楼的前身在北宋为众乐亭、宁波西湖众乐堂的前身也是众乐亭，前者是在淳祐间（1241～1252）重建成园囿、后者是乾道间（1165～1173）重建城园囿，在时间节点上皆为南宋孝宗时期，可略见始于北宋的城市文明变革的持续递进影响。其他城市湖泊型风景区的园囿记载还有许昌西湖的"梅梨桃杏之园"与射埘、惠州西湖的荔枝圃、南昌东湖的东园（《舆地纪胜》记曰"东园，在东湖"）❷等。

四、湖山型风景区

湖山型风景区是山林型风景区和湖泊型风景区组合的综合体，其在景点上类似于山林、湖泊基本类型的建设方式，但在湖山的组合方式、风景层次和景点分布，以及"山—湖—城"的空间结构上更具复杂性，造就了宋代城市的风景典范。

湖山风景是宋代城市风景的理想范式。在城市经济变革、风景游赏市民化和风水审美世俗化的宋代城市，以杭州西湖为典范的湖山风景区成为各地城市模范的对象，推动了湖山风景区的全国性发展。惠州西湖、潮州西湖、福州西湖、慈溪慈湖，以及已消逝的绍兴鉴湖、台州东湖、桂林西湖、常德东湖、青州东湖等与湖泊周边的山林风景区相结合，形成各地著名的湖山风景区。而且这类湖山风景风景区受杭州西湖湖山空间的模范影响，在风

---

❶ 《宝庆四明志》卷三《公宇》。其中涵虚馆记曰"在众乐堂之后，即湖栈阁行船登降之所"，隐德堂，记曰"众乐堂之南，绍兴十三年守莫将为贺公知章立设像而祠焉。……（宝庆）五年绘黄公之像合祠其中"。

❷ （宋）王象之．舆地纪胜 [G]．卷一百八十六·隆兴府．

景空间层次、景点建设分布上形成较为稳定的范式，并在各地域的不同环境资源上形成适应性的组合方式。

(一) 湖山风景的组合方式

湖山风景区因城市自然地理条件的不同，在组合方式上呈现湖山、溪山两种不同类型的风景。其中湖山型风景区以杭州西湖为代表，其湖泊基于城郊洼地构筑，湖面长宽比例谐和、面积广阔，一般为城市重要的水源地，因而与周边山体、城市的空间格局相对稳定，如惠州西湖、福州西湖、慈溪慈湖等；溪山型风景区以台州东湖为代表，其湖泊常为因溪筑隄，湖面狭长，面积相对较小，与山林、城市的空间格局相对易受侵袭，因而保留较少，如常德东湖、青州东湖。

湖山型风景区的湖泊建设依托于城郊山林与城市之间广阔的洼地或平地，通过城郊水利的建设，形成广阔的湖面与山林相谐和。其中受城市风水格局西高东低的理想选址影响，多位于城市西侧，如杭州西湖与武林山麓，福州西湖和冶山、文休山、大梦山，惠州西湖和西山、孤山、丰山等。也有位于城市南侧的，如绍兴鉴湖、会稽山及秦望山其余脉禹山组合成湖山风景区（杨柳，2005）。也有位于城市北侧的，如慈溪慈湖（普济湖）和阚峰、真州陈公塘与城子山（图4-33）。

溪山型风景区的湖泊建设依托于城郊的溪流，适当加以筑堰堤坝，形成的湖山型风景区，其空间相对狭窄。如常德东湖在"城之隅"，因"缮城浚隍"而成❶；青州东湖因"两山会人入于郡城"，而"引而为湖"❷。台州东湖（图4-34），熙宁间郡守钱暄"垒石筑城，凿湖以受众水，以其土隥城之东"，并在湖心建共乐堂、流杯亭，始成东湖之景；乾道中，郡守贺允中又在北侧修小鉴湖，并建占春堂，枕流、漱石二亭❸。因溪山湖池和周边山林、城池形成的狭窄空间布局，其空间形态与园圃的幽闭型空间有类似之处，所以在宋代的部分文记中也将其表述为城市园圃，如常德东湖，魏了翁《常德府东湖记》将其称为"缮城浚隍，得城东废地为圃，与民共之"；青州东湖虽未直接称圃，但黄裳黄《东湖三乐堂记》的"将欲致吾幽思，以饰兹景"，亦有城市别圃之意。

---

❶ （宋）魏了翁. 常德府东湖记 // 全宋文 [G]. 卷七一零四.

❷ （宋）黄裳. 东湖三乐堂记 // 全宋文 [G]. 卷二二六三.

❸ （宋）齐硕修，陈耆卿纂. 嘉定赤城志 [G].

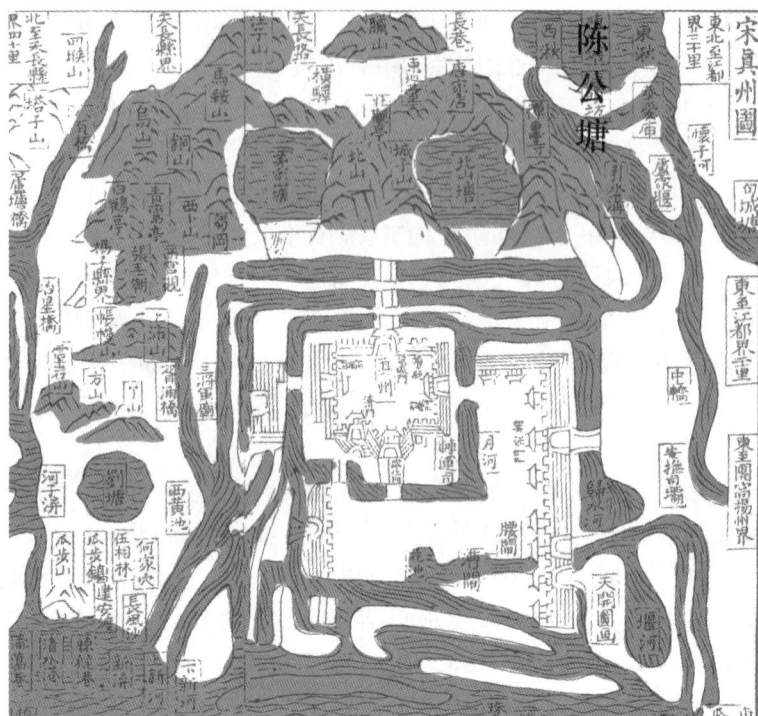

图 4-33　宋代真州"陈公塘——城子山"湖山风景区示意图
(资料来源：摹自康熙《仪真志》之宋真州图.)

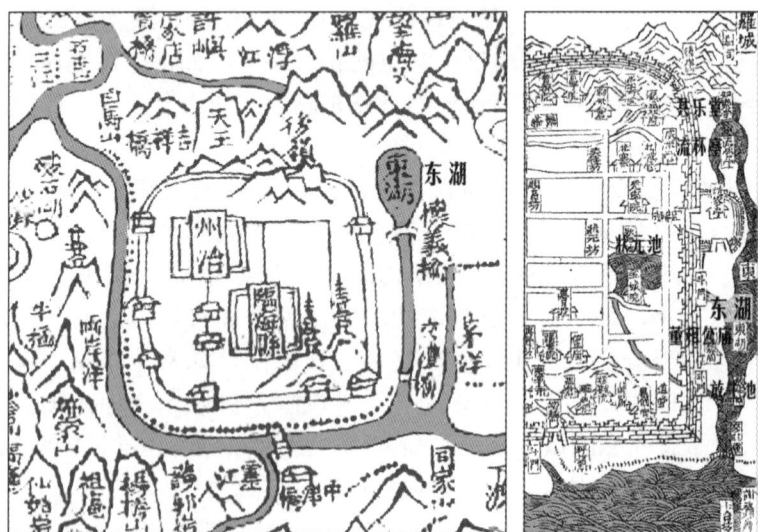

a) 东湖区位图　　　　　　　　　　b) 东湖及主要景点示意图

图 4-34　宋代台州东湖区位及主要景点标识图
(资料来源：a) 摹自南宋《嘉定赤城志》州境图；b) 摹自《嘉定赤城志》罗城图.)

理学大家朱熹提出最佳的山水城市风景格局为"山水依附，犹骨与血，山属阴，水属阳。……故都会形势，必半阴半阳，大者统体一太极，则其小者亦必各具一太极也"❶。因而在湖山型风景区的两个类型中，与山林、城市尺度相对和谐的大型湖池和山林组合的湖山风景相对更受推广，并成为宋代城市较为稳定的城市风景格局，并延续到明清以致当今。

（二）湖山空间的风景层次和景点分布

湖山型风景区的空间格局呈现基于传统山水艺术"三远"审美理念，形成以城市为中心的近景、中景、远景的三个主要空间层次，并由此影响了公共景点相应的建设密度。

湖山型风景区宏大的风景空间，通过以游赏主体的主要居所——城市为视点，形成以近景湖泊、堤岛的阔远景观，以中景湖中低山、内湖、溪谷的迷远景观和以远景山脉为背景的幽远景观（图4-35）。宋人论山水有"三远"之说，如《林泉高致》引北宋郭熙论山水，云"山有三远：自山下而仰山颠，谓之'高远'；自山前而窥山后，谓之'深远'；自近山而望远山，谓之'平远'"❷；韩拙《山水纯全集》云，"郭氏谓山有三远，愚又论三远者：有近岸广水，旷阔遥山者，谓之'阔远'；有烟雾溟漠，野水隔而仿佛不见者，谓之'迷远'；景物至绝，而微茫缥缈者，谓之'幽远'"，后人将它们合称为"六远"❸。其中郭熙重在论山，韩拙重在论水，更契合以城市视点出发的山水层次格局。以杭州西湖为例，湖山与城市组成的高低围合，明确地可以看出，以白公堤、孤山、雷峰塔、葛岭及保塔等为近景，以苏堤、楼霞岭、南屏山等为中景，以南高峰、北高峰为远景的空间层次，再加以古人西湖山水画，更能从其城、湖、山以及亭榭、林木、云雾等绘画技法中，清晰明辨韩拙所谓的阔远、迷远、幽远风景层次。而《淳祐临安志》记曰，"武林灵隐山始韶秀，而山于是左右分北高峰；左转抵葛岭，下标以保叔塔；右转一支挟南山，标以雷峰塔，二塔为西湖门户。而山特派起，为南高峰，捷以八蟠慈云诸岭，翼为七宝凤凰山，昂头布尾，若

---

❶ 引自清代清江子的《宅语问答指要》。转引自：刘沛林 . 风水——中国人的环境观 [M]. 上海：三联书店，1995：203.

❷ （宋）郭熙 . 林泉高致 [G]. 国家图书馆网络版 .

❸ （宋）韩拙 . 山水纯全集 [G]. 转引自：国学导航网 . http://www.guoxue123.com/zhibu/0201/0400/412.htm.

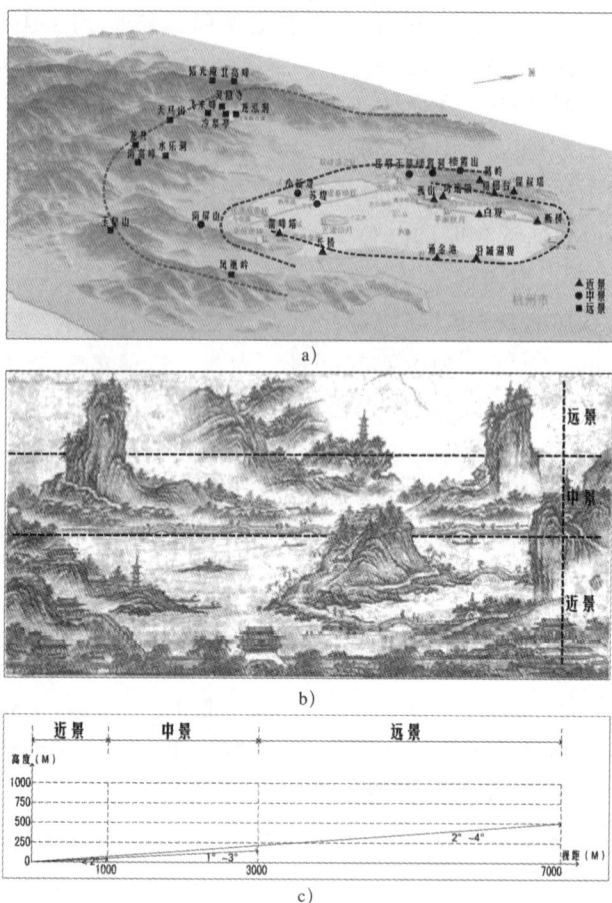

图 4-35　杭州西湖近、中、远景点分布关系

（资料来源：自绘，a）底图自：陈易．为了永远的家园西湖文化景观的保护与整治 [J].中国文化遗产，2011：48；b）底图自：方忆，15—19 世纪日本画家笔下的《西湖图》[J].杭州文博，2006：61-71.）

翔而集"[1]，便是对这些山体沿湖分层递进的文字描述。再如惠州西湖，周围高低分层错落，形成以中高榜、红花嶂等海拔 200～300 米的远景层次和海拔为 40～60 的紫薇山、西山、凤山、螺山和虎山等形成的近湖中景层次，以及万寿山、丰山、孤山、飞鹅岭、石埭山、太平山、玉桂山等近景层次。宋代其他湖山风景区虽然缺乏杭州西湖、惠州西湖这样较为优越的自然条件基础，但也基本是在这样的范式下进行设计思考的，如潮州西湖，"帝城风景，俨在目中"（林光世，《潮州西湖濬湖铭》）；桂林西湖，"遂使西湖胜概，

❶ 〔宋〕施谔纂修．淳祐临安志 [G].卷八·山川.

翛然如立尘寰之表。江浙所称,亦未能远过焉"(鲍同,《西湖记》);惠州西湖,"三处西湖一色秋,钱塘颖水更罗浮"(杨万里,《惠州丰湖》);福州西湖,"凿开百顷碧融融,颍上钱塘约略同"(陈康伯,《题闽县西湖》)等,其提及的钱塘、罗浮就是杭州、惠州,可见湖山风景层次的渐趋普及。而且,在宋代湖山风景的营建过程中,一些范式化的园林空间构成在各地同步呈现,如杭州苏堤—夕照山—雷峰塔、惠州苏堤—孤山—泗洲塔,两地西湖"雷峰夕照"和"玉塔微澜"景点在空间布局上极为相近,且在绍兴鉴湖湖堤—禹山—禹庙(图4-36),如《永乐大典方志辑佚》记载北宋大观三年

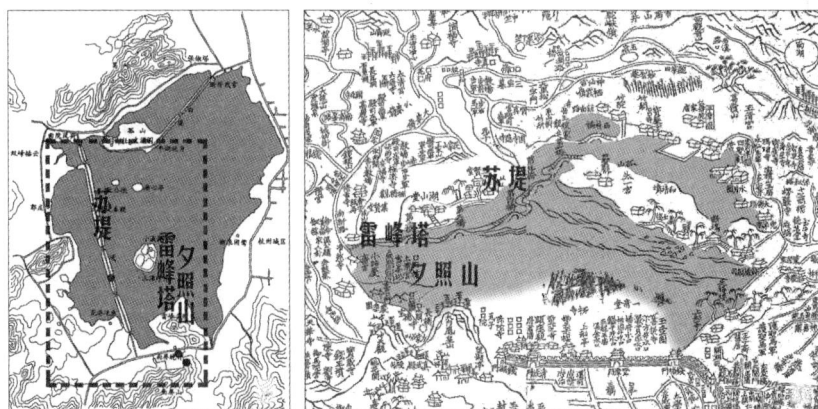

a) 杭州苏堤—夕照山—雷峰塔平面、空间关系图

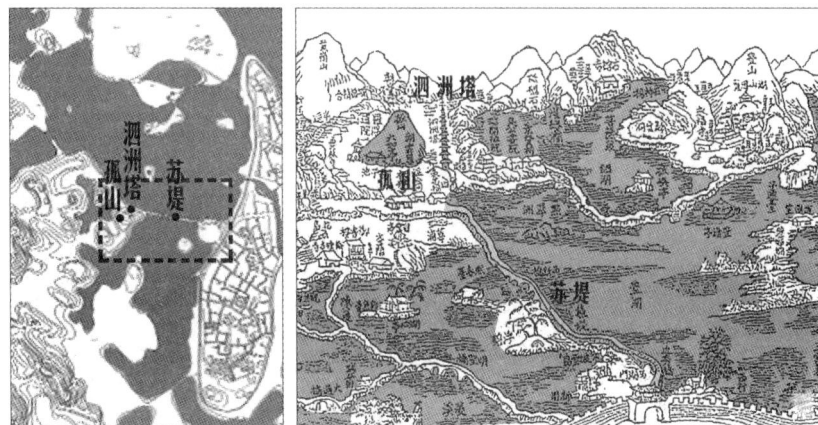

b) 惠州苏堤—孤山—泗洲塔平面关系图、空间关系图

图 4-36 宋代湖山风景区"堤—山—塔"的风景定式化

(资料来源:自绘,a) 底图自:周维权著.中国古典园林史 [M].清华大学出版社,1999:202;b) 底图自:梁仕然.广东惠州西湖风景名胜理法浅论 [J].风景园林,2012 (4):153-157.(清) 吴骞.惠阳山水纪胜.西湖图.)

义乌绣川湖"因筑堤以通往来，即柳洲造塔"❶也应是这样的空间模范。

同时，湖山风景区的景点分布也因游赏景点的可达性，呈现与远景、中景、近景相对应的渐进式建设密度分布。以杭州西湖为例，《梦粱录》记载的宋代西湖十景中，近景区有断桥残雪、平湖秋月、柳浪闻莺、南屏晚钟、雷峰夕照、三潭映月等6处，中景区有苏堤春晓、曲院荷风、花港观鱼等3处，而远景区仅有两峰插云1处，可见湖山风景给审美主体——城市居民可达性影响的空间体验不同而感知不同。而且从宋代董嗣杲《西湖百咏》记载的西湖湖山100景的分析来看（李勇先，2007）（表4-9），近、中、远的景点比例为44：24：32，但其中以人工建设的亭榭、园圃、寺院、宫观以及堤桥景点的比例却为25：18：12。这样的人工景点建设密度递进分布，也符合山林风景以自然景点为主体、湖泊风景以人工景点为主体的宋代城市风景区建设特点。

宋代杭州《西湖百咏》景点区域分布分析　　　　　表4-9

层次	空间边界	主要景区	景点
近景	以保叔塔、雷峰塔两塔为界	沿城湖堤、孤山、孤山路（白堤）、葛岭、夕照山（雷峰山）	丰乐楼、涌金池、环碧园、玉莲堂、玉壶园、先得楼、古柳林、云洞园、霍山祠、涌泉、东西马塍、石函桥、孤山路、德生堂、总宜园、断桥、大佛头、葛岭、保叔塔、巾子山、水月园、水仙庙、寒泉、参寥泉、葛公双井、江湖伟观、此君轩、杯泉、初阳台、孤山、和靖先生墓、陈朝柏、玛瑙坡、金沙井、六一泉、西林桥、鸟窠、乐天竹阁、雷峰、聚景园、长桥、包家山、崔府君庙、依光堂（计44景，其中人工景点25所）
中景	以里湖沿岸及其山丘为界	苏堤、小新堤、楼霞山、南屏山	岳鄂王墓、楼霞洞、九里松、玉泉、鲍家田、忠勇庙、左军教场墓、南屏山、苏公堤、先贤祠、西湖道院、湖山堂、三贤祠、雪江讲堂、崇真道院、小新堤、翠芳园、甘园、胜景园、刘妃墓、慈云岭、登云台、五丈观音、表忠观（计24景，其中人工景点18所）
远景	南高峰、北高峰、天马山、玉皇山峰线	北高峰、灵隐寺、飞来峰、凤凰岭	灵隐天竺寺门、合涧桥、北高峰、韬光庵、石笋峰、西溪、飞来峰、冷泉亭、呼猿洞、龙泓洞、理公岩、香林、翻经台、重荣桧、炼丹井、跳珠轩、曲水亭、天竺观音、凤凰岭、龙井、辩才塔、梅坡园、长耳洞、玉岑、南高峰塔、烟霞洞、石佛庵、水乐洞、杨梅坞、石屋、真珠泉、虎跑泉（计32景，其中人工景点12所）

❶　马蓉，陈抗等点校．永乐大典方志辑佚 [G]．金华府义乌县志·湖泊：923-924．

礼乐的风景

（三）"山—湖—城"的空间优化

湖山风景区形成的城湖模式是中国古代城市"山—水—城"最佳空间范式。中国城市千年遵循的"凡立国都，非于大山之下，必于广川之上。高毋近旱而水用足，下毋近水而沟防省"（《管子·乘马》），使得山水成为城市营建在地利、形势、功能上的重要因子，"山—水—城"的空间模式也成为中国古代独特的城市营造模式，并衍生出城湖、城河两种城市地景模式。而湖泊景观相对开阔的视觉空间、静态水面所带来的场所活动舒适性，以及湖面选址、尺度控制上与城市、周边自然山体相互因借上的人工调节自由度，使得城湖关系优于城河关系，而成为"山—水—城"空间的最佳空间范式。晁补之《七述》记载苏轼对杭州西湖的评判，即"西湖之深，北山之幽，可舫可舟，可巢可楼"❶；鲍同《西湖记》记载郡守张维乾道四年开浚桂林西湖时提到溪河与湖泊的空间对比，"郁兹观美，可谓杀风景者矣（注：溪河时景色）……望之苍茫皎激，千峰影落，霁色秋清，景物辉煌，转盼若新（注：西湖筑成后景色）"❷，皆可理解为古人对城湖空间关系组织、湖面游赏环境的推崇（图4-37，图4-38）。

虽然古人对自己城市的风景皆有自诩之词，但通过对颍州、福州、潮州等地西湖诸如"天下胜绝"、"西湖天下景"、"胜概"等表述，可见湖山型风景在士大夫的风景审美中的地位。《永乐大典方志辑佚》一书中辑录的如常德东湖、太原柳溪、温州南湖、

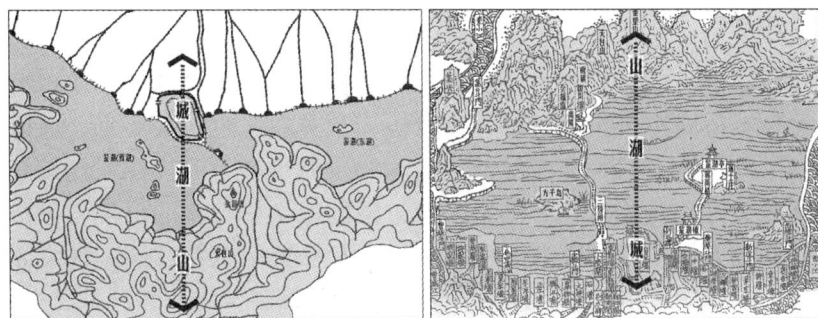

a）绍兴城湖山平面关系图　　　　　b）绍兴城湖山空间关系图

图4-37　绍兴"鉴湖——会稽山"城湖山关系

（资料来源：自绘，底图自：邱志荣.绍兴风景园林与水[M].上海：学林出版社，2008：14，266.）

---

❶ 〔宋〕晁補之. 七述 // 全宋文[G]. 卷二七一二.

❷ 〔宋〕鲍同. 西湖记 // 全宋文[G]. 卷四四三三.

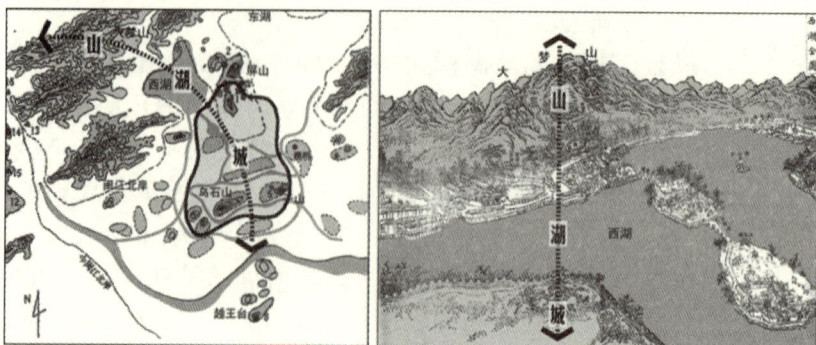

| a) 福州城湖山平面关系图 | b) 福州城湖山空间关系图 |

图 4-38　福州西湖城、湖、山关系
（资料来源：自绘，a）底图自：吴春明，林果．闽越国都城考古研究 [M]. 厦门大学出版社，
1998：173；b）底图自：何振岱．西湖志 [G]. 卷五 名胜二、三，1916.）

义乌绣川湖、台州东湖、宜春东湖等城市沿河筑堤为湖，形成城市重要的基础设施和风景游赏胜处的大量记载，更是客观证明了例城湖关系空间范式的吸引力❶。而宋代城市文明的演变，商业娱乐型的产业导向，使得湖池农业水利、城市水利的功效提供了地理基础，加之大众游赏炽热推动的近郊风景游赏地的普遍兴起，共同形成了湖山风景建设的物质和精神动力保障，促进了城湖相伴空间格局的成熟，并在"中国古代城市水文化鼎盛时代"的两宋之际普遍建设。

第三节　城市园圃的特点与园林营建

城市园圃具有官方全额的产权属性、官方主导的复合使用方式和参与城市风景建构等类型特点，及其在历史上的大量、普遍存在，应是中国古典园林值得关注的专属类型。而且在宋代大众游赏文化炽热的时代背景中，城市园圃以多样类型的出现，包括长吏官署的郡圃、衙署以外的别圃以及名贤纪念性园圃三种主要形式，甚至还有部分漕司、宪司、仓司❷的园圃参与到公共开放之中，促进了宋代城市"与民同乐"图景的整体呈现。

---

❶　参见《永乐大典方志辑佚》中相关城市湖山风景区记载。

❷　宋各路置安抚司掌军事与民政，简称帅司或总领所；转运司掌财赋与转运，简称漕司；提点刑狱司掌司法刑狱，简称宪司；提举常平司掌常平仓与贷放钱谷等事，简称仓司。在《舆地纪胜》、《方舆胜揽》的园林记载中，常用其简称，因而在此注明。

一、城市园囿的园林特点与类型

城市园囿是官方全额投资建设，具有向公众游憩开放、参与城市形象建构的社会政治功能，并主要由郡囿、别囿、纪念性园囿三类组成，曾是中国古典园林中数量众多、分布广泛的公共园林类型。城市园囿和传统的衙署园林、纪念性园林相关联，其研究始于中国园林研究的第三阶段（自 1990 年代至今），并逐步从衙署园林向郡囿、城池园林深化。傅熹年（2008）在《中国古代建筑史第二卷》一书中分析到唐代的官署园林，指出"附在官署内"、"择地另建"两类园林，并认为"择地另建园亭不是为了游赏，而是做为宴会之地"，且长安的司农寺院 ❶ 已有"每日士女游观，车马填噎"的"平人游玩"记录。在《中国科学技术史·建筑卷》（2008）一书中，傅熹年指出宋代"近古开放性城市"带来的城市生活和城市风貌根本性变化同时，进一步指出"官署中一般建有园林，称'郡囿'。有些城市的郡囿节日对公众开放，在一定程度上具有城市公园的性质"。潘谷西在《江南理景艺术》（2001）一书中指出，"局限于园林，尤其是局限于皇家园林、私家园林和寺庙园林的研究还不能全面反映我国在景观建设方面的历史成就"，"唐宋以降还出现了大量在官衙中建造的'郡囿'，一般的书院、驿馆也都建有园林或庭景，这些园林和庭景都具有公共性质，不同于私家园林之仅供少数家庭成员使用"。而几乎同期，台湾学者侯迺慧认为郡囿是"唐宋时期公园"（1997）的典型，并提出"狭义郡囿和广义郡囿"（2010）的概念，"宋代园林已普遍化地深入一般人的生活之中，其典型的例证之一便是在各级地方政府的办公单位所在地以及地方官吏的宿舍内，大多都造设有广大的园林，并局部开放给民众参观游赏。这样的园林，不管是州（园）、郡（囿）或县（囿），本文一律以郡囿通称之。此外，在各地方的山水优美处也往往有官吏建造的大型公园供民众游乐，其治理管辖权也属地方政府所有，地方政府也常常建造一些可供官吏住宿休憩的住宿，因而也在广义的郡囿范畴之内"。天津大学永昕群（2003）借用侯迺慧的概念，将其作为衙署公共园林的典型。也有以官产园林、官家园林作为统称的，"以官署园林为主体，包含了像武侯祠、草堂、望丛祠、三苏祠等既不属于皇家园林，有不属于私家园林和

---

❶ 原为唐中宗女安乐公主宅园，后改为司农寺院。

寺庙园林的官产园林。它们的官产性质上来说,它们能保留到今天,完全是因为地方政府和各级官府的长期经营,所以把它们归入官家园林是最为合理不过的"。也有以衙署园林为统称,涵盖地方官署牵头兴建的所有园林,如赵鸣、张洁(2003)等。谷云黎(2012)结合宋代《建武志》上的南宁五花洲在提出"城池园林"的概念,其"包括公共园林和衙署园林等与城池建设密切相关的园林形式"。这些已有研究普遍关注到郡圃、别圃、纪念性园圃的大量性存在及其与官方主导的社会政治图景之间的紧密关系,但因对隋唐起始、两宋鼎盛、明清式微的城市园圃演进历程的研究不足,也存在相互矛盾的命名、分类。城市园圃的开放性功能始于唐代,并在宋代达到鼎盛,明清以降;除纪念性园圃外,宋代积极开放的郡圃、别圃渐趋封闭,和其他衙署园林一样,也少有向大众开放的记载,因而单纯以衙署园林命名宋代的郡圃、别圃难以区分它们在城市游赏、风景建构上有别于其他衙署园林的重大意义。而以郡圃或官产园林来统帅全部的政府性公共园林建设,也不利于区别湖山风景、城市园圃、风景点在官方建设、管理上的区别。在宋代相关地理志、方志的记载中,地方官署建设了大量的城市公共园林,既有园圃型的衙署园林、祠庙园林,也有大风景型的大型城市风景区,还有城市内外的各类公共风景点。如《吴郡图经》记载的郡圃、南园、百花洲(图4-39);《嘉泰会稽志》上记载绍兴官府统筹建设的园林有郡圃西园、县圃、千秋观赐荣园和戒珠山、兰亭、镜湖、柯桥等湖山风景区、风景点;《淳熙三山志》记载的福州官府建设的园林有郡圃、甘棠院、提刑司西园、西湖、乌日山等。这些园林在规模、功能、服务人群和景点营造上的区别较大,如单纯用郡圃、城池园林、衙署园林来概而言之,将忽略其内在的建设目的和建设、管理、使用方式,造成对两宋城市公共园林建设面貌的误解。有鉴于此,根据两宋城市公共园林的建设途径管理方式,将在官府拥有的土地上,官方全额投资建设的以及相对独立成园的园林,归入到城市园圃的范畴,并对其进行适当的小类分析,以期更好地理解两宋城市公共园林的实际建设情况。

(一)城市园圃的园林特点

宋代城市园圃的建设已经上升为官方的集体意识,成为各地州园、郡圃、园圃及别圃建设的主导思想,且在投资建设、开放方式、园林营建上形成类型特点。

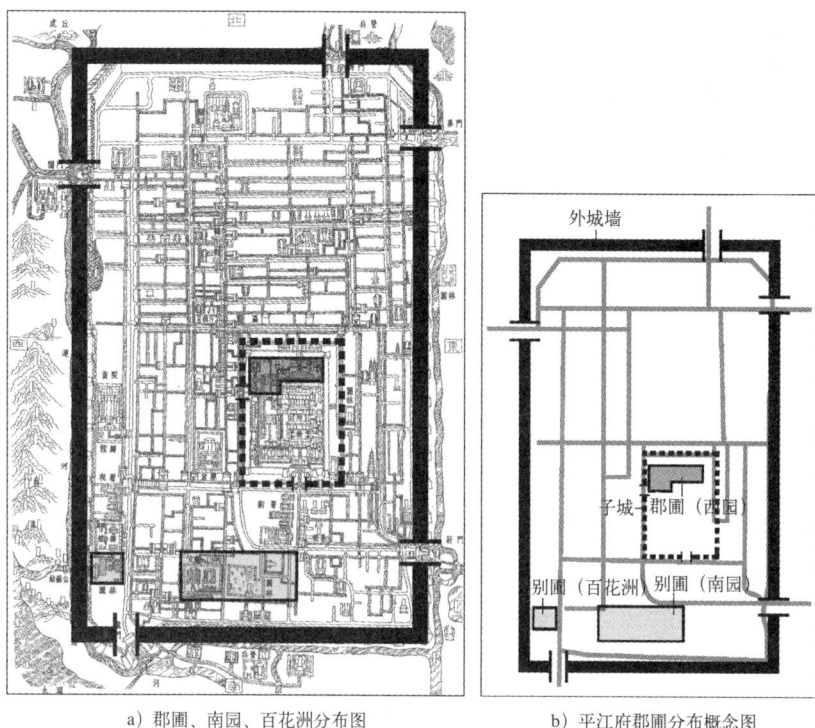

a) 郡圃、南园、百花洲分布图   b) 平江府郡圃分布概念图

图 4-39 宋代苏州城市园圃分布

（资料来源：a）摹自宋《平江图》碑摹本；b）为作者自绘．)

1. 定式化的政策导向

城市园圃建设作为宋代地方政府必备的城市公共政策，已具有广泛而普遍的共识。从方志文献的记载整理中发现，城市园圃的普遍性存在和文记、诗词中多次强调的郡圃、别圃是地方城市建设表征的记载，客观证明了以城市园圃为载体，调和社会阶层、彰显城市风物、凸显政定民安等社会政治因素的做法。

园圃作为地方政权、城市建设表征的文献大量出现在两宋时期方志、文记之中。有直接指出园圃是州府城市必备的，如黄邵《重修东湖记》的"国有圃，都有圃"❶，南宋泸州方志《江阳谱》的"郡国有园圃，其来尚矣"❷，湖州方志《嘉泰吴兴志》的"郡有苑囿，所以为郡侯燕衎，邦人游嬉之地也。……故郡必有苑囿，以与民同乐。囿为亭观，又欲使燕者欤，行者憩也。故亭堂楼台

---

❶ （宋）黄邵．重修东湖记 // 全宋文 [G]．卷六四三二．

❷ 马蓉，陈抗等点校．永乐大典方志辑佚 [G]．江阳谱·园：3159—3160．

之在园囿者，宜附见焉"❶。有侧面提及园囿建设的普遍性的，如韩琦的《定州众春园记》"天下郡县无远迩小大，位署之外，必有园池台榭观游之所，以通四时之乐"❷；吕陶的《重修成都西楼记》云"夫然，奉诏令，导德惠，因其安生而与之共乐者，亦牧守之事也。……昔齐宣、梁惠有园囿台沼之胜，不与民共，孟子议之。会今承平，远方无他忧，斯人熙熙，知乐生之趣。予幸守土，不咈其欲，则是役也，庶不为孟子所讥耳"❸；吴儆的《爱民堂记》"太守故诸侯，厅事之片，率为堂为亭，为台池苑囿之乐，所以安吾贤者而佚夫民事之劳"❹ 等，皆为指出城市园囿建设是地方政权、城市建设的表征，并且认为这样的表征可追溯到上古的周代。但从城池园囿建设的历程来看，两宋前的园囿如春秋战国诸侯的园囿、汉代梁王兔园以及唐代的郡斋，都不强调"国有囿，都有圃"的概念。如《全唐文》里虽然收集了大量城市郡斋、园池的建设，包括韩愈、韦应物等唱和开县盛山园池的《盛山十咏》、白居易描述湖州园囿的《白苹洲五亭记》、柳宗元的桂林名园《桂州裴中丞作訾家洲亭记》、樊宗师的绛州府治园林《绛守居园池记》等一系列文献，都没有出现园囿建设是地方官府基本任务的思想表述，有的只是作为太守修身养性、文人雅集的地点，更多的是为官员服务的，少见向公共开放、游赏的。有如柳宗元《零陵三亭记》的开篇云："邑之有观游，或者以为非政，是大不然。夫气愤则虑乱，视壅则志滞。君子必有游息之物，高明之具，使之情宁平夷，恒若有余，然后理达而事成。"❺ 而到两宋之际，城市园囿的建设已普遍关注到与民同乐的公共性，并出现在体现官方建设成就的方志之中，更能说明城市园囿这样的政策定型。方志是对地方官员任期内工作成绩的归纳，并在两宋闰年志的要求下定期呈送朝廷审阅的资料，所以其中普遍记录的地方城市园囿客观上证明了城市园囿建设的政策定型。从保存至今的南宋方志，包括各类地方府志、郡志、图经中来看，大多将城池园囿独立成节或纳入到官廨、府治一章，如《景定建康志》在城阙志三设"园苑"一节，《嘉泰

❶ 马蓉，陈抗等点校. 永乐大典方志辑佚 [G]. 吴兴续志·宫室：812.
❷ （宋）韩琦. 定州众春园记 // 全宋文 [G]. 卷八五四.
❸ （宋）吕陶. 重修成都西楼记 // 全宋文 [G]. 卷一六一〇.
❹ （宋）吴儆. 爱民堂记 // 全宋文 [G]. 卷四九六八.
❺ （清）董诰等编撰. 全唐文 [G]. 第六部·柳宗元·十三.

会稽志》卷一有独立的"园圃"一节，和包括府廨、馆驿、贡院等基础建设并列，并有专门的"城圃"的名字出现。《嘉泰吴兴志》在卷十三也有独立的"苑圃"一节，和宫室、寺观在同一卷；《吴郡志》和《淳熙三山志》则直接归到官廨、府治一章内。泸州地方志《江阳谱》园圃篇开篇论述了"郡国有园圃，其来尚矣"，并列举了泸州城东园（清风圃）、西园（东川道院）、北园（三个城池园圃）等。客观说明了园圃作为一个相对独立的建设类型，代表地方城市公共园林建设的内涵成型于两宋时期，形成了普遍性的官方意识，成为地方社会治理的定式化建设内容。

同时，数量多、分布普遍的宋代城市园圃实例，更清晰地说明了这样定式化政策导向的实践结果。以《宋元地方志丛刊》辑录的 5 县❶的县志和 14 个❷州府志明确记载的郡圃、别圃、县圃统计分析来看，有 11 个郡圃、1 个别圃和 13 个县圃，而未见郡圃的长安府其志书以考证汉唐长安遗迹为主，少及宋代城池，杭州的北宋有郡圃南园而南宋未有明确记载，但其府治香远楼一揽的记载应为郡圃的实质建设❸，可见宋代城市园圃在州县城市的普遍性定式化建设。成书于南宋嘉定年间的东阳王象之所撰《舆地纪胜》，虽因城市景物辑录上的取舍或因写作的不确定性，其尚能明确为城市园圃 217 个，几乎是每州都有代表性园圃记载（《舆地纪胜》全书为 200 卷，200 个州府军监），可见园圃建设定式化政策导向的实践结果。

2. 官方全额的产权所有和投资建设

城市园圃区别于湖山风景区和城市风景点在用地属性上的复杂兼容，其园林用地全部为官府所有，且在景点的建设投资上，

---

❶ 包括华亭县志（《云间志》）、昆山县志（《淳祐玉峰志》《咸淳玉峰续志》）、常熟县志（《琴川志》）、嵊县志（《剡录》）、仙游县志（《仙溪志》）。

❷ 包括长安府志（《长安志》、《雍录》）、建康府志（《景定建康志》）、平江府志（《吴郡志》、《吴郡图经续记》）、镇江府志《嘉定镇江志》、常州志（《咸淳毗陵志》）、临安府志（《乾道临安志》、《淳祐临安志》、《咸淳临安志》）、严州志（《淳熙严州图经》、《景定严州续志》）、湖州志（《嘉泰吴兴志》）、庆元府志（《乾道四明图经》、《宝庆四明图经》、《开庆四明续志》）、会稽府志（《嘉泰会稽志》、《宝庆会稽续志》）、台州府志《嘉定赤城志》、徽州府志（《新安志》）、福州府志《淳熙三山志》、武昌军志《寿昌乘》。

❸ 《咸淳临安志》卷五十二·官寺一之香远楼记曰："旧为玉莲堂，魏安抚克愚牵于阴阳家白虎之说，撤屋而徙其扁于西湖之滨。咸淳七年安抚潜说友即茀址为大堂六楹，楼其上，山翠横陈，夫渠可俯，取濂溪香远益清之语名之，遂为郡治最佳处，少东为茶亭四楹，前凿方池，循除而上则竹山阁之古基，平眺湖山，水光林影密疏隐见，如在图障中，今惟环植以竹，存竹山之旧云。"

也是由官府组织资金、人员、材料来实施，且由官府组织专门人员进行管理。

在园圃的土地属性上，郡圃一般位于衙署所在的子城内，其产权本来就归官府所有，就连子城内的大型山体也常为衙署所有。如绍兴卧龙山"盖府第之所占，城堞楼雉之所凭"**❶**；高邮军众乐园，"侯即牙墙之东获废地几百亩，垣而明之曰'众乐园'"**❷**；真州东园，"得州之监军废营以作东园"**❸**，皆为用城内官地作为园圃用地。有些郡圃突破子城或衙署所在范围向外发展，一般也需要征用土地，如华亭县郡圃"又东买民地，辟为射圃，纵之阔为尺八十有四，衡其长三之"**❹**。城郊别圃、名贤纪念园圃一般选址于城郊的山川、水利，大多也为官府所属的产业，如需要扩展的也常组织资金购买民田、山林。如桂林弹子岩，梁安世《弹子岩题名》记云："岩多奇观，独少宽平纵步之适，惟弹子岩前有地百余亩，水竹窈窕，环以远山。经略眉山刘公熚始买地为园，隔桥筑亭，仰观崖石，如坐冷泉对飞来诸峰，遂为桂林胜游之最"**❺**。又如杭州苏堤上的三个城市园圃湖山堂（别圃）和三贤堂、先贤堂（两者为名贤纪念园圃），湖山堂、三贤堂为苏堤建设时的官产，其中三贤堂为原官地"废花坞"、先贤堂则是宝历年间郡守袁歆"居民有以屋庐园池求售者，因捐公帑以酬其直"、湖山堂为咸淳三年郡守洪焘"买民地创建"**❻**，也皆为官方全额资产**❼**。有些别圃建设后形成专门的界碑、图籍，以明确别圃的地籍，作为官方修复、重建时的依据。如镇江放生池**❽**因被民占据，郡守赵善湘《放生池记》记云，"以契券来验，必得其要领乃遣"，而后"凡所见侵皆前人数十年间之事，今乃使复归之官，撤楗栏，决藩墙，得无薄费，官尽给之"**❾**，虽是恢复旧籍，还是官府适当补助，建成后又绘图立碑，"仍图其曲折之形於碑阴，以备他时考订云"。

❶（宋）秦观．怀乐安蒋公唱和诗序 // 全宋文 [G]．卷二五七七．
❷（宋）杨蟠．众乐园记 // 全宋文 [G]．卷一零四五．
❸（宋）欧阳修．真州东园记 // 全宋文 [G]．卷七四零．
❹（宋）黄崖．华亭制锦堂记 // 全宋文 [G]．卷七六八二．
❺（宋）梁安世．弹子岩题名 // 全宋文 [G]．卷五八四三．
❻苏堤三园的资料引自《咸淳临安志》卷三十二·西湖。
❼参见《武林旧事》、《梦粱录》中相关"湖山堂"、"三贤堂"的记载。
❽镇江放生池为园圃式的建设，张纲，《金坛县放生池记》记云："既又设关钥，严厉禁，使往来者有时，而渔盗毋得入"（题名中的金坛即为宋代镇江府治所在）。
❾（宋）赵善湘．放生池记 // 全宋文 [G]．卷六八七五．

礼乐的风景

在建设资金筹措上，亦以官方资金为主体。在城市园圃的建设过程中，官员们普遍标榜园圃建设是政清人和的产物，文记中往往会表述建设过程"不劳弊于民力，不靡散于国财"❶的主旨，即在资金、人员、材料上统一由官府组织实施，而没有动用民间力量。其中资金主要来自于官府日常开支的结余，如张商卿修复滁州郡圃，"置搜铢积，得钱不满十万，厥材售之上江，厥役董之暇兵。又负偃植，砖瓦竹庐，不以语民，悉营诸市，皆先优给其直，取期而赏，至者不爽"❷。也有来自下属各县、司的贡献，如严州严子陵祠庙园林，"明年提点刑狱刘公颖以执事按临，相与叹息。乃与安抚张公构，转运钱公冲之，提举石公起宗，各捐缗钱来助其作"❸。甚至有由中央直接拨付的，如高邮军众乐园，即是"诏复旧额，且赐金以茸之"❹，以皇帝所赐作为建设费用。在人员的使用上，主要以军队的免费建设、按市值雇佣匠人。材料的使用也强调是按市值从市场采购，或是废材、闲材，甚至有专门描述材料来源为天意所赐，强化官府节约而亲民的正面形象。如华亭郡圃，"梓人匠艺，各以其职德，工以日计者二千四百六十有奇。竹木灰瓦砖石悉售以时直，钱以缗计者一千二百四十有奇，买地之费不预也"（黄崖，《华亭制锦堂记》）❺。

3. 官方主导的复合使用方式

城池园圃在开放形式上受官方全额所有、封闭式建设的影响，呈现全开放和分时段开放两种形态，并都受官方游赏活动的制约。主要表现在官方接待、游憩建筑仍占园林相当一部分甚至大部分，以及分时段开放的城市园圃在数量上多于全开放式的园圃，以优先确保官府游赏活动的空间和时间。而且，园圃的公共游赏活动因官员的同时参与，受到占主体的官方活动影响，呈现一定的邀乐式活动形态。

"春秋以展地主之动，岁月以休公家之劳"，北宋宋祁《寿州西园重修诸亭录》对郡圃的建设目标设定为民众和官员，其意普适于两宋的各类城市园圃，且反映在园圃和景点的命名上。在宋代，

---

❶ （宋）梁周瀚. 张咏益州重修公署记 // 全宋文 [G]. 卷四八；成都文类. 卷二六.
❷ （宋）张商卿. 永阳思贤堂记 // 全宋文 [G]. 卷四七五七.
❸ （宋）陈公亮. 重建严先生祠堂记 // 全宋文 [G]. 卷六二一二.
❹ （宋）杨蟠. 众乐园记 // 全宋文 [G]. 卷一〇四五.
❺ （宋）黄崖. 华亭制锦堂记 // 全宋文 [G]. 卷七六八二.

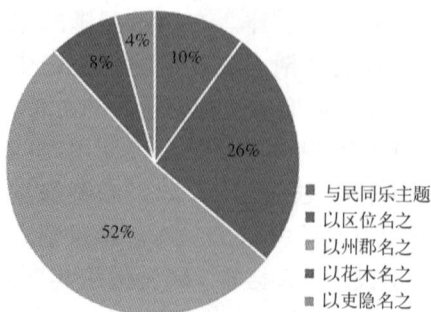

图 4-40 《舆地纪胜》中城市园圃命名类别统计
分析图
（资料来源：作者自绘．)

郡圃多直接以"郡圃"名之，亦有单独取名的，而别圃及纪念性园圃肯定有独立的名称。以《舆地纪胜》有明确园名的郡圃、别圃统计为例，标榜为与民同乐主题❶的园圃有嘉兴、池州、高邮等 12 个；以区位名之❷（30 个）、以州郡县圃名之❸（61 个）、以花木名之（9 个）等中性的园圃有 100 个，而以吏隐为主题的名之的有 5 个❹，可见城市园圃建设中兼容功能的主导性（图 4-40）。而且这样以官方主导的兼容功能在不同的园圃类型有着相关的开放管理定式。其中分时段开放是宋代城市园圃的主要形式，特别是与州府衙署紧密结合的郡圃，多只在春秋佳节向城市大众开放；而别圃全开放和分时段开放并存，如桂林八桂堂❺"公之辟圃也，敞靡通途，无隔塞之禁，而不忍擅一身之私，此后同其乐也"❻和真州东园"嘉时令节，州人士女啸歌而管弦"❼。名贤纪念园圃则多以开放性的形式存在，如《咸淳临安志》记载的三贤堂、先贤堂以及《景定建康志》记载的青溪园，皆在方志上有明确的全时段开放记载。

同时在公众活动的组织方式上，作为"地主"的官员的活动始终是城池园圃的主体，影响着园圃内城市居民的各类活动，并带有明显的社会教化、序贤礼宾的政治取向。城市园圃向公众开放的活动模式有两类：一类是面向城市居民开放的游园活动；另一类是官员与地方精英代表——乡绅、文士举行的雅集及带有射礼、乡饮酒礼性质的大型聚会。其中第一种开放方式中又多以春

---

❶ 如园名为"众乐"、"同乐"、"熙春"、"会春"、"安乐"、"乐道"、"甘棠"等。
❷ 如园名为"东园"、"西园"、"南园"、"北园"及"后圃"等。
❸ 如园名为"郡圃"、"县圃"、"州园"、"州圃"及"治圃"等。
❹ 包括庆元郡圃桃源、信阳郡圃相公园、容州郡圃粲粲园、顺庆别圃藏春园、新州郡圃十仙园等。
❺ 成大的《骖鸾录》提到"八桂堂，桂林北城外之别圃也"。
❻ 〔宋〕李彦弼．八桂堂记 // 全宋文 [G]．卷二五六三．
❼ 〔宋〕欧阳修．真州东园记 // 全宋文 [G]．卷七四零．

秋节庆时段为主，时间一般较长，有 1 ～ 3 个月的时间不等，模范着开封皇家园林金明池、琼林苑等的开放模式，即以地方长吏为主角的大众狂欢式活动。如成都郡圃西园，"每春月花时，大帅置酒高会于其下，五日复纵民游观，宴嬉西园，以为岁事"❶，田况的《成都遨乐诗二十一首·开西园》记载其盛况为："临流飞凿落，倚榭立秋千。槛外游人满，林间饮帐鲜。众音方杂沓，馀景列留连。座客无辞醉，芳菲又一年"。虽有满满的游人，但其"遨乐"一词客观上也表明这样的游赏活动是官府恩惠的展示，是以太守为主角的活动形式的体现。第二种组织方式以乡饮酒礼、射礼、曲水流觞等活动和相应空间组成。如高邮军取名为"众乐园"的别圃，亦有"时燕堂"，"与宾客僚属而燕之以时也"；吉乡南池设有礼仪要求较高的流觞曲水、射圃景点，"水月晃漾，可以掬而玩之；浦□曲折，可以流觞汎酒。池沼傍相向二亭，东曰曲水，西曰弄月。以亭之谷额揭於射埒所向，徙旧刻以寘之，而乃不泯夫昔人方春之处"❷。其中在城市园圃内独立设置射圃是宋代园圃的普遍性现象，并作为地方社会教化的组成部分。如《淳熙严州图经》的严州郡圃、黄崖的《华亭制锦堂记》中华亭县圃的射圃、祖无择的《袁州东湖记》中东湖别圃的射埒、杨蟠的《众乐园记》中"射以合宾"的序贤亭，等等。

4. 高质量的园林环境品质

城市园圃选址常占据城市形胜之处，或依托于与风水格局紧密相关的衙署，或选址于城内外湖泊、山林风景区，具有良好的山水自然风景基础，加之官府资金的全额保障以及官员在造园上的深厚底蕴，造就了城市园圃高质量的园林景物特点。同时，也因选址上与风水格局的紧密关系，其园林建设也常与控制城市风景格局的标志性构筑物相联系，成为州府之胜概。

城市园圃高质量的园林环境品质表现在优越的外部借景和丰富的内部景物。在外部景物的因借上，名贤纪念园圃和别圃一般都选址于城内外山水风景资源的最佳处，前者如《宋元方志丛刊》记载的杭州西湖三贤堂、先贤堂，《景定建康志》记载的青溪园，《嘉泰会稽志》记载的鉴湖一曲园，皆有临湖、临溪的优越山水资

---

❶ （宋）吴师孟．重修西楼记．转引自：（明）杨慎编．刘琳点校．全蜀艺文志 [M]．北京：线装书局，2003：929．

❷ （宋）江𬨎．吉乡新修南池二亭记 // 全宋文 [G]．卷三零三六．

源和宽宏的借景视野；后者如《舆地纪胜》记载的南昌东湖、永康军（现都江堰）花洲、桂林八桂堂、封州的花乐圃等，或临湖、或临崖、或据山巅，如八桂堂之"兰泉芜原，陂陀轩霍，万景献秀，可以圃而堂之"❶，泸州北园之"两江横陈，群岫环列，奇形异态，在在不同"❷，皆为州府风景胜处。而郡圃选址与长吏衙署之后，或以衙署选址之主山而筑，如《嘉定赤城志》之台州郡圃，沿大固山余脉分层而建，又在园内最高处建"赤城伟观"；或依托子城城墙，建构环郡圃的亭榭楼台群，如宋代平江府图郡圃之齐云楼、西楼。同时，城市园圃的内部景物极为丰富，建筑、假山、泉池、花木也常为州郡之最。以《宋元方志丛刊》中记载详细的建康、会稽、四明、严州等 4 府郡圃的景物记载分析为例（表 4-10，图 4-41），"亭台十余所"成为了郡圃景观建筑的基本规模，而其他泉池、山石也为常见，植物景观更是丰富，如建康、四明郡圃中单单出现在记载中主题性植物就有 10 余中。而其他城市别圃、名贤纪念园圃的内部景物也是极为丰富，如建康青溪园，选址于青溪一曲，有亭榭楼阁 30 余所；绍兴一曲园，"有亭曰幽襟，曰逸兴，曰醒心，曰迎棹。……春和秋半，花光林影左右映带，风景尤胜，真越中清绝处也"❸。可见宋代城市园圃普遍具有的高质量园林环境品质。

宋代建康、严州、四明、福州郡圃主文献记载
园林景点类型统计表　　　　　　　　　　表 4-10

城市园圃	建筑								假山花木					
	院	楼	阁	堂	斋	亭	榭	台	桥	小计	池	泉	溪	石	山	花木	小计
建康	1	1		3	1	11			1	18	2				1	11	14
严州			2	6		6	2			14	1	1	2		8	4	8
四明		1		3		5	2	2	2	16	3	1			2	11	17
福州		1		2	2	7		1		13							

同时，城市园圃又因其凭借的山水形胜，而成为城市整体风景结构的重要标识性景点，并通过楼阁亭台的建构，参与到城市风景结构的强化之中。无论是郡圃所据的主山、子城城墙，还是

❶　〔宋〕李彦弼 . 八桂堂记 // 全宋文 [G]. 卷二五六三 .
❷　马蓉，陈抗等点校 . 永乐大典方志辑佚 [G]. 江阳志 . 园 : 3161-3162.
❸　〔宋〕张淏纂修 . 宝庆会稽志 [G]. 国家图书馆藏本 .

别圃、名贤纪念
园圃临湖、临池、
临崖、据巅的选
址，园圃的外围常
成为重要的风景
边界或制高控制
点，其边界或高点
的风景建构直接
影响了整体风景
体系的建构，客观
上促进了官方对
园圃内重要标识

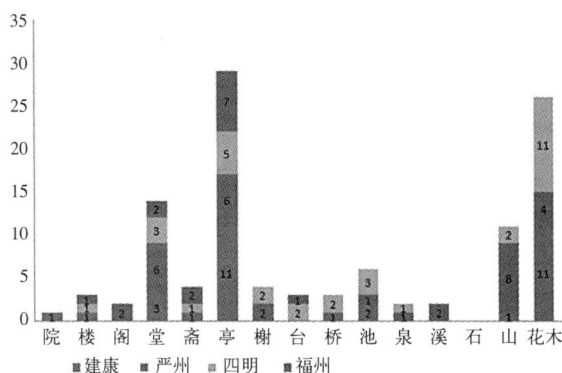

图 4-41　宋代典型郡圃（建康、严州、四明、福州）
主要园林景点统计分析图
（资料来源：作者自绘．）

性景点的投资建设。如临安府于潜县圃会心楼，其建设即为"辨
阴阳而位置"，而"邑势隐然以尊"❶，即是将园圃主楼建设与城市
风景格局相融合的案例。以此而建设的亭榭楼阁也成为地方之胜
概，如绍兴西园的望海楼、苏州郡圃的齐云楼、杭州西湖的三贤
堂、先贤堂等。而且在南宋时期，这类控制性楼阁因其宽宏的视野，
标志性的胜概意义，而多以"奇观""伟观"、"壮观"名之，如邕
州别圃五花洲之"南州壮观"、台州郡圃之"赤城奇观"、叙州郡
斋之"江山伟观"等。而且城市园圃因是地方官府的主导建设内容，
其主持者大多为作为时代精英的士大夫官员。他们基于"自觉精神"
的政治抱负，促动了包括城市园圃的公共园林的普遍建设，同时
其深厚的文化造诣也促进了造园程度更高的城市园圃高质量展现。
从保存了基本空间结构的崇州西湖、新繁东湖、绍兴西园、泰州
方洲园、荆州惠泉等两宋城市园圃来看，在山水空间组织、主题
景区设计和重要建筑物设置上表现为疏朗、简约的园林结构，代
表着两宋文人园林❷的造园特点。其中新繁东湖（图 4-42）的方池
做法、寝殿造山池处理，还遗留唐代园林的空间特点。而著名文人、
贤臣所营建的园圃景点因意境的深层内涵，在文人士大夫的唱和

---

❶ 《咸淳临安志》卷五十四·官寺三·于潜县有记，曰"……令荆溪张君本来，公余凭高周揽，谓景冈观泉，辨阴阳而位置，古人所重。……园亭之列岫正枕车麓，可驾卑以为崇。……升楼群山奔凑，一揽而有如主。……邑势隐然以尊，非直为临眺设也"。
❷ 周维权在《中国古典园林史》中提出宋代"文人园林的兴盛"概念，并认为"简远"、"疏朗"、"雅致"、"天然"是文人园林的典型特征。

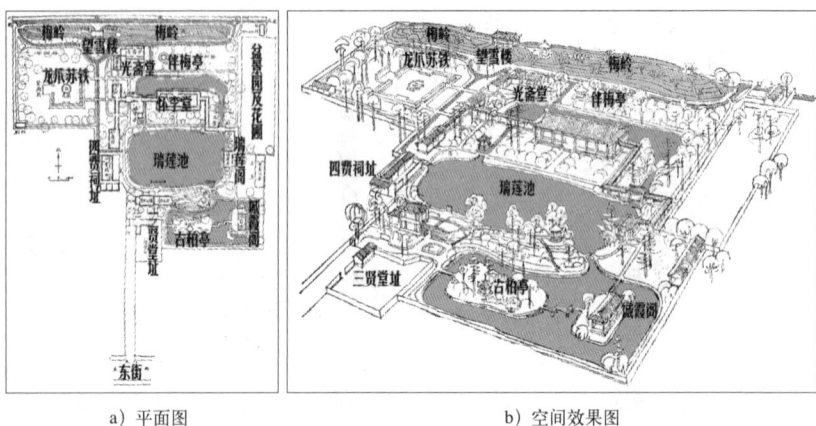

a) 平面图   b) 空间效果图

图 4-42　唐宋四川新繁城市园圃——东湖

（资料来源：a) 摹自赵长庚.西蜀历史文化名人纪念园林 [M].四川科学技术出版社，1989：109.)

下得以广泛推广。如北宋初期赵忭在成都的清白堂因官员良好的声誉和景点切题政治的意境，而在两宋城市园圃中大量出现，单范仲淹就在绍兴郡圃、严州郡圃建设有清白堂、清白亭，甚至影响了宋代及后世众多私家园林以清白为名的亭、堂建设。

（二）城市园圃的类型组成

郡圃、别圃、名贤纪念园林是宋代官方投资建设的城市园圃基本类型。其中郡圃、别圃在宋代文献中已有提及，名贤纪念园圃是对以祭祀先贤而建设的众多纪念性园圃的现代总称。

宋代城市园圃以普遍、多样的形式存在于州府城市之中。在《舆地纪胜》里只是以某园、某圃出现的城市园圃就往往不止一个，另以院（如福州甘棠院）、楼（如杭州丰乐楼、武汉黄鹤楼）、堂（如桂林八桂堂）、祠（如建康青溪先贤祠）等存在，而其他较难清晰辨别的园圃也不在少数。而且这些园圃在两宋时期的主流称谓中，有郡圃、州圃、州园、军圃、县圃、别圃以及众乐园等，也有以园圃的区位为名的东园、西园、南园、北园。可见这样的称谓在同一城市的园圃记载中是多样性存在的，如从《舆地纪胜》中典型州府的城市园圃摘录（表 4-11）来看，嘉兴府、隆庆府、浔州、隆兴府的城市郡圃与诸如东园、西园、众乐园并存，池州、太平州、临江军是郡圃和州圃、军圃并存，长宁军以郡圃、别圃并存。所以在两宋时期这些园林是相对区分的，需要进行适当的再分类加以理解。

228

州府	园、圃记载
嘉兴府	披云楼,在郡圃之东北子城上。朝阳楼,在倅厅花园子城上,与苏小墓相对。……花月亭,在倅厅花园。……坐啸堂,在郡圃之西。……思鲁堂,在海盐县圃之西。……众乐园,在郡圃之西
太平州	似闲亭,在郡圃。绛雪亭,在郡圃,旧名杏花村。翠云亭,在繁昌县园内。……迎晖亭,在州圃。观德亭,在州圃
池州	锦堂,在郡圃。盘隐,在州圃。……众乐堂,在郡圃。……游息亭,在郡圃
隆兴府	东园,在东湖上;南园,在府治之东南,旧名桃源洞。今有共乐堂、小湖山、先春亭、退观亭、照绿亭;北园,在府治之北
临江军	邀凉亭,在军圃。……浮光亭,在郡圃。……秀阴堂,在军圃。吏隐亭,在军圃;清江台,在军圃
广州	药洲,在西园之石洲。……清风堂,在东园。……景濂堂,在石洲湖西
浔州	湛轩,在郡圃,与清心堂相对;西园,在城西三里
隆庆府	芝堂,在郡圃;闻溪,即东园也。治平中,太守王纲有《闻溪十二咏》
长宁军	樽俎堂,在郡圃。瑶碧堂,在郡之别圃。蔚蓝观,在郡圃,旧名野红楼。……光风馆,在郡之别圃

　　从宋代各类文献的记载分析来看,郡圃多以"郡圃"为名,也有用区位或"桃源"、"众乐"、"熙春"等统称之,但别圃、名贤纪念园圃肯定有自己特定的称谓命名,而极少以类型名之的。在宋代城市园圃中诸如郡圃、郡斋、州圃、军圃、州园、后圃、别圃等这些称谓中,郡圃的概念相对较为明确,一般在州治、郡治、府治等子城内,特指紧邻地方长吏官署的附属园林,如相州郡圃,"郡署有后园,北逼牙城"❷;苏州郡圃,"郡圃,在州宅正北,前临池光亭大池,后抵齐云楼城下"(范成大,1999);滁州郡圃,"东园,在郡城东隅。梅执礼序云:'滁阳本无郡圃,而醉翁、丰乐诸亭皆在关外。李绅所谓东园者,南直琅邪诸山,北通西涧,修木交映,左右又适介守贰之居,固一佳处也'"(王象之,1992);番阳郡圃,"番阳厅事之东偏,有堂曰平政,堂之北有阁曰芝秀。……阁北瞰郡圃,春有百卉,有游人,鸟有幽声"❸。一些大型的郡圃有园中园,园内又有北园、西园、东园、后园之分,如广州郡圃有西园和东园,

---

❶　两宋园圃名称也有以亭、楼命名的,但因难以全面考证各州的园圃实际存在,本表辑录的只能是各卷中明确有"园"、"圃"字语出现的景物记载。并以园圃的称谓多样为选择的典型案例。
❷　(宋)韩琦.相州新修园池记 // 全宋文 [G].卷八五四.
❸　(宋)王十朋.思贤阁记 // 全宋文 [G].卷四六三六.

苏州郡圃的西园——"在郡圃之西";嘉兴府,"众乐园,在郡圃之西"❶等。而别圃的概念因两宋这些独立于衙署的园林往往有自己独立的称谓,如定州的众春园、泰州的方洲园、福州的甘棠院(又称春台馆)、建康的青溪园等,而称之为别圃的极少,因而在已有研究中少有提及。《舆地纪胜》全书记载两宋城市园圃200多个,但明确提出别圃的只有两卷、五次❷;相关宋代园记中也很少,作者找到的也仅有范成大《骖鸾录》上提到:"八桂堂,桂林北城外之别圃也"。名贤纪念园圃多以先贤堂(祠)名之,或以祀主字号、遗迹加以命名,如西湖竹阁和会稽府数量不少的右军祠、苏轼治理、游览之处的东坡祠等,或祀主人数加以命名,如三贤堂、四贤堂、六贤堂等。

根据上述园圃命名及其相关建设文记的历史记载分析,可以大致界定清郡圃、别圃、名贤纪念园圃的根本区别。其中郡(县)圃为紧邻地方长吏官署的附属园林,在州治、郡治、府治、县志等子城内。别圃是脱离衙署建筑而独立在城内、城外选址建设的园圃,有独立的园林名称,且常位于子城外,即韩琦所谓的"位署之外",并和州园、州圃、军圃等定义相通。名贤纪念园圃有择佳地创建的地方先贤总祠的园圃,也有附属于某一先贤遗迹的纪念园圃,其区位相对不确定,分布在衙署以外的城内、城外。这样的基本分类也符合宋代方志的城市园圃门类归属,一般而言郡圃在方志中属于公宇(廨)(《淳祐玉峰志》、《宝庆四明志》❸、《嘉定赤城志》、《咸淳毗陵志》等)、官寺(《宝祐寿昌乘》)、府治(《咸淳临安志》、《淳熙三山志》)等之中。而别圃常为独立的一门或从属于"园亭"、"苑囿"一门,如绍兴西园在独立一门(《嘉泰会稽志》卷一·西园、《宝庆会稽志》卷一·园圃)、苏州南园在《吴郡图经续记》有独立的南园一门、在《吴郡志》又属园亭一门(《吴郡志》·卷十四·园亭)。名贤纪念性园圃或从于山、水一门,如杭州西湖《乾道临安志》、《咸淳临安志》的三贤堂、先贤堂;或从属于园亭、亭榭、苑囿门,如《景定建康志》卷二十二·城阙·亭榭中的青溪诸亭、卷二十二·城阙·台观中的乌衣园;也有出现

---

❶ 舆地纪胜[G]. 卷三·嘉兴府;卷八十九·广州.
❷ 舆地纪胜[G]. 卷四·安吉州;卷一百六十六·长宁军·景物下.
❸ 宁波宋代郡圃在《宝庆四明志》从属于官宇一门,但在《开庆四明志》有在卷二特设郡圃一门,属于《宋元方志丛刊》中有关郡圃记载的特例。

在宫观门类中的，如《宝庆会稽续志》卷三·宫观门上记载的一曲园。宋代方志中的园圃门类归属客观上也反映了官方对不同属性园圃的地位界定，并影响了官方对不同类型采取的相应建设、管理政策定式，促进了宋代城市园圃的多样性展现。

二、郡圃园林

"郡圃"作为两宋地理志、方志和诗文记载中的一个独立、专门的称谓，说明其园林类型已相对成熟，具有相对明确的功能，且在州、府、县中的地位之重要性。通过对现存宋代各类地方志上的州治建设与郡圃记载，综合宋代其他相关文献，可以将郡（县）圃定义为：位于州县地方长吏官衙后面或一侧，结合州（县）治选址的良好自然山水环境，创造出层次丰富的园林美景，是地方园林建设成就的典型代表；在布局上相对独立于官员理政的"治"和居住的"宅"，是官员偃休、雅集和游赏的主要区域，兼有一定的菜圃、园地生产功能，并定期向民众开放，纵民游观，呈现亦公亦私的复合功能。

郡圃与其他衙署园林相比的特点是地方长吏所在衙署的附属园林，即潘谷西所认为的"在州县衙后堂设置山池林木以为官吏宴集、待客及游观之所"❶。其建设管理代表着地方园林文化的最高水平，是地方长吏施政的场所之一，除常规的长吏与僚属相与游赏、接待四方宦游官员之外，包括乡饮酒礼、射礼的礼仪文化活动和春秋、节日时期"与民同乐"的公共开放性游赏，也是郡圃承载的重要政治功能。而其他衙署园林不承载这样的功能，更多是官员自身的休憩、游赏为主，笔者在收集众多的两宋园林文献后，也只发现了《淳熙三山志》记载有提刑司乐圃向大众开放的记载 ❷，可见这类衙署园林与郡圃相比，没有明确定式的社会政治功能诉求。

（一）郡圃的园林选址与空间分区

依附于长吏衙署的特定选址，使郡圃的建设与衙署的管理、住宿功能相融合，并通过参与到"治—宅—圃"的功能层次体系，

---

❶ 潘谷西．江南理景艺术 [M]．南京：东南大学出版社，2001：4．

❷ 参见《淳熙三山志·卷第七·公廨类一》之提点刑狱司。有记曰，"异时，乐圃作门威武军西南。每岁二月，府开西园，与民游玩至三月。提刑司亦开乐圃，各一月"，"顷三十年，乐圃始罢开矣"。

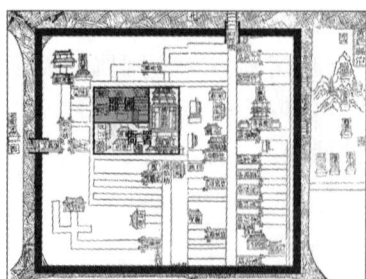

a) 黄岩县圃在城池的位置

b) 宋代临海县圃在城池的位置

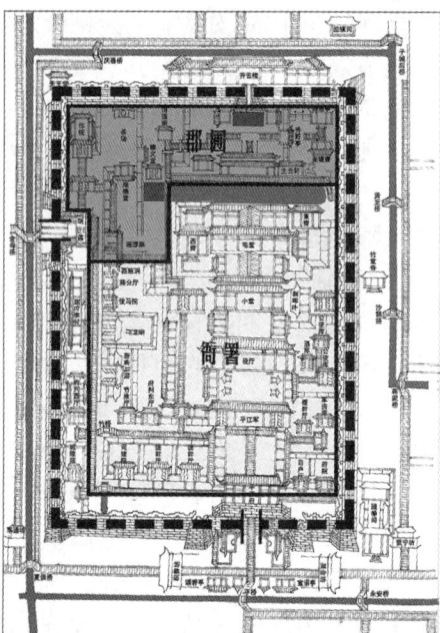

c) 苏州郡圃与衙署方位关系

图 4-43　宋代郡（县）圃与衙署的相互关系图

（资料来源：自绘，a）底图自：《嘉定赤城志》黄岩县治图；b）底图：《嘉定赤城志》临海县治；

c）底图自：傅熹年 . 宋《平江图》碑摹本 . 中国科学技术史，科技出版社，2008：360.)

形成了宋代州县衙署的典型空间模式。同时，郡圃内部也因私密的官员日常生活、开放的城市节庆活动的复合诉求，呈现不同的功能分区和园林景物建设方式，造就了宋代郡圃常见的园中园分区模式。

　　郡圃常位于长吏衙署之后，或正在衙署后面，多以后圃称之；或位于郡圃一侧，以西园、东园、北园为名 ❶ （图 4-43）。以《宋元方志丛刊》的郡圃为例，明确记载在州（县）衙署后侧有苏州、常熟、严州、台州、徽州、武昌等 6 个，在州（县）衙署东侧的有昆山、嵊县、仙溪、临海等 4 个，在州（县）衙署东北侧的有建康，在州（县）衙署西侧的有福州、黄岩、临海等 3 个，另有文献中区位不详的有常州、无锡、宜兴、明州等 10 个。

---

　　❶ 中国风水学说影响下的衙署选址一般为坐北朝南，加之郡圃未有在衙署前侧的记载，所以常规而言，称别园者多为别圃，如苏州南园、泉州南园。也有特定的山地衙署选址，如杭州、泸州，其南园亦为郡圃，但不为主流的郡圃称谓。

郡圃虽与衙署紧密相接,但在整体上与衙署呈现"治—宅—圃"的空间递进层次,适应着文明演变下的宋代官吏理政、燕休与社会公共活动的地方治所综合性功能(图4-44)。郡圃与衙署的紧密关系,使得在相关景物记载中"郡(州、府)治"、"郡(州、府)宅"、"郡圃"模糊的表述,使现代的读者对郡圃的布局及其相应功能的理解产生困惑。如《舆地纪胜》台州卷记曰:"赤城奇观在郡圃后

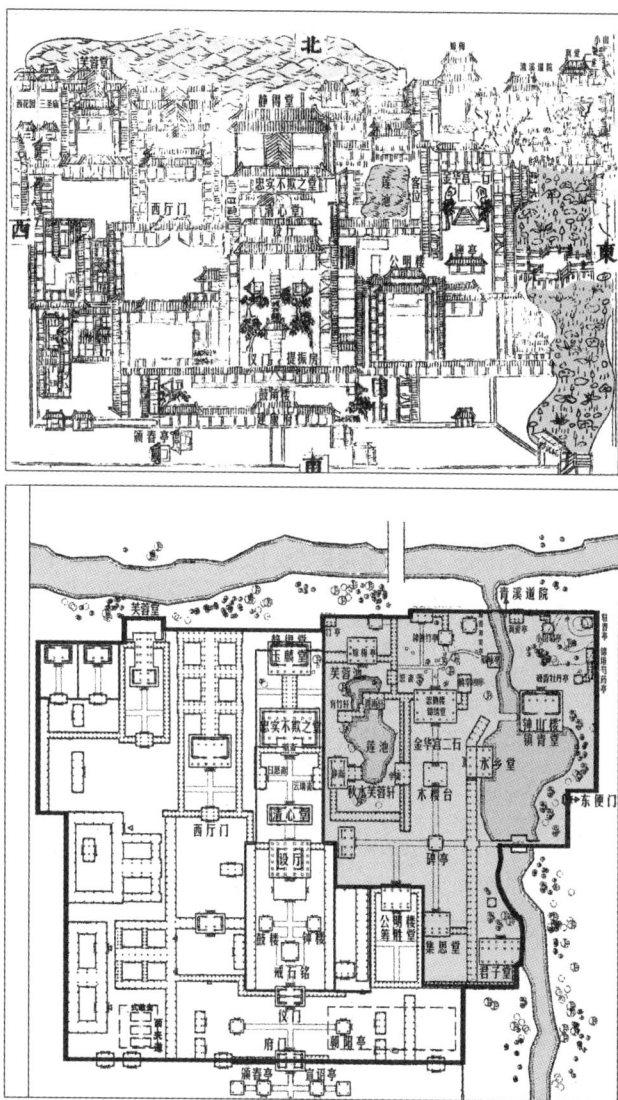

图4-44　南宋建康郡圃示意图

(资料来源:袁琳.宋代城市形态和官署建筑制度研究[M].北京:中国建筑工业出版社,2013:119.)

山上，……节爱堂在州治君子堂后，……见山阁在州宅后"❶；袁州
卷记曰："一揽，在郡斋景韩堂之后；长春，在郡斋；留春，在倅
厅；问月，在郡斋；云山，在郡治，南轩张栻命名；梅轩，在録
事厅；菊坡，在郡圃。"❷ 幸因与郡圃相连的州治往往是地方志上重
点表述内容，在保存至今的南宋江南地方志上留下了宝贵的图文
资料，成为理解宋代郡圃与城市、府治的关系及其园林布局的直
接资料。以淳熙《严州图经》、景定《严州续志》的图文记载为基础，
通过分析其与府治的功能层次衔接、园林空间布局，对于理解衙署、
郡圃之间的层次关系有着实证的意义。

南宋严州方志郡治及郡圃文献记载辑录表　　　　表 4-12

名	功能	志书相关景点记载
圃	即郡圃，官员偃休、雅集、游赏及定期开放作为市民游乐之所	赏春亭在州衙后圃赵清献公所建今废（以上淳熙《严州图经》）。松关在千峰树之下，由松关而北为荷池，池之东为潺湲阁，西为木兰舟（旧名荷池）；读书堂自为一区，在木兰之西（旧为北园，淳祐己酉知州赵孟传改建）；拟兰亭在潺湲阁之东，掬泉为流觞曲水（旧名流羽），其东北为酿泉；锦窠亭在酿泉之南（旧名采岐，知州吴檠改今名）；桂馆在潇洒园池之西，杏园、桃李庄又在其西；面山阁自为一区在锦窠亭之东，其下为赋梅堂（旧名棠堂，知州季镛易今名），而以黄堂扁于设厅之北，于义为；称潇洒园池，郡圃之总会也（旧名后乐）；射圃在潇洒园池之南，为堂曰正己；东溪在射圃之南，亭曰银潢左界（旧名飞练），又南为翔蛟（以上景定《严州续志》）
宅	即郡斋、州宅，为官员日常生活、接待、偃休之地	千峰树，州宅北偏东跨子城上，自唐有之，绍兴八年知州董弅即千峰树之南建高风堂；潇洒楼在州宅正寝之北宣和三年知州周格建（以上淳熙《严州图经》）。设厅之北为坐啸，又北为黄堂（旧名凝香），又北为正堂，曰秀歧；潇洒楼在正堂北（旧名紫翠），下为思范堂，堂之北为月台；燕堂在治事厅之北，又北为绿荫，东为东斋；高风堂在治事厅之东，又东北为植贤亭，为松月亭，堂北有柏，石刻寿柏二字，识其古也；千峰树在高风堂之北，凭子城为之，其东为环翠亭（以上景定《严州续志》）
治	即郡治、州治，为官员日常听政、办公之所	宣诏亭在严州门前街东，班春亭在严州门前街西（以上淳熙《严州图经》）

综合分析《淳熙严州图经》和《景定严州续志》的文字记载
（表 4-12）和《淳熙严州图经》中的子城图，可见府治园林的相应

❶ 舆地纪胜 [G]. 卷十二·台州·景物下.
❷ 舆地纪胜 [G]. 卷第二十八·袁州·景物上.

礼
乐
的
风
景

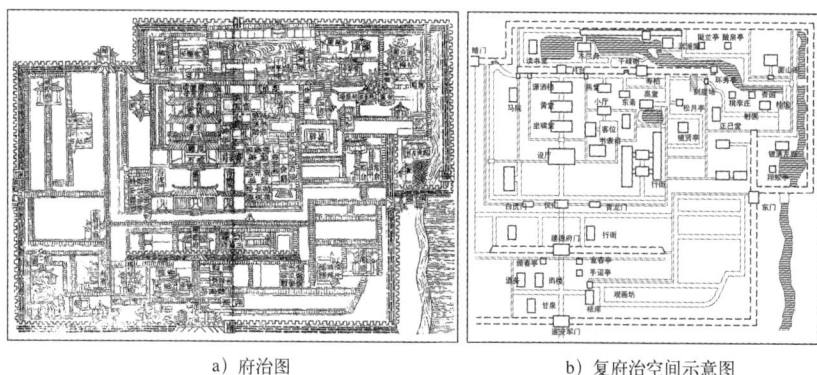

a) 府治图   b) 复府治空间示意图

图 4-45　严州府治空间示意分析图

（资料来源：b）来自毛华松，廖聪全. 宋代郡圃园林特点分析 [J]. 中国园林，2012（4）：78，79.）

景点建设与其功能层次紧密切合，由以"治"为主的宣政，向以"宅"为主的官居、接待功能递进，第三层次才是"郡圃"、"后圃"，作为官员偃休、雅集、游赏以及定期开放作为市民游乐之所（图 4-45）。其中第一层次主体建筑为府门，配以宣诏、手诏、颁春三亭及雨楼，和主街道对称布局，景观意象整齐、统一，符合宣讲皇命、壮一州之胜的意象。第二层次以设厅、坐啸、黄堂（二层、上为秀歧楼）、潇洒楼（二层、下为思范堂）及客位堂围合的院子为主体，是府治长吏接待客人、就餐、娱乐、休憩的主要空间，该院除潇洒楼北侧子城牙墙上的月台外，无其他园林建筑；主院东侧小院由燕堂、小厅、东斋及提供设帐、茶酒和虞候（侍从）休息的厅堂组成，是官员休憩、居住的区域，布局已相对园林化；小院东北侧为州宅的主要园林空间，包括牙墙下的高风堂、植贤亭、松月亭及寿柏、松关等组成的园林空间和牙墙上千峰榭、环秀亭以借景为主题的园林建筑；州宅部分园林空间介于牙墙和府治之间，相对独立和幽静。府治的第三层次园林空间即为郡圃，介于牙墙与子城城墙之间，也是府治园林的主体；从园林山水构成来看，郡圃中有十几亩的荷花池、小溪及泉源，也有刻崖场、面山阁等地形高爽之地；园林建筑方面既有厅堂、亭榭，还有舟、廊、阁等建筑形式，与相应场景相结合，形成丰富的空间形态。宋代郡圃在整体空间结构上的"治—宅—圃"空间结构，已与后世的衙署园林和宅园相当接近。以建于明代、曾作为清代兼有官署管理功能的八旗奉直会馆的拙政园（图 4-46）为例，两者在公务、居住、园林游憩及园林建筑密度的递进已经很相似。

图 4-46 拙政园分区图
（资料来源：自绘，底图自：潘谷
西著．江南理景艺术 [M]．东南大学
出版社，2011：拙政园平面图．）

园林
内院
外堂

　　同时在郡圃的内部功能划分上，有相对定式的动静、公私的分区，呈现"园中园"的空间结构。如严州郡圃设有较为静谧的读书堂、面山阁景区（《严州续志》表述读书堂、面山阁"自为一区"），也有射圃相对以武、动为主的园林空间及以曲水流觞、文人雅集为主题的掬泉（图 4-47）。苏州郡圃西园也是以礼贤序宾为主的射圃定式功能；又如相州郡圃，韩琦《相州新修园池记》记曰："三分蔬圃之地，其一居新城之南，西为甲仗库'……以库东之余地，通于后园，由是园之南北，兴与东西均焉。……其二居新城之北，为园曰'康乐'"❶（图 4-48）。而《舆地纪胜》记载的嘉兴府众乐园"在郡圃之西"、南康军西园"在郡圃"、岳州景物"东园，在北园之东。……北园，在郡治北"❷，皆可见郡圃"园中园"结构的典型记载。

　　（二）郡圃的园林建设与景物特色

　　郡圃选址依附于地方的州治、郡治，具有优越的山水环境。宋代典型的州城由子城、罗城两层城墙体系构成，其中子城是作

---

　　❶　（宋）韩琦．相州新修园池记 // 全宋文 [G]．卷八五四．
　　❷　《舆地纪胜》卷六十九·岳州·景物上记曰："东园，在北园之东。绍兴初，陈去非假馆北园，自号园公，有诗集。……北园，在郡治北。……简斋，本朝参政陈去非尝假馆郡圃，其所居室自谓简斋，其名甚著。"以其中的"陈去非假馆"为线索，北园即为郡圃或郡圃的一部分。

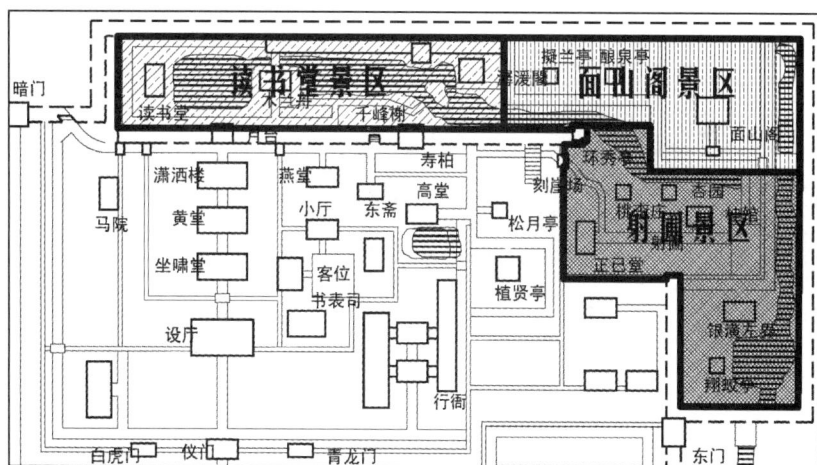

图 4-47 严州郡圃分区图

（资料来源：自绘，底图自：毛华松，廖聪全．宋代郡圃园林特点分析 [J].中国园林，2012（4）：79.)

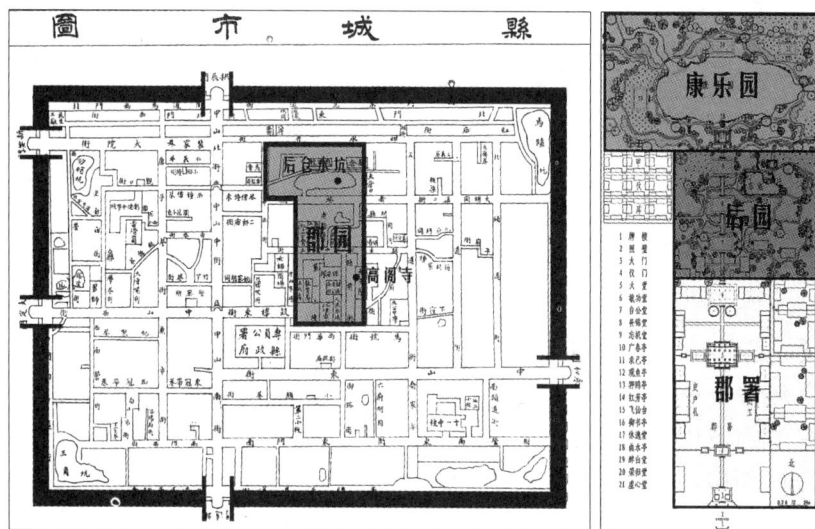

a) 安阳郡圃在城池的位置

b) 安阳郡圃分区示意

图 4-48 北宋安阳郡圃空间示意图

（资料来源：a）自绘，底图自：续安阳县志．卷一县城市图．北平文岚簃古宋印书局，
1933；b）来自申淑兰．北宋廨署园林——安阳郡园初探 [J].建筑文化，2008（07）：190.)

为包括州（府）治及其他主要衙署所在。因风水形胜的要求，官
治衙署所在的子城作为一方行政中心，地位至关重要，有"东都
以朝殿为正穴，州郡以公厅为正穴"之说。这里的"正穴"，未必
为城市几何中心，而是既能防患水淹的城中高地，又可以居高临

下控制全城。州治依托作为案山的城内山体，客观上为州治附属园林——郡圃的营建提供了良好的自然环境条件和优越的眺望借景条件。如南宋江南地方志的记载，临安府（杭州），府治旧在凤凰山之右，自唐为治所（淳熙《临安志》卷五·官宇）。会稽府（绍兴），"越冠浙江东，号都督府。府据卧龙山，为形胜处。山之南亘东西鉴湖也。山之北连蜀江与海也。周遭数里，盘屈于江湖之上，状卧龙也。龙之腹，府宅也；龙之口，府东门也；龙之尾，西园也；

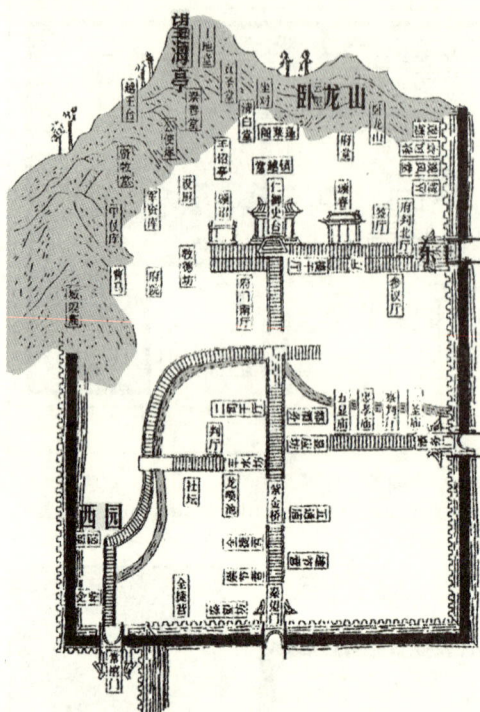

图 4-49　嘉靖绍兴府治图中的衙署与卧龙山
（资料来源：摹自邱志荣.绍兴风景园林与水 [M].
上海：学林出版社，200：37.）

龙之脊，望海亭也"❶（图 4-49）。明州（宁波），子城周回四百二十丈，环以水丽，谯揭奉国军之额，太守潘良贵书（旧州楼揭明州之额），……旧州治以奉化县之金峨山为外案山，而以城中之镇明岭为内案山，后坐慈溪县之骠骑山。❷赤城（台州），以今城垒，骋目而望，据大固山，介天台、括苍间，巾峰对峙，如入几席，天台、仙居二水别流至三江口而合，萦纡演迤，环拱其郭，岩光川容，吞吐掩映于烟云缥缈之际，真足以奠城社，表宅里，聚廛市，以雄跨一方矣。❸

　　这样以山体为案山，建设府治郡圃的选址大量分布在江南、闽越、江汉一带的城市。如宣州郡圃（图 4-50），"夫陵阳三峰错峙于州城之间，而州治所据在一峰之上。北望昭岑，南瞻瞿硎，

❶　（宋）刁约.望海亭记 // 全宋文 [G].卷四一一.
❷　（宋）张津等纂修.乾道四明志 [G].卷一.国家图书馆馆藏本.
❸　（宋）齐硕修.陈耆卿纂.嘉定赤城志 [G].卷二.国家图书馆馆藏本.

238

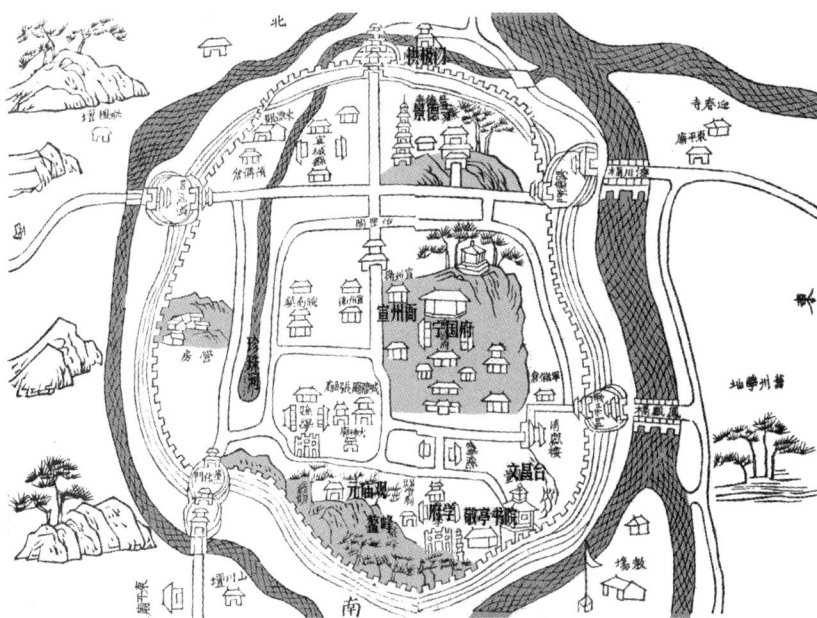

图4-50 宣州城中山空间示意图
(资料来源：摹自光绪《宣城县志·卷首》城治山川图册一、二.)

前后左右，如抱如拥，粲然如积金，莹然如叠玉，屹然如长城之环缭，截然如巨防之壁立，皆天造地设，为此邦之险固，虽图画刻削，莫克肖似。"❶ 如福州郡圃依屏山而建，卫泾《福州屏山亭题识》记曰："郡圃累政葺治，稍觉成趣。参政何公广旷宜创越山洞天，尚书叶公辟柳塘云观，侍郎蔡公重修蓄宣楼，属以修廊。予丙子初夏视事，登揽楼观，燕堂后有万家亭，石林叶公所建，危峙城上，楼观相望。亭之外瓦砾芜秽，雨辄不可往来，遂续行庑复阁，凡至怡山间。不论雨晴，公余可以纵步，极暑夜坐，露气袭人。城隅有月台，就址结亭，以四山环绕如屏，名曰屏山。洞天略高其楹，名曰云关，万象之东仍翼之庑，始称扁榜。文山郑君育所书花坞，循旧径铺石夹砖，庶能久橧楹，亦以便游观也。"❷ 又如台州子城北侧的大固山、潮州子城北侧的金山、严州子城的安仁山等，这些大中型的山体为郡圃提供了直接的物质载体。而且这样的地点往往风景资源极其优越，如潮州金山"西望湖山，东瞰韩亭，阙里

---

❶ （宋）蒋之奇.叠嶂楼记∥全宋文[G].卷一七零六.
❷ （宋）卫泾.福州屏山亭题识∥全宋文[G].卷六六三八.

风景万叠"（参见图 4-16）；台州大固山玉宵亭，"凭栏四望，叠嶂环绕，手挥丝桐，目送飞鸿，飘飘乎如乘云御风，身在物表。州之宴游，於是为胜"。而平原城市因无山体可靠，又结合城市水利建设，以城内湖泊、洲岛为衙署选址的风水形胜，为郡圃提供了良好的园林建设环境。如齐州（现济南）郡圃与大明湖，北宋晁补之《北渚亭赋》曰："经营一国，其利汾浍。防为井沼，壅为碓砣。得平而肆，乃混漾而滂沛。经民闾而贯府舍兮，渚为池之千亩。惟守之居，面岩北阻。邈闉阇之遗址兮，肇嘉名乎北渚"❶；崇庆府郡圃，《舆地纪胜》记曰："西湖，在郡圃。盖皂江之水皆导城中，环守之居，因潴其余为湖也"❷；南安县圃，罗愿《小蓬莱记》曰："江西之胜者，有南安之小蓬莱焉。其始自城外酾水为渠，分流以入守贰之舍，蓄以为池，非专为观游也。池既足於水，异时同守喜事者，不知其何人，即池中之隐起者为亭，环以嘉木巧石，使略相蔽亏，望之郁然。岛势成就，因取於道家所谓三神山者而为之名"❸。而广州郡圃西园利用南汉时期的玉液池而建、苏州郡圃结合唐代北池而建更为著名。这些平原地区州府郡圃，虽没有所依托的山体，也通过依托子城城墙的楼阁或园内高楼、月台，以取登高望远之意，同时也形成城市重要的形胜之处，如苏州郡圃子城上的西楼、齐云楼（图 4-51）。

在园林空间审美的质量上，郡圃园林因其良好的建设条件和官署深厚财政实力，应远胜于同时期的大部分其他园林类型。其中最为典型的是郡圃的园林，山水环境、园林花木、假山建设和园林建筑均在两宋园林中具有较为明显的优势。在山水环境上，依托郡治良好的风水形胜选址，郡圃往往具有良好的园林建设基础，同时紧邻的子城城墙，一些郡圃的月台、亭榭临城墙而建，为郡圃建设提供了登高揽胜的风景点，如北宋时期杭州郡圃以凤凰山麓为园，俯瞰西湖，以湖山之会为郡圃造园大环境，留有"有美堂"、"清暑堂"、"南园巽亭"等以对江山之胜；会稽西园盘踞卧龙山，"拂云楼"、"越王台""蓬莱阁"、"清旷轩"等大多依山而为，俯瞰镜湖，号称"一郡登临之胜、越中名园"；而在台州郡圃后山更有"赤城奇观"之景。郡圃内部园林建设重视山水的相

❶（宋）晁補之．北渚亭賦//全宋文[G]．卷二七一一．
❷（宋）王象之．與地纪胜[G]．卷一百三十八·崇庆府·景物．
❸（宋）罗愿．小蓬莱记//全宋文[G]．卷五八三六．

礼乐的风景

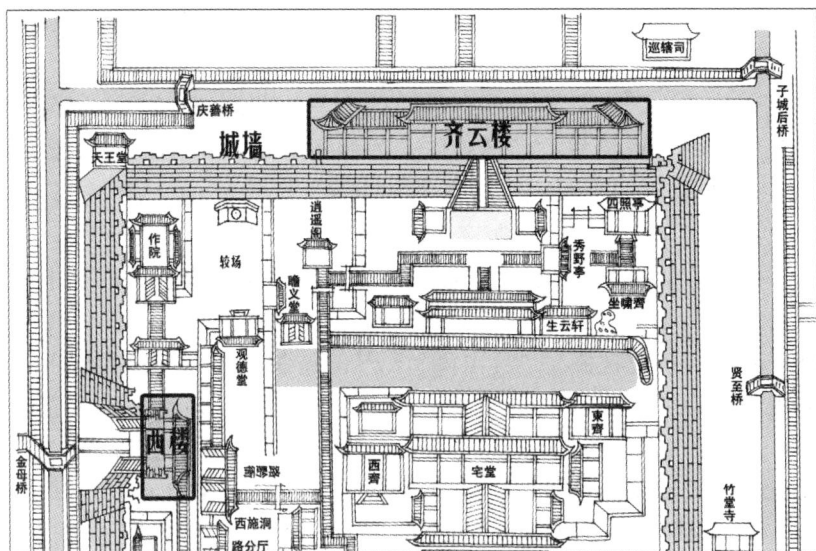

图 4-51　苏州郡圃中的齐云楼和西楼
(资料来源：自绘，底图自：宋《平江图》碑摹本 .)

应相衬，严州郡圃近三十多亩，水池面积近十几亩；吴郡（苏州）郡圃北宋时郡圃水池甚广大，可扁舟醉乘，设有池馆、虚阁、危桥；即便是据山为园的会稽西园，也有曲水阁、流觞亭、绿波亭等景点，可略见宋代园林对山水形胜建构的重视。郡圃优越的园林山水选址和良好的山水园林空间营造，成为当时区域的著名园林建设典范，以壮一邑之胜概。而且由于郡圃常处于子城内部，与子城城墙关系紧密，使得大部分郡圃都有重要的景点建设于子城城墙上，成为郡圃重要的眺望景点，丰富郡圃的借景，扩大了郡圃的景观内涵，如上述平原城市郡圃的城墙景点。而依山而建的郡圃也常借用子城城墙，作为鸟瞰城池、山川，登高揽胜的景点，如苏州郡圃有西园门、齐云楼，严州郡圃有千峰榭、月台、环秀亭等。王禹偁在黄州营建的月波楼、小竹楼、苏轼笔下的披云榭、文同笔下的陵阳守居等，皆是借助郡圃外侧城墙而建筑的眺望景点。

　　园林花木是郡圃建设的重点之一，从两宋的现有郡圃记载文献来看，郡圃建设已基本有现代园林设计理论的影子，园林基调树种和花木栽种相结合，将园林的整体环境营造和景点点缀有机结合、分层次设计营造。在整体环境的营造上，郡圃经历代的经营，常具有良好的植物环境，如兖州郡圃即是在原有环境中建设营造的,"长林美荫,高十寻,大连抱,非千百年之积不能至此"❶,而综其名曰"美章园";如繁昌北园,"有巨松数株,修竹万竿,萧然自一佳处也"❷。即便无良好的整体生态基调,也通过乡土树种的背景林营建形成良好的园林基底。如相州郡圃,"南北二园,皆植名花杂果、松柏、杨柳所宜之木,凡数千株"❸,以松柏、杨柳为基调;绍兴西园,"种竹万竿,桃李千本,方将艺茶于秋,栽松于冬,植花卉于春,以尽复旧观"❹;眉山郡圃,植柏树千余株,郡守李石留有《眉州郡圃种稚柏三千》一诗;陆游也在崇庆府郡圃植竹万株,留有"三千官柳"、"百亩湖竹"❺的诗篇。而且在宋代郡圃中出现很多以花木为主要欣赏对象的景区、景点,如陈耆卿《赤城志·卷五·公廨门》介绍了郡圃中有桃源一景,植桃百余;文同建设的洋州郡圃中有竹坞、荻浦、蓼屿、菡萏亭、荼蘼亭、筼筜谷、寒芦港、金橙径、此君庵等❻;蒲州园池有槐轩、芙蕖轩、惜花亭、竹轩等❼;庆元府郡圃内有翁方亭"前植杏,三面植月丹",清莹亭"前植以李",春华堂"环植以桃",秋思亭"枨菊、芙蓉相为掩映"❽。侯迺慧以宋代诗词为参考,提出郡圃花木的景区、景点建设"趋同向于只以一种花木为主题"(侯迺慧,1997)❾,略有偏颇,两宋郡圃的花木往往注重搭配,如王安中记载的河间府郡圃旌麾园:"疏塞壅豁,指布台榭之所置,及莳花种木之所宜,口讲手画,皆就条理。"❿;广州郡圃东园,"过东园,梅、桂、兰、菊所至"⓫;而有徐卿子的《临川重修县廨记》记载的临川郡圃:"辟西厅外隙地为圃,临荷池结束小亭,名以净植。前数步立爱芳亭,植花卉桃李居多。亭前披荆棘,得古桂两根,梅三树,中筑台,高及仞。前为曲径,傍南起舫亭,匾曰横舟。花竹屏蔽於前者无余地。更进

❶ 刘攽. 兖州美章园记 // 全宋文 [G]. 卷一五零四.
❷ 蔡确. 繁昌县北园记 // 全宋文 [G]. 卷二零零八.
❸ 韩琦. 相州新修园池记 // 全宋文 [G]. 卷八五四.
❹ 吴芾. 卧龙山草木记 // 全宋文 [G]. 卷四三五零.
❺ 陆游. 剑南诗稿 [G]. 转引自:廖嵘. 唐代衙署园林——崇州罨画池 [J]. 中国园林, 2004 (10).
❻ 王象之. 舆地纪胜 [G]. 卷一百九十·洋州.
❼ 司马光. 和邵不疑校理蒲州十咏 // 全宋诗 [G]. P152—153.
❽ 罗濬等撰. 宝庆四明续志 [G]. 卷二·郡圃.
❾ 侯迺慧指出宋代郡圃众多的景区"都是以花木为主题,以花木的美作为主要的赏玩内容。而且还趋向于只以单一种花木作为主题"。
❿ (宋)王安中. 河间旌麾园记 // 全宋文 [G]. 卷三一五九.
⓫ (宋)李昂英. 元老壮猷之堂记 // 全宋文 [G]. 卷七九四三.

礼乐的风景

一步，盘旋若坞，益有含蓄气象。造藏春亭，亭在明清堂后。犴户内外，为之一新。"❶ 甚至有引入国外花卉作为郡圃植物装点的，如地处热带和沿海的岭南郡圃，有"异花皆舶上所来，岭北无之"的记载。❷ 可见种类丰富、搭配层次的植物配置方式在两宋郡圃已经成熟应用。

同时在宋代造园叠山置石之技艺已达到相当高超的境地的基础下，郡圃内的假山建设也广泛见于文记之中。宋代相关的山石鉴赏逐渐形成系统的理论，出版了多种石谱❸，李诫的《营造法式》也载有"垒石山"、"隐壁山"、"盆山"的功料制度规定，可见两宋时期假山技术的成熟。郡圃的园林营造中同样也有很多优美的假山，以巴蜀地区郡圃为例，明代《蜀中广记》里记载郡圃假山就有多处，较为典型的有黄庭坚在黔州的飞来峰、文同在陵阳（现仁寿）的自然水石、程建用在中江的栩栩岩、陆游在嘉州的小山堂假山，基本涵盖了《营造法式》里的"石山"、"隐壁山"、"盆山"等类型。其中文同记载的陵州郡圃假山，"陵阳守居，负山悉石，西左砌层崖，余地丈许，平夷可屋因植四楹"❹，规模已较为庞大。程建用在中江县圃内的假山："亭后甃石为山，傍植红蕉，三面控掩以墙，……衺百有五十丈，……观风台之南有一亭，亭壁塑乱山，榜曰栩栩岩，取梦蝶之义。……蹬道桥阁，相属如线，僧寺山洞，皆如其地。蛰雷之穴，光相之岩，枯木飞瀑，鲜不悉备，恍然以为昔年之旅寓也。"❺ 以峨眉为原型塑造了巨型的假山空间。黔州郡圃有置石，冉木震《月山岩铭》记云："有日月岩，古老相传。……中窭一穴，透明而圆，皎如秋月，翳绝云烟。旁补三隙，如星之联。杖杖细观，古识存焉。善命仆夫，挽置座前。负以层石，映以弯泉。日对其侧，卷舒简编。"❻ 广州西园亦有独立的置石，"堂（壮猷堂）之南连石洲，大湖甲品列前七。奇拔端凝，可敬可友。"❼ 可见宋代郡圃在建设投资、园林质量上的代表性。

---

❶ （宋）徐卿子.临川重修县廨记 // 全宋文 [G].卷八一五一.
❷ 《舆地纪胜》卷第八十九·广州·诗：石有群星象（注云："废院署石，旧名九曜石"），花多外国名（注云："异花皆舶上所来，岭北无之"，余靖《题广州田谏议西园》）(P3078)。
❸ 典型如杜绾的《云林石谱》、渔阳公的《渔阳石谱》、赵希鹄的《洞天清录集》等。参见：李树华.中国园林山石鉴赏法及其形成发展过程的探讨 [J].
❹ （明）曹学佺.蜀中广记 [G].卷八.
❺ （明）曹学佺.蜀中广记 [G].卷三十.
❻ （明）曹学佺.蜀中广记 [G].卷十九.
❼ （宋）王象之.舆地纪胜 [G].卷八十九·广州.

在园林建筑上，郡圃因紧邻衙署，是官员日常休憩、雅集的主要地点，加上以描述亭榭的堂记、亭记、园记及相应诗词，因其是在两宋官员抒发治政理念、文化追求的载体，成为两宋官员乐于建设的重要园林设施，使得郡圃园林建筑的类型和建筑密度远高于两宋其他的园林类型。最为典型的为洋州郡圃，在文同、苏轼、司马光等三十咏和《舆地纪胜》中，建筑类景点有书轩、望云楼、天汉台、待月台、二乐榭、吏隐亭、霜筠亭、无言亭、露香亭、涵虚亭、溪光亭、过溪亭、披锦亭、禊亭、菡萏亭、荼蘼亭、此君庵和望京楼、超然堂、湖荫堂等近二十处（前十七处在三十咏内），包含了堂、楼、台、亭、榭、轩等多种类型❶。黄崖的《华亭制锦堂记》记载松江郡圃一个景区云，"直南有隙地，荆榛蔓生，弗可寓目，亟芟夷蕴崇之，杵平其基，斫石为道，环植以花。介八亭其间，曰'岁寒'，曰'雪香'，曰'宜雨'，曰'依晴'，曰'载春'，曰'棹月'，曰'烟翠'，曰'露红'"❷，亦可见在景点上建设上对亭榭的依赖性。范成大的《吴郡志·卷七·官宇》对郡圃的历史、景点进行了详细的记载，列出郡圃景点近三十个，除单独列出的北池和文内提及的芳坻（东山的景点名）、酴醾洞、雞陂外，其余皆以建筑为主体的景点，且以亭为主要的建筑形式；淳熙《严州图经》的郡圃虽有杏园、桃李庄、酿泉、荷池、松关等以自然为主题的景点，但也都设亭为点景；宝庆《四明图经》的郡圃（图4-52），虽有假山、树木和河池的表达，但仍以建筑为主题，不同于明清时期的园林图示建筑与山水风景并重的表达方式。这种点景、言意的方式在很大程度上可能是受宋代对意境的追求，试图通过能承托景点匾额和休憩悟道的园林建筑，提升园林的意境内涵，并成为包括郡圃在内的园林景点建设特点。

（三）郡圃的开放和管理模式

郡圃因与官员日常理政、住宿、休憩、接待的关联紧密，基本只是在春秋佳节定期开放（表4-13），为避免开放时游园人群对官员理政、住宿环境的影响，常采用"园中园"的建设方式，并由专类人员（如文记中提到的吏、园丁、阍人等）进行管理、维护。

❶ 〔宋〕王象之. 舆地纪胜 [G]. 卷一百九十·洋州.
❷ 〔宋〕黄崖. 华亭制锦堂记 // 全宋文 [G]. 卷七六八二.

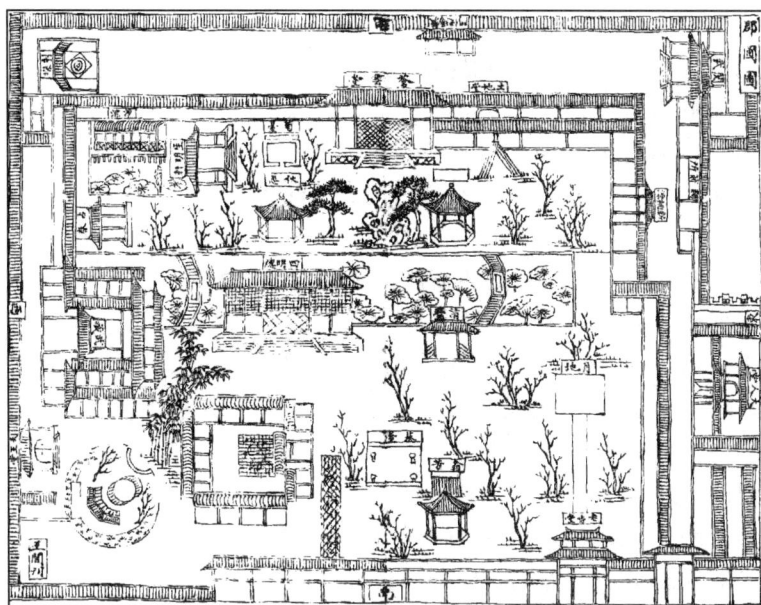

图 4-52　宋代明州（宁波）郡圃图
（资料来源：南宋《宝庆四明图经》.）

《全宋文》中郡圃开放的典型记载分析　　　　表 4-13

郡圃名称	开放时间	文献记载	文献来源
开封郡圃	不详	其开封旧射堂名曰继照堂，令设帟张乐，许士庶游观三日	宋真宗，《名继照堂诏》
相州郡圃（众春园）	寒食节	既成遇寒食节，州之士女，无老幼皆摩简躐武来游吾园，或遇乐而留，或择胜而饮，叹赏歌乎，至徘徊忘归	韩琦，《相州新修园池记》
台州郡圃	春季	粤今年春，州人纵游，鼓舞於庭除之下	元绛，《台州杂记》
宣城郡圃	春季	太守邵公於后园池旁作亭，春日使州民游遨，予命之曰共乐	梅尧臣，《揽翠亭记》
繁昌县圃（北园）	岁时嘉节	岁时嘉节，又得与邑人共之。人之游者，往往徘徊而不能去	蔡碻，《繁昌县北园记》
河间郡圃（旌麾园）	岁时嘉节	岁时乐胥，士女麇会，自今兹无穷休	王安中，《河间旌麾园记》
华亭县圃	春秋佳节	方春秋佳时，花卉懋盛，风物清楚，则中设酒罏，俾邑人往来，嬉游其间，以乐太平，而歌丰年，亦庶几民和时洽也	黄崖，《华亭制锦堂记》
广州郡圃（西园）	春季	花时无禁，邦人群敖争先，帽桐之耋，骑竹之稚，韶妆缦裳之丽，遍绣台馆，秋千蹴鞠，姱嬉老榕高柳边，杂还乎滫亭之游人也	李昂英，《元老壮猷之堂记》

　　为合理规范郡圃的日常休憩和公共开放，在两宋郡圃的文献记载中，可以比较明确地观察到郡圃的这类园林分区，且常以园中园的方式出现。地方志上的郡圃选址常介于州治与子城城墙之间，并通过园中园的造园手法，或向西拓展，有曰西园者，如苏州西园、会稽西园、广州西园；或向东拓展，有曰东园者，如滁州东园；也有用众乐园、众春园、康乐园称之的，如嘉兴众乐园❶、相州康乐园，可见郡圃在州治相对独立的建设管理模式。如苏州郡圃，建于州治与子城城墙之间，与州宅通过北池宽阔的水面相分割，相对独立❷；其中隋唐、北宋时期的西园又相对独立于郡圃西侧，查范成大《吴郡志》可知即为平江府图碑中的教场位置，与州宅后的郡圃部分也是通过围墙相分割，并通过西楼与城市街道相衔接。如韩琦《相州新修园池记》记载的相州郡圃分为三区，有南、西、北三园，其中西园为甲仗库，南园紧邻太守之居，为衙署后园，为官员宴休和雅集的场所；北园为康乐园，向公众开放游赏。广州郡圃也有东园西园，南宋李昂英《元老壮猷之堂记》记曰："过东园，梅、桂、兰、菊所至而有。随物态着小斋，短轩曲折，丈室行窝，雅有壶翁橘臾趣，妙巧无以踰之。若夫旷垠衍沃，登闳曷矣，则西园专美，仿佛乎秘林木天，但未知海上三山，玲珑五云之宇何如尔。"❸可见余靖《开西园》诗中的西园在空间上相对于郡圃其他景区，更为宽广、高爽。又如绍兴西园，《嘉泰会稽志》将卧龙山上郡圃西园和望海亭、蓬莱阁等景点分别在西园、府廨两处陈述，习约的《望海亭记》亦云："府据卧龙山，为形胜处。山之南亘东西鉴湖也。山之北连蜀江与海也。周遭数里，盘屈于江湖之上，状卧龙也。龙之腹，府宅也；龙之口，府东门也；龙之尾，西园也；龙之脊，望海亭也。"可见郡圃西园只是整个卧龙山后圃的一部分，在空间上是相对区分的。其他诸如嘉兴郡圃、高邮军郡圃，亦有相对独立的众乐园，宣州郡圃、抚州郡圃❹、成都郡圃都有相对独立的西园。而且在相应的郡圃公共开放记载中，与相州康乐园相类似，公共游赏的记载的往往集中于这一类相对

---

❶ 《舆地纪胜》卷第三·嘉兴府记曰："众乐园，在郡圃之西"（P168）。
❷ 范成大《吴郡志》也有记，云"郡圃，在州宅正北。前临池光亭，大池后抵齐云楼城下，甚广袤。案唐有西园，旧木兰堂基正在郡圃之西，其前隙地今为教场，俗呼后设场，疑即古西园之地"。
❸ （宋）李昂英. 元老壮猷之堂记 // 全宋文 [G]. 卷七九四三.
❹ 其西为西园，前则郊原广行，西南之景萃焉。其东为东园，前则城市郁葱，东北之景在焉。（参见：永乐大典方志辑佚 [G]. 抚州府志·府治：1959-1963）。

独立的园圃，如田况的《成都邀乐诗二十一首·开西园》："槛外游人满，林间饮帐鲜。众音方杂沓，馀景列留连。"❶苏轼的《和孔密州五绝·春步西园见寄》"岁岁开园成故事，年年行乐不辜春。今年太守忧难继，慈爱聪明惠利人。"❷

同时郡圃常在紧邻子城的东西城墙上辟门、设门楼，并通过专职的管理人员进行维护、管理。如苏州郡圃、会稽府西园的"西园"门楼及相州康乐园的"通之"门楼等。郡圃的开放时间一般在春时，大多在二月份，也有在一岁中特定的节日开放的。而公共游赏带来一定的景观破坏所需要的修复、维护，如杨万里《问涂有日戏题郡圃》提及的"今年郡圃放游人，懊恼游人作挞春。到得老夫来散策，乱吹花片撼成尘。商量岁后牢关锁，拘管风光属病身"，应是郡圃管理人员职责所在。保证了郡圃亦公亦私的不同使用方式需求。郡圃的日常维护、管理有专门的人员进行，如晏殊《庭莎记》中记载的"守护之卒"，云："守护之卒皆疲癃者，芟剃之役，劳于后畦"❸；欧阳修《伐树记》里提到的"园之守"、"圃之守"❹；杨万里《郡圃晓步因登披仙阁四首》描述的"园丁"，云："百五佳时更绝晨，园丁犹未放游人"；林敏公《万芝堂记》记载湖北蕲春县圃中的"吏"，云："是日也，时雨新霁，草木萌动，金石间作，人谐物和。髫童儿齿，集公左右，吏白诃止，公顾勿知，曰：'吾於斯堂，实志邦瑞，游揽之乐，与民共之。'"❺这些"卒"、"守"、"园丁"、"吏"皆应为郡圃的专类管理人员，负责郡圃的日常维护、开放管理和修复。

三、别圃园林

在平民化的文明演变推动下，宋代城市别圃大量、普遍发展，并有超越郡圃的趋势。别圃的历史至少可以溯源到唐代的卢照邻笔下的别所❻，是官府在位署所在的子城以外的园林物业，也是两宋城市最接近于现代公园意义的城市园圃。别圃在两宋相关文献记载中极大部分以独立的名称出现，如桂林的八桂堂、泰州的方

❶ （明）杨慎．全蜀艺文志 [G]．卷五十四．
❷ 苏轼．和孔密州五绝·春步西园见寄 // 苏东坡全集 [G]．卷六十一．
❸ （宋）晏殊．庭莎记 // 全宋文 [G]．卷三九六．
❹ （宋）欧阳修．伐树记 // 全宋文 [G]．卷七四一．
❺ （宋）林敏公．万芝堂记 // 全宋文 [G]．卷二八八零．
❻ 备注："梓州城池亭者，长史张公听讼之别所也。"（卢照邻．宴梓州南亭诗序）．

洲园、泸州的北园、定州的众春园、灌县的花洲等，直接称谓别圃的记载相对较少，在《四库全书》的宋代文献搜索中，有范成大的《骖鸾录》提到"八桂堂，桂林北城外之别圃也"，《淳熙三山志》："其余燕室、闲馆、虚堂、华阁、巍楼、广榭、离亭、别圃，自公之暇，据胜临眺"❶ 和叶梦得的建康的东园诗❷、赵公豫的崇德县燕堂诗❸ 等等。但这并不说明别圃设置较少，相反别圃广泛分布于各州各府，在数量上甚至不会少于郡圃，如绛州东圃，《舆地纪胜》记曰："东圃，在翼城治东北，内有民厅、锦江、邀月、叠翠、五柳亭。绛守居园池，在州治北，内引鼓堆泉为大池，中建泗涟亭，旁植竹木花柳，郡守憩息于此"（王象之，1992），文中的东圃即是别圃，区别于始建于唐代的郡圃——绛守居园池，两者在区位上用翼城、州治相区分。地处乌蒙山边缘的长宁军（现宜宾长宁县），《舆地纪胜》记曰："樽俎堂，在郡圃；瑶碧堂，在郡之别圃；蔚蓝观，在郡圃，旧名野红楼；光风馆，在郡之别圃；小桃源，其水发源于笔架山峰下，在军城西冷水溪之上。嘉定己巳，太守张公市民田种植桃李，创置亭榭，曰仙津桥、桃花源、桃源洞、武陵洲、绿萝坞、碧桃湾，亭曰蒸霞，堂曰诒然，轩曰栖碧、栢山、琳房，亭曰笑斋，又掘地得铜牌，曰小桃源云。登云山，郡治主山也。旧名宝屏山，每岁九日，太守领客登。后筑亭其上，名曰登云亭。"（王象之，1992）就有郡圃、别圃之分，而"小桃源"地处城郊，园林胜美亦有别圃之形，所以长宁军的别圃至少有两处，加上登云山风景点，足见两宋公共游赏场所的普遍建设。其他城市诸如此类虽不云别圃之名，而有别圃之实的园圃广泛见于两宋各地地方志、《舆地纪胜》、《方舆胜揽》和《全宋文》中，如鄂州东园，"在城东四里东湖"；泸州北园，在城对岸"北岩上"；封州花乐圃、西园、东园，前者"在州治后登高山"，后两者皆"在城外"等❹。客观证明了宋代别圃的普遍存在，并有可能在数量上超过郡圃。

从上述两宋别圃的记载，结合文献的相应城池地理分析，可以基本归纳出：别圃是宋代官方独立于长吏衙署而建设的园林类型，一般位于罗城（亦称大城）之内或城郊，也定期或全时段向

❶ （宋）梁克家编纂．淳熙三山志 [G]．卷第七·公廨类一．
❷ 即《钦定四库全书·建康集》之叶梦得，《东园草堂新成二首》。
❸ 即《钦定四库全书·燕堂诗稿》之赵公豫，《崇德县薄冷世修招饮》。
❹ 参见《舆地纪胜》中卷六十六（七）、卷一百五十三的文献。

民众开放，纵民游观，呈现亦公亦私的复合功能。

（一）别圃的园林选址

别圃相对于郡圃在选址上不受衙署选址的影响，更为自由，可在城内城外结合自然山水或城市水利选址，成为城市居民日常生活的组成部分。有位于城外山水风景胜处的，如除上述《舆地纪胜》的鄂州东园、封州花乐圃、西园、东园外，还如泸州别圃北园（尚书杨汝明于宝庆丁亥1227年创建）盘踞州城对岸的江北岩之上，"是圃也，虽无花木之秀，然两江横陈，群岫环列，奇形异态，在在不同，则又非东、西园所能及"（马蓉、陈抗，2004）。还如郫县西园，"今邑大夫安定胡君自江南来，从兹游观，然恨尚有余胜，郁而未扬。会方牧广平公命作县之重门，门临闲田，尽扫芜秽，植为西园，遂作大亭，号曰望岷。"❶泸州北园，在"州治水北"的北岩上（图4-53），南宋时建有北定楼、五峰书院。隆州乐道院，"在州东凤门外，城中游赏，惟此独盛"，海棠园，"在熙春门城下。州之海棠，惟此最古"；南平军塞乐园，"在军西郊，去城一里余。细石屈曲，鳞砌锦纹，作小径，嘉木美卉，景致可人。二亭曰风月，曰赏心，轩曰绿猗，士夫留咏甚多。"❷甚至有在非管辖地建设的园圃案例，如西安唐代杜甫笔下的渼陂胜景，在北宋虽处于鄠县西郊，而又实属清平军所有，宣和二年（1120年）鄠

a）北园与城池关系图　　　　　　b）泸州北园与城池空间区位概念图

图4-53　泸州北园与城池的关系

（资料来源：摹自应金华，樊丙庚.四川历史文化名城[M].四川人民出版社，2000：99.）

---

❶ 〔宋〕张俞.望岷亭记//全宋文[G].卷五五三.
❷ 参见《舆地纪胜》卷一百五十、卷一百八十的相关文献。

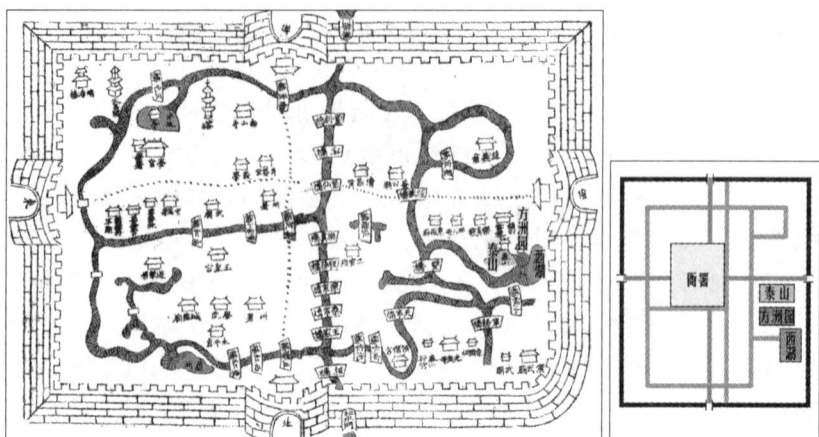

a）泰州城池图　　　　　　　　　b）泰州衙署和方洲园空间区位概念图

图 4-54　泰州方洲园与衙署的相互关系图

（资料来源：a）摹自道光《泰州志.卷首》舆图二；b）为作者自绘.）

县县守张伋提出"毋以此疆尔界、距邑远近，强自分别，而废前修也"，才得以修复，而"备邑人岁时之游乐"❶。

有位于子城外、罗城内、山水风景胜处的。如欧阳修有记的真州东园，在北宋时在子城外，南宋张槼《东园记》考证曰："东园废久，不知所止，人多以为今城东门外，非也。按乾道初陆游《入蜀记》，盖在旧城东门外里余，为今城东门内，实宋子城外翼城内也"❷。泰州的方洲园选址于城墙建设中形成的泰山、西湖处（图4-54），记云："郡地平如席，惟泰山巍然为岳神之居，新旧河交流其下，旁有水一泊，形肖大瓠，号葫芦河，昔隐君子庐也。宏而为池，植芙蕖二十亩，有洲正方，宛在水中央，陟而四瞩，心与景会。"❸桂林的八桂堂在叠彩山、独秀峰之间，记云："秀屹以其孤，伏波嶪其伟。前缭以平湖。"❹另还有如南昌东园，"在东湖上"；苏州南园，在罗城胥门旁，紧邻府书院、使馆；邕州五花洲，在子城东洲，"五花洲，本废地。安抚聂公辟之，在子城东洲上筑亭渚亭，曰南州壮观，有繁阴亭、梅亭、爱莲亭、熙春台。"❺

也有位于子城内，与长吏衙署相对隔绝的别囿类型。典型者

---

❶ （宋）张伋. 漤陂空翠堂记 // 全宋文 [G]. 卷三三四六.

❷ （宋）张槼. 东园记 // 全宋文 [G]. 卷七四零.

❸ （宋）李骏. 方洲记 // 全宋文 [G]. 卷七三二四.

❹ （宋）李彦弼. 八桂堂记 // 全宋文 [G]. 卷二五六三.

❺ 参见《舆地纪胜》卷二十六（隆兴府）、卷五（平江府）、卷一百六（邕州）的相关文献。

250

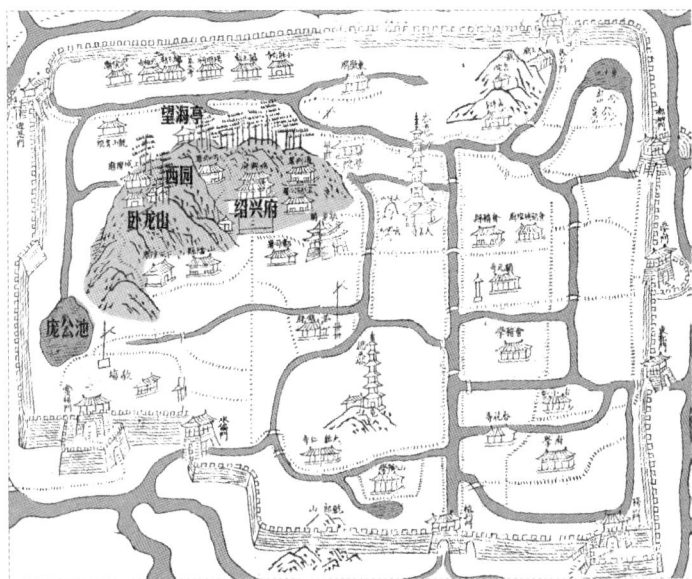

图 4-55　绍兴西园在城市中方位关系图
（资料来源：摹自乾隆《绍兴府志·卷一》舆图府城图 .）

如会稽府西园（图 4-55），在州治后卧龙山上，《嘉泰会稽志》云：
"卧龙坊而西数百步，西南走威果营，又数百步抵城隍庙路，及西园，
南趋清冷桥，出常西门府治之南，左曰提刑司"❶，可见府治与西园
虽然相近，但中有路、桥、坊、庙相杂，因而在宋代会稽二志（《嘉
泰会稽志》、《宝庆会稽续志》）及《舆地纪胜》中，都未将西园称
之为郡圃，只有间或有《宝庆会稽续志》中的"城圃"之称，可
见西园应属于本文的别圃分类。

（二）别圃的园林营建与景物特色

别圃因依托山水胜景的自由选址，在景观资源和用地规模上
都甚于郡圃，使得其景点区别于郡圃内向的"奥"空间，而多呈
现外向的"旷"空间。又因远离官员的日常生活，以群体性游赏
为主，园林空间更为疏朗，建筑密度也小于郡圃。别圃或选址于
城郊高爽之地，结合山丘布置亭榭，视野旷远，或环绕大面积的
水面，环湖设置楼阁，空间疏朗，建筑密度相对较小。如泸州北
园，选址于北岩之上，"两江横陈，群岫环列，奇形异态，在在不
同"，景点依岩靠山而置，岩之上设北定堂，"堂后有堂曰卧龙堂，

---

❶　（宋）沈作宾修，施宿等纂 . 嘉泰会稽志 [G]. 卷一·子城 .

上揭楼曰英高，其杨戏孔明赞中语。堂后有径通桃源，自桃源之前，梯山而上曰橘洲，过橘洲曰道山，过道山而上，得一峰如瓠，榜其顶曰圆峤。自橘洲而西，有特丘，葺小亭，其上名曰蓬丘，又当厜㕒仪作小亭，曰无尽藏，尤清邃。"❶永康军（现都江堰）花洲，选址于城郊临江之处，"凭槛纵观，逝川腾辉，列巘献状，嘉卉输秀，古木樛翠，危堞突立，长桥卧空，奇云落霞，杲日霁月，随境变态，应接不暇"❷。横州别圃登高亭，"太守张公垓，因浚濠于城西北隅，见其地胜，诛茅薙草，奇石罗列，环岭皆有胜趣。据其巅作亭，扁曰登高，南曰悠然，西曰可掬，北曰帽石、曰正冠、曰翠岩书院，东曰莫春、曰仙桂、曰迎风。"❸皆为依山而建，视野开阔的别圃建设案例。也有依湖池建设的别圃，利用较大规模自然湖泊或人工湖池作为园林空间的中心，而有别于郡圃以小面积水池的空间类型。如桂林八桂堂，"兰皋芜原，陂陀轩霍，万景献秀，可以圃而堂之"❹；泰州方洲，"过经武桥，介丘平野，疏为湖，以舰、以亭、以级、以楼、以栏，纳江挹斗"❺；皆为围绕人工湖池建设的。也有在潴水为池营建别圃的，如定州众春园（图4-56），"潴水为塘，广百余亩，植柳百万本，亭榭花草之盛，冠于北陲"❻；真州东园在废军营基础上进行营建，"园之广百亩，而流水横其前，清池浸其右"❼，也塑造了良好的山水环境。综上所述，别圃园林或凭借高爽形势带来的良好借景，或以湖池为园林主景区，使得别圃园林在园林空间上更为疏朗。同时在没有郡圃紧邻衙署的居住、办公需求之后，别圃的景观建筑以亭、阁、榭为主，建筑的布局更为自由，多以借景为上，建筑密度相对小的多。

别圃因其选址相对自由，与紧邻衙署、兼容官员家居生活的郡圃的相比，没有严格的公私、动静的分区诉求，因而也不同于郡圃"园中园"的空间建构方式，而采用主题景区串联的空间组合方式。在园林空间上，大多别圃选址在城内、城外相对宽阔的

❶ 马蓉，陈抗等点校．永乐大典方志辑佚（江阳谱·园）[M]．北京：中华书局，2004：3161-3162．

❷ （宋）魏了翁．永康军花洲记//全宋文[G]．卷七零九四．

❸ 马蓉，陈抗等点校．永乐大典方志辑佚（横州志·山川）[M]．北京：中华书局，2004：2958．

❹ （宋）李彦弼．八桂堂记//全宋文[G]．卷二五六三．

❺ （宋）陈垓．方洲记跋//全宋文[G]．卷六九三六．

❻ （宋）韩琦．定州众春园记//全宋文[G]．卷八五四．

❼ （宋）欧阳修．真州东园记//全宋文[G]．卷七四零．

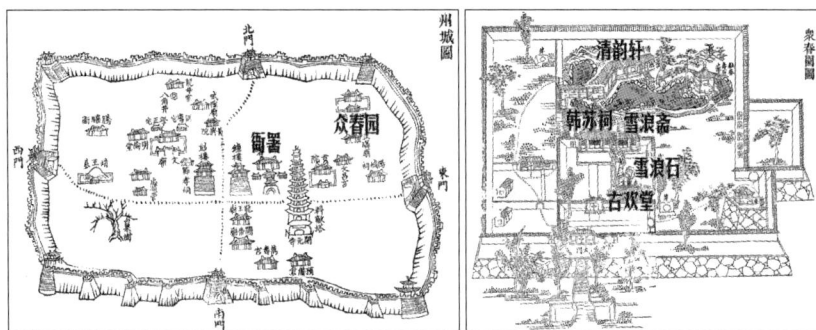

a) 众春园方位图   b) 众春园图

图 4-56　定州古迹图中的众春园

(资料来源：a) 摹自民国《定州志·卷五》地理之城池图九；

b) 摹自《定州志·卷五》地理古迹图之众春园.)

区域建园，没有郡圃所依附的衙署的犬牙交错状态，而且相对于紧邻衙署的郡圃，在官员日常生活休憩方面的诉求相对较弱，在功能上集中以群体式的官员接待、文人雅集、大众游赏等群体游园为主，即所谓"待使者按部之经由，备邑人岁时之游乐"。❶ 因而在园林空间的组织上，别圃大多以景区组织进行适当的动静分区、景观主题分区，而非郡圃严格分区的园中园空间组织方式。如真州东园，"园之广百亩，而流水横其前，清池浸其右，高台起其北。台，吾望以拂云之亭；池，吾俯以澄虚之阁；水，吾泛以画舫之舟。敞其中以为清燕之堂，辟其后以为射宾之圃"❷，桂林八桂堂，"尔乃薙莽刜榛，扫除猩猱骊鼬，所以嘷风啸雨之区，而为穹台曲榭，峥嵘环丽之观，独秀屹其孤，伏波橐其伟。前缭以平湖，为菰蒲菡萏之境；中辟以广庭，为车骑乐舞之场。右峙迎曦，以宾朝暾；左开待月，以呼夕魄。山川满目，桃李成蹊。铺迟日以采蘩，激光风而转蕙。而封植丹桂，为苍苍之林，散蟾窟之天，馨飘薄於几席之间，是为八桂堂也。输吸清漪，筒奔迅注，泛兰舟而载雕舫，环嘉宾而算醇醪，是为流桂泉也。凿芳沼而耸中洲，叩浅栏而数游鳞，翛然有濠上之趣，不减惠庄之真，是为知鱼阁也。因冈为台，凭高徙倚，蘸波影於檐楹，漱滩声於眉宇，而峻以清琼，盪空而嬉，士女暄咽，心醉物华，不知珥堕而簪遗，

---

❶　〔宋〕张俶．溪陂空翠堂记 // 全宋文 [G]．卷三三四六．

❷　〔宋〕欧阳修．真州东园记 // 全宋文 [G]．卷七四零．

是为熙春台也"❶，都是以园林景区的景色特点以及功能作为园林分区的主要依据。

（三）别圃的开放与管理方式

在开放类型上，别圃园林因其所处城市的游赏文化基础、别圃园林的选址和其主要的园林功能等不同因子，表现为全时开放、定时开放两种类型。其中全时开放一般是那些城市大众园林游赏文化浓厚、选址于自然山水风景资源、以倡导与民同乐的建设目标。如桂林的八桂堂、曾公岩、吉乡（今临汾）南池、泰州的方洲园等。如"公之辟圃也，敞靡通途，无隔塞之禁，而不忍擅一身之私，此后同其乐也"（李彦弼，《八桂堂记》）；"乃构长桥跨中流而渡，以为游观宴休之处，日与众共乐之。自是州人士女与夫四方之人，无日而不来，其岩遂为桂林绝观"（刘谊，《曾公岩记》）；"其君子则曰，今而后宾客之至者如归，是秉政之先务，贤哉吾守之有礼也；其小人则曰，今而后农工之隙，吾得而游晏，佳哉吾守之有惠也"（江篈，《吉乡新修南池二亭记》）；福州瓯冶池，由唐代元结始建，北宋初年程师孟重建为公共园林，记曰"予至州之明年，新子城。城之东北隅，灌木阴翳。因为开通，始问此水。或对曰：瓯冶池。予窃喜其迹最古，且爱其平阔清泚。又池之南陇阜盘迂，乔林古木，沧洲野色，郁然城堞之下。于是亭阁其上，而浮以画舫。可燕可游。亭之北跨濠而梁，以通新道。既而，州人士女，朝夕不绝。遂为胜概"❷。这种全时开放的模式已经非常接近于现代公园的管理模式，堪称是我国古代公园形成的重要案例。

另一类别圃选址于城市内部，承载着较多的官吏接待任务，规模上相对于自然风景为主的园林较小，便于独立的封闭管理，因而其开放时间主要集中于春秋佳节之际。如真州东园、定州众春园、福州春台馆等，相关的记载有"嘉时令节，州人士女啸歌而管弦，……休其余闲，又与四方之贤士大夫共乐于此"（欧阳修，《真州东园记》）；"又治长堤，筑门西南隅，以便游者。于是园池之胜，益倍畴昔，总而名之曰"众春园"，庶乎良辰佳节，太守得与吏民同一日之适，游览其间，以通乎圣时无事之乐，此其意也。"（韩琦，《定州众春园记》）；福州春台馆，"岁二月启钥，纵民游赏，常阅一月，

❶ （宋）李彦弼．八桂堂记 // 全宋文 [G]．卷二五六三．
❷ （宋）梁克家纂修．淳熙三山志 [G]．卷第四·地理类四．

与民同乐也。"（淳熙三山志·卷第四十·土俗类二）等；苏州南园，《吴郡志卷第十四·园亭》记曰，"每春纵士女游观"。在管理模式上，别圃也以官方的直接投资、管理为主，虽没有和湖山风景区一样的专设机构，但往往有专门的管理人员。如泰州方洲园，李骏在《方洲记》记述游人问答："舍舟补经武桥，少前，突兀宏丽，双扉洞开，若王公贵人居，视其扁隶若飞动，余不能禁吾足，阍人亦莫余诃，不知为何地，子为何人？"加之陈垓《方洲记跋》也有"买地属衢，优门六楹，创外围四亭"的记载，可见方洲园有门、有管理人员（阍人，看门的人）。《淳熙三山志》记州园春台馆，曰："岁二月启钥，纵民游赏，常阅一月，与民同乐也"，也应该是有专门的管理人员和制度的。而且这样的以围墙、设门的管理方式较为常见，如宜春东湖"其浮有航，其绝有梁，其登有蹬道，其周有缭墙，南北有门。"（祖无择，《袁州东湖记》），黄邵《重修东湖记》也记曰，"表以门扁，增旧堵，为堂三间，梁隙以行，亭其上"，考虑了水陆两种到达模式，并设有围墙和大门。常德东湖，"为梁十所，可舟其下，庚郑氏楼，以门其圃"（魏了翁，《常德府东湖记》）。真州东园，"即牙墙之东获废地几百亩，垣而明之曰'众乐园'"（杨蟠，《众乐园记》）。这些别圃案例中提及的门、墙（堵）、垣以及圃等字，可视为别圃封闭式建设方式的实证。但这样的相对封闭的管理方式只是控制了园林的可达性，而园林依旧通过湖池、溪流和城市风景相共融，成为城市重要的风景标识点。如上述《方洲记》里行人看到的方洲园，"突兀宏丽，双扉洞开"，使得行人"不能禁吾足"；南宁别圃五花洲 ❶，有梯云阁、南州壮观、熙春台等耸立景观，而成为《永乐大典》城池图上的一景（图 4-57）。

四、纪念性园圃

以名贤祭祀和放生池为主的纪念性园圃是城市园圃的第三种基本类型，承担着社会教化、公共游赏的复合功能。在平民化社会变革社会教化下移背景下，祠庙、放生池在宋代已成为大众游览的场所，因而有"城池营驿以为之捍御，射圃学宫以为之教习，社稷寺观庙宇为之祠祀而游观焉"❷ 之说。

---

❶ 参见《舆地纪胜》（卷第一百六·景物下）。有记曰："梯云阁，在子城东隅。踰街而过五花洲。五花洲，本废地，安抚聂公辟之，在子城东洲上筑渚亭，曰南州壮观，有繁阴亭、梅亭、爱莲亭、熙春台。"
❷ （宋）李纶．淳熙临漳志序 // 全宋文 [G]．卷五四二七．

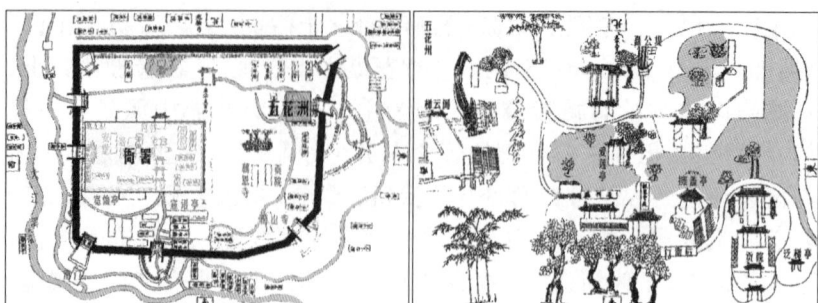

a) 五花洲方位图

b) 五花洲

图 4-57　宋代邕州（南宁）五花洲

（资料来源：自绘，底图自：马蓉，陈抗等点校．永乐大典方志辑佚 [M].
北京：中华书局，2004：3343，3348.）

（一）纪念性园圃的选址建设：

在宋代社会教化下移的大背景下，纪念性园圃成为"尊礼名胜之所"，以求"崇教化而厉风俗"，因而园圃也常选址于大众游赏可达性好、游赏意愿强的山水胜处或古园旧池。从《宋元方志丛刊》的纪念性园圃统计来看（表 4-14），名贤祠庙、历史古迹、放生池亭是纪念性园圃的主要建设依托，且或位于城市风景胜处，如杭州西湖先贤堂、三贤堂，建康青溪先贤祠，会稽鉴湖赐荣园；或本身就是州府之胜概，如建康乌衣园、雨花台；也有在可达性很好的区域，造景而为州府胜景的镇江放生池园。以《咸淳临安志》记载三贤堂的择址重建历程为例，郡守袁韶提出"三贤堂实为尊礼名胜之所"，而原位于水仙王庙的三贤堂"祠宇未严，何以崇教化而厉风俗。……岩阿与湖光尤不相接，榛莽蔽翳，栋宇倾颓，位置尤为弗称"，因而选址于"前挹平湖，气象清旷，背负长冈，林樾深窈，南北诸峰，岚翠环合"苏堤之中，"且辟大逵与苏堤贯联"❶。皆是纪念性园圃为达到"崇教化而厉风俗"诉求的风景胜处、可达性两要素的客观证明。同时，这样的风景选址也使得园圃本身也成为城市风景结构中重要的边界标识点，《梦粱录》卷十九·园圃记云的："沿堤先贤堂、三贤堂、湖山堂，园林茂盛，妆点湖山"❷，便是园圃和城市风景结构的相映成趣。

---

❶　（宋）潜说友纂修．咸淳临安志 [G]．卷三十二·西湖．

❷　（宋）吴自牧．梦粱录 [G]．卷十九·园圃．

园名	建设类型	地点	园林景点	开放性及游赏记载
建康青溪园	景定元年郡守马光祖因先贤祠而始建	在罗城东南隅；居青溪一曲	东自百花洲而入，有小亭曰放船，入门有天开图画亭，环以玲珑池、玻璃顷、金碧堆、锦绣段四亭；东过镜中桥，入青溪庄，与清如堂相望；南过万柳堤，堤上有小亭三，桥南有亭溪光山色，桥北有撑绿、添竹、香远三亭；另有香世界、花神仙、众芳、爱青、割青诸亭；园内有先贤祠、尚友堂、清如堂等	全开放游人泛舟其间，自早入暮，乐而望返
建康乌衣园	因名人古迹而建；咸淳五年马光祖"撤而新之"	在城南三里；有雨花台	雨花台(陈之茂重建)，总秀堂(陈之茂建)；绿玉香中亭、梅花弥望亭、百花头上堂、更展亭、颖立亭、长春亭、望岑亭、挹华亭、更好亭（以上马光祖建）	定期开放缭以修垣，旁建挟屋，……作门通衢，以严启闭
镇江放生池	原为"窪田"，筑为放生池	县池东南一里	为深十尺，纵广百步有奇，缭曲堤而面方，植嘉木以环荫。……作亭其北，凭高而下临焉。既又设关钥，严厉禁，使往来者有时，而渔盗毋得入	定期开放天申令节郡守组织放生，"邦人聚观"，"岁岁来会"
临安三贤堂	祭祀白居易、苏轼、林逋之祠	在西湖苏堤	前挹平湖，气象清旷，背负长冈，林樾深窈，南北诸峰，岚翠环合。建堂宇奉安三贤，……其祠堂之外，参错亭馆，周植花竹，以显清概。继……又有堂三曰水西云北，曰月香水影，曰晴光雨色	游人最盛 ❷
临安先贤堂	为杭城先贤总祠，祭许箕公及以下三十四人	在苏堤中	其地前挹平湖，四山环合，景象窈深，惟堂滨湖，入其门，一径萦纡，花木蔽翳，亭馆相望，来者由振衣，历古香，循清风，登山亭，憩流芳，而后至祠下，又徙玉晨道馆于祠之艮隅，以奉洒扫，易扁曰"旌德"，且为门便其往来。直门为堂，扁曰"仰高"	游人最盛
会稽赐荣园	贺知章祀园，嘉定年间郡守汪刚始建	在城外鉴湖千秋观前侧	有鉴湖一曲亭、怀贺亭；有幽襟、逸兴、醒心、迎棹等亭，有长堤十里，皆种垂杨、芙蓉，有春波桥	全开放春欲尽数日，游者益众千秋观前一曲亭，亦竞渡不减西园，至立夏日止

　　而选址于古迹遗址的纪念性园圃，本身就具有良好的景观资源基础。如建康乌衣园、苏州南园、西安兴庆池等。建康乌衣园

---

❶ 建康二园引自《景定建康志》；镇江放生池资料是基于《嘉定镇江志》，参考张纲《金坛县放生池记》记载的镇江放生池详细记载整理而成。

❷ 西湖三贤堂、先贤堂的游赏记载来自《武林旧事·卷三·西湖游幸都人游赏》。

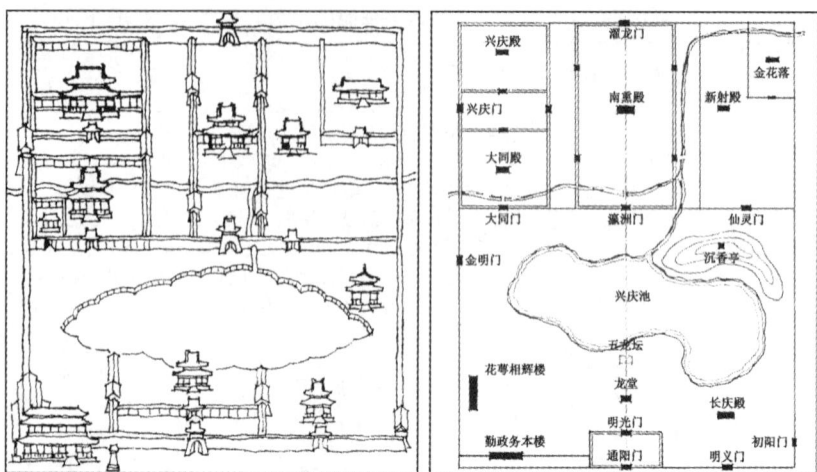

图 4-58　宋代《长安志》中的兴庆池图

（资料来源：周维权．中国古典园林史 [M]．第二版．北京：清华大学出版社，1999：134，135．）

原为王、谢故居，咸淳元年五月太守马光祖扩建，"撤而新之，堂后植桂，亭曰"绿玉香中"、"梅花弥望"，堂曰"百花头上"。其余亭馆，曰"更展"，曰"颖立"，曰"长春"，曰"望岑"，曰"挹华"，曰"更好"。左右前后，位置森列，佳花美木，芳荫蔽亏，非复曩时寒烟衰草之陋矣"❶，又将雨花台纳入其中，"缭以修垣，……作门通衢，严以启闭"❷，从而奠定了乌衣园的别圃园林形态。西安兴庆池（图 4-58）也是在唐代皇家园林基础上营建的，张子定《上巳日兴庆池禊宴诗序》记曰："兴庆池者，开元之故邸也。跃鳞巨沼，蹴象回渊。壮丽尽於本朝，梗概盈乎一水。前颐华萼，夹右青门。光灵谨存，今昔相视。大尹资政，稽遵时宪，敦讲民熙，驾言出游，仍故不改。由是都人士女，袿服而啸俦，骈牡鸾旃，供帐而临禊。宾罍有醳，燕坐无谏。"❸

（二）纪念性园圃的开放管理

纪念性园圃为达到"尊礼名胜"的建设目标，多以全开放的形式出现。虽然部分在《宋元方志丛刊》中有诸如南京乌衣园、镇江放生池这样的定时开放的案例，但都是特殊原因（或避免破

---

❶　（宋）马光祖修，周应合纂．景定建康志 [G]．卷二十二·园苑．

❷　（宋）马光祖修，周应合纂．景定建康志 [G]．卷二十二·台观．

❸　（宋）张子定．上巳日兴庆池禊宴诗序 // 全宋文 [G]．卷四一五；金石萃编 [G]．卷一三三．

坏,或保护放生的鱼类)而设置的❶。清华大学玛丽安娜在研究《景定建康志》青溪园后也提出:"由于青溪园本来是公共园林,因此园林的整体结构呈现出开放的特征:园林的规模虽然不大,却在西面与北面设置了四座门,而且南面还设置了两座桥。此外,青溪园的北面与南面都不设围墙,而是采用水面形成了天然的隔离",也为纪念性园圃开放方式在宋代文献图、文资料上的明证。

纪念性园圃因其以祭祀、放生祝圣的神格功能,所以在管理上除了郡圃、别圃以军吏、佣人为管理人员外,还常附建道观、寺院加以管理。如建康乌衣园侧的均庆院、会稽赐荣园侧的千秋观、临安先贤祠侧的旌德观等。

第四节 风景点的园林特点与营建

风景点是基于相对系统和尺度的概念。相对于湖山风景区、城市园圃以系统组织的带状、面状园林景域,风景点缺乏系统的支撑,以独立的形式存在;尺度较小,常以一个或一组独立的亭、阁、楼存在,也有尺度很小的小园,一般附属于城市重要的基础设施(如城墙、河渠、驿道等)。在建设管理上,呈现以官方主导建设,寺僧、乡绅参与管理的方式,为大众提供休憩、临望、迎送的场所,开放性极强。

一、风景点的园林特点

(一)小型化、附属性

小型化是风景点最突出的特点,也是影响其园林特征的基础。风景点依托于自然山川、城市基础设施,相对于园圃、湖山风景区的系统化、密集型建设而言,更接近于周维权评价风景区名胜区的特点提到的"有限度地、局部"的人工点缀,与周边大范围的自然基质或城池环境相比,普遍呈现小型化的特点,具有一定的独立性。如潮州思古亭位于韩山巅韩木侧,"有屋数椽,俗号侍郎亭"❷;如真州百川浦,"新于江口得地一片,深阔无一亩。黄鹤

---

❶ 《景定建康志》卷二十二·台观和园苑门都记载了雨花台、乌衣园(两者相连)的破坏情况;镇江放生池主要是为达到保护鱼类的目的,而提出"使往来者有时,而渔盗毋得入"。

❷ (宋)方裪.思古亭记//全宋文[G].卷六七零六.

台所见相多少，傍是两浦桥，因命为江郊百川浦"[1]；江州烟水亭，"飞檐列牖，隆栋巨楹，朱扉华表，连甍接高，深广俱十六步，亭左益附其四楹"[2]；扬州壮观亭，"乃诛草茅，乃属工徒，为屋三楹，为垣百堵，前敞以轩，后邃以槛"[3]；而岳阳楼更是西门外的一组台和榭相结合的建筑，相对于城池和广阔的洞庭湖，其尺度更接近于风景点。因而风景点相对于城市园囿和湖山风景区的系列景观建设而言，是以单个景点的形式出现，只是简单的亭榭，或适当建筑高台、围以庑廊，点缀些花草树木，相对独立存在于风景点所在的大面积的自然环境或城池街巷空间中。虽然也有诸如岳州岳阳楼一类的台榭式大型景点，但在整体的大山大水之中、城墙隍沟之间，缺乏系列的、面域的人工景观支撑，相对独立，空间尺度也较小。

同时，风景点的小型也使得其功能兼容性强、分布广泛，并结合于各类寺观宫庙、城市基础设施或江河驿道，具有较强的附属性。风景点小型化、独立性的特点，使得风景点的建设限制条件较少，只要是自然或人文风景资源丰富的区域，又有潜在的观赏休憩、迎宾送客、尊礼名胜等需求，即可成为风景点建设的动因。其中作为水利项目的湖池井泉、河道上的桥梁、水路上的码头迎送点、陆路上的山麓以及巍峨的城墙，因其和城市居民日常生活的紧密关系和优越的风景资源，成为两宋风景点建设的主要集中区域，就连两宋村落的湖塘、村口都有相应的风景点设置。

（二）管理难、易损性

风景点小型、独立及分布广泛的特点，又带来相应管理体系的混乱和缺位，造成了风景点管理难、易损性的特点。城市公共风景点的小型化，独立性，虽然有利于风景点的普遍建设，丰富城市景观和提升居民生活，但也因其独立性、附属型，不可能如城池园囿一样设立专门的管理人员，也不可能像湖山风景区设置专门的机构、兵员进行日常管理，因而极易损坏，而且破坏的程度远甚于园囿、风景区。如扬州平山堂，始建于欧阳修，"承平才更十七年，而堂已圮坏。直史馆习公约新之，沈内翰括为之记；绍兴末年，废于兵毁，周贰卿淙起而其废，而洪内翰迈记之。近

❶ （宋）米芾. 瓜洲帖 // 全宋文 [G]. 卷二五九九.
❷ （宋）余禹绩. 江州重建烟水亭记 // 全宋文 [G]. 卷六五九七.
❸ （宋）杨万里. 真州重建壮观亭记 // 全宋文 [G]. 卷五三五一.

岁赵龙图子濛尚加葺治，郑承宣兴裔更创而增大之"；开禧年间又毁，嘉定三年赵方重建。修复时间间隔有十几年，也有五十几年，在两宋期间重建三次、修复两次，与正常维护下的木构建筑寿命很不相称，可见平山堂作为风景点存在管理难、易损性的问题❶。其他风景点的情况也大多一样，如江州烟水亭："故亭宇倾圮，废而兴，兴而废，莫为永图。十年以来，腐薨败甓无存者，且其地暴於水，日就罅缺，孰能治而新之？"❷；高邮文游台："淳熙初，王公诇起其废；嘉泰三年，吴公铸从而新之，开禧边衅适起，复为瓦砾之场；张侯来守是邦，政成，以其余力复台之旧。其识趣开广，岂直为游观地哉。"❸

（三）建设管理多元化

风景点小型化的特点使其建设投资规模较小，使其在投资多样化上远胜于城池园圃和湖山风景区，除上述官府统筹建设以外，寺僧参与、官吏捐助、乡绅捐资的建设方式也较多，推动了两宋风景点建设的普遍性。

官府统筹建设的风景点主要集中于城市路桥、水利、名贤礼教等场所，是基于宋代官府基本职责之上的风景扬逸。如《宋元方志丛刊》中有关驿路、水利、祭祀（或祠庙）中的大量小型风景点。官员捐助的景点类型基本也是这类建设的衍生，一般以官员捐薪金、官员募捐两种方式存在。前者如新余绿阴亭，王钦若《新余绿阴亭记》记曰："……河南楮公为君子儒，作一邑长。宏廓之量，归乎淳风；温厚之言，散为和气。不严而理，御众以宽。因揽县图，伤其堂构有名无实，是昧聪明。乃率俸金，以哀力士，柱以固本，石以崇基。无怠无荒，匪其纵逸，不日不月，爰成厥功"❹；安徽当涂尼山"百花头上"亭，景定间郡守郑公因尼山古梅美景，"遂捐金买山筑亭而临其上，幽名骤出，邦人争观"❺。官员募捐的方式更多是长吏约束县守、隶属日常开支而建设的，如余禹绩《江州重建烟水亭记》记载的绍兴甲寅郡守沈祖德重建烟水亭（图4-59），"退自经画，计费钱六十万，乃以属德化县令沈埴，愿缩县计之合

❶（宋）洪迈．扬州重建平山堂记//全宋文[G]．四九一九；（宋）郑兴裔．平山堂记//全宋文[G]．四九九二；（宋）楼鑰．扬州平山堂记//全宋文[G]．卷五九六八．
❷（宋）余禹绩．江州重建烟水亭记//全宋文[G]．卷六五九七．
❸（宋）应武．重修文游台记//全宋文[G]．卷六六七一．
❹（宋）王钦若．新余绿阴亭记//全宋文[G]．卷一九二．
❺（宋）卢钺．尼山百花头上亭记//全宋文[G]．卷八一二四．

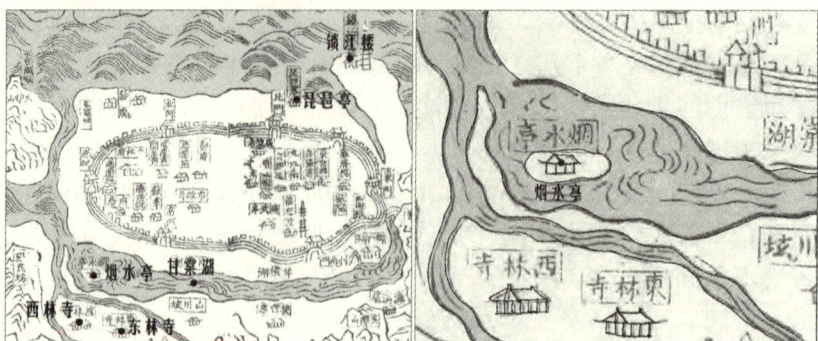

a) 烟水亭在九江府城的区位　　　　　　b) 烟水亭的空间形态

图 4-59　江州烟水亭区位及风景形态示意
（资料来源：摹自《九江府志》卷一城池图.）

输于州者以助之。董事饬工，悉以诿令，考极相方，受成於公。乃季秋命役筑堤，并湖拓基承宇"❶，即通过下属县守来落实的；龙城三相亭，赵师邈《三相亭碑记》记载其与下属商量重建，"乃偕教官、二幕及金厅观之，相与商订，欲仍旧贯，作茅亭，无支费公帑"❷。

　　寺僧参与的风景点建设主要限定于寺院、宫观外围的路桥、观景点建设，并常与官员的指导、题名相结合。如滁州琅琊山醉翁亭，即采用由官员参与、寺僧建设的模式，欧阳修《醉翁亭记》记云："作亭者谁？山之僧曰智仙也。名之者谁？太守自谓也"❸，而后南宋邦人置屋以祠，郡守李邦直、曾子开等两次重建，孝宗朝郡守魏公因"寺僧请建亭，踵智仙故事，公喜从之，又俾引其徒以自度。划剔芜秽，疏治泉石，具木瓦，庀工徒，作而新之。大屋数楹，尽复醉翁之旧"，而成后世著名的城郊风景点❹；永州寒亭，黄潜《寒亭题记》记曰："元丰三年僧契宗请完之，主薄赵世卿缘崖发石，易穴路，得径以登于层巅，取废材作二亭，曰清胜、摩云"❺，可见也是寺僧、官员共同倡导建设的；绍兴戢山适南亭，熙宁十年给事中程公出守是邦，登戢山而叹其景，"山之僧用和者，契公之意，因高构宇，名之曰："适南"，盖取庄周大鹏图南之义。……

❶　〔宋〕余禹绩. 江州重建烟水亭记 // 全宋文 [G]. 卷六五九七.
❷　〔宋〕赵师邈. 三相亭碑记 // 全宋文 [G]. 卷六七六五.
❸　〔宋〕欧阳修. 醉翁亭记 // 全宋文 [G]. 卷七三九；欧阳文忠公集 [G]. 卷三九.
❹　〔宋〕孙觌. 滁州重建醉翁亭记 // 全宋文 [G]. 卷三四八一.
❺　〔宋〕黄潜. 寒亭题记 // 全宋文 [G]. 卷二二一二.

阖州以为美观，而春时，无贵贱皆往"❶（陆佃，《适南亭记》），也为官府引导而寺僧建设的实例。

乡绅捐资建设的城市公共风景点在两宋记载也较多，其类型也较多样。如潮州韩山思古亭，在官方主持建设前，就有"溪东父老作亭于此"（方袕，《思古亭记》）；范成大《重修行春桥记》记载的石湖景区行春桥，因官方投资建设行春桥，"四乡之人，不能出力倾助者，至是则有愧心。则相与商略，他日将作亭其上，以憩倦游者，尚庶几见之"，可见桥旁的休憩亭榭亦为士绅所建❷；而括苍平政桥及其"知津亭"，虽由官府出资，但由乡绅负责实施，"从事张徹，惠利民，丽水县留清卿调其工费，以授州民豪长者四人，使董役吏毋得有所兴"❸。

风景点多元的投资主体及其附属性的建设模式，使得风景点管理也呈现多样化，又以委托附属的功能主体或专设道观管理两类为主。前者如上述提到的新余码头边的绿阴亭、江州湖堤上的烟水亭以及宋代城市众多的放生亭，多结合湖池、溪河的管护，以官方维护管理为主；又如上述滁州的醉翁亭、永州寒亭、绍兴的适南亭，也是附属主体——寺观代为管理维护的。后者常通过设立公田、祠庙进行维修管理，以保障风景点的持续长效。如括苍（现丽水）平政桥"知津"亭，范成大《平政桥记》记曰："得废浮图之田五十亩於缙云，以其租属亭，岁时治桥，俾勿坏"；松江垂虹桥之钓雪亭，从林至《钓雪亭记》可见和临近的三高祠统一维修，"筑亭其上，与祠屋相直，且并其祠新之"❹，也应是通过祠观统一管理的（图4-60）。

二、风景点的类型组成与营建

在文明变革下的宋代城市，风景点建设常融合了游赏、风水、教化以及经济等综合性的功能，造成了风景点选择建设的复合多样。如以其景点建设的主导因子为基础，可分为眺望揽胜、日常生活、尊礼崇教三个基本类型。其中眺望观景型景点以游赏为主，选址于视野开阔的山林湖泊和人工设施，既是观景之所，也是风

---

❶ 〔宋〕陆佃. 适南亭记 // 全宋文 [G]. 卷二二零八.
❷ 〔宋〕范成大. 重修行春桥记 // 全宋文 [G]. 卷四九八四.
❸ 〔宋〕范成大. 平政桥记 // 全宋文 [G]. 四九八四.
❹ 〔宋〕林至. 钓雪亭记 // 全宋文 [G]. 卷六四四四.

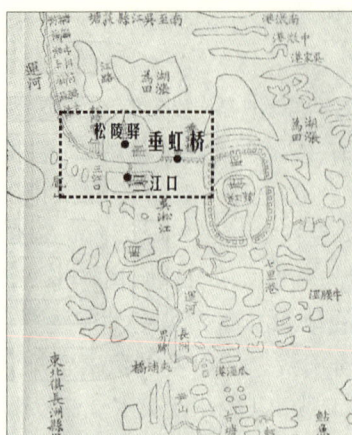

a) 垂虹桥区位图   b) 宋画《长桥卧波图》

图 4-60　宋画中的松江垂虹桥

（资料来源：a）来自清《吴江水考增辑．卷一》；b）来自 http//：blog.sina.com.cn.）

物所在，兼容了风水形胜、社会教化的功能；日常生活型景点与居民生活紧密相关，包括路桥亭榭、井泉、酒楼等，是行人休憩、乡绅聚会、迎来送往的日常生活空间；尊礼崇教型景点以社会教化为主，包括名贤遗迹点的建设、放生池亭的建设等。以《景定建康志》卷二十二之亭轩一门 39 个亭轩为例，其中眺望揽胜为主的亭榭有 8 处（赏心亭、白鹭亭、二水亭、揽辉亭、翠微亭、新亭、练光亭、望湖亭）；日常生活型的有 12 个（东冶亭、折柳亭、风亭、佳丽亭、征虏亭、白下亭、劳劳亭、客亭、迎晖亭、致爽亭、来熏亭、拱极亭），且皆为送迎之所；尊礼崇教的有 8 个（忠孝亭、水亭、木牛亭、清水亭、甘露亭、南轩、筹龙轩、偃秀轩）；其他在衙署园囿或功能不详的有 11 个 ❶（图 4-61）。方志中眺望揽胜型亭榭多强调其"金陵胜概"、"登临之胜"、"登临胜处"等；日常生活型多表述为"祖饯之所"、"迎送之所也"、"咸适所憩"等；尊礼崇教型多与名贤祭祀相结合，如南轩为张栻读书之处，后世即轩

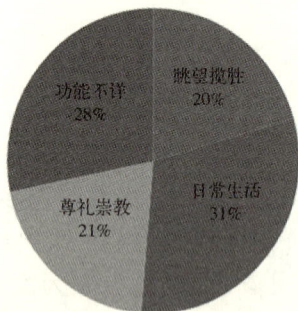

图 4-61　《景定建康志》亭轩门中景点类型分析图

（资料来源：作者自绘．）

---

❶　其中冶亭、金山亭、二李亭、朝阳亭、川泳轩、存爱轩等在行宫或衙署中，此君亭、水亭 2、五马亭、罗江亭、不受暑亭等建设目标方志记载不详。

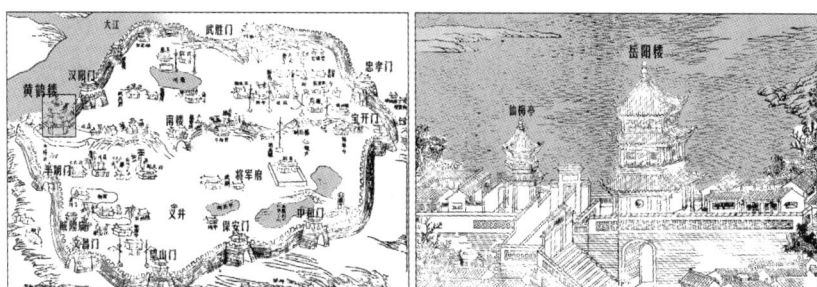

a）黄鹤楼图   b）岳阳楼图

图 4-62　清代方志中的典型眺望揽胜型楼阁（黄鹤楼、岳阳楼）

（资料来源：a）摹自同治《江夏县志·卷一》疆域图说三；

b）摹自嘉庆《巴陵县志·卷一》图说八 .）

为其设像斋埜。

（一）眺望揽胜型风景点

眺望揽胜型风景点选址于景观视野极其广阔的地点，或择景于江湖山麓，或依托城墙，既是城市重要的观景之所，又为州府山川形胜汇聚之处。也因其事关城市的风物形胜，眺望揽胜型风景点都由官方投资建设和管理。

眺望揽胜型风景点由上古时期作用于祭祀的"台"，在唐代始成风景扬逸的楼阁、亭台，如武汉黄鹤楼、岳州岳阳楼、宣城叠嶂楼等名楼系列（图 4-62），至宋代，随着城市集体意识的蓬勃发展，城市审美从"幽赏"向"胜揽"转型，促进了眺望揽胜型风景点的全面蓬发，并形成了一定的建构范式。诚如欧阳修襄阳《岘山亭记》云："若其左右山川之胜势，与夫草木云烟之杳霭，出没于空旷有无之间，而可以备诗人之登高，写离骚之极目者，宜其揽者自得之。"❶宋代眺望揽胜型的风景点建设成为公共园林建设中的常规行动，以滕宗谅《求书记》所论"豫章之滕阁，九江之庾楼，吴兴之销暑，宣城之叠嶂"❷以及洪迈《西山记》所云："杭、汉、汝阴之西湖，洪、蜀、永之西山，嘉之蛾眉，巴陵岳阳之楼，黄之临皋，金陵之赏心、白鹭，扬之平山，吴之苏台、茂苑，荆楚之云梦，郢之白雪，滁之琅琊，九江之庾楼，皆延庚挹辛，宾夕阳而导初月，校奇品胜，於登临最宜"❸，以岳州岳阳楼、黄州临皋亭、

---

❶　（宋）欧阳修 . 岘山亭记 // 全宋文 [G]. 卷七四零 .

❷　（宋）滕宗谅 . 求书记 // 全宋文 [G]. 卷三九六 .

❸　（宋）洪迈 . 西山记 // 全宋文 [G]. 卷四九一九 .

建康赏心亭及白鹭亭、扬州平山堂、鄂州白雪楼、九江庾楼等为典型代表，结合《舆地纪胜》的景物记载，可略窥宋代眺望揽胜型风景点的基本范式（表4-15）。

《舆地纪胜》典型城市楼亭记载分析　　　　　表4-15

楼阁	选址	风景及园林建设	文献
南昌滕王阁	在府治	在郡城之西。唐高祖之子滕王元婴所建也。夹以二亭，南曰压江，北曰挹秀。自唐至今，名士留题甚富	卷二十六·隆兴府
九江庾楼	在府治	后临大江，晋庾亮守镇是邦，因建此楼。其下有为水亭月榭，凉厅燠室，号北林院	卷三十·江州
吴兴销暑楼	在子城谯门上	杜牧诗云："晴日登攀好，危楼物象饶。一溪通四境，万岫远层霄"	卷四·安吉州
宣城叠嶂楼	在州治陵阳山	唐咸通中，刺史独孤霖建。记曰："郡以溪山胜，而溪少贫，则叠嶂名焉宜"	卷十九·宁国府
岳州岳阳楼	城西门楼	下瞰洞庭，景物宽广。唐开元四年，张说为守，常与才士登此楼，列诗百余篇于楼壁。庆历四年，郡守滕宗谅重建，取古今赋咏刻石其上，范仲淹为之记	卷六十九·岳州
黄州临皋亭	在朝宗门外	临江皋，为舣舟之处。东坡曾寓居焉	《舆地纪胜》卷四十九·黄州
建康赏心亭	在下水门城上	下临秦淮，尽观揽之胜，为金陵第一胜概。真宗时守丁谓建，景定间守马光祖重建	卷十七·建康府
建康白鹭亭	在下水门城上	与赏心亭相接，下瞰白鹭洲，柱间有留题，曰："江山之胜，倾想平生"	卷十七·建康府
扬州平山堂	在州城西五里	庆历八年，欧公来牧是邦，为堂于大明寺庭之坤隅，江南诸山拱列檐下，若可攀取，因目之曰平山堂	卷三十七·扬州
鄂州白雪楼	在子城上	子城三面塘基皆天造。正西绝壁，下临汉江，白雪楼冠其上。楚地诸州皆有楼观收揽奇秀，而鄂之白雪尤雅、尤雄胜	卷八十四·鄂州

　　结合眺望胜览典型代表的记载分析，可归纳其景点建设在选址、建设主旨上切合了"亭台楼阁式"胜概范式，体现为风景与人文的并重。这些著名楼亭，或居城内城郊的山麓江畔，或盘城墙之上，都具有极目远眺的山水景观基础。但人文却是它们"著名"楼亭的重要因子，从最远的江州虞楼的晋代庾亮，到南昌黄鹤楼的唐人王勃、吴兴销暑楼的杜牧、宣城叠嶂楼的独孤霖、岳州岳阳楼的张说，无不为当时巨卿或文豪，而后宋代重建、新建的岳阳楼、赏心亭、临皋亭、白雪楼或追溯唐人李白，或以本朝欧阳修、苏轼、寇征等为之名，都托之于雄才钜卿，而成为宋代众多城市胜览型楼亭中的

典型代表。这样的范式推动了宋代城市风景建设的范式化，而名人的游赏示范也成为地方城市游赏的模范，促进了宋代眺望胜览型风景的蓬勃发展而广泛分布。而且在后期因从"幽赏"到"胜览"的城市集体审美转变，在景点命名上也多以天开图画或某地"奇观"、"壮观"为称。如《舆地纪胜》的相关记载（表4-16）：

《舆地纪胜》部分城市眺望胜览型景点记载一览表　　表4-16

州府	眺望胜览型景点记载	卷目
宁国府	环波亭，在府城上，下临城壕。梅圣俞诗云，"今吾太守乐，副此邦人望"	卷十九
隆兴府	湖山千里，水天一色，漕使史弥忠创二亭于北沙门外，面江，亭名以此	卷二十一
真州	壮观亭，在城北五里山之顶。米元章书榜。有赋云："壮哉！江山之观也。"……清风楼，在城外。拂云楼，在城外。……快哉亭，在州城上。……横江楼，在城外。……岣嵝亭，在壮观亭之东。……鉴远亭，在潮闸之西。米元章书。陟遐亭，在壮观亭之东。……赋诗台，即城子山也。魏文帝尝立马赋诗于上，亦谓之东游台。注目亭，在拖板桥。前临大江。天开图画，在州治。……凤凰台，在灵岩山	卷三十八
泰州	借山楼，郡城南门楼也。迎晖楼，在州城之外。……海屿亭，在州城西南。……平远楼，在城北	卷四十
盱眙军	淮山伟观，旧名会景，吴说改曰淮山伟观	卷四十四
黄州	栖霞楼，在仪门外之西南。轩豁爽垲，坐挹江山之胜，为一郡奇绝	卷四十九
全州	楚南伟观，在子城西	卷六十
峡州	楚塞楼，在州治。……天开图画，在城东五里云际院。楚天第一，在州对江普济院。又名壮观。山巅临江，东望夷陵，甚伟。……楚塞楼诗：出峡朝天第一州，使君重敞最高楼。……雄当蜀道三千里，巍压荆南十五州	卷七十三
复州	雪观，在子城上。梦野，今名梦野奇观。皇朝景祐中，郡守王琪作于子城西南隅，名曰梦野，晏殊、宋祁、吴育、杨徽之、苏绅、石延年皆有诗。……南亭，在州南门外。西亭，在罗城外。北亭，在州北	卷七十六
荆门军	荆岑伟观、湖北道院，并在郡治	卷七十八
寿昌军	殊亭，在武昌县。亭临大江，复出山上。扶风马向理武昌日作，元次山记，取其才殊、政殊、迹殊、此亭又殊，名之曰殊亭。诗云："时节方大暑，试来等殊亭。凭轩未及息。忽若秋气生。"……怡亭，在殊亭侧。裴虬作亭，亭铭见碑记门，李阳冰镌岛石间	卷八十一
梧州	凤棲亭，在子城上，嘉鱼亭之西。嘉鱼亭，在子城南。白鹤楼，在子城上之西。……漾月亭，在城东舒啸亭下。负东山，跨鳄池，水光山色，照映左右，苍梧绝景也。……独秀楼，在子城上。四望亭，在城东北。大云楼，在州东城上。江山伟观，在子城上。即桂江楼也	卷一百八
宾州	琅琊奇观，在郡斋	卷一百十五
叙州	江山伟观，在郡治	卷一百六十三

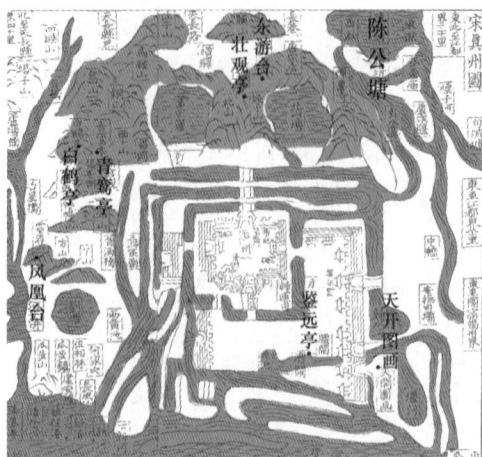

图4-63　真州风景点分布图
（资料来源：自绘，底图自：康熙《仪真志》之宋真州图.）

上表中的真州城，因有保存至今的宋代城池图❶，结合文记、舆图，可以粗略得出宋代城市眺望揽胜型风景建设的蓬勃发展。《康熙仪真志》的宋代真州图，清晰可见城外城子山上的壮观亭（文记还有东侧扃岫亭、陟遐亭）、东游台（又称赋诗台）以及凤凰台所在的灵岩山，鉴远亭所在的临江潮闸；城内城墙上有天开图画等，虽然仍有拂云楼、横江楼、注目亭及快哉亭等难以明确位置，但已经可以看到城市的四面风景胜处皆有观景点的园林建设，可见文明演变下的公共园林建设的炽热（图4-63）。而建康府楼阁记载的伏龟楼、亭轩门记载的赏心亭、白鹭亭、二水亭、揽辉亭、翠微亭、新亭、练光亭、望湖亭等8处以及台观门记载的凤凰台、雨花台、凤凰台等，也组成了士人居民日常登临游赏的完整体系。而赣州之章贡台、八景台、拜将台以及有"一州之壮观，万家之游息"的袁州宜春台（图4-64），皆是这样风景、人文并重的眺望揽胜的观景之所。

同时眺望揽胜型风景点选址于山水形胜处，起着控制城市风景格局中的重要点景作用，因而其建设管理都由官方组织实施。《景定建康志》的8处揽胜型景点，练光亭、望湖亭在南宋时已不存在，赏心亭由真宗朝时守丁谓建，景定元年守马光祖，并和白鹭亭、折柳亭、横江馆一起重建，"三并新之"，而成金陵胜概；二水亭由守史正志乾道五年重建；揽辉亭由马光祖修复凤凰台时重建；翠微亭由淳祐己酉总领陈绮"新而大之，石城登临最佳处也"；新亭由守史正志乾道五年"即故址重建"等，全为官方建设。上文引用《舆地纪胜》分析的典型楼亭还是部分城市楼亭的记载，

❶　国家图书馆所藏明代《嘉靖维扬志》、《隆庆仪真县志》和清代《康熙仪真志》等三志有宋代真州图。

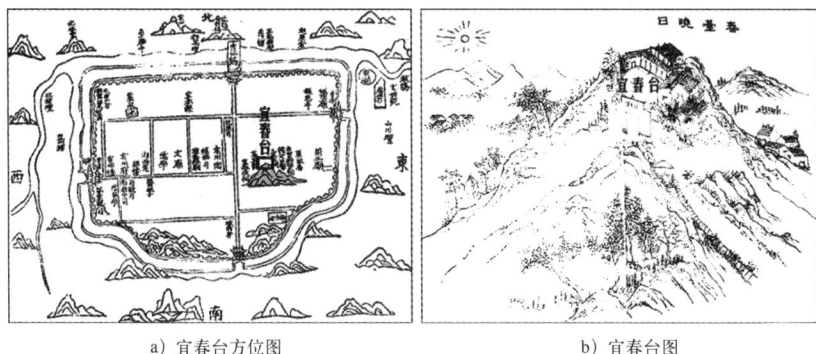

a) 宜春台方位图　　　　　　　　b) 宜春台图

图 4-64　宜春台区位及风景形态示意

（资料来源：a) 摹自（明）正德九年《袁州府志》府城图；

b) 引自《宜春胡氏宗谱.卷二十三》八景图二.)

有明确建设主体记载的也都是由官方建设，并主要由地方长吏建设的。

（二）日常生活型风景景点

宋代平民化社会的演进，推动了官府政治视角的下移，与百姓食宿、出行、聚会、游憩等日常生活相关的空间建设也引起了官方的重视，井泉、驿亭、及路桥休憩设施也成为城市公共园林建设的一部分。园林化环境也成为行人休憩、乡绅聚会、迎来送往的日常生活空间。其中关于井泉、桥梁、驿亭的园林化建设，在第三章的水利、基础设施部分已有论述，本节着重阐述其普遍性和建设管理特点。

井泉、桥梁在宋代开放的街市和平民化的社会氛围中，已然成为与百姓紧密结合的日常生活场所。其中规模大、景观位置和具有建设条件的井泉、桥梁，多在官方的引导下，多方参与建设和管理，形成了城市街巷生活的园林化节点。从《宋代方志丛刊》的记载分析可知，处于城内外风景节点的井泉、桥梁多由官方组织实施，并复建亭榭、廊庑，使其完善城市生活配套功能，成为城市形胜的重要展示节点；而一些城内城郊的非关键节点以及远郊的井泉、桥梁，多由乡绅、僧道建设完成。如建康府的义井（图4-65），"在城南天禧寺侧。天圣五年，丞相李公迪建"，《义井志略》曰："……乃谓城之南隅，康衢四达，憧憧往来，朝及其夕，请官之隙地，特建义井，俾历炎酷，以济其众。公跃闻斯美，笔允其请，遂募其积善者唐文出家帑，以备其事。畚锸星聚，穿凿

图 4-65　宋代江宁县义井区位示意图
（资料来源：摹自南宋《景定建康志》江宁县境图．）

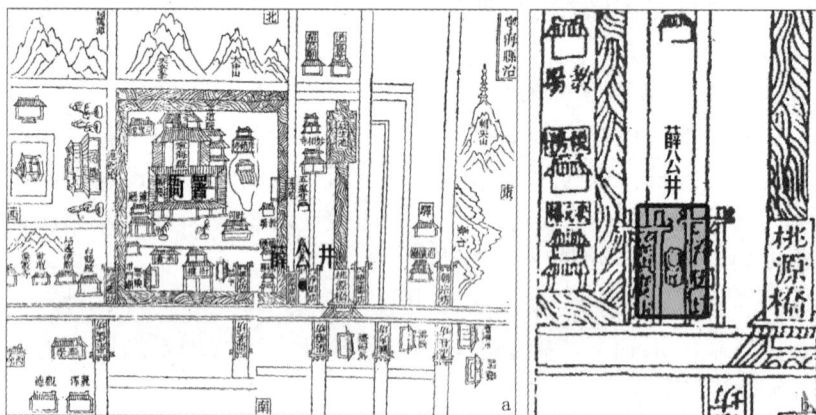

图 4-66　宋代宁海县治中的薛公井
（资料来源：摹自南宋《嘉定赤城志》的宁海县治图．）

丰成，周砌翠珉，广厦华宇，列列其泉。"❶ 即为地处要津，由官员组织、乡绅募捐建成，而成为地方风景标识的园林化景点。又如《嘉定赤城志》宁海县的薛公井❷（图4-66），黄岩县的铁米筛井❸皆为此类井泉实例。桥梁在建设管理上也与井泉相同，驿路、

　❶　（宋）马光祖修．周应合纂．景定建康志 [G]．卷之十八·山川二·井泉．
　❷　《嘉定赤城志》卷二十四·山水门·黄岩：铁米筛井，在县东三里九峰寺南，源自山出，其行如沟，入井处僧以铁窗闭之，故名米筛。邑人皆汲焉。令常澹孙榜曰不竭泉，且亭其上。
　❸　《嘉定赤城志》·卷二十五·山水门·宁海：薛公井，在县东北九十步广度坊侧，隆兴二年令薛抗重建，且亭其上。按此至东驿凡八井，位按北辰之次，特广且深，自薛开端余，次第瓮治。邑人蒙赖，故以其姓名。其后亭废，嘉定十六年齐守硕浚井，复亭且为之记。

城隍、城内街坊中的桥梁也多由官方组织实施，并辅以廊庑、配以亭榭以及祠庙，形成地方居民游憩、城市形象彰显的重要风景节点。如第三章城内外桥梁实例分析中的成都驷马桥、台州中津桥、潮州广济桥、萍乡龙安桥、括苍平政桥等，皆是官方组织实施的城市入口重大交通设施，桥廊、桥亭及石狮、雕栏一应具备，而成为"可以息行迈，可以乐暇闲，可以远眺望"❶ 的一方胜景。《宝庆四明志》记载奉化 10 桥，其中立以廊、亭的有 7 座，城内的县桥和城郊的庆登桥、东市石桥、新妇湖桥，全为官府所建，远郊的广德桥（县北 20 里）、广济桥（县北 25 里）为邑人捐资建设❷。

　　宋代城市文明的演变带来了在促进全社会的旅游氛围蓬发的同时，也带来了城乡交流的频繁，促进了迎来送往景点在两宋城市的普遍建设。并由官方主导，僧道、乡绅参与的建设管理，结合不同的方向、交通方式，形成有层次、有体系的迎送景点布局。典型者如绍兴，志书有记云："今西出迎恩门，则临安路，有接待院，有吕氏庄，皆将迎之地。院侧竹台因古城遗址，巨竹森茂壮，亦有亭榭花木，可以置酒。昔时山阴尉廨门外，临运河亦有亭，今废矣。远则有法云寺、柯桥馆、灵祕院，皆其所也。东出五云门，则明州路，有会稽尉廨前亭子、石佛院。西南出常禧门（一名偏门），婺州路，则有小隐山园，其亭榭山林别见，远则有兰亭、天章寺。正南出稽山门，台州路，则有告成观、大禹寺，皆禹庙也，亦别见。西门东门皆舟行，南门西南门皆陆行，惟北门曰三江门，并海路"❸。而记云："水光映发，望之如图画，舟车既届，必有次舍焉，而实一州佳观也。"❹ 建康府同样有这样详细的迎送亭轩记载，其卷二十二·亭轩门记载的 39 个亭轩，主要承载迎送功能的有四城门接官亭：迎晖亭、致爽亭、来熏亭、拱极亭以及城西门下的折柳亭、风亭、佳丽亭，城东门外的白下亭，城东 8 里的东冶亭，城西南 15 里的新亭，城南 15 里的劳劳亭，龙湾 5 里的客亭等，都为冠盖送钱之所（图 4-67）。韶州的曲江亭、迎山馆、相江亭等❺，也是雷

---

❶ （宋）陈骙．天台临川桥记 // 全宋文 [G]．卷五三八一．

❷ （宋）罗濬等撰．宝庆四明志 [G]．卷十四·奉化·桥梁．

❸ （宋）沈作宾修，施宿等纂．嘉泰会稽志 [G]．卷十三·送迎．

❹ （宋）沈作宾修，施宿等纂．嘉泰会稽志 [G]．卷四·馆驿．

❺ 《舆地纪胜》卷九十·韶州·景物下有记云：曲江亭，在通津门外，临江，舣舟之所。迎山馆，在曲江亭西偏。过客憩息之所。相江亭，在东门外一里，亭前横江，为迎送之所（P3125）。

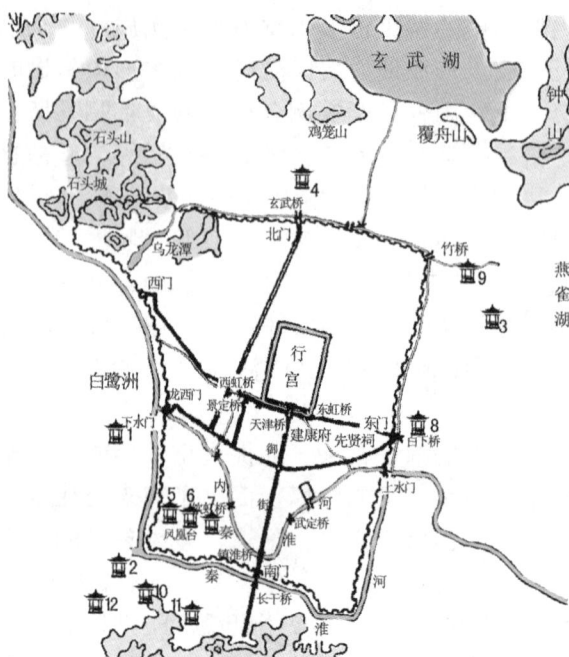

1.迎晖亭　2.致爽亭　3.来熏亭　4.拱极亭　5.折柳亭　6.风亭　7.佳丽亭
8.白下亭　9.东冶亭　10.新亭　11.劳劳亭　12.客亭

图 4-67　建康府城内外日常生活型亭轩分布图
(资料来源：作者自绘.)

同的官方接待点建设。这类景点在建设上常依托驿亭内外的山水
风景形成地方重要的佳致，以《吴郡志》记载的姑苏馆为例，其
既作为"专以奉国信贵客经由"，但"亦假以橇舟登城，西望吴山
皆在指顾间"，即为公私皆用的接待点；又作姑苏台、百花洲，而
成"吴中伟观"❶。而且，这样的景点在建设选址、命名上有一定的
趋同性，如《舆地纪胜》辑录包括安庆、衡州、武冈、岳州、韶州、
惠州等地的合江亭，皆选址于城郊两江合流之处，可达性好而风
景犹胜。同时，两宋州府中海油一些远郊的驿路上，乡绅、寺观
建设的接待点也较多，如《咸淳临安志》中记载城内外的接待庵，
就为此例（表 4-17）。

---

❶　《吴郡志》（卷七·姑苏馆）记云："姑苏馆在盘门重河西城下，绍兴十四年郡守王唤建。
体势宏大丽，为浙西客馆之最。中分为二，曰南馆、北馆。绍兴间始与虏通和，使者岁再往来，
此馆专以奉国信贵客经由，亦假以橇舟登城，西望吴山皆在指顾间。故作台于城上，以姑苏名之。
虽非故处，因馆而名亦以存旧事也，制度尤瑰，特为吴中伟观。此台正据古胥门，门迹犹存。又
为百花洲在台下，射圃在洲之东。台、洲皆唤所建，并馆额皆吴说书。"

《咸淳临安志》中城内外的接待庵统计分析 ❶ 表 4-17

庵	地点	建设者	功能	文记
圆通禅庵	在儿门	不详	祠庙 施水亭	在儿门，元系五显行祠，宝祐二年创观音殿、五显殿、方丈、云堂等，又于路旁建施水亭。
圆通接待庵	在苏公堤	贾平章	施水亭	在苏公堤，咸淳四年，太傅平章贾魏公捐钱创建，施往来者茶汤，仍灯笼以惠夜行之人。
宝林庵	在临平镇	邑人	施水亭	在临平镇梅墅，开庆元年邑人闵道心等建，施水接待。

（三）尊礼崇教型风景点

尊礼崇教型风景点是宋代社会教化下移的背景下得以普遍发展，并主要由古迹保护和放生池亭两类组成。因其属于官府社会教化职能的主要实践，多由官方组织建设和管理，间有部分名贤纪念景点由乡绅、僧道参与完成。

古迹保护多由官方组织建设和管理，通过在原址修复古迹、点缀亭榭的方式而成为城市重要的风景点园林。古迹类景点常为当政者引为要事，其考证和修复在方志中一般单立章节，如《舆地纪胜》、《方舆胜揽》中的古迹篇，《吴郡志》第八卷即为《古迹》、《乾道四明图经》每卷独立设州府、各县等的古迹一节，《吴兴志》卷十八记载以古迹为主等。南宋史正志任建康守时，"於一路十州之外，凡地之胜与景之殊者，悉表出之。六朝来，人物事迹，搜访具备。觉山川益奇，登揽益多，而闻见益广"❷，并历寻曾在南京的名人古迹，"重建新亭、东治亭、二水亭"等李白、林逋、杨万里等名人游赏题记之处。《景定建康志》也记载了太守梅挚重建周处台、范成大重建凤凰台、吴渊与马光祖修复雨花台等，皆为建康历史胜迹的彰显，而成为大众游赏的去处。全国各地城市的历史胜迹的修复在两宋各地方志中记载甚详，如《吴郡志》中记载的姑苏台、馆娃宫、吴王郊台、长洲等，胡缩的《章华台记》（岳州）、黄潜的《寒亭题记》（永州，始建于唐代元结）、应武的《重修文游台记》（高邮，以苏轼、孙莘老、秦少游等同游为胜）、方袚的《思古亭记》（潮州，古城遗迹，韩愈曾在此工作、休憩）等。这些景点大多以在原址修复古迹、点缀亭榭为主要建设方式，并多由官方组织建设和管

---

❶〔宋〕潜说友纂修．咸淳临安志 [G]．卷八十二·寺观八．
❷〔宋〕张椿．建康青溪阁记 // 全宋文 [G]．卷四七零．

理。如龙城三相亭，北宋丞相吴敏、王安中、汪伯彦曾游历于此，因僧寺"上有空洞数处，遂创茅亭二所，曰驾鹤书院、曰三相亭，时携筇挈榼，观书论诗，终日不倦，因此遂成胜迹"，而后南宋郡守赵师邈复建于此，作为邦人游憩之所❶；永州寒亭，"寒亭始于唐瞿令问，而元次山命之名，其记刻存诸石壁备矣。旧亭栈木朽桡，至者危之。元丰三年僧契宗请完之，主薄赵世卿缘崖发石，易穴路，得径以登于层巅，取废材作二亭，曰清胜、摩云。"❷ 也有乡绅建设的，如潮州思古亭，"厥后州治移建金山之麓，溪东父老作亭于此。南望韩木，右顾鸭湖，以表去思，故亭名思古"，❸ 即为乡绅在潮州唐代府衙遗址建设纪念韩愈的风景点。

同时，宋代皇家对道教的崇尚，推动了放生池亭在全国的普遍性建设，并多以"岁时瞻佇祝延之地，且曰其使邦人士女佳辰胜日有所咏歌鼓舞"的目的存在，兼容城市放生祝圣、大众游赏的复合功能。北宋真宗的《淮南等处治放生池近城五里禁采捕诏》及南宋高宗"诏郡县访唐旧迹，置放生池，申严法禁，以敦忠厚之风"❹ 的诏书确定了放生池亭建设的官方定式，也使得城市郊外江湖的放生池亭成为官方建设的必备工程。放生池、放生亭的普遍性表达是两宋城池地图的一大特点，而在明清城池地图中逐渐少见，可见两宋放生文化的正统、礼仪化。而且这些景点占据城市湖山胜景，常也成为地方一景。

第五节 小结

本章基于宋代城市在不同规模尺度公共园林在选址、土地属性、建设主体、管理方式、开放方式的分异，将宋代城市公共园林分为湖山风景区、城市园圃、公共风景点三种主要类型。并结合图表形式定性定量分析相关园林实例，以凸显、论证相应主要园林类型及小类在营建方式的特点。主要有以下五点结论：

（一）基于宋代方志宏观、中观、微观的园林门类归属记载及当代公共园林研究的分类经验，综合宋代文献中各类公共园林

---

❶（宋）赵师邈. 三相亭碑记 // 全宋文 [G]. 卷六七六五.
❷（宋）黄潜. 寒亭题记 // 全宋文 [G]. 卷二二一二.
❸（宋）方裕. 思古亭记 // 全宋文 [G]. 卷六七零六.
❹（宋）真德秀. 放生池记 // 全宋文 [G]. 卷七一八六.

在选址、土地属性、建设主体、管理方式、开放方式的分异，将宋代公共园林分为湖山风景区、城市园圃、城市风景点三大类型，应是较为接近宋代城市社会背景的公共园林分类方法。

（二）湖山风景区依托于城市山水形胜的宏观层面，包括城市的自然环境选址、大型水利项目所带来的尺度宏大的风景资源，也是两宋时期最为复杂、兼容的公共园林类型，常成为地方形胜的重要组成部分。且因依托风景资源的不同，又可以分为山林型风景区，湖泊型风景区、湖山型风景区三类，其中山林型风景区重视风景资源的培育、自然景点的意境化再创造，而湖泊型风景区的园林要素在亭榭楼阁、堤岛桥等人工景点比山林型风景区更为丰富；湖山型风景区常因其"山—湖—城"的空间结构，而成为宋代城市的风景典范。

（三）城市园圃作为地方政治的象征性元素，常选址于城市山水胜处，且因其中观尺度的封闭式园圃管理模式，园林建设质量往往很高，建筑、假山、花木的处理具有典型的两宋文人园林特点，兼容官府的日常接待、游憩和岁时佳节的公众游赏，呈现亦公亦私的复合意境。城市园圃根据区位和建设目标不同，又有郡圃、别圃、纪念性园圃三类，其中郡圃紧邻地方长吏官署，以岁时佳节开放为主；别圃一般在子城或城外，有岁时开放和全开放两种形式；纪念性园圃与名贤祠庙结合，多以全开放为主。

（四）公共风景点的建设因其小型化、附属性，成为大部分城市基础设施、风景胜处的简易化园林建设途径，根据其选址及建设主导目标，可以分为眺望揽胜、日常生活、尊礼崇教三个基本类型。

（五）湖山风景区、城市园圃、城市风景点三类公共园林常同时存在两宋的各级城市，并呈现一定的体系化分布特点，和开放的街市一起组成了两宋城市的公共开放体系，丰富了城市文明演变下的两宋平民化游赏需求。

礼乐的风景

第五章　宋代城市公共园林
发展特点

　　在城市文明演变的社会背景下，宋代城市公共园林在其发展过程中与其前代公共园林相比，逐渐形成四个明显的特点：一、公共园林的建设有着明确的政治、经济取向，是地方政府在政治、文化、经济上的综合性载体；二、公共园林已成为城乡连续的公众活动大环境的有机组成部分，并在城市等级和城市功能上呈现清晰的体系化分布；三、公共园林在建设、管理方式上的兼容性，表现为不同的用地属性、开放方式、使用功能在具体园林中的复杂共存；四、公共园林的范式化建设，特别是在山水文化浸润下形成的西湖范式、八景范式和楼亭苑范式最具生命力，深刻地影响着汉文化圈内的城市风景建设。在这些特点中，既有宋代城市公共园林特有的显著政治经济倾向、园林空间兼容性，也有影响明清甚至当代公共园林建设中的体系化、范式化建设方式。

第一节　公共园林显著的政治和经济取向

　　城市文明演变下的宋代公共园林，受自帝王到下臣"与民同乐"自觉精神的活跃、礼教思想的复兴和商业化城市文明演变的影响，城市公共园林承载着"政定民安"的政治取向、"以德化民"的礼治场所和活跃交易的经济倾向等功能，已经成为政府官员对地方治理政治、文化、经济的综合性载体。侯迺慧在研究宋代郡圃园林的过程中也指出："宋代园林不仅深具普及化、生活化、公

276

共化等特性，而且也可能意味着园林与政治活动正密切地结合着，也或者意味着园林被赋予一些严肃的政治意义。"❶而且这样的"政治意义"是宋代公共园林所特有的，区别于隋唐郡斋的官员个人幽赏和明清封建专制鼎盛时期官员"自觉精神"❷的消退，官方"与民同乐"主导性减弱，及公共园林所表现的政治、经济取向的缺失。所以从这一层面而言，两宋城市公共园林是较为彻底的公共园林，具有历史的代表性。

一、政定民安的政治取向

宋代城市公共园林的建设已经成为地方政府政定民安的表征。在众多的公共园林文记与诗歌中，官员们不遗余力地宣讲其建设目的是太平盛世的产物，是皇朝仁政德泽的产物。同时注重对游赏组织的描绘，倡导官员参与的"与民同乐"群体性游赏，并将这样社会狂欢式的游赏活动作为地方政定民安的象征和安邦定国的利器。

宋代公共园林"首先强调是政成俗阜之后的产物，所以是优良的政绩的表征"。无论是"国有苑，郡有圃"❸、"故郡必有园圃"❹将城市园圃定性为地方政府的必要公共设施，还是韩琦《康乐园》诗中"知为太平民，欢语竞聚首"❺，所表达的"与民同乐"的场景皆强调将园林视为太平盛世的产物，强调政修治善、国泰民安之后才致力于公共园林的兴修。从范仲淹《岳阳楼记》将滕子京修建公共游赏的"东南胜概"岳阳楼评价为"先天下之忧而忧，后天下之乐而乐"，到欧阳修"醉能同其乐"的滁州醉翁亭和其评论施正臣、许子春、马仲涂等"三君子之材贤足以相济，而又协于

---

❶ 侯迺慧. 宋代园林及其文化生活[M]. 台北：三民书局，2010：146. 从其上下文的寓意来看，句中的"宋代园林"特指书中提及的"巨型园林组群——西湖"和"各地公共园林——郡圃"两类城市公共园林。

❷ 钱穆在《国史大纲》指出，"所谓'自觉精神'者，正是那辈读书人渐渐自己从内心深处涌现出一种感觉，觉到他们应该起来担负着天下的重任"，而范仲淹的"士当先天下之忧而忧，后天下之乐而乐"，就是自觉精神的最好榜样；钱穆先生认为这样的自觉精神是宋代"学术思想之新曙光"，是区别于汉、唐时期的士大夫精神的。参见：钱穆. 国史大纲[M]. 北京：商务印书馆出版社，1996：558.

❸ （宋）黄邵. 重修东湖记 // 全宋文[G]. 卷六四三二.

❹ 马蓉，陈抗等点校. 永乐大典方志辑佚[M]. 北京：中华书局，2004：812.《吴兴续志》记有"郡有苑圃，所以为郡侯燕衍，邦人游戏之地也。士大夫从宦自公，（缺）掌之余，亦舒使燕者欤，行者憩也。芳春百卉敷腴，居人士女竞出游赏，亦四方风土所同也。故郡必有苑圃，以与民乐"。

❺ （宋）韩琦. 康乐园[OL]. 汉典诗词网. http：//sou-yun.com/Query.aspx?type=poem1&id=495883.

其职，知所后先，使上下给足，而东南六路之人无辛苦愁怨之声。然后休其余闲，又与四方之贤士大夫共乐于此"❶的真州东园，到韩琦《定州众春园记》曰："不有时序观游之所，俾是四民间有一日之适，以乐太平之事，而知累圣仁育之深者，守臣之过也"❷，都认为营造公共园林供市民游赏是太平年代的一大要事。而且与唐代城市官吏建设园林的目的不同的是，宋代官员更重视其政治取向。如南宋叶适（1150～1223）《湖州胜赏楼记》在评述湖州白居易所记白蘋亭在唐宋变化时云："虽然，以道讲民，见湖可哉！白居易论谢、柳乐山水，多高情，不闻善政"，即以白居易评述柳宗元、谢灵运的山水建设、游赏更多是从个人的情趣（即"高情"），而少见以民为本的政治追求（即"以道讲民"、"不闻善政"）。而由此导出文中记述嘉定间郡守赵公善政要点在于："力能见湖而不为者，民方与我游于丽密之内，我不敢与民纵于青冥之外也"❸，是以将"湖"与民共赏。台湾成功大学博士黄丽月在综合分析北宋时期以公共园林、风景点为主的亭台楼阁文记后指出："从仁宗朝一直到神宗朝，随着'与民同乐'思潮的风云再起，士人更能注意'与民同乐'的前提，是要以人民为施政中心，政安民乐，为政者才得以与民同乐。"南宋时期这样的建设目的依然普遍存在，如孙虎臣《丽芳园记》记曰："醉翁之醉，与滁人同。喜雨之喜，与扶风人同。今公政简而民安，故得以乐其乐也"❹；袁申儒《楚望临睨仰止三亭记》云："苏公记多景楼，欧公记醉翁亭，彼土所宜，皆蕃芜也，犹卷卷如是，千载同一意。则消其鄙吝，合其会通，民情适则民志定，民志定则善心作矣，又岂止乐而已哉"❺，皆以北宋时期欧阳修、苏轼造园典故为立意，使得政成民安后，修建官吏、士人、平民同游的公共园林，成为官吏执政优劣的评价标准，客观上为公共园林建设提供了政治思想上的内在动力。

同时，这样"政定民安"的政治取向也存在于公共园林的大众游赏组织上，甚至通过堪称前无古人、后无来者，从都城到地方州府的大量"邀乐"式全民出游方式，成为"社会控制的安全

❶ （宋）欧阳修．真州东园记 // 全宋文 [G]．卷七四零．
❷ （宋）韩琦．定州众春园记 // 全宋文 [G]．卷八五四．
❸ （宋）叶适．湖州胜赏楼记 // 全宋文 [G]．卷六四九六．
❹ （宋）孙虎臣．丽芳园记 // 全宋文 [G]．卷八二一一．
❺ （宋）袁申儒．楚望临睨仰止三亭记 // 全宋文 [G]．卷六四六三．

礼乐的风景

阀"❶（田银生，2011），具有释放不安能量、稳定社会的功能。历史学者姚思陟指出："在市民文化的场景中，宋代统治者与市民阶层及下层社会其他劳动者阶层建构了一个相对宽容、温和、慷慨、大度的，与民同乐的和谐社会的公共环境。"无论是杭州西湖每日"百戏竞集，歌管欢笑之声，竟夕达旦，四方万姓不远千里快睹盛事"，还是"各穷乡僻壤也是时时笙歌鼎沸，鼓吹喧天"，以公共园林为主要载体之一的群体性文化活动已成为两宋政治适应平民化社会到来，缓解社会矛盾的重要物质载体。甚至在特殊时期，以公共园林为主体的群体游赏成为安邦定国的利器。宋初张咏（946～1015）守蜀，将踏青节防民有变的监控方式改为与僚属引领的邀乐式"游江"，《成都志》记曰："风俗旧以二月二日为踏青节，都人士女络绎游赏，缇幕歌酒，散在四郊。历政郡守虑有强暴之虞，乃分遣戍兵于岗阜坡塚之上，立马张旗卓望之。公曰：'虑有他虞，不若聚之为乐。'乃于是日自万里桥，以锦绣器皿结彩舫十数只，与郡僚属官分乘之，妓乐数舡，歌吹前导，名曰游江。于是郡人士女骈集于八九里，纵观如堵，抵宝历寺桥，出醮于寺内。寺前创与蚕市，纵民交易。嬉游乐饮，复倍于往年。"❷成为两宋"成都浣花江绵延十余里城市公共园林的开端"❸，带动了宋代浣花溪风景区的持续建设。皇祐二年（1050）杭州地区遇饥荒，范仲淹"乃纵民竞渡，太守日出宴于湖上，自春至夏，居民空巷出游"❹，加之兴造寺庙、敖仓吏舍，安定民心、增进就业，成为北宋的吏治典型。《宋史·司马池传》载司马光之父司马池，因在郫县县尉任上遇贼乱，"纵民游观，民心遂安"而提为光山知县❺，可见因公共游赏而带来的民间安定方式为朝廷所赞许。从这个层面而言，公共园林及其游赏组织起到调节人们的身心状态和生活节奏的功能，也具有释

---

❶　田银生在《走向开放的城市》（2010）一书中指出，"宋代一年四季接连不断的节日，制造着种种不同内容的'场合'，更加强化了城市的场所感。在节日的庆祝活动中，洋溢着一种狂欢精神，调节着人们的身心状态和生活节奏，对封建压制下的劳动人民是难得的松弛时刻，也具有释放不安能量、稳定社会的功能，在这个意义上，街市又成为了社会控制的安全阀"（P227-228）。

❷　（宋）陈元靓．岁时广记 [G]．北京：中华书局，1985：1．魏华仙在《宋代官府力量与成都节日市场》（四川师范大学学报（社会科学版），2013（01）：159-168）一文中指出，"张咏把原来分散在四处游赏的人们，通过增加官员僚属参加的游江活动聚集起来，变原来官府'监视'士民游赏为官员参与游赏，拉近了官民距离，丰富了节日游乐活动内容"。

❸　谢元鲁．成都：唐宋城市公共空间的变迁 // 中国唐史学会第十届年会论文集 [C]．上海：上海古籍出版社，2008．

❹　（宋）沈括．梦溪笔谈（官政一）[G]．国家图书馆藏本．

❺　（元）脱脱．宋史（列传·第五十七）[M]．国家图书馆藏本．

放不安能量、稳定社会的功能，在某种程度上已经是国家机器的一部分，是调和社会矛盾的重要物质载体。

二、社会礼治的实践场所

宋代公共园林通过礼治的符号化模范体系开启了中国纪念性园林的大发展，同时也是历史上通过公共园林内的各类官方游赏组织，推广礼仪平民化的独特阶段，从而助力于宋代礼治的复兴。孔子云："道之以政，齐之以刑，民免而无耻；道之以德，齐之以礼，有耻且格"，礼治作为"以思想教化、文化制约、道德规诫为主要手段的统御"❶的方式，在上古就已经成为中国社会治理的重要辅助手段。欧阳修认为"三代而上，专以礼治国，礼乐充盈天下"❷，而宋代作为中国礼治再次复兴的关键阶段❸，礼治在平民化、世俗化的影响下，逐渐向百姓的日常生活转移，成为推动以教化为导向的礼治实践场所，表现在涵盖各范畴道德模范的祭祀场所的普及和百姓教化活动的多样性（图5-1）。

宋代公共园林已成为礼治具体化、生活化、形象化的重要形式和载体之一，并通过其普遍性的社会存在和主题化的园林意境，强化了礼治信息的刺激力度、重复频率和覆盖密度。南宋李纶《淳熙临漳志序》云："城池营驿以为之捍御，射圃学宫以为之教习，社稷寺观庙宇为之祠祀而游观焉"❹，指出以射圃、学校书院的教习场所和社稷、寺观、庙宇等祭祀且兼供大众游观的场所是城市的必备设施。宋代是各类祭祀场所园林化的肇始时段，包括孝慈、友悌、忠信、仁义等礼治目标为导向的重要名人纪念园林、集中

---

❶ 张作理．唐代的礼治 [J]．东岳论丛，2000（02）：104-106．作者在论文中也指出了唐代礼治的主要措施有：续汉制尊儒倡道；育官吏九经举仕；倡官德诏谕劝勉；重孝义旌表门闾；尚敬让行乡饮礼；禁左道违礼必究．

❷ 欧阳修．新唐书（礼乐一）[M]．北京：中华书局，1975：307．其中的"三代"泛指夏商周．

❸ 北宋范仲淹、欧阳修等都指出了三代以下的礼治混乱，并大力呼吁以礼治国的理念，促进了理学"修身齐家治国平天下"的社会伦理。其中理学奠基人程颢和程颐的评述最具代表，指出"秦政暴虐，焚书坑儒，自取其亡。汉代君主以秦弊为鉴，尊崇经术之士。儒者虽不一定通识圣人之学，但由于宗经师古，故多有识义理者。王莽篡汉，儒生多守节之士。东汉继起，褒扬名节，故东汉多名节之士，至有视死如归者。但知名节而不知节之以礼，遂变成苦节。苦节走到极端，魏晋之士便转向旷荡，崇尚浮虚而丧失礼法。礼法一旦丧失，与夷狄无异，故有五胡乱华。五胡之乱走到极点，最后由隋唐收拾天下。唐代贞观、开元之间，虽号称治平盛世，然还有夷狄之风，三纲不正，无父子君臣夫妇之礼法。太宗以后，更是君不君，臣不臣，故藩镇叛乱，权臣跋扈，导致五代之乱"。二程集 [M]．北京：中华书局，1981：236．转引自：惠吉兴．宋代礼治论 [J]．史学月刊，2002（09）：36-41．

❹ （宋）李纶．淳熙临漳志序//全宋文 [G]．卷五四二七．

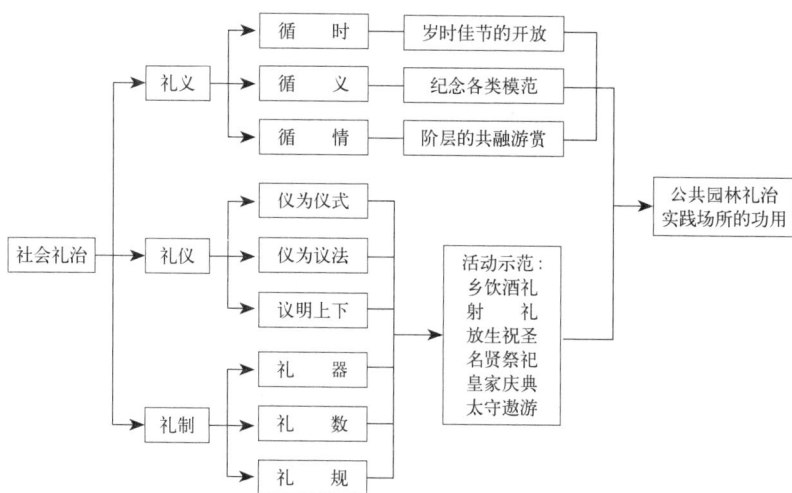

图 5-1　公共园林礼治场所的实现途径
(资料来源：作者自绘.)

祭祀的先贤祠以及承载朝廷祝圣节日——天申节、重明节和两宫诞辰的放生池等在城市普遍建设。并出现了以《鲁国图》为典型的祭祀环境园林化的指导图则，众多保留至今的祭祀性园林如太原晋祠、成都杜甫草堂、秭归三游洞、屈原庙等都是这一时期从单纯的祠庙转化为祠庙园林的 ❶。而放生池在唐代中期皇家推动建设后，在宋代成为各城市必备的社会教化设施，普遍存在于两宋各地地方方志和全国性总志之中。还有一些散布于城内、城郊的历史名人遗迹、陵墓，两宋官府也常不遗余力地加以保护，通过亭榭、楼台的建设，既留名人精神于千古，又为民众提供了可游可赏的场所。公共园林也成为"民业既有经矣，然后日为陈说礼义廉耻之意以开晓之"❷ 的礼治实践场所。如本书第三章"成教化"所论述的各类教化性园林建设目标和途径、第四章"纪念性园圃"分析的各类城市案例，以孝慈、友悌、忠信、仁义等礼治目标为导向的纪念性园圃、景点已经普遍分布于各地，为百姓的日常生

---

❶　从纪念性祠庙的在宋代兴起并成为主要的教化祠庙的发展历程。成荫．宋元时期名贤祠的特质——以杭州西湖三贤祠为例 [J]．西北师范大学学报（社会科学版），2010（04）：54-58．杜甫草堂始建于北宋吕大防为郡守时（唐代的草堂指称为草堂寺，已有很多学者论及），并在陆游的《老学庵笔记》中提及"宴于杜子美草堂沧浪亭"，可见此时已有园林景点；而晋祠的园林景点记载也是始于北宋时期，可见宋代是名贤纪念性园林开始兴起的关键阶段。

❷　（宋）朱熹．琼州知乐亭记 // 全宋文 [G]．卷五六五五．

活的各个范畴树立礼制的典范，并或以独立形式的纪念性园圃、风景点存在，或附属于其他郡圃、别圃存在。而园林意境也紧密围绕于祀主的品性而主题化展现，强化了公共园林的社会教化意义。即便是一类日常生活型的风景点，也成为宋代礼治平民化下移的实践场所，如宋真宗《同列出使许出饯给休假诏》曰："寮故之情，风义攸重；饮饯之礼，典籍具存"❶，而成为宋代迎送风景点的建设指导性策略。南宋胡舜《注目亭记》记曰真州迎送景点壮观、鉴远、注目等亭的同时，也指出了"宾主适相遇，而升降揖逊之礼行乎其间"❷的社会目标。

同时蕴含礼治秩序的官方大众游赏组织也是公共园林推广社会礼制的重要途径。宋代的礼治式公共游赏组织从唐代的乡饮酒礼拓展到射礼、放生及日常游赏，呈现官府在公共游赏组织上的主动性和多样性，且也超越了后世明清时以社会组织为主体的游赏组织，而成为宋代礼治平民化的一大特点。无论是《东京梦华录》记载北宋开封的"瞻天表则元夕教池、拜郊孟享，频观公主下降、皇子纳妃"❸，还是《梦粱录》记载的临安"车驾诣景灵宫孟飨"、"八日祠山圣诞"、"佑圣真君诞辰"、"皇太后圣节"以及"观潮"等节❹，皆以皇家、帅守为礼制范式的示范者，而通过大众的观摩而达到平民化教化的社会意义。如东京"元夕教池"所指的金明池争标，是日，"车驾临幸，观骑射百戏于此池之东岸，临水近墙皆垂杨，两边皆彩棚幕次，临水假赁，观看争标"❺，即是皇家组织的先礼后乐式的活动；临安"八日祠山圣诞"记曰："帅守出城，往一清堂弹压。其龙舟俱呈参州府，令立标竿于湖中，挂其锦彩、银碗、官楮、犒龙舟，快捷者赏之。有一小节级，披黄衫，顶青巾，带大花，插孔雀尾，乘小舟抵湖堂，横节杖，声诺，取指挥，次以舟回，朝诸龙以小彩旗招之，诸舟俱鸣锣击鼓，分两势划棹旋转，而远远排列成行，再以小彩旗引之，龙舟并进者二，又以旗招之，其龙舟远列成行，而先进者得捷取标赏，声嗟而退，余者以钱酒友犒也。湖山游人，至暮不绝"❻，也是官府基于礼制组

---

❶ 宋真宗．同列出使许出饯给休假诏 // 宋大诏令集 [G]．卷十二．
❷ （宋）胡舜．注目亭记 // 全宋文 [G]．卷六三六四．
❸ （宋）孟元老．东京梦华录 [G]．
❹ （宋）吴自牧．梦粱录 [G]．
❺ （宋）孟元老．东京梦华录 [G]．
❻ （宋）吴自牧．梦粱录 [G]．

织的复杂游赏秩序，而后循礼成乐的形式。而其他诸如成都浣花溪"府尹亦为之至潭上，置酒高会，设水戏竞渡，尽众人之乐而后返"❶、学射山"太守与其属，侯城以出，钟鼓旗斾，绵三十里无少缺。都人士女，被珠贝，服缯锦，藻绩崇麓，映照原野。浩如翻江，晔如凝霜，上下立列，穷极繁丽，倘佯从倚，直暮而入"❷也是地方城市模范都城游赏组织的典例。其他如放生池，陆游《广德军放生池记》记曰："重明节，率僚吏放鳞介千许，望行在拜稽首，礼成而退。父老童稚纵观兴叹"❸、赵善湘《放生池记》（镇江）记曰："是日也，积阴旬余，霁色微开，亭池一新，臣公济济，尽礼尽敬，邦人环视，莫不肃然而悦，亦以见人心之所同欲也"。❹而以行射礼、振军备的射圃不仅在两宋郡圃中有大量的存在，甚至建设于湖山风景区，成为教化百姓的观赏性活动。如抚州金溪县射亭，《舆地纪胜·卷第二十九·抚州》记曰："曾南丰（按：曾巩）尝作记云：'金溪尉汪君为尉之三月，斥其四垣为射亭。既成，教士于其间，而名之曰饮归之亭'。荆公（按：王安石）诗：'因射作兹亭，序贤仍阅兵。庶民观礼教，群寇避威声。'"❺可见公共园林的礼仪式活动承载着对士大夫的"序贤"和对百姓的"礼教"的共同作用。

三、游赏服务产业的经济作用

在城市文明演变下带来的平民化、商业化大背景下，宋代城市公共园林逐渐兼容了官、私各类商业活动，成为城市商业活动的场所之一。其商业形式既有日常的游赏服务，还有与时节型邀乐式群体活动相并存的庙会式城市商贸大聚集，并在特定的条件下，甚至成为提供城市就业、缓解城市灾荒的有效手段。

在两宋城市公共园林的商业服务性项目中，既有官府以酒业为主的服务经营，也有商家、小贩的各类住宿、租赁、餐饮、土特产等游赏服务。在两宋公共园林的建设过程中，有一个值得注意的现象是酒业服务的大量出现。在湖山风景区基于游赏的常态化，采用固定设点的方式，如杭州西湖的丰乐楼、宁波西湖的郡

❶ （元）费著. 岁华纪丽谱 [G].

❷ （宋）文同. 静难军灵峰寺新阁记 // 全宋文 [G]. 卷一一零六.

❸ （宋）陆游. 广德军放生池记 // 全宋文 [G]. 卷四九四三.

❹ （宋）赵善湘. 放生池记 // 全宋文 [G]. 卷六八七五.

❺ （宋）王象之. 舆地纪胜 [G]. 卷第二十九·抚州.

酒务、永嘉西山的醉乐亭以及建康秦淮河上的赏心楼、二水亭等。城池郡圃结合定期的开放设置，如华亭郡圃酒垆，黄崖《华亭制锦堂记》记曰："方春秋佳时，花卉懋盛，风物清楚，则中设酒垆，俾邑人往来，嬉游其间，以乐太平，而歌丰年"**❶**，而且这样的临设酒垆、酒席方式在华亭郡圃、临汾城市别圃、桂林八桂堂等等皆有记载**❷**。同时酒业经济的发展甚至可以影响园圃的开放时间，如《岁华纪丽谱》记载的成都西园游赏，"近岁自二月即开园，逾月而后罢，酒人利于酒息，或请于府展其日，府尹亦许之"**❸**。可见公共园林在"与民同乐"、带动地方游赏活动的同时，促进官府主导的酒业经济已然成为两宋官员关注的一个方面。而商家、小贩的商业活动在全开放的湖山风景区和定期开放的城市园圃中同样活跃，甚至成为公共游赏中的一道靓丽风景线。从北宋初期开封金明池开放中记载的官府允许酒家、伎艺人、小商贩、关扑商人等进入游娱区，向游客提供饮食、伎艺、关扑以及游船渔具租赁和烹饪等服务起始，商家、小贩的商业活动一直在各类城市公共园林中普遍存在。如成都浣花溪，北宋庄绰《鸡肋篇》记云："浣花自城去僧寺凡十八里，太守乘彩舟泛江而下。两岸民家绞络水阁，饰以锦绣。每彩舟到，有歌舞者，则钩帘以观，赏以金帛。以大舰载公库酒，应游人之家，计口给酒，人支一升。至暮遵陆而归。有骑兵善于驰射，每守出城，以奔聚于前。夹道作棚为五七层，人立其上以观"**❹**，其中的民间建设的锦绣水阁、组织的歌舞和政府提供的库酒、观演棚及相应的彩舟、骑射，皆为对上巳日游江节庆活动的时节型旅游服务。又如《武林旧事·西湖游幸》之都人游赏篇亦道："时承平日久，乐与民同，凡游观买卖，皆无所紧"，包括果蔬、花篮、画扇、彩旗、糖鱼、泥婴等"湖中土宜"十三种，吹弹、舞拍、杂剧、鼓板、烟火、风筝等二十五类"赶趁人"和称谓"水仙子"的歌妓舞鬟，可见西湖商业活动之盛**❺**。又如成都郡圃西园，《岁华纪丽谱》记曰："每岁寒食，辟园张乐，酒垆花市，

---

❶ 〔宋〕黄崖．华亭制锦堂记 // 全宋文 [G]．卷七六八二．
❷ 朱之纯．思吴堂记．全宋文 [G]．卷二六一八；江褒．吉乡新修南池二亭记 // 全宋文 [G]．卷三零三六；李彦弼．八桂堂记．全宋文 [G]．卷二五六三。
❸ 〔元〕费著．岁华纪丽谱 [G]．
❹ 〔宋〕庄绰．鸡肋篇 [G]．
❺ 〔宋〕周密．武林旧事 [G]．卷三·西湖游幸都人游赏．

茶房食肆，过于蚕市，士女纵观"❶，可见即便是城市相对封闭的城市园圃，其公众开放时的各类商业活动一样热闹。而偏远的城市风景区同样有这类商业服务，如苏轼记载宁波慈湖的"犹有小船来买饼"❷，即为丹徒湖山景区慈湖的游赏服务，只是两宋大部分城市的湖山游赏没有如杭州西湖这般热闹，相关的记载很少且分散，因而难以查证。

而且在两宋城市游赏组织的时节型邀乐式活动促动下，一些城市公共风景区、城市园圃的游赏氛围已呈现庙会式的商业交易，带动了城市的商贸产业发展。在两宋城市游赏的组织上，与隋唐以官员的群体雅集和明清以基层组织为主的全民游赏形式相比，宋代公共游赏呈现官方主导、官民同乐的组织方式。因而在公共园林的游赏服务组织上，首先是政府组织的主题性、观赏性活动，包括帝王、郡守的邀乐、竞渡、歌舞等。其中的邀乐式活动包括《东京梦华录》中正月十四皇帝"驾幸五岳观"、十六日观灯之"御座临轩，宣万姓"等❸，《岁华纪丽谱》中太守20几次的大型出行活动❹，《淳熙三山志》中的上元观灯❺，郑侠《惠州太守陈文惠公祠堂记》中的潮州西湖游赏等等❻，其观赏要点是帝王、郡守个人及其众多僚属、军吏形成"太守出郊，建高旆，鸣笳鼓，作驰骑之戏"、"隼旗皂盖"，成为"州人、士女却立企望、排众争睹以为乐"（《淳熙三山志·卷四十·土俗类》之上元观灯）的移动风景。通过这样的主体式活动，带动城市商业的集聚也是公共园林在城市经济带动上的一大特点。在上述皇祐二年（1050）的杭州饥荒灾难中，郡守范仲淹已然将西湖游赏活动的激发作为缓解城市经济困境的重要措施，沈括《梦溪笔谈·官政一》记云："文正乃自条叙所以宴游及兴造，皆欲以发有馀之财，以惠贫者。贸易饮食、工技服力之人，仰食于公私者，日无虑数万人"❼，通过太守带领的西湖宴游，带动城市"贸易饮食"的发展，起到和公共设施营造同样的

---

❶ （明）曹学佺．蜀中名胜记 [G]．重庆：重庆出版社，1984：57．

❷ （宋）苏轼．慈湖夹阻风五首 [OL]．诗词名句网．http：//www.shicimingju.com/chaxun/list/947818.html．

❸ （宋）孟元老．东京梦华录 [G]．

❹ 参见本章表格5-1．

❺ 参见本章表格5-1．

❻ （宋）郑侠．惠州太守陈文惠公祠堂记 // 全宋文 [G]．卷二一七六．

❼ （宋）沈括．梦溪笔谈（官政一）[G]．

经济促动作用，而解决了数万人的生机问题，可见以公共园林建设带动的旅游产业发展早在宋代就引起了官方的注意。

第二节 公共园林群体建设的体系化

体系，泛指一定范围内或同类的事物按照一定的秩序和内部联系组合而成的整体，是不同系统组成的系统。特定到宋代城市公共园林，在以儒家为主导的政府官员在"与民同乐"的思想浸润下，建构了涵盖全国各大小城市甚至乡村的分级、分类的公共园林体系，并融合到城市日常生活的游赏活动系统，从而首次形成了我国公共园林在地域分布上的系统化建设。

一、公共园林在城市等级上的建设系统

两宋时期，不同类型、不同规模的公共园林对应于以行政级别、人口规模、经济地位为主要因子的城市等级，并呈现一定的规律性分布。而且在公共园林普遍性建设的两宋城市，公共园林建设已经突破了城市的范畴，表现为以大城市为中心向周边中小城市、乡村地区辐射的一种城乡公共空间延续性。苏州大学王欣在其博士论文《宋元明清公众活动的环境及设计研究》中，也关注包含公共园林在内的公共空间表现出来的"城乡连续的公众活动大环境"，并提出"从宋元至明清，城乡连续的大环境建构使公众活动的空间得到扩张和延展"的概念 ❶。但公共园林在不同的城市并非简单的以同样的形态出现，而是呈现类型上的等级分布。具体而言，湖山风景区、城市园圃、公共风景点在不同规模的城市非均衡存在，而是以递减的方式分布于大、中、小城市之中，其中大型城市三种类型普遍存在，并以湖山风景区和公共风景点为主，中型城市也多是三种类型同时存在，但以城市园圃、公共风景点为主，小型城市一般只有城市园圃和公共风景点，且以公共风景点为主要建设类型。

为更正确、详细地分析包含行政地位、城市规模、产业发展等不同等级的城市公共园林建设情况，归纳其内在的公共园林建设分布体系，择取《宋元方志丛刊》方志图文保存良好的临安（南

---

❶ 王欣. 宋元明清公众活动的环境及设计研究 [D]. 苏州：苏州大学，2008：219.

宋都城)、绍兴（两浙东路路治）、台州府（两浙东路下属州府）以及宁海、天台、仙居等县城（台州府下属县县城）为线索，分析不同城市等级的城市公共园林建设情况，归纳其中内在的规律化建设系统。其中临安为南宋时期的都城，城市人口日130万人❶，在《宋元方志丛刊》辑录了的《乾道临安志》《淳祐临安志》、《咸淳临安志》等三志中，其最为明显的公共园林建设即为"巨型湖山公园"的西湖，除湖山风景区的整体架构外，其内尚有各类城市园圃（如孤山三贤堂、苏堤先贤祠、湖山堂、涌金门外丰乐楼、九里松嬉游园等）、风景点（苏堤六亭、上船亭、泳飞亭、先得楼等）；而城内外向公众开放的园林尚有郡圃、吴山伍子胥祠庙园林、竹山阁、浙江亭等；可见作为都城的临安在公共园林的建设上涵盖了湖山风景区、城市园圃、风景点建设的各类类型，而且其湖山风景区的规模、游赏环境和景点数量十分丰富。

绍兴府为两浙东路府治，人口规模近30万人❷，其公共园林包括城内园圃郡圃、卧龙山西园以及蕺山风景区，城郊的鉴湖及赐荣园、会稽山、兰亭、若耶河等，另有各类城内外风景点，皆是士庶游赏的公共园林组成部分。北宋沈立《越州图序》记云："其刺史之居，据高凭峻，茂林脩竹环厕其左右前后。楼阁交映，亭榭相望。晨昏起居，云山在目。若蓬莱阁、望海亭、东斋、西园，皆燕游之最著者。其人物则郑洪、谢敷、王右军、贺知章、徐浩数公，皆以名载图史。又其胜概如稽山、鉴湖、兰亭、宁罗、若耶、禹穴之比者甚众。又按道书，会稽山即阳明洞天也。其珈蓝胜丛，则天章、云门、天衣、戒珠最为佳胜，至於蔬鲜珍隽，花竹奇怪，固不可得而遽数也。"❸从《宋元方志丛刊》辑录的《嘉泰会稽志》和《宝庆会稽续志》有关公共园林及其游赏记载来看（图5-2），其中湖山风景区有城外的"鉴湖—会稽山风景区"，湖紧邻城市南垣，而会稽山在城东南一十二里，有禹庙、告成观、降仙台、范蠡养鱼池、菲饮泉及茗坞、淘沙、径思诸亭，每年三月五日，"禹生之日禹庙游人最盛，无贫富贵贱。"❹而诸如北宋吕祖谦《入越录》

❶ 董鉴泓.中国城市建设史（第三版）[M].北京：中国建筑工业出版社，2004：83.
❷ 绍兴城人口资料引自陈国灿，略论南宋时期绍兴城的发展与演变[J].绍兴文理学院学报（哲学社会科学），2010（03）：9-13.
❸ （宋）沈立.越州图序//全宋文[G].卷六四零；会稽掇英总集[G].卷二零.
❹ （宋）沈作宾修、施宿等纂.嘉泰会稽志[G].卷第十三·节序.

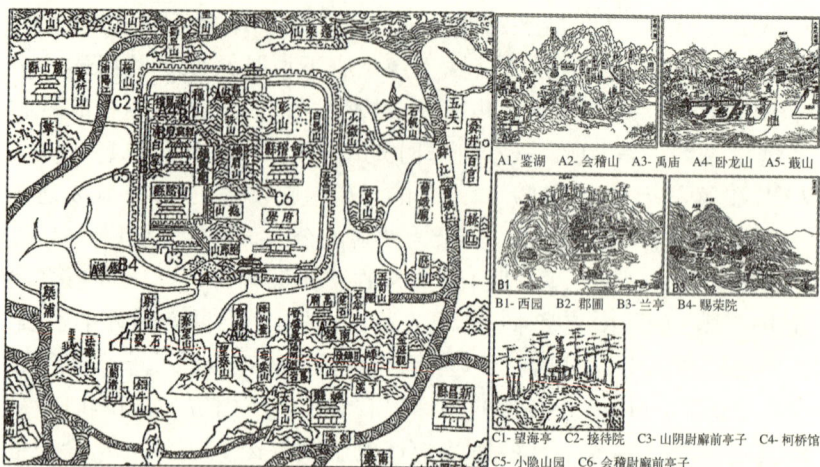

图 5-2　宋代绍兴府城公共园林类型及其分布图
(资料来源：自绘，底图自：南宋王十朋《会稽三赋》图，转引自邱志荣著.绍兴风景园林与水 [M].
学林出版社，2008：33，34，98-150.)

记载的士人学子日常游赏的更不在少数 ❶。城内的湖山风景区如卧龙山及西园，在子城内，为府治后山，又名种山，有蓬莱阁、望海亭、镇越堂、城隍庙等诸景，日常登临者多，《宝庆会稽志》辑录的汪纲《镇越堂记》记述的山中道路，"后来者乃由中凿蹬道，以便往来，而饩军延见吏民之所，遂为通行之路" ❷，可见公众的游赏可达性是常态化的；另城内还有蕺山，在城中府东北六里一百七十步，有王羲之故居，有题扇桥、墨池、鹅池、戒珠寺、右军祠堂等。而在城市园圃一项，有著名的西园，在卧龙山，景祐三年蒋堂始建，有曲水阁、飞盖堂、流觞亭、绿波亭、清白堂、望湖楼、王公池诸景，"二月二日始开西园，纵郡人游观，谓之开龙口" ❸；又有鉴湖千秋鸿禧观外的赐荣园。在风景点的建设上，单《嘉泰会稽志·卷十三·送迎》记载的临安路接待院、山阴尉廨前亭子、柯桥馆，明州路会稽尉廨前亭子，婺州路小隐山园等迎送风景点几乎沿城池主要交通要道设置 ❹，其余诸如古迹营造的风景点更是应绍兴城池历史的悠久而多处建设，如古宅保护的景点多达 23 处，除王羲

❶ (宋) 吕祖谦.入越录 [G].国家图书馆藏本.
❷ (宋) 张淏纂修.宝庆会稽续志 [G].卷一·府廨.
❸ (宋) 沈作宾修，施宿等纂.嘉泰会稽志 [G].卷十三·节序.
❹ (宋) 沈作宾修，施宿等纂.嘉泰会稽志 [G].卷十三·送迎.

之、谢安、谢灵运、贺知章等以祠庙保留外，大多以风景点的形式出现，如张玄真宅的大夫桥、徐浩宅的五云桥、施肩吾宅保留的松柏等❶。对照《宋元方志丛刊》辑录的另外两个路治江南东路建康府（《景定建康志》）和福建路福州府（《淳熙三山志》），在公共园林系统建设上存在较为接近的模式。如建康府城外有玄武湖—蒋山—覆舟山湖山风景区、城内有秦淮河风景带和青溪园、郡圃、乌衣园等城池园圃，以及散布于城内、城郊的众多公共风景点；福州有城外西湖湖山风景区、城内乌石山、九仙山山林风景区和郡圃西园、欧冶池城池园圃以及众多公共风景点。加之《舆地纪胜》、《方舆胜揽》以及《全宋文》上的记载，包括桂林、广州、成都等两宋大部分路治城池，因城市等级及其规模的影响，在公共园林建设的系统性以及公共园林的数量、建设规模、质量上都有相类似的情况。

  台州为两浙东路的下属州府，《嘉定赤城志》上记载城池"周回一十八里"❷，嘉定十五年（公元 1222 年）府城所在地临海县主客户总数达 73997 户，采用陈国灿教授计算绍兴府人口"按照户均 5 人规模"、"1/2 为城内和郊区户"❸，台州城的城市人口规模约为 15 万人左右。从《嘉定赤城志》记载的城池建设和相关文记来看，南宋时期台州城的公共园林包括以东湖、巾子山为主的湖山风景区和郡圃、公共风景点为要素的公共园林体系（图 5-3）。其中东湖是台州主要的湖山风景区，堪称"赤城景物之尤处"、"为春夏行乐之冠"❹，湖在城东"崇和门"外三十步，熙宁四年（1071）郡守钱昱开浚湖池，建有共乐堂、流杯亭，乾道年间，贺参政在东湖北侧建设占春堂、枕流亭、漱石亭，又称小鉴湖❺。巾子山在台州城中南侧，"其顶有双塔，差肩屹立，有明庆塔院，院之南有翠微阁，阁北有广轩，轩下瞰阛阓，阁南眺郊薮廛市，山川之盛一目俱尽，故其胜概名天下，登临者必之焉；又有肱斋，斋侧有碍云轩，又其巅有息庵"❻。《嘉定赤城志》记载的城市园圃较少，较为清晰

---

❶ （宋）沈作宾修，施宿等纂．嘉泰会稽志 [G]．卷十三·园池．

❷ （宋）陈耆卿．赤城志 [G]．卷二·地理门二．

❸ 陈国灿．略论南宋时期绍兴城的发展与演变 [J]．绍兴文理学院学报（哲学社会科学），2010（03）：9-13．

❹ （宋）包恢．州学沂咏堂记 // 全宋文 [G]．卷七三三四．

❺ （宋）陈耆卿．赤城志 [G]．卷二·地理门二．

❻ （宋）陈耆卿．赤城志 [G]．卷十九·山水门．

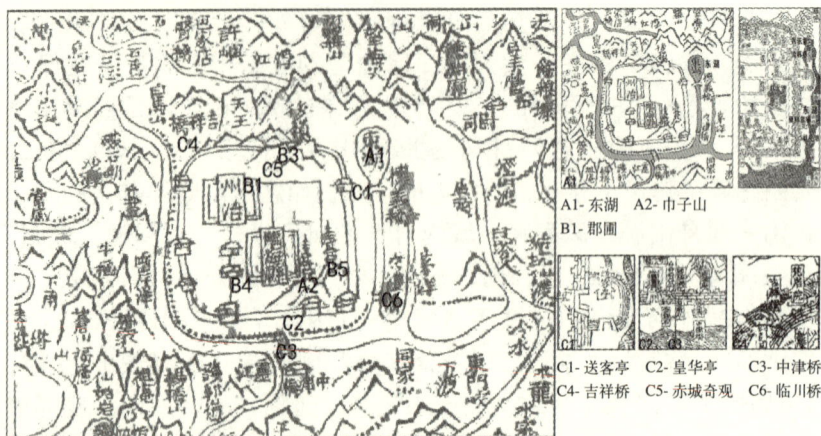

A1- 东湖　A2- 巾子山
B1- 郡圃

C1- 送客亭　C2- 皇华亭　C3- 中津桥
C4- 吉祥桥　C5- 赤城奇观　C6- 临川桥

图 5-3　宋代台州城公共园林类型及其分布图
(资料来源：自绘，底图自：《嘉定赤城志》府境图．)

可见的为郡圃，北宋庆历五年（1045）郡守元绛建设官廨四隅楼亭，又新建双岩堂、参云亭、射圃、曲水等，并在春季向郡人开放❶（元绛，《台州杂记》），同时大固山作为州治后山，虽未能像巾子山一样成为大众日常游赏的湖山风景区，但历代修建的赤城奇观、双瑞轩、梅台等景点都记述为"在郡圃后山"❷，可见郡圃的建设已和大固山相融合，成为春秋佳节开放时公众的游赏空间。台州城的风景点有基础设施园林化的临川桥、中津桥、吉祥桥、蒙泉等，也有送迎风景点的皇华亭、送客亭等，分布于城池四周。对照《宋元方志丛刊》辑录的明州（《乾道四明图经》、《宝庆四明图经》、《开庆四明图经》）、平江（《吴郡图经续记》、《吴郡志》）、严州（《严州图经》）、常州（《咸淳毗陵志》）、镇江（《嘉定镇江志》）、徽州（《新安志》）、鄂州（《寿昌乘》）等府治城市，在公共园林建设上虽略逊于作为同一路的路治城市，但在公共园林类型上尚为齐全，且以湖山风景区和园圃为主，如明州城内著名的月湖风景区以及郡圃、平江城城外的虎丘山风景区以及南园、郡圃西园、严州城西湖风景区和郡圃、严子陵祠庙园林等，在风景点的建设上以登临胜地、桥梁园林化和迎送的风景点为主，且受城市商业经济、交通往来的影响，商业经济发达、交通条件好的城市在风景点的建设远多于一般的州府。

❶　〔宋〕元绛．台州杂记 // 全宋文 [G]．卷九二九；赤城集 [G]．卷一．
❷　〔宋〕王象之．舆地纪胜 [G]．卷十二·台州．

礼乐的风景

B1-县圃　B2-射圃

C1-观德亭　C2-放生池　C3-薛公井
C4-泽丽亭　C5-县桥　C6-桃园桥
C7-送官亭

图5-4　宋代宁海县城市公共园林类型及其分布图
（资料来源：自绘，底图自：《嘉定赤城志》宁海县图.）

　　宁海县城为台州府下属县治，城郭"周回六百步"❶，人口规
模不详，从《嘉定赤城志》的文字记载来看，城市主要的公共园
林为县圃，有岸帻亭、舫斋、读书径、松竹林、横翠阁、云锦亭、
水池等景点；也有部分诸如县桥、桃源桥以及薛公井等风景点的
提及。而从宁海县境图及宁海县治图两图综合来看，宁海县城尚
有放生池、观德亭、泽丽亭、送官亭、射圃等公共风景点（图5-4）。
这样的文字记载和图文形式同样存在于《嘉定赤城志》中记载的
天台、黄岩、仙居等县治，也是以县圃为主要城池园圃，配以一
些城内、城郊的公共风景点形成小型城市的公共游赏空间。从《咸
淳临安志》记载的临安府属县、《嘉泰会稽志》记载的绍兴府属县、
《咸淳毗陵志》记载的常州府属县的公共园林建设情况分析，虽也
有诸如嵊县东山、无锡惠山、常熟虞山等一些较为著名的湖山风
景区的存在，但也是以县圃和风景点建设为主，而且在风景点建
设上集中于桥梁、放生池的园林化处理和迎送景点的建设。县下
属的部分市镇在建设上虽也有公共园林的建设，但更多的以附属
于公共设施以及祠庙的风景点形式存在，如《澉水志•亭堂门》
里记载的弦风亭、秀野堂、美固堂，依附于市场、渡口存在而"与
众同乐"；虽也有镇圃的存在，但其规模和开放性远逊于郡圃，如《澉

---

❶　（宋）陈耆卿．赤城志 [G].卷二•地理门二.

水志》里辑录张思齐的《漵浦镇新创廨舍记》，镇圃的规模在廊庑之间，规模甚小 ❶。

从上述《宋元方志丛刊》的部分城市公共园林分析，可以较为清晰地看出，两宋时期的城市公共园林与行政级别、人口规模、经济地位等指标紧密相关，并呈现一定的规律性。具体而言就是作为人口超百万大型城市的都城，公共园林以多类型存在，主要公共园林的规模也常较为巨大，同时公共园林的数量也较多，且较为密集地分布于城市的内部和周边；而十万人左右甚至更多的路治所在和大的州府，往往也是湖山风景区、城池园圃、风景点统一具备，对应于城市不同人口结构的日常出行、游憩和节日游赏，且相关记载也以湖山风景区、郡圃的建设为主要内容，但在湖山风景区的建设上远逊于作为都城的临安，即便是《宋元方志丛刊》上的建康青溪、绍兴鉴湖、明州月湖、苏州虎丘以及两宋岭南地区建设频繁的桂林环城风景带和潮州西湖风景区，在园林的持续保护修复上、景观游线和景点序列性建设上也不能和杭州西湖相提并论，可见人口规模、结构对城市公共园林建设体系的影响；小型州府以及大部分县城在公共园林的类型上以郡圃或县圃以及风景点的建设为主，虽也有诸如城郊湖泊、山岭的风景建设，但在规模上较小，较多的以风景点的形式存在，缺乏湖山风景区所依托的序列、系统景观形态，而以孤立的亭榭、楼阁的形式存在。

二、公共园林在城市空间上的分布系统

除了与城市等级相对应的公共园林建设体系外，在个体城市上，特别是规模较大的都城、州府城市，如临安、建康、明州、平江、绍兴等两宋时期规模较大、经济发展兴盛的区域中心城市，呈现公共园林类型与城市功能分区相对应的分布体系，首次表现为从内到外，从半公共到公共的公共园林类型分布体系。城外以湖山风景区、风景点的建设为主，呈现全时段的开放性；城内以城池园圃为主，呈现节日性、季节性的开放模式。而且公共园林的选址注重与市民集中的里坊相近，凸显公共园林的可达性。择取公共园林记载详尽的南宋景定年间建康府为例，分析公共园林在城

---

❶ （宋）罗叔韶修．常棠纂．漵水志 [G].

礼

乐

的

风

景

市功能空间上的分布系统。

建康城始建于春秋战国时期，在三国时期为吴国都城，而后东晋及南北朝时期南朝宋、齐、梁、陈四国皆以建康为都城，五代时期又为后唐都城，至南宋时又为陪都，山川秀丽而历史悠久，所谓"紫盖东南，势雄建邺；青山表里，景似洛阳"❶。从《景定建康志》的记载分析，截止到南宋景定年间，官府建设的公共游赏园林已经遍布于建康城内外，包括了湖山风景区、城池园囿、风景点等全部园林类型，其中湖山风景区有城内城外的玄武湖—蒋山风景区，"周围数十里，幕府、鸡笼二山环其西，钟阜、蒋山诸峰耸其左右，名山大川，掩映如画"，天禧四年，改曰放生池❷；蒋山上尚有偃秀轩、南轩祠、九日台、蒋庙等。城内有秦淮河风景区，其核心景区位于城市水运要道、中心市场附近，相对密集地建有赏心亭、白鹭亭、折柳亭、横江馆、通江馆、风亭、佳丽楼、二水亭等公共风景点，其近还有城市园囿绣春园；沿河还有新桥、饮虹桥、镇淮桥、周处台、府学、武定桥、下水门等风景点，形成绵延十几里的城市风景带❸。城市园囿记载较为明确的有郡圃、青溪园、乌衣园、绣春园等，其中郡圃和青溪园紧邻青溪九曲，处于城市的东北侧，周边主要是官衙所在和部分居民坊市；乌衣园在城南二里的居民区内，秦淮河南侧，为王羲之、谢安故居❹；绣春园在秦淮河核心景区内❺。公共风景点主要散布于城南及城郊要道的风景胜处，如城内的银行街东市坊、西市坊侧的东南佳丽楼，城门东南隅的伏龟楼，府城右南厢的层楼，镇淮桥北侧的嘉瑞楼；城内外四周有士大夫送钱之所，城东迎辉亭、东冶亭、白下亭，城南有来熏亭、劳劳亭，城西有致爽亭，城北有拱极亭、客亭等；而登临胜处有城内的东南佳丽楼、伏龟楼、赏心楼等外，还有城外石头城上的翠微亭，城南三里的雨花台、城东半山寺侧马光祖建的知稼亭、望岑亭等。

---

❶ （宋）马光祖修，周应合纂．景定建康志[G].志首·进《建康志》表．

❷ （宋）马光祖修，周应合纂．景定建康志[G].卷十八·山川志二·元武湖．南京：南京出版社，2009：435．

❸ （宋）马光祖修，周应合纂．景定建康志[G].卷十八·山川志二·溪涧·青溪．南京：南京出版社，2009：445-446．

❹ 参见本书第四章关于城市园囿的分析。

❺ 绣春园在《景定建康志》城市图上有标注，但书中无文字记载。根据元代的《至正金陵新志》及南宋陈著《云西已矣江东漕司绣春园柱闻诗尚存因次韵以》一诗考证，应为端平三年两浙西路转运司高定子建初建，作为旧社坛的废兴与游观之地。

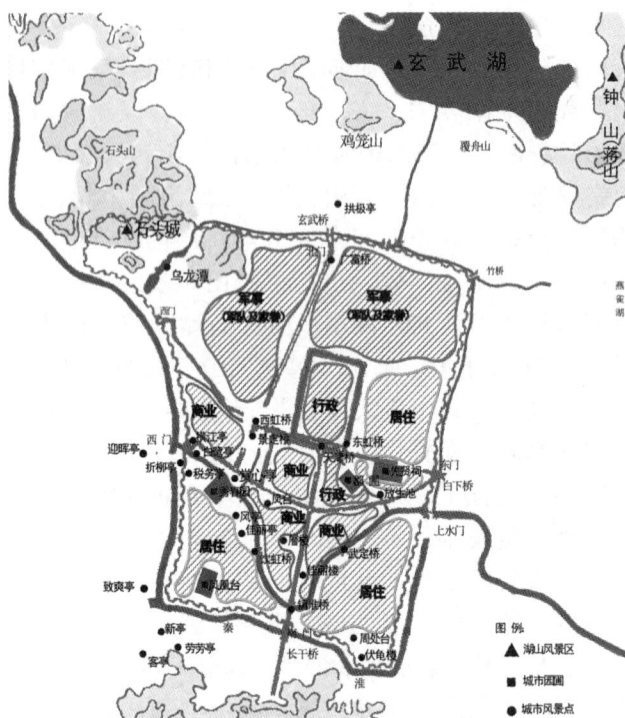

图 5-5　宋代建康府城市公共园林与城市功能区关系
(资料来源：作者自绘.)

　　从上述南宋时期建康府城市公共园林归纳，结合《景定建康志》的城池地图分析（图 5-5）可知，城市公共园林的选址除受必要的原始自然风景限制外，在空间上与城市居民集中区、商业集中区相融合，成为城市日常生活的组成部分，并带动着城市生活水平的提高，促进以服务业为主的商业中心区域的发展。从南宋景定年间的有关居住空间的"坊里"记载来看，建康城城内有居住街坊三十六坊，并形成一种受经济、教育、文化、宗教、军事、交通等方面因子影响的"自发形成的'城市规划'"（毛敏，南宋建康城居住空间布局研究），大致形成了东北部为军事区、中部为政务区、西南部为商业区以及秦淮河两岸文化休闲区四个分区❶，公共园林主要分布于商业区、文化休闲区以及政务区，其中政务区较多以城市园圃的形式存在，如《景定建康志》的郡圃和衙署、府学附近的青溪园皆在中部政务区，转运司的绣春园虽在秦淮河

_____

❶　毛敏．南宋建康城居住空间布局研究[J]．东南文化，2012（01）：101．

294

侧，但作为运司衙门的附属花园，亦以园圃的形式存在；而其他区域主要由开放式的公共风景区形式存在，如秦淮河两岸的公共风景区中的赏心亭、二水亭、白鹭亭等，有关的游赏记载大量存在于两宋各时期、各类士庶文人诗文中，且时间跨度在一年四季的不同时日，可见其开放性甚大；公共风景点主要依托于人流量较为集中的城内市场、桥梁、城门处以及城郊主要交通线路上，如城内东西市中的东南佳丽楼、镇淮桥和嘉瑞楼、武定门、上水门城墙上的伏龟楼；城郊半山上的半山亭和江畔的劳劳亭、新亭等以及咸淳元年建的城门数里石头城遗址处的致爽亭，为"蜀、汉、荆、广所毕凑"，皆为送迎之所；也有包括石头城上的翠微亭以及雨花台等登临胜处。除此之外，两宋城市公共园林也有受地理选址限制的湖山风景区和祠庙型城市园圃，因湖山自然风景资源和祀主历史遗迹的影响，如《景定建康志》的玄武湖—蒋山湖山风景区和祭祀王羲之、谢安的乌衣园，受特定的资源制约，不一定与城市的居住街坊有相应的关联，但又因其资源独特性，而成为士庶游赏的胜地，如南宋吴潜《满江红•金陵乌衣园》的"满园罗绮，满城箫笛"❶。

综合上述《景定建康志》的城市公共园林分布情况，可以较为清晰地看出公共园林类型及其开放性与城市功能分区的规律性，具体而言，城市园圃较多地分布在城市政务区、军事区一带，适应于管理、军务人员的日常休憩与春秋节日的公众开放；城市公共风景区和风景点较多地和城市集中居住区、市场区相融合，适应于城市居民的日常游憩和活动。这样的情况在两宋城市具有普遍性，如宋代真州记载的郡圃、东园、天开图画、壮观亭、注目亭以及蜀冈风景区等，如平江城记载的城市园圃西园、南园以及湖山风景区虎丘、天平山等，其分布规律一如建康城，而其他存在于两宋文献记载和城池地图中的诸如明州城内的月湖公共风景区就位于城市居住街坊中，范成大记载的桂林别圃——八桂堂位于城市北侧政务区和军事区交集处，洪州（南昌）东湖风景区在城市居住街坊集中处等，皆是这样的规律性分布例证。

---

❶ （宋）吴潜.满江红•金陵乌衣园.全文为"柳带榆钱，又还过、清明寒食。天一笑、满园罗绮，满城箫笛。花树得晴红欲染，远山过雨青如滴。问江南、池馆有谁来，江南客。乌衣巷，今犹昔。乌衣事，今难觅。但年年燕子，晚烟斜日。抖擞一春尘土债，悲凉万古英雄迹。且芳尊、随分趁芳时，休虚掷"。转引自汉典诗词网，http：//sc.zdic.net/ticai/ci/index_101.html.

公共园林在城市规律性的系统分布客观上体现了唐宋城市文明演变下的平民化发展历程。在关于两宋都城瓦子、寺观、街市等公共空间分布的研究，如田银生的《城市的文化发展力——以北宋东京汴梁的街市为例》（2007）和《走向开放的城市：宋代东京街市研究》（2010），李瑞的《北宋东京公共娱乐空间形态分析》（2005），牟振宇《南宋临安城寺庙分布研究》（2007）等，都提出了包括两宋都城城市公共空间分布的规律性，分析了其与城市功能分区的密切关系，认为公共空间主要分布于占城市主要人口的社会中下层居住街坊、商业性街道和交通汇集处，并由此"带来了城市生活的全新景象，培育了文化艺术发展的新的环境，增强了城市的文化发展功能"。

三、公共园林在游赏活动上的组织系统

公共园林除在不同等级城市区域系统分布和个体城市的分区分类布局上呈现空间轴上的体系化外，在与游赏活动紧密相关的时间轴上，亦呈现游赏地点、游赏方式、组织形式与城市民俗节庆结合的特点，使得两宋时期公共园林的游赏活动渐趋系统，客观上也成为城市公共园林系统建设的内在动力。"宋代是传统节日文化的成熟、丰满时期"，其中重要的原因是宋代城市文明演变使得城市从政治军事的都邑逐渐转化为经济活动的中心，城市居民的主体转化为工商阶层及佣工等一般平民，城市普通居民的日常生活得到重视，孟元老《东京梦华录》序所说："时节相次，各有观赏"❶，便是城市各阶层依照传统或新型的节日的时间定期举行吸引全城居民参与的公共性娱乐活动。而城市节日具有明显的公共性特征，其公众参与性与公共性仪式表演体现了城市节日文化空间民俗的本质特征。作为城市公共空间组成部分的城市公共园林，也成为体现城市节日文化空间的公共性特征，成为各时节公众活动的重要的"文化空间"❷。

---

❶ （宋）孟元老．东京梦华录 [G].

❷ 萧放．城市节日与城市文化空间的营造——以宋明以来都市节日为例 [J]. 西北民族研究，2010（04）：99—110. 萧放在对城市"文化空间"的论述中指出，"传统城市有自己特定的文化空间，这种文化空间一般依托公众认可的习惯性场所或者是人们最易于聚集与参与活动的特定地点与路线。城市文化空间具有同着性与流动性，可见的文化空间与感知的文化空间有着密切配合的关系。城市文化空间有着复合的文化功能。传统城市文化空间标志鲜明，人们知道在节日时间中到哪里找到自己的精神寄托与物质享受"。

从记载较为完整的绍兴（《嘉泰会稽志》）、苏州（《吴郡志》）、福州（《淳熙三山志》）、成都（《岁华纪丽谱》）四地的宋代城市节俗游赏活动的统计分析来看（表 5-1），宋代大众参与的节俗游赏除排序、节日名称较为明确的《淳熙三山志·土俗类二》中民俗化的岁节时序外，官方节日和地方城市特有的祭祀性节日、区域特有的民俗节日等也是公共园林节庆游赏的时序组成。宋代官方节日除帝后的诞辰外，主要由宋真宗和宋徽宗制定形成，其中宋真宗设立的节日依次为天庆节（正月初三）、天贶节（六月六日）、先天节（七月初一）、降圣节（十月二十四）、天祺节（时间不详）等五节，宋徽宗设立的有天应节（十一月初五）、真元节（二月十五）、宁贶节（五月十二）、元成节（八月初九）、天符节（十月二十五）、开基节（十二月十二日）等六节，共十一个官方节日[1]，这些官方节日大多以在特定的道观"选道流于长吏廨宇或择宫观建道场设醮"（宋真宗，《立先天降圣节诏》）、"听士民宴乐，京城张灯一夕"（《续资治通鉴·大中祥符五年》），也有在《嘉泰会稽志》的"岁遇寿节放生"，即在帝后诞辰在禹庙前放生池咸若亭放生、"仰祝千万岁寿"的活动，也有士女纵观的场面。另外还有各城市独特的民俗节日，如绍兴二月二日踏青节，"始开西园纵郡人游观"；三月初五的纪念大禹生日的禹庙游赏，"三月五日俗传禹生之日，禹庙游人最盛，无贫富贵贱倾城俱出，士民皆乘画舫，丹垩鲜明，酒樽食具甚盛，宾主列坐，前设歌舞，小民尤相矜尚，虽非富饶，亦终岁储蓄以为下湖之行"；五月六日梅山观荷，"亦乘画舫，多集于梅山本觉寺，同时又游容山相里六峰观"[2]。成都二月二日踏青节，"初郡人游赏，散在四郊。张公咏以为不若聚之为乐。乃以是日出万里桥，为彩舫数十艘，与宾僚分乘之，歌吹前导，号小游江。……士女骈集，观者如堵，晚宴于宝历寺"；四月十九日浣花佑圣夫人诞日，"太守出笮桥门，至梵安寺谒夫人祠，就宴于寺之设厅。既宴，登舟观诸军骑射，倡乐导前，溯流至百花潭，观水嬉竞渡。官舫民船，乘流上下。或幕帟水滨，以事游赏，最为出郊之胜"[3] 等，都是地方上特有的民俗节日，带动了地方城市公共生活空间的繁荣。

❶ 魏华仙. 宋真宗与宋代节日 [J]. 中华文化论坛，2007（02）：46–50.

❷ （宋）沈作宾修. 施宿等纂. 嘉泰会稽志 [G]. 卷第十三·节序.

❸ （元）费著. 岁华纪丽谱 [G].

《嘉泰会稽志》、《吴郡志》、《淳熙三山志》、《岁华纪丽谱》相关宋代绍兴、苏州、福州、成都城市民俗节日活动的记载一览表　　表 5-1

节日名称	时间	典型活动及其地点记载
元日	正月初一	1.绍兴。"会稽之俗正旦诣府学，少长序拜以齿，不以官"（《嘉泰会稽志·节序》）。 2.苏州。"岁首即会于佛寺，谓岁忏，士女阗咽，殆无行路"（《吴郡志·风俗》）。 3.福州。曰"祈年"、"饮屠酥"、"序拜"、"却荤食"，皆在宅内厅堂、市井。曰"上冢"，州人坟茔尽在四郊，岁节之二三日，华门大姓率携家拜扫，虽贫贱、市贩亦盛服靓妆，竞出城闉，东、西、北郊之外，冠盖填塞。故自节内，酒亭、食肆，凡诸闤阓之家，垂帷下箔，优游歌笑，至开假乃止。曰"入学"，每岁节既五日，各遣子弟入学（《淳熙三山志·土俗类二》）。 4.成都。"正月元日，郡人晓持小彩幡，游安福寺塔，……僧徒骈集。太守诣塔前张宴，晚登塔眺望焉"；"二日，出东郊，早宴移忠寺（旧名碑楼院），晚宴大慈寺"（《岁华纪丽谱》）
立春	正月	福州。"土牛，以占农耕之早晚与岁之丰瘠。是日，异置府前"；"蔬饼"，"立春以为节物"（《淳熙三山志·土俗类二》）
上元	正月十五	1.绍兴。上元观灯，行街中必相逊避无，争道喧竞，城门弛禁率至夜分，以便郊居者（《嘉泰会稽志·节序》）。 2.苏州。上元影灯巧丽，它郡莫及，有万眼罗及琉璃毯者，尤妙；天下以糖春玺为节食，爆糯谷于釜中，名孛娄，亦曰米花，每人自爆以卜一岁之休咎；春时用六柱船，红幕青盖，载箫鼓，以游虎丘、灵岩为最盛处（《吴郡志·风俗》）。 3.福州。"灯球"，"燃灯"，弛门禁。自唐先天始，本州准假令三日。旧例：官府及在城乾元、万岁、大中、庆成、神光、仁王诸大刹，皆挂灯球、莲花灯、百花灯、琉璃屏及列置盆燎。惟左右二院灯各三或五，并径丈馀，簇百花其上，燃蜡烛十余炬，对结采楼，争麾斗艳；又为纸偶人，作缘竿、履索、飞龙、戏狮之像，纵士民观赏。朱门华族设看位，东、西衙廊外，通衢大路，比屋临观。仍弛门禁，远乡下邑来游者，通夕不绝"；"彩山　州向谯门设立。巍峨突兀，中架棚台，集俳优、娼妓，大合乐其上。渡江后，停寝。绍兴九年，张丞相浚为帅，复作。自是不废"；"观灯"，"旧例：太守以三元会监司，命僚属招郡寄居者，置酒临赏。既夕，太守以灯炬千百、群妓、杂戏迎往一大刹中以揽胜。州人、士女却立企望、排众争睹以为乐"（《淳熙三山志·土俗类二》）。 4.成都。"上元节放灯，……宋开宝二年，命明年上元放灯三夜，自是岁以为常，十四、十五、十六三日，皆早宴大慈寺，晚宴五门楼，甲夜观山棚变灯。其敛散之迟速，惟太守意也。如繁杂绮罗街道，灯火之盛，以昭觉寺为最。又为钱灯会，会始于张公咏"（《岁华纪丽谱》）
上巳	三月初三	1.福州。"禊饮，国朝以来，太守禊饮之地有三。一曰'南湖禊游亭'，政和乙未，黄尚书裳更名洞霄堂。宣和五年，俞宪向摄帅，仍旧名。二曰'东禅秉兰堂'，宣和中，俞宪向立，今废。三曰'圣泉曲水亭'，亦向立，今更名聚星。惟暮春，袚除之日，率群僚，惟意所适"；"竞渡，政和、宣和中，自黄尚书裳至陆侍郎藻为守，皆登禊游亭，临南湖，令民竞渡"（《淳熙三山志·土俗类二》）。 2.成都。"三月三日，出北门，宴学射山。既罢后射弓，……轻裾小盖，照烂山阜。晚宴于万岁池亭，泛舟池中"（《岁华纪丽谱》）
岳帝生日	三月廿八	福州。"东岳焚香，州民以是日为岳帝生日，结社荐献，观者如堵。俚诗有'三月廿八出郭东'之句，盖其来旧矣"（《淳熙三山志·土俗类二》）

续表

节日名称	时间	典型活动及其地点记载
寒食	四月四日	1. 苏州。“寒食则拜扫坟墓，竞渡亦用清明、寒食、四月八日浮屠浴佛”（《吴郡志·风俗》）。 2. 福州。“开花园，州园在牙门之西，所谓春台馆是也；岁二月启钥，纵民游赏，常阅一月，与民同乐也”；蔡密学襄为郡日，有《开州园》诗：“……草软迷行迹，花深隐笑声。观民聊自适，不用管弦迎。”又诗云：“节候近清明，游人已踏青。插花穿戏户，沽酒似旗亭。”“秋千，……州设于春台馆内外”；“游山，州民踏青，东郊尤盛。多拾野菜煮臛，谓之‘煮菜臛’”，太守以假日拉寮属登临。蔡密学襄有《寒食游西湖》诗：‘……尽处旌旗停曲岸，满潭钲鼓竞飞舟。……’是时西湖竞渡可知也。程大卿师孟《寒食游九仙、乌石山》诗：‘……宾客相从筵既冷，士民同出食犹寒。……’是日，早登乌石，晚游九仙”；“墓祭，……州人，寒食春祀，必拜坟下。富室大姓有赡茔田产，祭毕，合族多至数百人，少数十人，因是燕集，序列款昵。尊祖睦族之道也”（《淳熙三山志·土俗类二》）。 3. 成都。“寒食，出大东门，早宴移忠院，晚宴大慈寺设厅。……天禧二年，赵公忭尝开西楼亭榭，俾士庶游观。自是每岁寒食，辟园张乐酒垆花市。茶房食肆，过于蚕市。士女从观，太守会宾僚凡浃旬，此最府庭游宴之盛。近岁自二月即开园，逾月而后罢”（《岁华纪丽谱》）
佛诞日	四月初八	1. 苏州。“竞渡亦用清明、寒食、四月八日浮屠浴佛”（《吴郡志·风俗》）。 2. 福州。庆佛生日　是日，州民所在与僧寺共为庆赞道场。蔡密学襄为州日，有《四月八日西湖观民放生》诗，此风盖久矣。元丰五年，住东禅僧冲真始合为庆赞大会于城东报国寺，斋僧尼等至一万余人，探阄分施衣、巾、扇、药之属。迄建炎四年，为会四十有九而罢。绍兴三年，复就万岁寺作第一会。是日，缁黄至一万六千余人。凡会，僧俗号“劝首”数十人，分路抄题，户无富贫，作“如意袋”散俵，听所施予无免者，真伪莫考。（……似斯之类，借是为利。岁无时节，率旬以三二日，或集民居，或聚社庙，闾阎翁媪辍食谇语来赴者亦数百人。此近岁之俗也。（《淳熙三山志·土俗类二》）
端午	五月初五	1. 绍兴。“重五日户户皆以土偶张天师置门额上，或以虎；或以艾束作人形，而以土作天师头；竹作剑木作印；五月六日观荷花，亦乘画舫，多集于梅山本觉寺同时又游容山项里六峰，观杨梅”（《嘉泰会稽志·节序》）。 2. 苏州。“重午以角黍、水团、彩索、艾花，画扇相饷”（《吴郡志·风俗》）。 3. 福州。“插艾，午日，天未明，采艾插户上，以禳毒气，亦有结艾为人者，与荆楚同”；“系五色丝线，……名长命缕，一名续命缕”；“簪榴花，妇女竞插花，榴花为多，亦喜梧桐花”；“饮菖蒲酒，……今州人是日饮之，名曰饮续”；“角黍，　……今州人以大竹叶裹米为角黍，亦有为方粽，以相馈遗”；“竞渡，楚人以吊屈原，后四方以为故事，是日竞渡以为戏。州南台江沿内诸河，皆龙舟鼓楫，钲鼓喧鸣，彩服鲜衣，共斗轻驶。士女观者，或乘潮解纤，或置酒临流，或缘堤夹岸骈首争睹，竟日乃归。程大卿师孟《端午出游》诗：“三山缥缈蔼蓬瀛，一望青天十里平。千骑临流搴翠幄。万人拥道出重城。参差螮蝀横波阔，飞跃鲸鲵斗楫轻。且醉樽前金潋滟，笙歌归道月华明。”……盖出南台观竞渡也。”（《淳熙三山志·土俗类二》） 4. 成都。“五月五日，宴大慈寺设厅。医人鬻艾，道人卖符；朱索彩楼长命辟灾之物，筒饭角黍，莫不咸在”（《岁华纪丽谱》）

节日名称	时间	典型活动及其地点记载
七夕	七月初七	1.绍兴。"七夕立长竹竿于中庭，上设莲花，谓之巧竿，以酒果饼饵祭牛女，盖乞巧也"（《嘉泰会稽志·节序》）。 2.苏州。"七夕有乞巧会，令儿女辈悉预，谓之小儿节"（《吴郡志·风俗》）。 3.福州。"乞巧 ……今州人率以是夕会集"（《淳熙三山志·土俗类二》）。 4.成都。"七月七日，晚登大慈寺设厅，暮登寺门楼，观锦江夜市，乞巧之物皆备焉。十八日，大慈寺散盂兰盆，宴于寺之设厅。宴已，就华严阁下散"（《岁华纪丽谱》）
中元	七月十五	1.福州。"盂兰盆会，州人以是日严洁厅宇，排设祖考斋筵，逐位荐献。贫者率就寺院，标题先世位号供设"；"焚纸衣，前中元一二日，具酒馔享祭，逐位为纸衣焚献"；"游神光寺，寺有佛涅槃像，旁列十弟子，有扪心、按趾、哭泣、擗踊、出涕、失声之类，是日，盂兰盆会因怪象以招游人，遂成墟市，相传谓之看死佛"。《旧记》：闽王于薛老峰西作百道阶。每岁中元，闽人盛游于此。王祠部逑《中元燕百丈小楼》诗，"薛老峰南更近西，小楼高阁与云齐。中山酒熟中元节，归去从他醉似泥"（《淳熙三山志·土俗类二》）。 2.绍兴。七夕，立长竹竿于中庭，上设莲花谓之巧竿，以酒果饼饵祭牛女，盖乞巧也《嘉泰会稽志·节序》
中秋	八月十五	成都。"中秋玩月。旧宴于西楼，望月于锦亭，今宴于大慈寺"（《岁华纪丽谱》）
重阳	九月初九	1.绍兴。"重九亦相约登高，佩萸泛菊，不甚食糕而多食栗"（《嘉泰会稽志·节序》）。 2.苏州。"重九以菊花茱萸，尝新酒，食栗粽、花糕"（《吴郡志·风俗》）。 3.福州。"登高，……州人率以是日登高临赏"；城中"九仙山，亦名九日山"；（《淳熙三山志·土俗类二》）。 4.成都。"王局观药市，宴监司宾僚于旧宣诏堂，晚饮于五门，凡二日。官为幕帟棚屋，以事游观，或云有恍惚遇仙者"（《岁华纪丽谱》）
冬至	十一月	1.绍兴。"冬至大略如正旦而差"（《嘉泰会稽志·节序》）。 2.苏州。"俗重冬至而略岁节"（《吴郡志·风俗》）。 3.福州。"序拜，州人重此节；节前，邻里族戚更相馈遗，上冢祭享。至节日，则序拜如献岁之仪"；（《淳熙三山志·土俗类二》）。 4.成都。"冬至节，宴于大慈寺。后一日，早宴金绳寺，晚宴大慈寺"；（《岁华纪丽谱》）
岁除	十二月三十	1.绍兴。"除夕爆竹相闻，亦或以硫磺作爆药，声尤震厉，谓之爆仗；桃牌书左神荼右郁垒，亦或书他语，门左有设之旧，又以酒糟渍笔大书于门扉，上曰宜入，新年大吉"（《嘉泰会稽志·节序》）。 2.苏州。"除夜祭毕，则复爆竹，焚苍术及辟瘟丹，家人酌酒，名分风"；食物有"胶牙饧，守岁盘夜分；祭瘟神，易门神桃符之属，夜向明，则持杖击灰积，有祝词谓之'打灰堆'，盖彭蠡庙中如愿故事"（《吴郡志·风俗》）。 3.福州。"驱傩，'乡人傩'，古有之，今州人以为'打夜狐'"；"馈岁、别岁、守岁，岁晚相馈，酒食相邀，达旦不眠，盖闽、蜀同风"；"火爆，……今州人除夕以竹著火，烧爆于庭中，儿童当街烧爆相望，戏呼达旦，谓之烧火爆"；"宿岁，《荆楚岁时记》云：'岁暮，家家具肴馔为宿岁之储，以迎新年，相聚酣饮'，闽俗亦然"；"桃符，钟馗，书桃符置户间，挂钟馗门上，禳厌邪魅。今州人，岁暮，画工市之"（《淳熙三山志·土俗类二》）

礼乐的风景

而且通过上述的四城节庆活动的综合分析，可以看出公共园林是节日的主要空间载体之一，并成为传统城市的特定文化空间。这些节日大众活动记载的城市公共空间类型主要包括街市、寺观、祠庙以及城市公共园林中的城市园圃（郡圃、别圃）、湖山公共风景区等五种类型。从统计上述四个节序活动记载相对详尽的四个宋代城市的节日活动场所（表5-2）可以看出，城市公共园林已然成为两宋时期城市节日庆典式活动的主要载体，成为"公众认可的习惯性场所或者是人们最易于聚集与参与活动的特定地点与路线"，从而成为传统城市特定的文化空间（图5-6）。而"传统城市文化空间标志鲜明，人们知道在节日时间中到哪里找到自己的精神寄托与物质享受"（萧放，2010）。如春时（踏青节、寒食节）开放郡圃、别圃等城市园圃纵民游观月余，上巳、端午、清明不同时节的湖山风景区竞渡以及重九登高，城市公共园林在两宋民

宋代绍兴、苏州、福州、成都城市公众民俗节庆活动的空间载体及其频率分析　　　　表5-2

类型 城市	街市 （频率）	寺观 （频率）	祠庙 （频率）	城市园圃 （频率）	湖山风景区 （频率）	合计
绍兴	上元观灯 (1)	五月六日—本觉寺、六峰观 (2)	禹庙生日—禹庙 春尽至立夏—千秋观 (2)	踏青节 —西园 (1)	禹庙生日（三月五日）—鉴湖会稽山、五月六日—梅山容山 重九登高 (4)	10
苏州	上元观灯 (1)	岁首会于佛寺 四月八日浴佛节 (2)			春时—游虎丘、灵岩 寒食、清明竞渡 (4)	7
福州	岁时间行乐 上元观灯 七夕会集 (3)	三月廿八东岳焚香、四月八日庆佛生日（报国寺、万岁寺） 中元游神光寺 (4)		寒食开州园 (1)	岁时四郊上冢、优游寒食游山——西湖竞渡、九仙山、乌石山、上巳节南湖竞渡、四月八日西湖竞渡、端午南台竞渡、重九登九仙山 (8)	16
成都	上元观灯 七夕锦江夜市 (2)	元日游安福寺端午大慈寺、三月二十一海云山鸿庆寺摸石、重阳王局观药市，游观 (4)	四月十九日拜诣浣花夫人祠 (1)	寒食开西园 (1)	踏青节小游江、上巳日学射山射弓、四月十九日浣花诞日大游江 (3)	11
合计	7	12	3	3	19	44

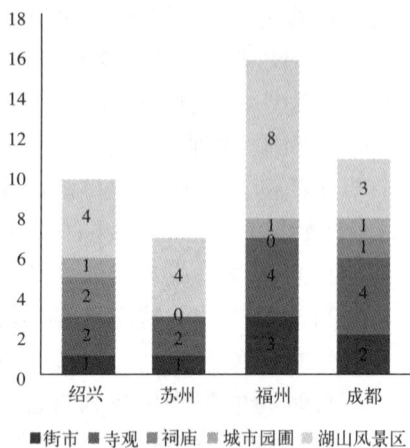

图 5-6　四个宋代城市的节日活动场所统计分析图
（资料来源：作者自绘.）

俗节庆渐趋成熟的过程中承载这样标志鲜明的空间形式，从而也促动了两宋城市公共园林的普遍建设。

同时，从我国城市公众活动的组织历史来看，"宋元时期，公众活动的组织主要是在官方的倡导下，官民同乐"，而区别于明清由民间组织的活动。因而在两宋城市公共园林的节日游赏管理上也渐趋制度化、常态化，成为城市公共游赏组织体系的有机组成部分。规律化的节日游赏组织成为两宋官府的一项社会工作职能，对相应游赏组织的资金筹措、景点修缮以及大众安全的管理保障成为节日游赏的基础保障。如《宋会要辑稿·刑法》二之二六记载："益州每年旧例，知州以下五次出游江并山寺，排当从民邀乐。去城稍遥，以军资、甲仗、钱帛、军器、法从以至粮食、草场等库藏，须藉官员在城管勾"，而且在资金保障的同时搞好管理保障，"灯夕二都监戎服分巡，以察奸盗。既罢，故作宴以劳焉。通判主之，就宣诏亭或汲虚亭。旧以十七日，今无定日，仍就府治，专以宴监司也。"

第三节　公共园林建设的兼容性

宋代城市公共园林在同一空间内的多类型共融、功能组织上公私分区并存以及时间跨度上的活动多样性，兼容了典雅与民俗、宗教与尘世、公共与私密和大众狂欢与士人雅集等不同的文化、产权、功能、活动形态，使其区别于上古的郊野游乐地的旷野、隋唐的郡斋以及长安曲江池、桂林訾家洲、湖州白苹亭等相对纯粹的园林空间和官员士人活动，从而激活了公共园林的生命力。而且这样的兼容性特点在两宋市民化中得以推广、成型后，一直影响着元、明、清的城市及乡村公共园林建设，而成为中国公共园林的一大特征。

一、公共园林中的多类型园林共融

中国古代园林包括皇家园林、私家园林、寺观园林等各类园林普遍具有的"公共性特征"（王劲韬，2011），是多类型园林共融于城市公共园林的基础。其公共性特征的普遍性源自于孔孟的"与众同乐"思想，但其全类型的大众开放性却成熟于两宋之际。自宋太祖赵匡胤将皇家御苑金明池第一次向公众开放游赏❶，作为衙署园林的开封郡圃射堂继照堂，宋真宗亦下诏"令设帘张乐，许士庶游观三日"❷，这种原如湖州白苹亭"贤大夫集焉"、"使臣之临，重客之来"❸的唐代地方官员游赏的衙署园林也开始向大众开放。私家园林的开放性从魏晋之际就应该存在，王子敬游顾辟疆园便为实例，唐代更是有大量的私家园林雅集诗词，但两宋之际私家园林主动参与并盈利的模式使得大众游赏的可达性更进一步，如《东京梦华录》里的庶人园和《梦粱录》里的蒋苑使家宅院，以及洛阳司马光独乐园的记载❹。寺观园林从其建设之初就为吸引信徒而采用较为开放的方式，侯迺慧也因此将其归纳为中国公园的源头，两宋时期随着城市变革到来，有些重要的寺观更是成为庙会场所，而成为城市经济和公共活动的重要区域。两宋园林类型的公共性普遍形成，使得多类型园林在同一风景区的共存、兼容成为常态。

城市公共园林的多类型共融，使得传统文化主流的儒、释、道均能在这里融合彰显，城市社会各阶层的活动参与者都能在同一个活动空间中体验到相应的情感与呼应。湖山风景区是多类型园林共融的典范，从宋代伊始，通过游赏路径、公共风景点和城市园圃地建设将湖山风景区中的寺观园林、私家园林以及大面积农家耕地、宅舍统一到湖山风景之中，而成为城市公共游赏的首善之区。著名的如《东京梦华录》里的城郊园圃带，《梦粱录》、《武林旧事》和《咸淳临安志》里记载的杭州西湖。其他州郡城市湖

---

❶ 宋人王应麟《玉海》卷一百四十七记载："太平兴国元年，诏以卒三万五千凿池，以引金水河注之。有水心五殿，南有飞梁，引数百步，属琼林苑。每岁三月初，命神卫虎翼水军教舟楫，习水嬉。"

❷ 宋真宗. 名继照堂诏 // 全宋文 [G]. 卷二三八.

❸ (唐) 李直方. 白苹亭记 // 全唐文 [G]. 卷六百四十九.

❹ 据（宋）张端义《贵耳集》载，司马光开放独乐园于洛阳市民，园丁吕直于"夏月游人入园，微有所得，持十千白公，公麾之使去。后几日，自建一井亭。公问之，直以十千为对，复曰：端明要作好人，直何可不作好人"。转引自：王劲韬. 中国古代园林的公共性特征及其对城市生活的影响——以宋代园林为例 [J]. 中国园林，2011（05）：70.

山风景区同样也有着多类型园林的共存，如宁波西湖，公共开放的湖景与圣寿院及其他"佛寺四"、"郡酒务"及"乡士大夫之所居"并存（舒亶，《西湖记》）；成都浣花溪风景带，以浣花溪为主要开敞空间带，串联着沧浪亭、杜甫草堂、浣花夫人祠、武侯祠、先主（刘备）墓等；福州九仙山、乌山风景区以及台州巾子山风景区等，也是以祠庙园林、佛寺园林、道观园林为代表的儒释道园林和私家园林、酒楼歌馆以及大面积的湖泊、山林、农田旱地并存，极大地丰富了风景游赏的资源，提供了不同阶层所需的游赏空间。城市园圃虽然在土地及附属建筑的产权上为官产全额所有，但其园林景点类型上同样有着文化的多样性和景观资源的多样性，在园圃的范围内含有田地、祠庙、酒楼甚至军营等。田地是城市园圃在早期形态中重要的功能，以满足地方官吏的日常饮食所需，从秦汉上林苑皇家苑囿的大量农业生产，到苏轼《游玉津园》一诗中："承平苑囿杂耕桑，六圣勤民计虑长"记载，杨侃《皇畿赋》对开封皇家园林玉津园中的稻麦种植的描述："屈曲沟畎，高低稻畦，越卒执耒，吴牛行泥，霜早刈速，春寒种迟，春红粳而花绽，簸素粒而雪飞，何江南之野景，来辇下以如移。雪拥冬苗，雨滋夏穗，当新麦以时荐。"北宋时期皇家园林的农业为本的示范意义同样影响着全国各地的城市园圃，从宋庠《郡圃观稻》"谁取霜禾种，来依郡圃栽。芒随虎掌熟，畦作佛袍开"一诗可以看出当时洛阳郡圃中的稻田的分布，被田埂和灌溉小渠纵横分割的稻田，像是僧人穿的佛袍；欧阳修《伐树记》记曰："署之东园，久弗不治。修至，始辟之，粪瘠溉枯，为蔬圃十数畦，又植花果桐竹凡百本" ❶；韩琦《相州新修园池记》曰："三分蔬圃之地" ❷，为甲仗库、郡圃后园、康乐园，也看见城市园圃的农业基础，其在公共园林上的意义正如《孟子》注曰"古者四时之田皆于农隙以讲武事，不欲驰骛于稼穑场圃之中，故度闲旷之地以为圃也" ❸，将园林的日常生产和岁令时节的公共游赏相结合。以纪念贤守名臣的祠庙或祭祀性景点在城市园圃中大量存在，如《舆地纪胜》记载的成都西园："转运使任公将原燕思堂改为爽西楼，绘赵忭、文同之像于壁"；南宋樊汝霖《新繁县三贤堂记》记载的郡圃东湖三贤堂，

---

❶ （宋）欧阳修．伐树记 // 全宋文 [G]．卷七四一．
❷ （宋）韩琦．相州新修园池记 // 全宋文 [G]．卷八五四．
❸ （宋）朱熹．孟子集注 [G]．

"以前任所作卫公堂堂宇偏小不称，乃撤而大之，迁建于衙署之东，东湖之南，绘三公像其上，榜曰'三贤堂'"；龚鼎《贾浪仙祠堂记》记载的蓬州郡圃："尉有西圃者，在唐为主薄之廨址，诚得迁其旧构，更以绘像，无挠邑人，于义何有。既遂经画而就之，其屋不华而完，其地不奥而清，两旁封植，筠柏郁然"等，皆为四川地区部分州府城市园圃内的祭祀性建筑景点，而其他诸如杭州、绍兴、建康、宁波、福州、桂林等地园圃的祭祀性景点更是不亚于此。酒楼以及酿酒基地的存在也是城市园圃的一大特点，《武林旧事·卷六·诸色酒名》记载的有美堂、六客堂（湖州）、第一江山、锦波春（并镇江）、潇洒泉（严州）等大多为城市园圃内承载接待作用的景观建筑，南宋黄崖《华亭制锦堂记》记载松江府郡圃"中设酒垆，俾邑人往来，嬉游其间"，❶赵善湘《放生池记》记载的镇江放生池园圃"以郡计之急，借以为游观，乃临池设酒垆"❷，可见城市园圃内酒楼建设的习惯亦成为与民同乐的组成部分。有些城市园圃紧邻军营，而军营的日常操练和节庆阅兵仪式也成为园圃游赏的人文景观要素，如苏轼在黄州"于郡中请故营地数十亩，使得躬耕其中"❸，韩琦的相州康乐园也是军营与园圃并存，真州东园亦是"得州之监军废营以作东园"❹。而城市公共风景点大多附属于桥梁、城墙、驿道、寺观以及市场等建设的，其多文化的园林与自然、城市基质共融性不亚于湖山风景区与城市园圃，更适应于平民化与商业化的城市性质。

两宋城市公共园林在儒道释共融、官民公私共融，突出形成了我国历史公共园林文化上的包容性和空间使用上的弹性。从精神文化的视角分析，公共园林内涵着一个包容的文化空间，城市社会的各阶层、各社群可以在这样一个复合的文化空间中找寻自我的空间体验和情感呼应。而在物质空间的角度出发，多地籍、多类型、多形态的园林物质空间，包容着不同的活动人群、不同的公共活动在同一空间的发生，使不同性质的活动可以各安其位，不同社群的人员可以各取所需。

---

❶ （宋）黄崖. 华亭制锦堂记 // 全宋文 [G]. 卷七六八二.

❷ （宋）赵善湘. 放生池记 // 全宋文 [G]. 卷六八七五.

❸ （宋）苏轼. 东坡八首（并叙）[EB/OL] 汉典诗词网：http://sc.zdic.net/ticai/ci/index_101.html.

❹ （宋）欧阳修. 真州东园记 // 全宋文 [G]. 卷七四零.

二、公共园林中的空间层次兼容

城市公共园林在精神文化与物质空间的包容是通过各类公共园林的空间划分得以体现的，具体而言，在两宋城市公共园林建设的过程中，将公共空间、半公共空间和私密空间的有机的组织在各个园林之中。这里的私密空间并非是一般意义上的私人空间，而是以地方官员为主体的官方人员活动区域，对应于官员日常工作之余的日常个人性园林游赏活动；而半公共空间是指官员作为社会教化主导者按传统礼教在公共园林的部分相对固定的空间内，组织的社会性活动，如与来往官吏、下属官员的雅集，以及地方乡绅、士人一起组织的乡酒礼、射礼活动；公共空间是指向城市居民普遍性开放的空间，是两宋城市文化变革中形成并定型的园林新功能。

从唐代白居易、柳宗元、元结的诗文中，可以初略看到唐代衙署园林已经存在上述的私密空间、半私密空间的对应园林功能。如白居易记载的忠州郡圃东坡花园："朝上东坡步，夕上东坡步。……闲携斑竹杖，徐曳黄麻履"（《步东坡》）和"颁条示皇泽，命宴及良辰。……薰草席铺坐，藤枝酒注樽。中庭无平地，高下随所陈。蛮鼓声坎坎，巴女舞蹲蹲"（《郡中春宴，因赠诸客》）即为闲适时的个人游赏和公务活动性质的乡贤聚会在郡斋中的共存 ❶。两宋之际，包括郡圃在内的城市园圃在半公共性活动的参与人员、举办频率方面的广泛度得以进一步发展，既有较为正式的乡酒礼、射礼活动，也有一岁之中的部分节日良辰地方乡贤、四方游士的聚会。而且在唐代郡圃的基础上，"春秋以展地主之勤，岁月以休公家之劳"❷、"嘉时令节，州人士女啸歌而管弦……然后休其余闲，又与四方之贤士大夫共乐于此"❸，李昂英《元老壮猷之堂记》记载的广州郡圃，"有大宾客，则张具横陈，歌乐递作，堵妓围棚，优狡缥缈乎幔亭之集仙也。军有劳，则竿鱼旅熊，旃威蕤，柲橐□，森肃乎后先，元帅戎服中坐，诸将俯伏拜庭下，蹋蹜就位，鼓磅磤然，士伍鞬鍪铠扞，俛听号令无哗，徐解录沉黄，间席地于庑，行以列甚整，滃酒坻肉，滂浪脂腴，莫不浃匝属厌，轰腾乎魏博之欢雷也。花时无禁，邦人群敖争先，帽桐之鼛，骑

---

❶ 汉典诗词网.http://sc.zdic.net/ticai/ci/index_101.html.

❷ （宋）宋祁.寿州西园重修诸亭录//全宋文[G].卷五一九.

❸ （宋）欧阳修.真州东园记//全宋文[G].卷七四零.

竹之稚，韶妆缦裳之丽，遍绣台馆，秋千蹴鞠，娇嬉老榕高柳边，杂还乎滁亭之游人也"❶，从官员接待、军队演练、公共游赏等方面阐述了作为郡圃的园林功能。可见在官员为主的私密、半公共园林活动之外，春秋之际向市民开放已成为宋代衙署园林的一大特点，并影响了其他的各类官产园林类型，形成了两宋城市公共园林的多功能兼容。

两宋公共园林的多功能兼容是通过合理的功能空间分区，结合景区分区建设或园中园做法，将不同规模、不同类群、不同性质的园林活动进行相应的空间界定。如北宋宋祁建设寿州西园，"析置八区，羣棘相望。不决沼沱，平疏圃畦。射焉有埘，庇然有樾"❷；李彦弼记载的桂林八桂堂，"前缭以平湖，为菰蒲菡萏之境；中辟以广庭，为车骑乐舞之场。右峙迎曦，以宾朝暾；左开待月，以呼夕魄。山川满目，桃李成蹊。铺迟日以采蘩，激光风而转蕙。而封植丹桂，为苍苍之林，散蟾窟之天，馨飘薄於几席之间，是为八桂堂也。输吸清漪，筒奔迅注，泛兰舟而载雕舫，环嘉宾而算醇醪，是为流桂泉也。凿芳沼而耸中洲，叩浅栏而数游鳞，翛然有濠上之趣，不减惠庄之真，是为知鱼阁也。因冈为台，凭高徙倚，蘸波影于檐楹，漱滩声於眉宇，而峻以清琼，荡空而嬉，士女暄咽，心醉物华，不知珥堕而簪遗，是为熙春台也。"❸平湖、广庭、八桂堂、流桂泉、知鱼阁、熙春台等景区建设对应着相应的公私空间需求；黄崖《华亭制锦堂记》记载的华亭县圃，除紧邻衙署的"岁寒"、"雪香"、"宜雨"、"依晴"等八亭外，又有一园，"有扉以限园，间一启闭。方春秋佳时，花卉懋盛，风物清楚，则中设酒垆，俾邑人往来，嬉游其间，以乐太平，而歌丰年，亦庶几民和时洽也"，"又东买民地，辟为射圃，纵之阔为尺八十有四，衡其长三之二"❹，也是将各类空间分区规划于个体园林之中。而且这样的功能空间层次同样存在于城市重要的湖山风景区、公共园林带，如绍兴州府所在的卧龙山，从衙署选址到郡圃西园、再到卧龙山风景区，其空间层次依然也是私密到半公共到公共的空间组织层次；潮州州府与金山、西湖的关系，也是这样从郡圃到金

❶ 〔宋〕李昂英. 元老壮猷之堂记 // 全宋文 [G]. 卷七九四三.
❷ 〔宋〕宋祁. 寿州西园重修诸亭录 // 全宋文 [G]. 卷五一九.
❸ 〔宋〕李彦弼. 八桂堂记 // 全宋文 [G]. 卷二五六三.
❹ 〔宋〕黄崖. 华亭制锦堂记 // 全宋文 [G]. 卷七六八二.

山风景区再到西湖湖山风景区的公私展现层次。可见在两宋城市公共园林建设上，不仅仅是城市园圃，还在城市重要的湖山风景区、公共园林带形成了公私活动空间层次的组合规律，多元化的活动强化了空间的兼容性，奠定了城市公共园林作为城市重要的物质和文化载体的地位。

第四节　宋代城市风景名胜战略及建设范式化

　　范式从本质上讲是一种理论体系，库恩指出："范式就是一种公认的模型或模式。"城市文明演变下的游赏平民化、风水思想世俗化的风景语境下，宋代城市风景已走出秦汉以宫苑为主体的空间认知，并跨越了隋唐以部分城市、典型文人幽赏式的楼亭苑建设，形成了普及性的城市胜揽时代，促进了城市风景建设与风景文学的全面蓬发，从而开启了城市风景名胜战略的新阶段。而士大夫阶层的"自觉精神"蓬勃，更促进城市风景从个人或小团体的幽赏上升为蕴含地方集体记忆的胜揽，并演变为以"人杰地灵"为文化标识的城市名胜风景建设策略，推动了包括西湖、八景、楼亭苑等相应公认的风景营建模式的凝练，从而奠定了"宋代山水园林城市文化的鼎盛"❶。

一、凸显形象识别的风景名胜新阶段

　　风景名胜战略是城市形象识别的组成部分，是通过城市的选址、城市规划与园林景点等物质要素建设与文学上的扬逸相结合，并标榜地方风物，从而凸显地方城市风景集体意识的认知。而城市公共园林建设是宋代城市名胜风景建设的关键阶段，广泛存在于时代文人对城市风景评判的诗词、文记之中，通过这类文献的建设目标、建设途径分析，可以清晰地理清这类园林、风景物质形态建设的意义与途径。

---

❶　汪德华.中国山水文化与城市规划[M].南京：东南大学出版社，2002：13.汪先生在书中指出，"中国古代城市山水文化鼎盛时代，是在北宋、南宋。到了此时，她的外部形态与内部蕴涵达到完美无瑕的程度。最突出典型的城市是在北宋、南宋时形成的。元、明、清时代一些著名水文化城市，其实都是受两宋影响而延续下来的。明清时代的水文化，大都是皇家和私家园居、园林中表现比较突出，技术上渐趋成熟。如北京西北郊皇家园林，承德避暑山庄；江南苏州、南京、扬州、湖州、杭州等地的私家园林，都是继承两宋历史传统，又发扬光大的杰作"（P13）；随后又指出"从城市山水文化看，南宋时代表现的最好，南宋之后就大为逊色了"（P21）。

礼

乐

的

风

景

宋代城市游赏平民化、风水思想世俗化，推动了城市风景名胜建设跨越了隋唐幽赏式的园林建设，促进了风景建设与风景文学相融合的城市胜览全面发展，从而开启了城市风景战略的新阶段。我国城市风景建设从秦汉时期都城的名苑、宫室（如阿房宫、上林苑、建章宫）到魏晋前期的铜雀台，作为皇家宫殿、园囿以及衙署建筑一直占据着城市风景识别的主线。到魏晋后期，随着山水审美艺术和南方地区山水城市建设的勃兴，作为美学和文学意义上的地理环境论的"江山之助"不仅在山水理论上通过刘勰《文心雕龙》得以确立，而且在诸如沈约婺州八咏台、王羲之绍兴兰亭、颜延之桂林独秀峰读书台等以山水审美为特点的城市风景点开始呈现。隋唐时期，以城市形胜、胜概为目标的城池亭榭楼阁、山水风景开始在部分风景优美的南方城市兴起，如阎伯理《黄鹤楼记》："观其耸构巍峨，高标巃嵸，上倚河汉，下临江流；重檐翼馆，四闼霞敞；坐窥井邑，俯拍云烟，亦荆吴形胜之最也"；韦悫《重修滕王阁记》记述的"钟陵郡控连山大江，环合州城。揭起楼榭，游之者莫不目骇魂褫，号为一方胜概。……则是阁也，冠八郡风俗之最，包四时物候之异"；韩愈《新修滕王阁记》记述的"愈少时，则闻江南多临观之美，而滕王阁独为第一，有瑰伟绝特之称"；白居易《冷泉亭记》记述的"杭自郡城抵四封，丛山复湖，易为形胜"❶，皆是西湖湖山风景之胜状；其他诸如王勃、李白笔下的金陵白下亭，李白笔下的宣州敬亭、元结笔下的江华寒亭、独孤及笔下的滁州琅琊溪、张友正的歙州披云亭、柳宗元记述的桂林訾家洲、零陵三亭、欧阳詹记述的泉州北楼、白居易记述的湖州白蘋洲、符载记载的岳阳东湖、长沙东池等，山水风景点已经成为诗人登望歌赋的城市景点，且皆是以官方投资建设的形式出现，作为地方基于"江山之助"的风景识别、文物振兴的标志性园林景观。到两宋时期，这样的风景建设思想在全国范围普遍推进，滕宗谅为岳阳楼寄范仲淹的《求书记》曰："窃以为天下郡国，非有山水环异者不为胜，山水非有楼观登揽者不为显，楼观非有文字称记者不为久，文字非出于雄才钜卿者不成

---

❶ 阎伯理. 黄鹤楼记 // 全唐文新编 [G]. 卷四四零；韦悫. 重修滕王阁记 // 全唐文新编 [G]. 卷七四七；韩愈. 新修滕王阁记 // 全唐文新编 [G]. 卷五五七；白居易. 冷泉亭记 // 全唐文新编 [G]. 卷六七六.

著"❶，可见全国范围内风景建设和相关文记的兴盛，以亭台楼阁、城市园圃、湖山风景为主题的文记在数量上远超于唐代❷，一大批因地制宜展现形胜美景和名胜的修复与重建在各地涌现出来。诸如"今东南郡邑，当山水间者比比，而名与天壤同者则有豫章之滕阁，九江之庾楼，吴兴之消暑，宣城之叠嶂，此外无过二三所而已"❸；"杭、汉、汝阴之西湖，洪、蜀、永之西山，嘉之峨眉，巴陵岳阳之楼，黄之临泉，金陵之赏心、白鹭，羊之平山，吴之苏台、茂苑，荆楚之云梦，郢之白雪，滁之琅琊，九江之庾楼，皆延庚揠辛，宾夕阳而导初月，校奇品胜，於登临最宜"❹；"天下佳山水固多矣，在东南则杭以湖山障其境，洪以西山弥其望，潭以岳麓周其区，皆一山也，而望两邦"❺等文字可见，一些著名的公共园林已成为典型、范式意义的案例。其中以亭榭楼阁为范式的，如岳州岳阳楼、南昌滕王阁、九江庾楼、宣城叠嶂楼、金陵赏心亭、滁州醉翁亭等。以湖山风景为范式的，如杭州、汉州、汝阴的西湖、南昌、蜀州、永州的西山等，无不清晰地表达了士大夫阶层所标榜的各地城市风景所在。

二、西湖风景范式及其历史意义

宋代城市名胜风景战略的蓬勃发展，推动了各地西湖在建设时段、物质空间形态与功能取向等要素的趋同性进程，从而形成了西湖风景范式相对稳定的文化内涵，促进了西湖风景的普遍性存在和广泛传播。结合《永乐大典·六模湖》辑录的宋代西湖文献记载，可以推断西湖文化始于魏晋，风景化于唐代，到宋代特别是南宋时期蓬勃发展，成为城市风景的典型文化符号。

（一）宋代是西湖风景范式定型的关键阶段

1. 西湖建设频率渐趋集中

宋代城市水利的发展，促进了以西湖为代表的城市湖泊集中建设，为西湖风景范式的凝练提供了物质上的可能。《永乐大典·六模湖》中36个西湖，起始于秦汉，隋唐时期在数量、频率上渐趋集中，

---

❶ （宋）滕宗谅．求书记 // 全宋文 [G]．卷三九六．

❷ 以文学统计数字为准，参见：黄丽月．北宋亭台楼阁诸记"以赋为文"研究 [D]．台南：成功大学，1994．

❸ （宋）滕宗谅．求书记 // 全宋文 [G]．卷三九六．

❹ （宋）洪迈．西山记 // 全宋文 [G]．卷四九一九．

❺ （宋）米芾．净名斋记 // 全宋文 [G]．卷二六零三．

到两宋时迎来了建设的高潮，与唐宋之际地方农业水利、城市水利蓬勃发展相对应（表5-3）。

《永乐大典·六模湖》中36个西湖，有明确始建年代记载的有13个，分别为天然湖泊2个（杭州、济南）、战国1个（湖州）、三国1个（温州）、魏晋1个（福州）、隋唐5个（严州、寿昌、

"秦汉—宋"各地西湖建设历程分析表　　　表5-3

西湖＼朝代	汉	战国	三国	魏晋	南北朝	隋唐	五代	北宋	南宋	元代
杭州西湖	○					❶		❸	❹	
湖州西湖		○				❷				
温州西湖			○			❶				
福州西湖				○			❶			
惠州西湖				○				❷	❸	
华县西湖				○						❶
济南府西湖					○	❶				
严州西湖						○		❶	❶	
寿昌西湖						○				
成都西湖						○				
许州西湖						○		❶		
汉州西湖						○				
婺源西湖						○			❶	
鄞县西湖						○❶				
桂林西湖						○			❷	
宁波西湖							○	❹	❶	
漳浦西湖							○	○		
颍州西湖								❷	○	
雷州西湖								○	❶	
蜀州西湖								○		
新定西湖								○	❶	
大名府西湖								❶	○	
吉水西湖								○	❶	
宝庆西湖								○		
潮州西湖									❸	

注：杭州西湖、济南府西湖为天然湖泊　○修建年代 ●西湖浚治

彭州、许州、汉州）、宋 4 个（漳浦 2 个、颖州）；根据《六模湖》文献可模糊断代或参考其他文献❶断代的有 13 个，其中魏晋时已存的有 2 个（惠州，东晋在湖边建龙兴寺；华县，"晋为陆瑁养鱼池"）、唐时已存的有 2 个（郯县，"唐天宝二年，县令陆南金广之"；桂林，元和间吴武陵《隐山记》有述）、五代 1 个（宁波，《四明图经》有吴越王族以湖为苑的记载），宋时已存的有 8 个（雷州，"苏轼与弟同游湖上"；潮州，南宋庆元年间郡守林侯"开浚之"；蜀州，明代《蜀中名胜记》有北宋赵忭开凿西湖记载；新定，"景定二年（南宋年号）洪流决西湖"；大名，"金时引水灌浸"；婺源，"绍定辛卯，县尉赵崇命工砌湖堤，植以桃柳"；吉水，南宋绍兴年间郡守陈臧孙沿湖筑云锦亭；宝庆，郡守史化尧（宋人）有十咏西湖诗）等（图 5-7）。两项合计 26 处，另有将乐、铅山、琼州、昌平、

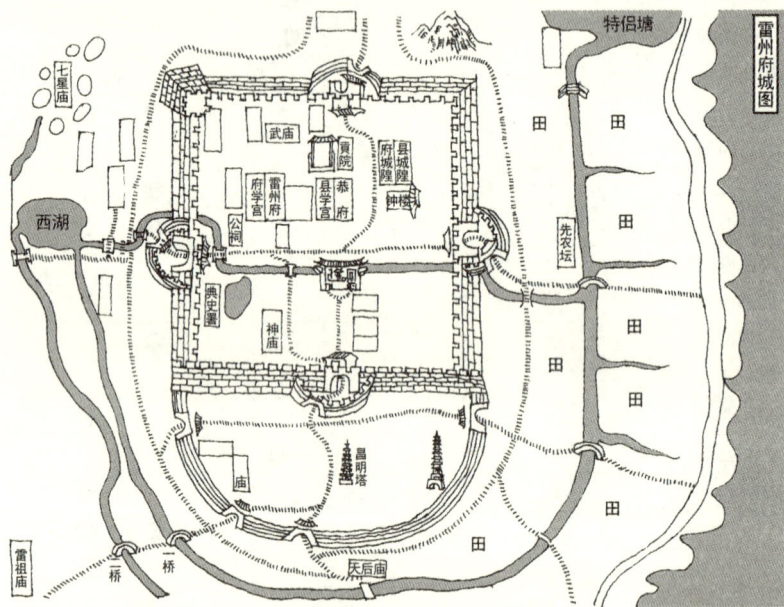

图 5-7 雷州西湖城池图中的西湖及城市水系
（资料来源：摹自嘉庆《雷州府志》.）

---

❶ 在《六模湖》文献外，对各地西湖的分析分别参阅了如下文献：杭州西湖，白居易《钱塘湖石记》《全唐文新编》以及《咸淳临安志》；福州西湖，《淳熙三山志》；济南西湖，《永乐大典方志辑佚·济南府志·湖泊》；严州西湖，钱闻时《浚西湖记》《全宋文》卷 6263）；温州西湖（《永乐大典方志辑佚·温州府志·山川》；宁波西湖，王伯庠《西湖重修湖桥记》《全宋文》卷 4394）；潮州西湖，《永乐大典方志辑佚·潮州图志·湖泊》以及《三阳志·城池》；惠州西湖，《惠州太守陈文惠公祠堂记》《全宋文》卷 2176）；许州西湖，胡宿《流杯亭记》《全宋文》卷 466）；漳浦西湖，《永乐大典方志辑佚·清漳志·湖泊》；彭州西湖，《望雪楼记》《全唐文新编》）等。

耒阳、衡阳、沔阳、昆明、新城、邛州等 11 处西湖始建年代不详。在这 26 处较明确的西湖始建年代中，从战国到宋，各代分项如下：天然湖泊（2）、战国（1）、三国（1）、魏晋（3）、隋唐（8）、五代（1）、宋代（10）。同时，从《六模湖》记载的西湖浚治频率来看，主要集中于唐宋两代。其中唐代共有 5 次浚治记载：杭州（1）、温州（1）、郯县（1）、湖州（2））；五代 1 次（福州）；北宋 15 次：杭州（3）、颍州（2）、济南（1）、严州（1）、宁波（4）、惠州（2）、许州（1）、大名（1）；南宋 18 次：杭州（4）、严州（1）、宁波（1）、潮州（3）、雷州（1）、惠州（3）、桂林（2）、新定（1）、吉水（1）、婺源（1），元代 1 次（华县）。

2. "城—湖"空间模式及西湖名称的趋同

在与宋代大众游赏炽热并进的公共园林建设高潮影响下，伴随西湖在宋代的集中建设的是"城—湖"空间模式和西湖名称的趋同。

从《永乐大典·六模湖》辑录的 36 个西湖的分布与城市的区位关系而言，大都处于城市日常生活圈内，且以城内、依城、城郊的空间分布为多（图 5-8），具有"城—湖"空间模式趋同性。同时各地西湖的名称定型也主要集中于"商业娱乐型"城市文明演变的两宋之际，且逐渐固定于相对于城市中心区（子城）的区位。虽有广汉西湖、杭州西湖、许昌西湖等部分唐代诗文歌咏存在，但从《六模湖》辑录的诗文比例来看，主要的风景欣赏诗文集中于宋代。各地西湖的名称也在北宋中期才开始定型（如杭州的钱塘湖、温州、湖州的吴越湖、宁波月湖、雷州罗湖、惠州丰湖等），并渐趋成为地方城市重要的"公共地理空间"，可见平民化、娱乐型的群体游赏炽热对西湖文化定型的影响。

3. "西湖"建设的目标趋同

宋代西湖的建设目标从单纯筑城取土的城防功能转向捍湖溉田的农业经济功能，并在后期蕴含着地方振兴的风水形胜追求和"祈君寿、同民乐"

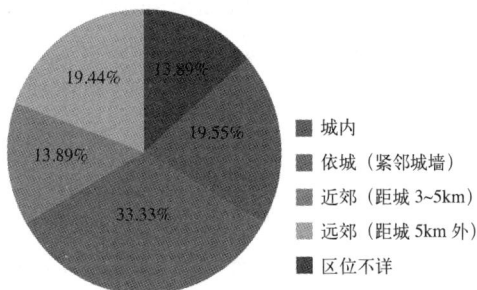

图 5-8　《六模湖》中西湖的"城—湖"区位关系统计图
（资料来源：作者自绘.）

城内
依城（紧邻城墙）
近郊（距城 3~5km）
远郊（距城 5km 外）
区位不详

19.44%　13.89%
19.55%
13.89%
33.33%

的社会教化及政治诉求，使得"西湖"的复合性功能目标渐趋成熟，成为西湖文化范式功能取向的主要标志。

从《永乐大典·六模湖》辑录的西湖文献所载的建设动因分析来看，主要可以分为4大类、11小类。其中最初一类为城防建设，包括筑城时的取土筑墙和挖池作防2小类；其次为民生工程的水利设施功能，包括农业灌溉、防洪防旱、城内城郊水运交通的河系水源补给以及酿酒、荷菱、渔业等产业资源等4小类；而后为风水形胜，包括地方风物振兴方面的兴形势、兴文运2小类；最后为社会教化方面，即儒家政治思想推广的场所，包括放生池以及官员文人的雅游赏和与民同乐的俗游赏等3小类。

从统计的图表中建设动因的动态演变来看[1]，西湖逐渐从纯粹的自然资源以及城防、水利工程向城市风景转型。唐之前的西湖都是筑城挖土而成，如湖州西湖（战国吴）、温州西湖（三国吴）、福州西湖（晋）等。唐代开始，西湖建设逐渐与水利相结合，主要作为城内、城郊农业的灌溉用水，虽也有许州、汉州西湖因"取土筑城"以及婺源西湖因城市迁建导水筑湖而成，但诸如杭州、福州、温州、鄞县、湖州等地西湖已成为主要的农业水利工程，并以白居易的《钱塘湖石记》奠定了唐代西湖水利的工程效用。宋代是西湖文化定型的关键阶段，水利设施功能依然重要，但相关文献更多的关注于风水形胜、社会教化，即便是民生性的水利功能，也常蕴含在"同民乐"之中，与"祈君寿"、"振地灵"相并列，成为西湖从工程设施向风水形胜、社会教化的城市地理公共空间转向，并成为西湖功能在文献中的显性部分和各地西湖蓬勃建设的主导文化因子。这与宋代商业娱乐型城市性质变革相关联，城市逐渐从农业社会的据点蜕变出来，成为一个有着自己独立社会特质的空间结构，以民俗化倾向的城市生活逐渐成为城市生活的主角，而且溢出了城墙的范围，促进了以西湖为代表的居民日常休闲场所的普遍形成。而官方顺应这样的民俗化活动诉求，在结合社会教化"下移趋势"的同时，通过官方组织的遨游式活动（如湖面竞渡、放生，湖山登高等）以及纪念性园圃的修建（如杭州的三贤堂、先贤祠、竹阁等），将西湖风景区营造成普及儒家政治的教化场所。同时，商业娱乐型城市带来的

---

❶ 参见本书第三章表3–1、图3–7。

风水"世俗化、功利性"（杨柳，2010）倾向，使得城市营建过程中重视山水环境的风物象征，西湖业已成为地方经济、文运兴盛的空间载体。

（二）西湖风景范式的典型历史意义

新文化地理学认为景观是"文化的意象"，是"看的方式"而不是"所见的"外在客观情景，其意义和形态受到强烈的主观意识的影响，是被带有政治性和社会性的吻合所操纵的。因此，通过《永乐大典·六模湖》中36个西湖在宋代文献中"文化的意象"归纳，可以解读出宋代西湖在传统城市社会建构、物质空间形态以及意识形态上的历史意义。

1. 西湖是中国水利社会的典型文化景观符号

在以农业为基质的城市化进程中，西湖风景逐渐成为中国水利社会典型的文化景观符号。从自然湖泊或筑城挖土而成的单一功能，逐渐演化为涵盖农业水利、城市水利、社会空间的综合性工程设施，使得西湖具有地方公共资源的属性。并由官方统一组织实施、管理，蕴含了由重大水利设施带来的区域性社会关系体系，成为串联着各阶层的社会政治生活空间。各地西湖常作为城市生产、生活和防灾的基础设施存在，较大规模的西湖既是周边农业灌溉的水源，又是保障城市内河交通水量、城市旱涝水利调蓄的主要水源涵养地，如杭州西湖、福州西湖、惠州西湖等；中小型的西湖常是包括饮水在内的生活用水保障、缓解城市内涝、预防火灾的重要水量调节池，如宁波西湖、严州西湖、漳浦西湖等，呈现城市水系水源地、城中水量调蓄池两种不同的方式。在这两种方式中，西湖都不是独立存在的，而是与城市水系的统一营建相融合，起着重要的水系调蓄功能。因而，各地西湖及其水系的营建都由官方统一组织，并通过协调寺僧、乡绅、军吏、百姓而进行系统的实施、管理（如《六模湖》辑录的杭州、福州、宁波西湖建设历程），具有"水利社会"水资源公共性的属性，充分体现了马克思、魏特夫对东方"治水社会"的理解和我国学者王铭铭、行龙等提出的"水利社会"的水利公共性概念，并由此产生了"以水利为中心延伸出来的区域性社会关系体系"❶。同时西湖又

---

❶ 王铭铭. 水利社会的类型 [J]. 读书,2004（11）：23. 而后行龙在《从"治水社会"到"水利社会"》一文中细化阐述为"以水利为中心的区域性社会关系再扩展开来，它与区域社会政治、经济、军事、文化、法律、宗教、社会生活、社会习俗、社会惯习等等都有直接或间接的关联"。

是地方各类水利的神性文化展示空间，是以竞渡、放生、龙王（禹王）文化等水利文化影响下的公共活动、祭祀的空间场所，成为城市居民重要的社会政治生活空间。

2. 西湖是"山—水—城"空间模式的典型代表

"山—水—城"的空间模式是"中国古代独特的城市营造模式"（陈宇琳，2009），西湖在演进历程中逐渐成熟的城湖相伴、湖山结构、堤岛桥空间划分等营建方式成为"山—水—城"的空间模式的典型代表。

西湖普遍性存在的城湖模式是"山—水—城"的最佳空间范式。中国城市千年遵循的"凡立国都，非于大山之下，必于广川之上。高毋近旱而水用足，下毋近水而沟防省"（《管子·乘马》），使得山水成为城市营建在地利、形势、功能上的重要因子，"山—水—城"的空间模式也成为中国古代独特的城市营造模式，并衍生出城湖、城河两种城市地景模式。而湖泊景观相对开阔的视觉空间、静态水面所带来的场所活动舒适性，以及湖面选址和风景尺度的人工调节自由度，使得城湖关系优于城河关系，而成为"山—水—城"空间的最佳空间范式。晁补之《七述》记载苏轼对杭州西湖的评判："西湖之深，北山之幽，可舫可舟，可巢可楼"❶，鲍同《西湖记》记载张维开浚桂林西湖时提到溪河与湖泊的空间对比："郁兹观美，可谓杀风景者矣（注：溪河时景色）……望之苍茫皎激，千峰影落，霁色秋清，景物辉煌，转盼若新（注：西湖筑成后景色）。"❷理学大家朱熹提出最佳的山水城市格局为："山水依附，犹骨与血，山属阴，水属阳。……故都会形势，必半阴半阳，大者统体一太极，则基小者亦必各具一太极也。"❸皆可理解为古人对城湖空间关系组织、湖面游赏环境的推崇。虽然古人对自己城市的风景皆有自诩之词，但通过对杭州、颖州、福州、惠州等地西湖诸如"天下胜绝"、"西湖天下景"、"胜概"等表述可见西湖在士大夫风景审美中的地位。《永乐大典方志辑佚》一书中辑录的如常德东湖、太原柳溪、温州南湖、台州东湖等城市沿河筑堤为湖，形成城市重要的基础设施和风景胜处的多处记载，更是客观证明城湖关系空间

---

❶ 〔宋〕晁补之．七述 // 全宋文 [G]．卷二七一二．

❷ 〔宋〕鲍同．西湖记 // 全宋文 [G]．卷四四三三．

❸ 清代清江子的《宅语问答指要》．转引自：刘沛林．风水—中国人的环境观 [M]．上海：三联书店，1995：203．

范式的吸引力。而中国国土大格局的西高东低，使得西高东低的地貌成为城市地理大趋势，为各地西湖农业水利、城市水利的功效提供了地理基础，加之近郊风景游赏地在唐以后的兴起，共同形成了各地西湖的建设的物质和精神动力保障，促进了城湖相伴空间格局的成熟，并在"中国古代城市水文化鼎盛时代"（汪德华，2003）的宋代普遍建设。

同时湖山的空间组合、堤岛桥的湖面空间划分是西湖风景重要的组成部分。诸如以杭州南、北高峰与西湖的典型湖山空间模式，加之福州冶山、潮州金山和湖山、惠州游龙山、丰山、螺山等与其西湖的湖山组成，使得"湖山之胜"成为《六桥湖》中辑录的全国性总志、地方方志和文人游记等对各地西湖的普遍性审美表达，进一步优化了"山—湖—城"的空间模式。一些平原无山可依的城市演变为"城墙（楼）—西湖—街坊"的空间格局，将西湖偏于城墙西隅，保证了西湖风景的旷奥关系（如宁波西湖、广汉西湖）。同时在湖面空间划分上，通过堤岛桥组合的成熟手法，将理水和游赏路径、功能分区、旷奥组织有机结合起来，如杭州西湖的苏堤、白堤、小新堤和孤山，惠州西湖的陈公堤、苏堤和"湖中五峰"、宁波西湖的柳堤、二桥和十洲等，形成了西湖水景营造的基本手法。

3. 西湖是儒家政治理想的物质空间载体

在西湖的演进历程中，以社会教化、雅俗游赏、振兴风物等精神文化诉求逐渐和水利设施的生产、生活、防灾功能相并重，成为儒家政治理想在城市物质空间的重要载体，并成为西湖文化得以普遍性推广的核心动力。

西湖文化的成型体现着从善政到仁政、从幽赏到胜揽的中国城市风景发展历程。与私家园林、寺庙园林、皇家园林等浓厚的佛道释隐逸思想相比，西湖作为城市重要的基础设施和公共游赏地，更多体现着儒家政治抱负，并受社会政治、城市文明演变的影响。中国公共游赏活动经历了上古、秦汉时期的神人共乐式活动、魏晋时期士大夫雅集式活动和到唐宋演变为以西湖范式为代表的官民共乐的狂欢式游赏活动，并影响了明清时期城市公共游赏的组织形式。以"祈君寿"、"同民乐"以及"振地灵，起人物"的仁政思想成为包括西湖在内的城市风景区建设的综合性目标。其中"祈君寿"主要以放生池的形式出现，在"仰祝两宫无疆之寿"❶的同时，使"农民父老，与羽毛鳞介，同泳圣泽"❷，充分体现了儒家的忠孝仁义和"天人合一"的自然观。而"同民乐"重点以民众为出发点，将西湖风景打造为大众游赏、旅游产业发展的场所，即便是帝王巡游，也是"乐与民同，凡游观买卖，皆无所禁，尽楫轻舫，旁午如织"❸，各地官员更是"把发展市民文化作为自己远大的政治前景和政治任务"，带有众乐、同乐、共乐的景点和游赏记载在《六模湖》西湖诗文中大量涌现。

（三）西湖风景范式的分布与后世传播

西湖是中国生态智慧演进和城市文明演变的综合结晶，体现着"山—川—物—人"整体环境观。其风景范式在宋代定型之后，作为具有共同认知的城市风景符号在明清之际普遍出现，并传播影响了日、韩的城市园林建设。

西湖风景范式在中国逐渐作为城市水利风景建设的主要模范，并渐趋影响了皇家园林、私家园林的空间建构。从《水经注》（魏晋）中首次出现汾阳、蓟县西湖❹，到《全唐文》中广汉、彭州、许昌、杭州、桂林、湖州、郧县等6个西湖❺，到《全宋文》中颍州、杭州、惠州、福州、潮州等17个西湖❻，到《永乐大典》36个西湖记载，一直到《四库全书》注3中70多个西湖记载❼，西湖数量在跨越式增长。而且这些西湖延续了宋代城市文化地理标识的特性，如明清北京西湖，《钦定日下旧闻考》记云："山泽之利，与民共之"、"环湖十里，为一郡之胜观"、"绿水澄澹，川亭望远，为游瞩之胜所"❽；昆明西湖，"即滇池上流，一名积波池，俗名青草湖，荇藻长青兰，桡竞泛中，产衣钵莲花，内有近华浦，为滇名胜"❾；松江西湖（图5-9），"西南有西湖、小西湖，皆蓄聚渊渟，清澈心目，真水国之胜区也。……以称一城之形概"❿等等。皆是

---

❶　（宋）赵汝愚.论福州便民事疏 // 全宋文 [G].卷六一八七.

❷　（宋）苏轼.杭州乞度牒开西湖状 // 全宋文 [G].卷一八七四.

❸　永乐大典 [G].卷之二千二百六十三·六模·湖·西湖·武林旧事.

❹　（北魏）郦道元著，陈桥驿校证.水经注 [M].北京：中华书局：172；325.

❺　周绍良.全唐文新编 [M].长春：吉林文史出版社，2000.

❻　曾枣壮，刘琳.全宋文 [M].上海：上海辞书出版社，2006.

❼　四库全书 [OL].上海：上海人民出版社，1999[2014—7].http://www.lib.whu.edu.cn.

❽　四库全书 [G].钦定日下旧闻考·卷八十四.

❾　四库全书·云南通志 [G].卷三.

❿　（明）张国维.景印文渊阁四库全书（吴中水利全书卷）[G].台北：台湾商务印书馆，1985（578）：45.

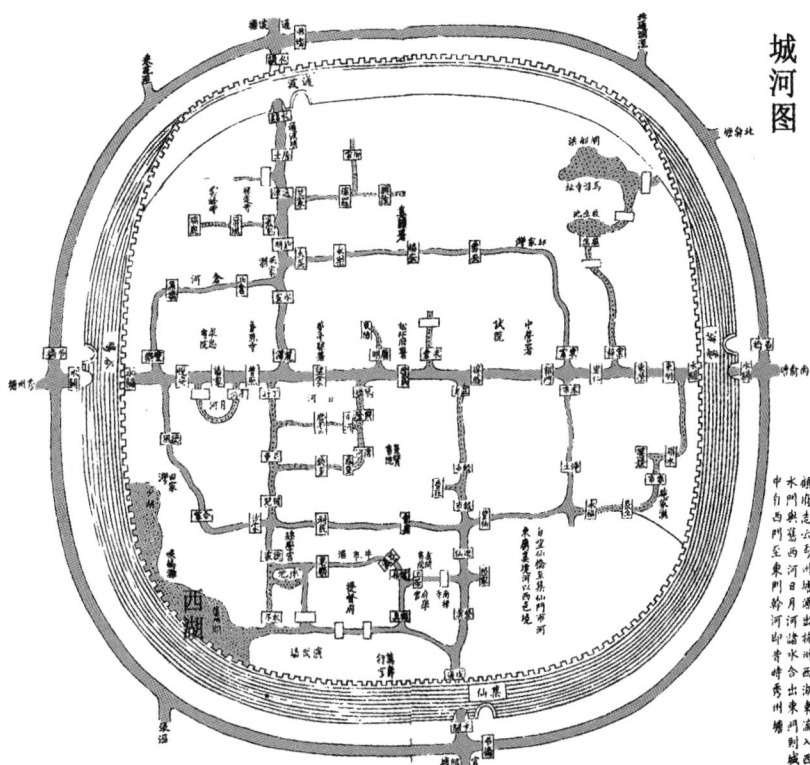

图 5-9　松江华亭城河关系图
（资料来源：摹自《华亭县志》华亭城池图．1791．）

西湖历史内涵的明清传承发展。同时，西湖范式不仅仅影响了城市公共园林的建设，也逐渐影响了宋代皇家园林、私家园林的建设，甚至成为山水园林营建的基本结构，使得隋唐以来的方池园林水体做法在宋代逐渐演变为以形态自由的水池和假山的结合为主体。北宋皇家园林从玉津园、宜春苑、琼林苑（金明池）等到后期集大成者的艮岳（图 5-10），园林空间营造上逐渐从规整的方池与小型土假山的结合向模拟自然山水的大尺度空间发展，艮岳的山水组合从其立意之初就"筑山象余杭之凤凰山，号曰万岁山"❶，又有寿山两峰对峙以象西湖南、北高峰，在湖山空间格局上堪称为对杭州西湖的首次成功模范。而后南宋临安本就在西湖边上，但宋高宗"不欲频出劳人，……于北内后苑，建造冷泉堂，

---

❶　（明）李濂．汴京遗迹志 [G]．卷四．

景　龙　江

曲江

北

万松岭

濯龙峡

万岁山

白龙沜

凤池

大方沼

雁　池

寿　山

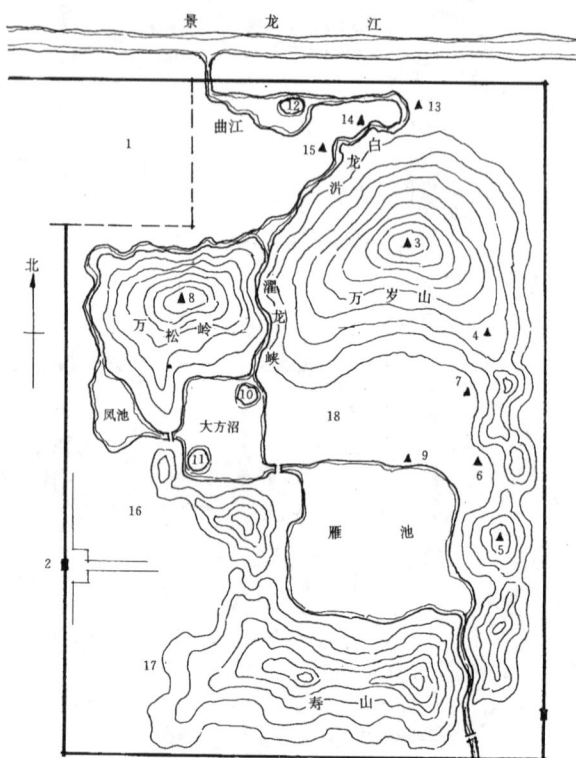

1- 上清宝箓宫　2- 华阳门　3- 介亭　4- 萧森亭　5- 极目亭　6- 书馆
7- 萼绿华堂　8- 巢云亭　9- 绛霄楼　10- 芦渚　11- 梅渚　12- 蓬壶
13- 消闲馆　14- 漱玉轩　15- 高阳酒肆　16- 西庄　17- 药寮　18- 射圃

图 5-10　艮岳平面图

(资料来源：周维权. 中国古典园林史 [M]. 清华大学出版社，1998：205.)

叠巧石为飞来峰，开展大池，引注湖水，景物并如西湖"，并在后苑的园林游赏中，"效学西湖，铺放珠翠、花朵、玩具、匹帛，以及花篮、闹竿、市食等，许从内关扑；……亦有小舟数十只，供应杂艺、嘌唱、鼓板、蔬果，与湖中一般"❶，可见在南宋皇家园林模范的不仅有西湖的湖山美景还有西湖游赏的各类市井生活方式。同时私家园林中的西湖风景模拟在南宋时期开始萌发，如姚勉《次杨监簿新辟小西湖韵》记载的"山川融结自古有，造物局藏深意在。……两山宛似南北峰，况有层塔相映带。芰荷十里萼绿华，雪月三千银色界"的私家园林，号为"湖山居士"的吴

❶　（宋）周密. 武林旧事 [G]. 卷七·乾淳奉亲.

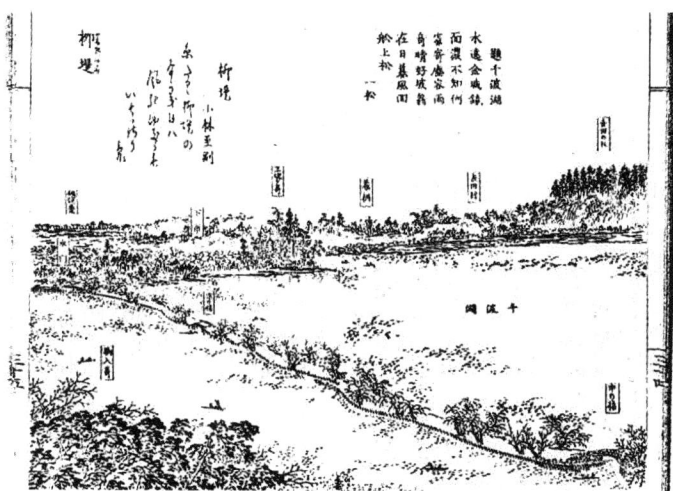

图 5-11　日本水户市千波湖及柳堤

（资料来源：沈悦 . 中国杭州西湖园林的形成和影响研究 [R]. 东京大学农学部演习报告，1999：97.）

蒂在致仕后在故乡仙居修建小西湖，留有《湖山遣兴》、《芙蓉》、《池上近作假山引水穿石撒珠其上亦有可观因成》等诗；吕胜己《江城子》一词中"且傍盆池，巧石倚浮图。静对北山林处士，妆点就小西湖"等❶。

同时，西湖风景范式因其深层的文化内涵、优美的风景空间而成为具有共同风景文化认知的日韩园林所模范。如在日本文坛，"《西湖图》作为日本水墨山水画的固定题材，其盛行的时间长达几个世纪"❷，并在庭园尺度的微缩景观和城市尺度的宏观景观两个方面进行了多案例的园林模范实践。其中庭园尺度如东京的小石川后乐园（1629 年建）、旧洪离宫恩赐庭园（1678 年前后建）以及广岛市的缩景园（1619 年前后建）、歌山市的养翠园（1818 年前后建）等（图 5-12）。城市景观尺度的实例如水户市千波湖（图5-11）（1651 年湖中筑堤，1690 年命名为柳堤）以及福冈市大掘公园（1924 年设计并建设）❸。

---

❶　有关宋代私家园林中的仿西湖手法，是以"西湖"为检索词，在汉典诗词网上检索后整理而成的。其中姚勉的《次杨监簿新辟小西湖韵》及吴蒂的《湖山遣兴》、《芙蓉》、《池上近作假山引水穿石撒珠其上亦有可观因成》为其中的典型代表。

❷　方忆 .15 ～ 19 世纪日本画家笔下的《西湖图》[J]. 杭州文博，2006（3）：61–71.

❸　西湖风景范式在日本流传的相关资料引自：赵殿红 . 论西湖景观对日本传统风景营造的影响 [J]. 旅游纵览，2011（07）：283.

三、城市八景定型及其文化内核

城市八景的发展受宋代山水艺术和社会政治的双重影响，由文人的幽思向地方胜览转向，经历了魏晋萌芽、隋唐勃兴，到宋代定型成熟，并在明清时蓬勃发展为中国乃至东亚文化圈的共同城市风景符号（图 5-13）。

（一）宋代城市八景的定型

城市八景的发展伴随创造主体——士大夫的社会责任不同，经历了从魏晋到隋唐以文人幽思为表征的萌芽、发展期，到两宋之际上升为地方胜揽的风景标识，在景源选择、命名和表达方式上形成稳定的结构而成熟、定型，并在明清时期持续蓬发，形成

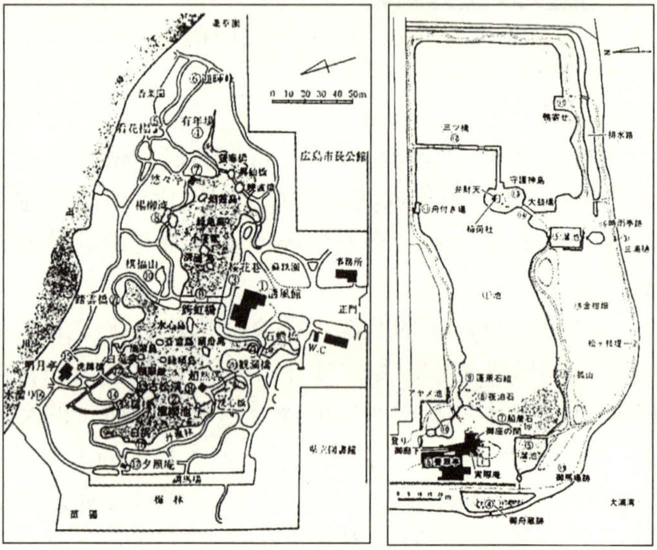

图 5-12　日本广岛缩景园与歌山市养翠园平面图

（资料来源：沈悦 . 中国杭州西湖园林的形成和影响研究 [R].
东京大学农学部演习报告，1999：95，96.）

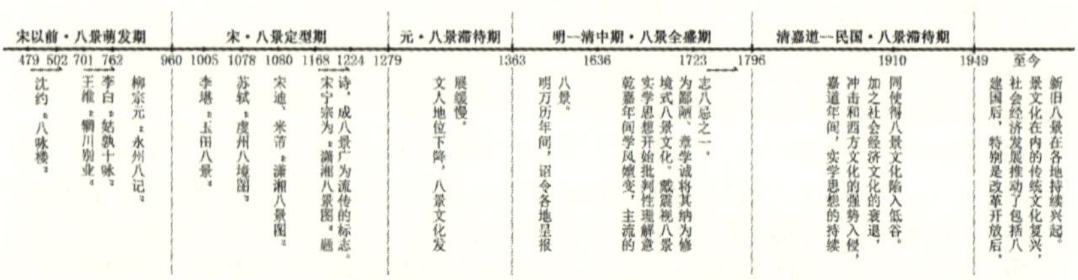

图 5-13　中国城市八景发展历程

（资料来源：作者自绘 .）

汉文化圈内重要的文化符号。其中城市审美从幽思到胜览的转型，艺术形式从纯粹的诗文到诗画共融，城市文明从行政型向商业娱乐型的转型等三个要素，是影响八景发展的核心因子。

魏晋南北朝到隋唐是士大夫寄情山水，开始以诗画情趣表达自然风景的重要阶段，城市山水作为审美对象出现在相关的艺术创作之中，促进了城市八景的萌芽和勃兴，并形成了"东阳八咏"、"辋川别业"两个典型的文化符号。"晋人向外发现了自然，向内发现了自己的深情"，魏晋社会环境的动荡，使得以老庄避世的思想超越了汉代儒家正统思想，以贵族为主体的士大夫寄情于山水，造就了中国山水文化发展的转折期。南齐隆昌元年（494），沈约在东阳以"秋月、春风、衰草、落桐、夜鹤、晓鸿、朝市、山东"为题的组诗，开启了城市八景的滥觞，也成为隋唐时期文豪们所追述的典范❶。李白、孟浩然、刘禹锡等著名诗人对此文化符号的赋诗歌咏，强化了"东阳八咏"在雅文化圈内的传播❷。随着科举制度推行而逐渐壮大的士大夫阶层，在扩大山水审美欣赏阶层的同时，形成了以王维《辋川集》、刘禹锡《海阳十咏》等"别墅、官舍园亭、寺观"为对象和李白《姑熟十咏》、柳宗元的永州八记等"以地域、城市的名胜景点与古迹"为题的连章组诗，以风景集称为主题的山水文化艺术类型在隋唐得以勃兴。但此时的城市八景局限于士大夫个人或小团体的幽赏，在景源上围绕作者个人审美取向，且以自然风景为主。同时因魏晋、隋唐行政型城市性质的限制，诸如八景在内的城市风景与大众生活关联不大，城市型八景落后于园林型八景的发展，相关诗文也只是出现在文人间的歌咏之中，未在官方的图经、方志中出现，并未形成地方的集体记忆。但以王维"辋川别业"为突出代表的诗画融合艺术表达形式，在带动中国园林意境化发展的同时，促进了八景文化为代表的山水园林艺术的勃兴，并在两宋之际成为城市八景普及的主要艺术动力。

❶　参考(南朝)沈约,"八咏诗"。八首诗分别为:《登台望秋月》《会圃临春风》《岁暮愍衰草》、《霜来悲落桐》《夕行闻夜鹤》《晨征听晓鸿》《解佩去朝市》《披褐守山东》。

❷　东阳八咏在唐代已成为文人歌咏的文化符号,《全唐诗》中孟浩然的《同独孤使君东斋作》、李白的《送王屋山人魏万还王屋》、刘禹锡的《赴苏州酬别乐天》、崔颢的《题沈隐侯八咏楼》《登东阳沈隐侯八咏楼》、元稹的《献荥阳公诗五十韵》以及《全唐文》中阎伯理的《黄鹤楼记》等都提到东阳八咏,但受唐代行政性城市和山水艺术阶段发展限制,城市八景在唐代未有明显的记载。

宋代水墨山水画的成熟使士大夫在器具、表达形式上的艺术创作的便捷，推动了八景在艺术表达上诗、书、画形式的成熟、定型，而文人地方观念的兴起和官员自觉精神的萌发，带动了以八景文化培育地方荣誉感的城市风景建构的主动性，形成了虔州八景、潇湘八景三个典型文化符号。八景作为地方形象的标识开始出现在图经、方志之中，并成为重要的旅游目的地。以虔州八景、潇湘八景为代表，以八个景点名串联的组诗、组画共融的艺术形态成为八景典型的命名、表达形式，奠定了城市八景文化推广的基本符号。而宋代"近世社会所强调的民众意识、底层意识、商业社会意识"，成为士大夫"地方观念"兴起的文化土壤，为八景的传播、推广创造了良好的思想环境。宋代统治阶级采取的右文政策，强化了士大夫对国家事务的主体意识、自觉精神，重视"与民同乐"，促进了官员将城市八景作为彰显风物、教化子民的文化手段，城市八景大量出现在地志化文学类型之中。《全宋诗》、《全宋文》以及《舆地纪胜》、《方舆胜揽》等两宋文献记载就有9处，同期的《全金诗》里也有平水（临汾）、蒲中（永济）、鲸川（河间）等城市八景的记载，而散布于元明清文献中的宋代八景仍有不少，如已有研究常涉及的汴京八景、广州八景、燕京八景等。这些八景在命名形式上分布遵循了潇湘八景"地点＋风物"的四字或虔州八景两字、三字的景点名命名方式，而且这样并存的命名方式一直延续至今，只是相对而言潇湘八景因在"地点＋风物"的命名方式更切合八景文化的意境化表述，而被认为是八景文化的正宗源头。

（二）城市八景的文化内核

城市八景在发展过程中逐渐形成的择景、命名、表达形态及其内涵的整体环境观、场所化和意境化是八景文化的基本特征。不同历史阶段、不同地区因社会政治背景的不同，呈现大同小异的特点，体现了人与环境双螺旋体式的互动。

1. 整体环境观

城市八景的择景从其萌芽之始就体现着传统山水审美的整体环境观，在景源选择上重视"四面八方"的整体建构，并融合了"人杰地灵"的人文形胜概念，体现"山—川—物—人"的互动关系。从南朝沈约的"东阳八咏"开始，在景源选择上就涵盖了时空双层面的整体性。苏轼在《虔州八景诗并序》中追溯"东阳八咏"的同时，提出"八"之来历，云"如知夫八之出乎一也，则夫四海之外，诙诡诵怪，《禹贡》之所书，邹衍之所谈，相如之所赋，虽至千万，未有不一者也。"。从禹贡地理、邹衍阴阳、体像天地的汉赋阐述了"八"之为"一"的整体概念。因而八景在择景上以城市为中心，提炼了城内外"四面八方"的典型时空景观，象征地方城市风景整体形态。同时隋唐诗文中"人杰地灵"的概念在两宋时期得到全面的贯彻，八景作为城市形胜标识的重要组成部分亦重视"物不自美，因人而彰"，景源选择也从纯粹自然风景演变到"山—川—物—人"互动的人文景观。

2. 场所化

在城市八景从幽思到胜揽的发展历程中，八景逐渐成为地方城市重要的旅游指导，并在民俗文化成熟的宋元明清时期，成为城市节庆活动的体系化场所空间，带动了八景文化的集体意识强化。在随着平民化社会的历史演进，士大夫对八景的择景经历了从幽思到胜揽，从静态到动态的过程。八景在魏晋至北宋中期的演进历程中，更多得以某一固定观赏点的静态风景欣赏为主，表现形式多为建筑内部的诗画陈列形式，如东阳八咏与八咏台、虔州八景与八景台、潇湘八景与八景台，城市山水审美停留在以士大夫的个人或小团体的幽思为主。到宋代，随着平民化社会到来和士大夫主体意识的成熟，八景文化表现为动态、集体的审美意识，容纳公共游赏的风景场所成为八景的重要组成部分。《全金诗》辑录的平水（临汾）八咏及序中的陶唐春色、平湖飞絮明确注明为居民"春月"、"上巳"的活动场所❶，可见在平民化社会语境下，八景在择景中逐渐公共化、民俗化，成为地方场所化空间体系的组成部分。同时在八景的遴选过程中，魏晋唐宋更多是文人独立的主动性艺术创作行为，以呈现文人的自我幽赏为主。到明清时期，城市八景的产生过程更多的融合了地方乡绅的审美倾向，官

---

❶ 李俊民山西临汾的《平水八咏》皆有诗序，为同时期的两宋八景景源的特点和活动方式提供了宝贵的例证。分别为陶唐春色："府西南三里，有陶唐庙。每至春月，倾城出游祭享"；广胜晴岚："府北七十里，有寺曰广胜。霍山之阳，寺下有海曰大郎"；平湖飞絮："府西五里，有泊曰平湖。姑山之东，汾水之西，四面皆杨柳水幄。三月上巳，居民被禊于此"；锦滩落花："府西门外，有汾水退滩，南北二十余里，皆植桃焉"；汾水孤帆："府西二三里，有渡口"；晋桥梅月："府西南二十五里，有县曰襄陵，北门外有桥如虹，左右皆梅圃"；姑山晚照："府西五十里，有姑射山神人居焉"；西蓝夜雨："府北五十五里，洪洞县之西，有寺曰西蓝。近汾水一二里，绕寺多花竹，有水杯池"。

员在方志的修纂过程中，大多会组织相应的机构来完成地方八景的评选。

3.意境化

在命名方式和表达形态上，城市八景重视风景的意境化再创造，具有"上层文化现象"的历史特点。八景的文化推广从魏晋唐单纯的诗文形式，到宋元明清的图文并茂，到近现代发展为照片、邮票、书籍、报纸的推广形式，始终与时代的艺术形式紧密结合。但八景文化蕴含的意境化特点，将创造城市的历史文化价值而不是纯粹展示客观自然面貌，作为地方八景的根本意义。从潇湘八景超越虔州八景而成为八景追溯的源头，本身就说明八景在展示城市风景形态的同时关注于艺术展现形式的意境化，使得模范虔州八景的两字、三字的单地点命名方式，在中国明清的城市八景和日本韩国的历史八景中所占甚少。同时八景图画与七律诗的标准配置方式，虽然经历了北宋初期的一幅画、八首诗到北宋末期、南宋、明清时期的八幅画、八首诗的发展历程，但人文景观的水墨山水画表现形式和诗意的景物概括始终是八景重要的"媒体功能"，诱惑着包括士大夫在内的诗画鉴赏者。

（三）城市八景的传播推广与影响

城市八景在宋代成为城市风景与生活的结合点，融合了风景审美上的艺术性和游赏方式的平民化倾向，而成为地方各社会阶层共同的精神家园，具有强大的生命力和影响力。不仅影响了同时期存在的金国（表5-4），而且随着以潇湘八景、虔州八景的文化传播，影响了韩国、日本、越南等东亚地区国家的城市八景文化，成为东亚地区共同的景观集称文化范式。

城市八景在宋代成型后，在乡绅逐渐主导地方社会文化的明清之际，成为地方集体意识蓬发的一个表征，并由此推广到乡镇、村落的八景评定，成为明清时期聚落景观的普遍性文化现象。八景文化成为彰显地方风物，提高州县居民乡土意识的社会教化组成部分，并由此上升到皇帝诏书的形式，确立了八景的历史地位。而且以"潇湘八景"、"西湖十景"影响下的诗画并茂的八景范式大量出现在各地方志之中，成为地方志修撰的必须动作，而且在八景景源选择、诗画题作上越来越呈现大众化的倾向，成为"席卷整个市民阶层的大规模文化现象"（内山精也，《宋代八景现象考》）。甚至从宋代开始地方乡村都有自己的八景、十景，如《全

《全金诗》里的城市八景记载　　　　　表 5-4

城市	八景内容	文献来源
山西临汾	陶唐春色、广胜晴岚、平湖飞絮、锦滩落花、汾水孤帆、姑山晚照、晋桥梅月、西蓝夜雨	《全金诗》卷九三，册 3，页 273，七言绝句；《四库全书·别集·庄靖先生遗集·卷五》
山西永济	蒲津晚渡、虞坂晓行、舜殿薰风、首阳晴雪、东林夜雨、西岩叠翠、妫汭夕阳、王官飞湍	陈赓（1190～1274），《蒲中八咏为帅岩卿赋》（《全金诗》卷一〇四，册 3，页 441，七言绝句）；陈庚（1194～1261），《题帅岩卿蒲中八咏》（《全金诗》卷一三七，册 4，页 369，七言绝句）；段克己（1196～1254），《蒲中八咏》（《全金诗》卷一四四，册 4，页 444，七言绝句）
河北固安	松陵烟雨、大乘夕照、莲堂夜月、炼真春暮、仙翁雪斋、落川云望、罗汉清岚、堵阳钓矶	元好问（1190～1257），《方城八景》（《全金诗》卷一二七，册 4，页 236，七言绝句）
山西河津	禹门雪浪、云中暮雨、疏属晴岚、双峰竞秀、神谷藏春、姑山夕照、汾水秋风	段克己（1196～1254），《龙门八咏》（《全金诗》卷一四四，册 4，页 443，七言绝句）
河北河间	东城春早、西园暮春、冰岸水灯、沙堤风柳、戍楼残照、客船晚烟、市桥月色、莲塘雨声	家铉翁（1213～？），《鲸川八景》（《全宋诗》卷三三四四，册 64，页 39960，七言绝句）

宋诗》里蔡元定（1135～1198）的麻沙八景（《全宋诗》卷二五零一，册 46，页 28924，七言绝句），即是对福建建阳县麻沙镇的美景描述，当代学者张廷银《传统家谱中"八景"的文化意义》一文罗列的家族聚居地（村）近 20 多个，可见两宋时期形成的城市八景文化现象强大的生命力。

　　同时，城市八景在宋代城市定型后影响并推动东亚地区的八景人文普遍性发展（图 5-14）。韩国的城市八景文化在高丽王朝（918～1392）中期开始出现❶，以苏轼的虔州八景追溯的范本，李齐贤（1288～1367）的"松都八景"为代表。日本的城市八景文化由"13 世纪初经朝鲜传入日本"，以潇湘八景的变体牧溪八景图（日本大德寺现存真迹八景图，是禅僧圆尔于 1235 年入宋参禅无准师范，1241 年回国携去的同门的牧溪八景图）为蓝本在国内传播开来❷，并在室町时代（1336～1573）以后，在"市民阶层的成

---

❶　衣若芬．苏轼对高丽"潇湘八景"诗之影响——以李奎报《虔州八景诗》为例 [R]．第三届宋代文学国际研讨会，2003：140–159．

❷　冉毅．日本的八景诗与潇湘八景 [J]．外国文学研究，2012（6）：72–82．

礼
乐
的
风
景

韩国		高丽·八景萌芽期	李氏朝鲜·八景定型期	李氏朝鲜·八景全盛期	李氏朝鲜·八景持续发展期		日据时期		至今
		1171　1258	1392	1636			1910　1945		

李奎报作《广州八景诗》。

型，受宋、元朝影响，八景定。

形成了大韩八景，关西八景等著名八景，向明代称臣，受中国明代影响。

历等著名全国八景展，形成了密阳八景，松济八景，受济浦的统治，八景持续发展。

八景，平测八景等全国八景。

日据时期，八景发展停滞。

城市建设之中，八景广泛用于公园。景区。

中国	宋以前·八景萌芽期	宋·八景定型期	元·八景滞待期	明—清康乾·八景全盛期	清嘉道·八景滞待期	民国时期		至今
	479 502 701 762	960 1005 1078 1080 1168 1224 1279	1363	1636	1723　1796	1910　1949		

沈约《八咏楼》。

王维《辋川别业》。

李白《姑歌翠微》。

柳宗元《永州八记》。

李成《广州八景诗》，题《潇湘八景图》。

苏轼《五日八景》。

宋迪、米芾，《潇湘八景图》。

志，诗，成为八景为流传的标志，宋守宗为，《潇湘八景图》。

慢，文人地位下降，八景发展缓。

明万历年间，诏令各地报各地。

诗与图画，诗画，八景文化最为兴盛，志书兴盛，记录八景。

衰落，上海，诗流于形式，走向拼凑八景，喜庆道年间各地为拼凑八景。《修志十议中》批评，嘉道年间形成《徐州府志》。

海上向消退，由于受商业恶俗的影响，逐渐衰落，民族。

西方景观思想的冲击，同时，城市建设之中，八景广泛应用于公园。景区。

日本			镰仓·八景萌芽期	室町、安土桃山·八景定型期	江户·八景全盛期	明治、大正、昭和·八景变形期		至今
			1192	1319 1333 1573	1603 1623	1867　1912 1927		1989

牧溪《潇湘八景图》传入日。

本产生最早实地八景，博多八景。

五山名僧赋八景诗，设八景。

厅产生一处八景。

翰林五凤集，专设·八景部。

在内的1958处八景，住吉八景等城市八景，盛行，金沢八景、真野八景等。

传播、产生了包括近江八景，融合浮世绘绘形式进行，商业化发展，平民化，八景。

规划保护和民主评选，各地八景受西方思想的影响，产生变形。

首次由新闻评选，日本八景。

八景成为风景名胜化手段。

图5-14　东亚八景发展历程对照图

(资料来源：作者自绘.)

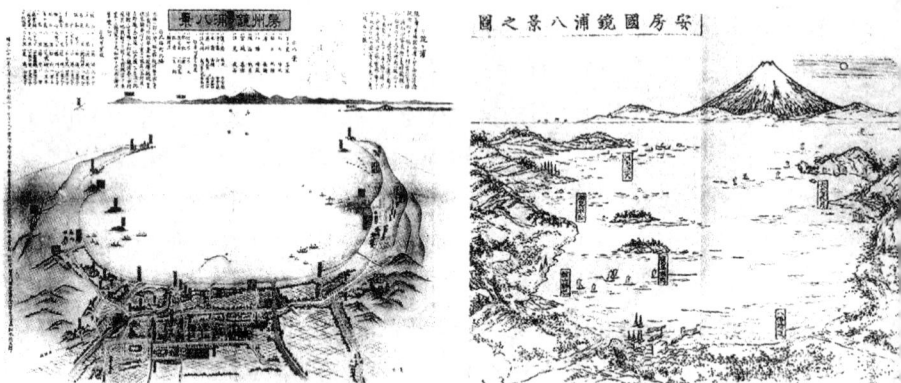

a) 房州镜浦八景图　　　　　　b) 安房国镜浦八景图

图5-15　日本千叶县八景图

(资料来源：(日)国立环境研究所.国立环境研究所研究报告·第197号——《八景の分布と最近の研究动向》[M].2007：203.)

熟的近世、近代社会条件下"形成"以旅途为中心的八景现象"(内山精也，2004)。从宋代八景和日、韩地区的动态演变可以看到八景文化强大的生命力(图5-15)。

四、楼亭苑范式及其风景特质

楼亭苑 ❶ 是指以"楼亭"建筑为主景,包括建筑周边园林营造的传统城市风景建构模式。在已有研究中,一般将楼亭建筑和周边环境作为独立的研究对象,因而忽视了"楼亭"之所以成为一处园林空间的本质原因(金晟均,2011)。这样对传统园林建设模式的误解,也造成了对古文献中亭台楼阁文记内涵的楼亭选址依据、风景体系建构、公共游赏组织、城市文脉延续等方面系统知识点的忽视,客观上也使得对此类公共园林的研究薄弱。从大量唐宋亭台楼阁文的分析来看,楼亭苑始于上古之台榭,在魏晋时与园林游赏相结合,并在唐代成为城市建设的组成部分,宋代在魏晋、隋唐"江山之助"、"登临远眺"的物质形态基础上,融合了风水裁成、与民同乐的功能和文化追求,成为地方胜揽景点的重要构建范式。

(一)楼亭苑是宋代城市风景建设的普遍现象

以"人杰地灵"为意向的城市亭台楼阁,依托城内外山岭、城墙城门的优良观赏视野和展示空间,结合城市历史人文的彰显,已然成为宋代城市风景建设的普遍现象,并成为地方风景识别、文物振兴的标志性景观符号。

从上古的灵台到秦汉的阿房宫、上林苑,一直到魏晋的铜雀台、凤凰台,以亭台楼阁为代称的园林景观作为中国传统城市建设的标志性符号,是中国历史久远的文化现象。到唐宋后,随着平民化、世俗化的双重影响(钱穆,1994),原来以帝王宫苑楼亭为代表的楼亭苑渐趋进入普通的城市建设之中,而成为地方集体的文化记忆。王勃的《滕王阁序》、阎伯理《黄鹤楼记》、韦悫《重修滕王阁记》以及李白笔下的宣州敬亭、杜甫笔下的蜀州东亭、元结笔下的江华寒亭、柳宗元记述的零陵三亭、欧阳詹记述的泉州北楼等唐代城市楼亭记,呈现了地方基于"江山之助"的风景识别、文物振兴的标志性园林景观。到两宋时期,这样的风景建设思想在全国

---

❶ (韩)Nu·Jung·Dae. 楼亭台——The Stronghold of Shanshui (Mountain—Water) Culture—Reading the Sense of Landscape and Aspects of Its Enjoyment through Sightseeing and Elegance in Shanshui. 第十届中日韩风景园林论坛;(韩)金晟均. 韩国传统风景园林设计观:"楼亭苑"[J]. 中国园林,2013(11):9-13. 只是二文虽都提出楼亭苑风景是韩国传统园林营建的重要模式,但未将其发展与中国同类风景建构模式进行关联性研究。

范围普遍推进❶。单北宋 168 年，就有 457 篇亭台楼阁记传世，涉及作家约 175 位，远超《全唐文》中整个朝代的 102 篇亭台楼阁记。从唐宋著名文人的亭台楼阁记数量统计比（表 5-5）也能清晰看出唐宋楼亭苑发展的跨越式发展。而且这类文记常见的"仁者之乐"为主题，如范仲淹《岳阳楼记》记述的"先天下之忧而忧，后天下之乐而乐"的情怀，欧阳修《丰乐亭记》陈述的"而孰知上之功德，休养生息，涵蓄百年之深！……乃日与滁人仰而望山，俯而听泉…又幸其民乐其岁物之丰成，而喜与予游也。"❷都强调与百姓共享这份盛世之乐。更进一步促进了楼亭苑在宋代城市的普遍性建设，并成为地方大众游赏的公共园林场所。

唐宋名人亭台楼阁记数量统计比较 表5-5

作家	韩愈	柳宗元	欧阳修	苏轼	王安石	曾巩	叶适	朱熹	陆游
作品篇数	9	36	45	63	24	34	53	81	56

（资料来源：黄丽月.北宋亭台楼阁记"以赋为文"研究 [D].台南：成功大学，2005：7.）

（二）楼亭苑的风景特质

在宋代亭台楼阁的相关文献中，基于宏观的城市环境下景点环境择址，成为楼亭苑"因势成景"的基本途径，而楼亭建筑与园圃的空间构成又丰富了园林的游赏环境和意境内涵，成为楼亭苑园林范式定型推广的风景特质。

1. 形、势融合的环境选址

"千尺为势，百尺为形"，楼亭苑在城市环境中的选址重视风水形势概念远与近、整体与局部的关系，建构完成从宏观山水、中观园圃与微观楼亭的空间尺度，从而成为城市重要的风景点缀和风水裁成要素。

"势如根本，形如蕊英"❸，在宋人的亭台楼阁记中更为频繁和理性，表达了风景层次在传统园林营造的普遍性，成为楼亭苑环

---

❶ 刘祎在研究中指出：初盛唐时期是亭台楼阁记的生长期；中晚唐时期是亭台楼阁记的成熟期；两宋时期是亭台楼阁记发展史上的鼎盛期，也是一个特殊的求新、创变时期。此时的创作在中晚唐已成格局的基础上，实现了一次升华（引自北宋亭台楼阁记研究 [D]. 江西师范大学硕士论文，2010：14-15）。

❷ （宋）欧阳修.丰乐亭记 // 全宋文 [G].卷七三九.

❸ （晋）郭璞.古本葬经·内篇：转引自：王其亨.风水形势说和中国古代建筑外部空间设计探析 [J].

境选址的整体设计观。王其亨认为："形，概指近观的、小的、个体性的、局部性的、细节性的空间构成及其视觉感受效果。势，概指远观的、大的、群体性的、总体性的、轮廓性的空间构成及其视觉效果。"❶ 而吴良镛在分析中国传统环境设计观时提出"多层次的空间观"，认为"中国文学对建筑物的描写，习惯于多从环境描述起，而环境更是从周围的山川写起，著名的如《滕王阁序》、《岳阳楼记》、《醉翁亭记》等"❷。并以欧阳修的《醉翁亭记》为例，将其归纳为五个层次："环滁皆山也"——第一层次；"其西南诸峰，林壑尤美，望之蔚然而深秀者，琅琊也"——第二层次；"山行六七里，渐闻水声潺潺而泻出于两峰之间者，酿泉也"——第三层次；"峰回路转，有亭翼然临于泉上者，醉翁亭也"——第四层次；描写风景由远及近，由写风景而转入写建筑，由建筑转入建造者与山水环境的主人——"醉翁"与宾客等，这是第五层次，也是核心（吴良镛，1985）。如果将分析核心止于物质形态的醉翁亭，即三个层次——外围的周边山川环境、琅琊山自然山水环境和酿泉山水小环境。北宋刁约的《望海亭记》记述了绍兴郡圃望海亭的建设环境，曰："府据卧龙山，为形胜处。山之南亘东西鉴湖也。山之北连蜀江与海也。周遭数里，盘屈于江湖之上，状卧龙也。龙之腹，府宅也；龙之口，府东门也；龙之尾，西园也；龙之脊，望海亭也。"❸ 从外围的鉴湖、江海的第一层次，到卧龙山风水形胜的第二层次，再到望海亭所在龙脊高耸之景致的第三层次，选址、景观意境分析一如《醉翁亭记》。

而这样形、势融合的环境选址，也促进了两宋亭台楼阁成为风物与游观共融的城市风景标识点，即从风景建设的物质形态而言，城市亭台楼阁的建设重视起内外景观的统一，即亭台楼阁既是城市重要的外部形态标识点和完善大部分城市天际轮廓线的重要构筑物，也是眺望城市内外的主要观景点。如真州壮观亭，"亭立北山之椒，居高视下，江淮表里皆在目中。自城中以望亭中，如见高人胜士登山临水而送归人也；如仰中天之台，缥缈于

---

❶ 王其亨. 风水形势说和中国古代建筑外部空间设计探析 // 王其亨. 风水理论研究 [M]. 天津：天津大学出版社，1992.

❷ 吴良镛在《从绍兴城的发展看历史环境的创造与传统的环境观念》(1985) 对中国文学风景层次进行了分析，并认为这样的观念在山水文记、山水画和中国城市山水文化营建中普遍存在，是"中国传统环境设计的整体观念"。

❸ （宋）刁约. 望海亭记 // 全宋文 [G]. 卷四一一.

烟云之外也。"❶ 楼昉《崇古文诀》评价抚州拟岘台云："自有抚州有此风景，隐于前日而显于今者，以今日之台而前日无台也，台成而景现，则此台之胜不言可知"❷，点出了台与自然山水之间的关系，景因台而显，台因景而胜。因而在其选址上，更依托恢弘的山水形胜，潘谷西在其《江南理景艺术》一书中，将这样的风景建设纳入到邑郊理景之登高远眺理景一类，强调其在园林空间"旷"、"奥"之中的"旷"景观，提出选址建设上的"临江、临湖者，倚郭、倚市者，据城、据丘者"之说，很适合分析两宋时期的城市亭台楼阁建设情况。如江南三大名楼，黄鹤楼雄踞蛇山之巅，"耸构巍峨，高标巃嵸，上倚河汉，下临江流；重檐翼馆，四闼霞敞；坐窥井邑，俯拍云烟：亦荆吴形胜之最也"（阎伯理，《黄鹤楼记》）；岳阳楼据城墙西门，临洞庭湖而设，"衔远山，吞长江，浩浩汤汤，横无际涯；朝晖夕阴，气象万千"（范仲淹，《岳阳楼记》）；滕王阁倚城临江而设，而观"江山一片画图长"（文天祥，《滕王阁》）。再如扬州平山堂，据有"自泗上南来者望而首得之，故米实晋有第一山之咏"（楼鑰，《扬州平山堂记》）的蜀冈，欧阳修"撤僧庐之败屋，作为斯堂，而风景焕然"；桂林湘南楼依城墙而建，"平开七星之秀峰，旁搴八桂之远顶，前横漓江之风漪，后涌官府之云屋。环以群山，叠众皱而昂孤骛，若神腾而鬼越，若波骇而龙惊，兹亦胜概之绝伦者矣"（李彦弼，《湘南楼记》）；真州天开图画亭，占城西北隅，而远揽江河万千，"地随人胜，而江山无遁情矣"（□紘，《天开图画亭记》）。可见楼阁成为城市宏观风景的最佳观赏点，而成为风景因楼阁的建设而得以彰显。

这些物质形态的亭榭楼台正是风水学说"形与势"尺度层面的具体实践，包含着风水理论指导下的城市理想景观完善，既建构了一个层次分明、结构清晰的城市天际轮廓线，又为地方居民提供了登高揽胜、寄情畅怀的风景胜地。

2. 楼亭、园囿相融的空间构成

楼亭苑作为城市风景标识的重要景点，并非是孤立的亭台楼阁，而是楼亭和园囿结合的空间构成。如桂林叠彩山之八桂堂，

---

❶ （宋）杨万里. 真州重建壮观亭记 // 全宋文 [G]. 卷五三五一.

❷ （宋）楼昉. 崇古文诀 [G]. 转引自：影印古籍资料网 . http://sou-yun.com/eBookIndex.aspx?id=243.

李彦弼《八桂堂记》记曰："乃度州治东北隅有隙野焉，兰皋芜原，陂陀轩霍，万景献秀，可以圃而堂之。……前缭以平湖，为菰蒲菌荙之境；中辟以广庭，为车骑乐舞之场。右峙迎曦，以宾朝暾；左开待月，以呼夕魄"，又有人赞曰："公之辟圃也，敞靡通途，无隔塞之禁，而不忍擅一身之私，此后同其乐也"❶，可见为规模不小的楼亭苑空间。真州北山壮观亭，杨万里《真州重建壮观亭记》记曰："乃诛草茅，乃属工徒，为屋三楹，为垣百堵，前敞以轩，后邃以槛。肇自淳熙十六年之八月，迄来年之正月乃成。华不及汰，库不及陋，无费於官，无励於民。又种万松以缭其西北，又艺桃李杏杨柳千本牣其南谷。仪真之士民登而乐之，相与谒余记之"❷；荆州岘山亭，欧阳修《岘山亭记》记曰："明年，因亭之旧，广而新之，既周以回廊之壮，又大其后轩，使与亭相称"❸，皆是楼亭与园圃的结合。

而且部分楼亭苑园圃中的亭、台、楼、阁建筑还较为丰富。如宋画滕王阁、阿阁图（图5-16）的楼阁、园圃都极为丰富，《武

a）宋画，赵伯驹，《滕王阁图》　　　　b）宋画，佚名，《阿阁图》

图 5-16　宋画中的典型楼亭苑园林空间形态

（资料来源：a）来自 http：//blog.sina.com.cn/s/blog_e7ae52090101q4mk.html；

b）来自 http：//www.dajia777.com/archives/?m=3242&ID=1351&subID=826.）

---

❶　（宋）李彦弼 . 八桂堂记 // 全宋文 [G]. 卷二五六三 .

❷　（宋）杨万里 . 真州重建壮观亭记 // 全宋文 [G]. 卷五三五一 .

❸　（宋）欧阳修 . 岘山亭记 // 全宋文 [G]. 卷七四零 .

林旧事》记载的杭州丰乐楼，也是"宏丽为湖山冠。……又甃月池，立秋千梭门，植花木，构数亭，春时游人繁盛。"❶

第五节 小结

在商业化、平民化的城市文明演变历程下，官方在社会、经济生活的自觉主动推动了宋代公共园林的鼎盛，并超越隋唐，承载了更多的政治经济取向，成为地方政府缓解社会矛盾、落实社会礼治、促进地方经济的综合性载体。宋以后的中国社会，特别是明清时期，封建专制达到历史的极盛时期，对知识分子的严格控制使得宋代宽松的文化政策已不复存在，整个社会处于人性抑压状态（钱穆，1939、周维权，2008）。明清城市也是古代城市发展中的一种复古倒退（宁越敏，1987），"不论在形式上或是在规划上，都极其明显地向传统观念倒退。在清朝的北京，这种倾向进一步发展，把工商业排出在前门外，极其强烈地复活了礼仪象征的准则"❷（斯波义信，1988）。可见在明清封建专制的高度发展下，对士大夫的严格控制使得公共园林建设的主体士大夫阶层的"自觉精神"严重受挫，宋代各地竞相开放的郡圃在明清已少有"与民同乐"的记载，大量的公共园林没有随着城市经济发展进一步发展，反而成为皇家、衙署官吏的私享空间，如南京的玄武湖成为明代皇家园林，潮州的西湖"宋代那种全民性的冶游逸乐已不可再见，此时的西湖只留下官宦们公余憩息与士大夫躲避城市尘嚣的踪迹"。因而从这一意义上而言，宋代是中国历史上首次出现真正意义上的公共园林的阶段性代表，并形成了如下的典型特点：

（一）在城市文明演变的背景下，宋代城市公共园林承载着"政定民安"的政治取向、"以德化民"的礼治场所和活跃交易的经济倾向，已经成为政府官员对地方治理政治、文化、经济的综合性载体。

（二）公共园林的类型建设分布也首次和城市规模、等级以及城市功能分区相结合，呈现体系化的分布特点，并在宋代中华节俗成熟的影响下，成为地方重要的公共活动场所标识。

---

❶ （宋）周密．武林旧事[G]．卷五·湖山胜概．
❷ （日）斯波义信．宋都杭州的城市生态 // 历史地理（第六辑）[M]．上海：上海人民出版社，1988：56.

（三）公共园林在具体建设中的兼容性得到空前展现，在以官方主导建设的推动下，各类属性的用地、各类园林类型、多样性的活动空间融合在公共园林之中，并区别于明清公共园林以乡绅、寺僧为主导建设的模式。

（四）在公共园林的营建过程中，城市风景建设范式渐趋成熟，以西湖、八景、楼亭苑为代表的风景建设范式逐步形成，并形成各自在物质要素、山水审美上的特点，成为后世中国及东亚文化圈的共同风景范式。

礼乐的风景

第六章　回顾与展望

　　本书选题是在原巴蜀园林历史发展的选题上偶然闪现的。当整理到唐宋，特别是两宋巴蜀园林文献时，展现在面前那普遍存在于各地郡圃、公共游赏风景点以及那种喧闹公共游赏场景记载，让笔者极为震撼。而且这样的园林数量、质量以及游赏组织的特点甚至超越了巴蜀同时期存在的其他园林类型，使得深受以私家园林、皇家园林、寺观园林为代表教学经历的笔者，萌发了探索公共园林建设研究的初衷，并将《全唐文》、《全宋文》作为探析路程的第一步。当笔者将 22 册、999 卷《全唐文新编》和 360 册、8345 卷的《全宋文》整理完毕，近 50 万字，1000 多篇有关城市公共园林的诏令、传志、叙记、杂赋等，让唐宋时期公共园林的发展演变立体地展现在笔者面前，尤其是宋代在城市文明演变下的官方在公共园林建设上不遗余力更让笔者感动，坚定了笔者对城市公共园林研究方向的选择。而随后围绕选题过程中阅读的众多国内外学者对两宋历史文化、城市发展、园林建设的相关研究，让笔者感知到已有研究中对公共园林，特别是两宋城市公共园林研究中存在的空白和误区。引用潘谷西的一句话："局限于园林，尤其是局限于皇家园林、私家园林和寺庙园林的研究还不能全面反映我国在景观建设方面的历史成就。"两宋城市公共园林的研究让我看到了我国在城市风景、城市生活上的另类印象，但愿能对传统城市、园林的研究有着积极的意义。

　　同时本书以宋代城市公共园林为研究对象，从时代文化历史的视野切入两宋城市公共园林的兴盛背景、营建基础、园林类型，并将其放在公共园林发展的时间纵轴上分析两宋城市公共园林的特点。在理论研究上取得了一定的创新进展：

336

一、文化社会学的整体研究视野

通过方志、文记、诗词以及小说等不同类型的宋代文献检索、解读，首次系统勾勒了从个案到整体的宋代城市"文学生活"，从而更贴近于公共园林建设的社会文化背景。并由此导出宋代城市公共园林建设的官方主动性和普遍性，及其在政治、经济和社会教化上的积极意义，补充完善了当下园林史研究对公共园林定性、定量上的认知。

二、梳理并强调了公共园林与城市建设的依存关系

结合大量案例的实际支撑，指出公共园林的建设与城市产业发展、社会教化和风景体系建设的相互关系。本文不囿限于公共园林历史遗存的物质空间，首次结合城市政治经济文化等相关文献系统梳理，考证园林与城市建设的相互关系，从而更为深入理解公共园林在商业娱乐型的宋代城市的历史地位。提出宋代城市文明演变下平民游赏的炽热是公共园林建设的社会动因，而基于保民生、成教化、兴风物的水利建设、纪念场所、集体意识培育既为公共园林建设提供了重要的物质基础，也成为公共园林建设的主导目标，并延续到元明清时期的城市公共园林建设。

三、基于多元途径的公共园林类型和营建方式分析

从公共园林案例的原始文献资料分析着手，以官方建设主体的基本特点出发，结合不同案例在园林选址、建设主体、管理方式、开放形式等建设管理特点，创新修正了已有研究的公共园林类型分析，提出公共园林由宏观尺度的湖山风景区、中观尺度的城市园圃、微观尺度的城市风景点等三小类组成。并由此分析了各类型在城市空间、风景体系、日常生活中的系统分布，整理并归纳了各类公共园林在选址规划、景点建设、活动组织和园林意境等建管特点。

四、归纳整理了西湖、八景、楼亭苑等宋代城市公共园林（风景）建设范式

结合宋代文献中普遍存在的公共园林命名、建设方式同一性，整理了西湖、八景以及以楼亭为依托的楼亭苑等建设范式。首次指出宋代是西湖、八景、楼亭苑风景范式定型、成熟的关键阶段，

并在山水艺术平民化、大众游赏的炽热、官方主动性的社会背景下，上升为地方城市普遍性的名胜风景建设策略，并成为汉文化圈内的广为传播的风景符号。

当然，因公共园林建设的复杂性存在，使得本书在逻辑组织及纵向研究深度上存在一定的不足，也是以后研究需要提高和深入的方向。在写作上，因宋代公共园林建设内涵的多样性目标，使得本研究总是纠结于章节的梳理，相同的案例基于不同的分析目标在文中重复提及，使得本书在逻辑组织、语言精练上存在一定缺陷。而因笔者文化造诣和研究时间的短缺，使得只能重点对上古到两宋的公共园林文献记载进行较为深入的分析，而对公共园林普遍存在的明清缺乏更为明确的类比，只能以已有研究中的明清历史文化、城市发展和园林建设分析为依托，稍及诸如《西湖游览志》、《帝京景物略》、《陶庵梦忆·西湖梦寻》、《扬州画舫录》以及地方方志等明清文献记载的有限分析，可能存在一定的误区，有待在以后的研究中加以强化，从而梳理出从上古游憩地到唐宋公共园林到现代城市公园的中国公共园林发展完整脉络。这也是笔者在本书结尾时的一大遗憾，也是在下个阶段值得继续努力的研究方向。

参考文献

[1]　北京大学古文献研究所.全宋诗 [M].北京：北京大学出版社，1998.

[2]　常卫锋.北宋东京园林景观与游园活动研究 [D].开封：河南大学，2006.

[3]　车文明.中国古代民间祭祀组织"社"与"会"初探 [J].世界宗教研究，2008（04）：86-94.

[4]　陈冬辉.沈约·八咏诗·八咏楼 [J].浙江师范学院学报（社会科学版），1982（1）：48-51.

[5]　陈芬芳，刘彤彤.近代以来的古典园林研究史初探：文献分析与学科分布研究 [J].建筑创作，2009（06）：166-168.

[6]　陈锋.城市广场·公共空间·市民社会 [J].城市规划，2003（09）：56-62.

[7]　陈国灿.略论南宋时期绍兴城的发展与演变 [J].绍兴文理学院学报，2010（05）：9-13.

[8]　陈景良.法律史视野下的唐宋社会变革——从"皇权统治国家，士绅构建社会"说起 [J].公民与法（法学版），2012（02）：2-7.

[9]　陈明松.中国风景园林与山水文化论 [J].中国园林，2009（3）：29-32.

[10]　陈默.浅析宋代茶文化繁盛的原因 [J].文史杂志，2004（03）：67-69.

[11]　陈植.中国造园史 [M].北京：中国建筑工业出版社，2005.

[12]　陈志宏，王剑平.从华侨园林到城市公园——闽南近代园林研究 [J].中国园林，2006（5）：53-59.

[13]　陈志华，李秋香.婺源（中华遗产乡土建筑）[M].北京：清华大学出版社，2009.

[14]　陈志华，李秋香.楠溪江中上游（中华遗产乡土建筑）[M].北京：清华大学出版社，2010.

[15]　成荫.宋元时期名贤祠的特质——以杭州西湖三贤堂为例 [J].兰州：西北师大学报（社会科学版），2010（04）：54-58.

[16]　春秋·论语 [G].北京：中华书局，2006.

[17]　春秋·诗经 [G].长春：吉林文史出版社，2007.

[18]　邓广铭，漆侠，王曾瑜等.宋史 [M].北京：中国大百科全书出版社，2011.

[19]　邓其生.我国寺庙园林与风景园林的发展 [J].广东园林，1983（02）：1-5.

[20]　邓绍基，曾枣庄等."全宋文"五人谈 [J].文学遗产，2007（2）：144-148.

[21] 丁建军.宋朝地方官员考核制度研究 [D].保定：河北大学，2009.

[22] 董慧.秩序与活力：城市文化空间的意义构建 [J].苏州大学学报（哲学社会科学版），2011（4）：39-46.

[23] 董鉴泓.中国城市建设史（第三版）[M].北京:中国建筑工业出版社，2004.

[24] 段炼.图像学和比较美学史 [J].美术观察，2008（12）：121-123.

[25] 樊丙庚.四川历史文化名城 [M].成都：四川人民出版社，2000.

[26] 方维规."文学社会学"的历史、理论和方法 [J].社会科学论坛，2010（13）：78-103.

[27] 费孝通.乡土中国 [M].北京：北京出版社，2005.

[28] 傅熹年.中国科学技术史·建筑卷 [M].北京：科学出版社，2008.

[29] 耿欣，李雄，章俊华.从中国"八景"看中国园林的文化意识 [J].中国园林，2009（5）：34-39.

[30] 谷健辉.曲阜古城营建形态演变研究 [D].山东大学，2013.

[31] 谷云黎.南宁古城园林与城池建设的关系 [J].中国园林，2012（04）：85-87.

[32] 郭黛姮.中国古代建筑史·第三卷·宋、辽、金、西夏建筑 [M].北京：中国建工业出版社，2009.

[33] 郭声波.唐宋地理总志从地记到胜揽的演变 [J].四川大学学报（哲学社会科学版），2000（6）：85-91.

[34] 韩伟.瓦子的空间意义及其与宋代俗乐兴起之关系 [J].文艺评论，2011（08）：157-160.

[35] （汉）（佚名）.西京杂记 [G].国家图书馆馆藏本.

[36] （汉）司马迁.史记 [G].国家图书馆馆藏本.

[37] 汉典诗词 [DB/OL].http：//sc.zdic.net.

[38] 何林福.论中国地方八景的起源、发展和旅游文化开发 [J].地理学与国土研究，1994（10）：56-60.

[39] 何世群.文史视野下的南宋临安研究：以城市笔记、话本小说为中心 [D].上海：上海师范大学，2009.

[40] 贺业钜.中国古代城市规划史 [M].北京：中国建筑工业出版社，1996.

[41] 侯迺慧.唐宋时期的公园文化 [M].台北：东大图书股份有限公司，1997.

[42] 侯迺慧.宋代园林及其文化生活 [M].台北：三民书局，2010.

[43] 胡刚.城市风景湖泊空间形态研究 [D].南京林业大学，2006.

[44] 黄登峰.宋代城池建设研究 [D].保定：河北大学，2007.

[45] 黄丽月.北宋亭台楼阁诸记"以赋为文"研究 [D].台南：成功大学，1994.

[46] 黄挺.宋元明清间潮州城的城市形态演化 [J].韩山师范学院学报，

2008（5）：1-7.

[47] 冀朝鼎.中国历史上的基本经济分区与水利事业的发展 [M].北京：
中国社会科学出版社，1981.

[48] 贾珺.北京什刹海地区寺庙园林与公共园林历史景象概说 // 全球视
野下的中国建筑遗产——第四届中国建筑史学国际研讨会论文集 [C].
营造，2007（4）.

[49] 焦泽阳.中国传统伦理与古代都城形态礼制特征的历史演进研究 [D].
南京：南京大学，2012.

[50] 金晟均，迪丽娜.韩国传统风景园林设计观："楼亭苑" [J].中国园林，
2013 11：9-13.

[51] 金学智.中国园林美学 [M].北京：中国建筑工业出版社，2005.

[52] （晋）郦道元，陈桥驿，王东校注.水经注 [M].北京：中华书局，
2009.

[53] 阚陈劲.徽州古村落地理景观特性与村落水口研究 [D].合肥：安徽
农业大学，2009.

[54] 来嘉隆，王树声.文人士大夫对山水城市格局的影响——以范仲淹
在延安的营建活动为例 [J].西安建筑科技大学学报（社会科学版），
2010（04）：37-41.

[55] 雷闻.礼制、宗教与民间社会 [N].中国社会科学院院报，2007（05）.

[56] 李百进.唐风建筑营造 [M].北京：中国建筑工程出版社，2007.

[57] 李春棠.坊墙倒塌以后 [M].长沙：湖南人民出版社，2000.

[58] 李敏.中国现代公园—发展与评价 [M].北京：北京科学技术业出版社，
1987.

[59] 李瑞.北宋东京公共娱乐空间形态分析 [J].南都学坛，2005（06）：
25-28.

[60] 李文.城市公共空间研究 [D].哈尔滨：东北林业大学，2007.

[61] 李小波，文绍琼.四川阆中风水意象解构及其规划意义 [J].规划师，
2005（08）：84-87.

[62] 李永先主编.宋元地理史料 [M].成都：四川大学出版社，2007.

[63] 李裕民."舆地纪胜续编"研究 [J].陕西师范大学学报（哲学社会科
学版），2002（4）：34-41.

[64] 李志明."长物志"：从文本到话语 [J].中国园林，2009（11）：8-11.

[65] 梁济海编.中国古代绘画图录·辽宋金元部分 [M].北京：人民美术
出版社，1991.

[66] 梁仕然.广东惠州西湖风景名胜区理法研究 [D].北京：北京林业大学，
2012.

[67] 梁思成.中国建筑史 [M].北京：生活.读书.新知三联书店，2011.

[68] 梁雪.村镇中的水系及临水景观 [J].新建筑，2000（02）：18-20.

[69] 梁幼侨，巫纪光.传统欧洲与亚洲城市公共空间布局比较研究 [J].华

中建筑，1998（03）：61-66.

[70] 林立平.封闭结构的终结[M].南宁：广西人民出版社，1989.

[71] 刘滨谊，陈威.中国乡村景观园林初探[J].城市规划汇刊，2000（06）：66-68.

[72] 刘滨谊，李开然.纪念性景观的基本图式母题[J].中国园林，2003（05）：19-22.

[73] 刘敦桢.苏州古典园林[M].北京：中国建筑工业出版社，2005.

[74] 刘方.都市日常生活的诗化与宋代城市诗歌的转型[J].浙江社会科学，2010（07）：101-104.

[75] 刘管平.岭南园林[M].广州：华南理工大学出版社，2013.

[76] 刘俊文.日本学者研究中国史论著选译·通论[C].北京：中华书局，1992（10）.

[77] 刘临安，王树声.闻喜古城"鹤楼晚照"历史环境的文化解读[J].建筑史，2005：184-189.

[78] 刘向斌，李红岩.北宋时期庞籍最早创作"八景诗"考论[J].榆林学院学报，2011（5）：43-48.

[79] 刘小方.宋代温州城市格局的变迁[J].温州职业技术学院院刊，2012（01）：19-23.

[80] 龙彬.论中国山水文化与山水城市[J].华中建筑，2000（04）：34-36.

[81] 龙彬.中国古代城市建设的山水特质及其营造方略[J].城市规划，2000（05）：85-88.

[82] 龙彬.中国古代山水城市营建思想的成因[J].城市发展研究，2000（05）：44-47，78.

[83] 龙彬.风水与城市营建[M].南昌：江西科学出版社，2005.

[84] 卢川.清代荆州城市祭祀空间考察[J].江汉大学学报（人文科学版），2012（01）：61-63.

[85] 鲁茜，程国赋.论洞庭的地域文学意蕴及其意义——兼与西湖、彭蠡、太湖等湖泊文学之比较[J].华南师范大学学报（社会科学版），2010（02）：103-108.

[86] 鲁西奇，马剑.城墙内的城市——中国古代治所城市形态的再认识[J].中国社会经济史研究，2009（2）：7-16.

[87] 陆琦.岭南园林艺术[M].北京：中国建筑工业出版社，2004.

[88] 罗华莉.柳宗元公共园林营造思想的梳理及思考[J].北京林业大学学报（社会科学版），2010（04）：33-37.

[89] 罗华莉.中国古代公共园林故事性研究[D].北京：北京林业大学，2011.

[90] 罗哲文.中国造园简史提纲（二）[J].古建园林技术，1984（03）：32-38.

[91] 罗哲文.中国古园林[M].北京：中国建筑工业出版社，1999.

[92] 马崇鑫.宋代"静江府城池图"评述[J].地图，1988（01）：27-31.

[93] 马得志 . 唐代长安城考古纪略 [J]. 考古，1963（11）：595-615.

[94] 马蓉，陈抗等点校 . 永乐大典方志辑补 [M]. 北京：中华书局，2004.

[95] 玛丽安娜 . 景定建康志 "青溪图" 复原研究 [J]. 中国建筑史论汇刊，2011（4）：456-487.

[96] 毛华松，廖聪全 . 宋代郡圃园林特点分析 [J]. 中国园林，2012（04）：77-80.

[97] 毛敏 . 南宋建康城居住空间布局研究 [J]. 东南文化，2012（01）：99-106.

[98] （民国）何振岱 . 西湖志 [G]. 国家图书馆馆藏本 .

[99] （明）曹学佺 . 蜀中名胜记 [G]. 重庆：重庆出版社，1984.

[100]（明）陈邦瞻 . 宋史纪事本末 [M]. 沈阳：辽海出版社，2011.

[101]（明）解缙 . 永乐大典 [G]. 国家图书馆馆藏本 .

[102]（明）陶宗仪 . 说郛 [G]. 国家图书馆馆藏本 .

[103]（明）田汝成 . 西湖游揽志 [G]. 国家图书馆馆藏本 .

[104]（明）王圻，王思懿 . 三才图绘 [G]. 上海：上海古籍出版社，1988.

[105]（明）王应山编修 . 闽都记 [G]. 国家图书馆馆藏本 .

[106]（明）严嵩编撰 . 正德袁州府志 [G]. 国家图书馆馆藏本 .

[107] 牟振宇 . 南宋临安城寺庙分布研究 [J]. 杭州师范学院学报（社会科学版），2008（01）：95-101.

[108] 宁欣 . 由唐入宋都市人口结构及外来、流动人口数量变化浅论——从 "北里志" 和 "东京梦华录" 谈起 [J]. 中国文化研究，2002（03）：71-79.

[109] 宁欣 . 从士人社会到市民社会——以都城社会的考察为中心 [J]. 文史哲，2009（06）：104-110.

[110] 宁欣 . "眼睛向下" 的中国中古城市社会 [J]. 南都学坛（人文社会科学学报），2010（3）：28-30.

[111] 宁欣 . 唐宋城市社会公共空间形成的再探讨 [J]. 中国史研究，2011（02）：77-90.

[112] 宁越敏，张务栋等 . 中国城市发展史 [M]. 安徽：安徽科技出版社，1994.

[113] 潘谷西 . 中国古代城市绿化的探讨 [J]. 南工学报，1964（01）：29-42.

[114] 潘谷西 . 江南理景艺术 [M]. 南京：东南大学出版社，2001.

[115] 潘谷西 . 中国建筑史 [M]. 北京：中国建筑工业出版社，2009：135.

[116] 潘晟 . 宋代地理学的观念、体系与知识兴趣 [M]. 北京：商务印书馆，2014.

[117] 彭适凡 . 再论古代南昌城的变迁与发展 [J]. 南方文物，1995（04）：86-98.

[118] 钱穆 . 中国文化史导论 [M]. 北京：商务印书馆，1994.

[119] 行龙 . 从 "治水社会" 到 "水利社会" [J]. 读书，2005（08）：55-62.

[120]钱穆．国史新论 [M]．北京：生活·读书·新知三联书店，2005.

[121]秦元璇．"燕京八景"古今谈 [J]．中国园林，1993（12）：23-27.

[122]（清）宝琳，劳沅恩纂修．直隶定州志 [G]．国家图书馆馆藏本．

[123]（清）陈玉垣，庄绳武修．唐伊盛等纂．嘉庆巴陵县志 [G]．国家图书馆馆藏本．

[124]（清）段玉裁等修．同治富顺县志 [G]．国家图书馆馆藏本．

[125]（清）郭元釪．全金诗增补中州集 [G]．国家图书馆馆藏本．

[126]（清）江殷道修．同治九江志 [G]．国家图书馆馆藏本．

[127]（清）雷学海修．嘉庆雷州府志 [G]．国家图书馆馆藏本．

[128]（清）李慈铭撰．乾隆绍兴府志 [G]．国家图书馆馆藏本．

[129]（清）李应泰，范葆廉主修．章绶纂修．光绪宣城县志 [G]．合肥：黄山书社，2008.

[130]（清）梁启超．论中国学术思想变迁之大势 [G]．上海：上海古籍出版社，2012.

[131]（清）陆师纂修．康熙仪征志 [G]．国家图书馆馆藏本．

[132]（清）罗辰编．桂林山水 [G]．国家图书馆馆藏本．

[133]（清）汪文炳修．蒋敬时，何鎔纂．光绪富阳县志 [G]．国家图书馆馆藏本．

[134]（清）王夫之．宋论 [G]．北京：中华书局，2008.

[135]（清）王庭桢修．同治江夏县志 [G]．国家图书馆馆藏本．

[136]（清）翁元圻主修．黄朝绶，杨德谦等纂．道光湘阴县志 [G]．国家图书馆馆藏本．

[137]（清）徐继镛修．李惺等纂．咸丰阆中县志 [G]．国家图书馆馆藏本．

[138]（清）佚名．道光泰州志 [G]．国家图书馆馆藏本．

[139]（清）余国溥编纂．康熙滁州志 [G]．国家图书馆馆藏本．

[140]邱志荣．绍兴风景园林与水 [M]．上海：学林出版社，2008.

[141]冉毅．日本的八景诗与潇湘八景 [J]．外国文学研究，2012（06）：72-82.

[142]任军．建筑纪念性读解 [D]．天津大学，2004.

[143]沈悦．中国杭州西湖景观形成及其影响研究 [J]．东京大学农学部演习林报告，1999：28-107.

[144]四库全书 [OL]．上海人民出版社，1999[2014-7].http://www.lib.whu.edu.cn

[145]（宋）佚名．宋会要辑稿 [M]．上海：上海古籍出版社，2014.

[146]（宋）佚名．裴秀娘夜游西湖记 [G]．国家图书馆馆藏本．

[147]（宋）陈公亮修．刘文富纂．淳熙严州图经 [G]．国家图书馆馆藏本．

[148]（宋）陈元靓．事林广记 [G]．南京：江苏人民出版社，2011.

[149]（宋）程颐．二程集 [G]．北京：中华书局，1981.

[150]（宋）范成大纂修．吴郡志 [G]．南京：江苏古籍出版社，1999.

[151]（宋）灌圃耐得翁．都市纪胜 [G]．国家图书馆馆藏本．

[152]（宋）梁克家纂修．淳熙三山志 [G]．国家图书馆馆藏本．

[153]（宋）林逢吉.赤城集 [G].国家图书馆藏本.

[154]（宋）罗叔韶修.常棠纂.澉水志 [G].国家图书馆馆藏本.

[155]（宋）马光祖修.周应合纂.景定建康志 [G].南京：南京出版社，2009.

[156]（宋）孟元老.东京梦华录 [M].郑州：中州古籍出版社，2010.

[157]（宋）欧阳修，宋祁.新唐书·礼乐一 [M].北京：中华书局，1975.

[158]（宋）齐硕修.陈耆卿纂.嘉定赤城志 [G].国家图书馆馆藏本.

[159]（宋）钱可则修.郑瑶，方仁荣纂.景定严州续志 [G].国家图书馆馆藏本.

[160]（宋）潜说友纂修.咸淳临安志 [G].杭州：浙江古籍出版社，2012.

[161]（宋）沈作宾修.施宿等纂.嘉泰会稽志 [G].国家图书馆馆藏本.

[162]（宋）施谔纂修.淳祐临安志 [G].国家图书馆馆藏本.

[163]（宋）史安之修.高似孙纂.剡录 [G].国家图书馆馆藏本.

[164]（宋）史弥坚修.卢宪纂.嘉定镇江志 [G].国家图书馆馆藏本.

[165]（宋）史能之纂.咸淳毗陵志 [G].国家图书馆馆藏本.

[166]（宋）宋敏求纂修.辛德勇，郎洁点校.长安志 [G].西安：三秦出版社，2013.

[167]（宋）孙应时纂修.琴川志 [G].国家图书馆馆藏本.

[168]（宋）谈钥纂修.嘉泰吴兴志 [G].国家图书馆馆藏本.

[169]（宋）王象之.舆地纪胜 [G].北京：中华书局，1992.

[170]（宋）吴潜修.梅应发，刘锡纂.开庆四明志 [G].国家图书馆馆藏本.

[171]（宋）吴自牧.梦粱录 [G].国家图书馆馆藏本.

[172]（宋）项公泽修.凌万顷，边实纂.淳祐玉峰志 [G].国家图书馆馆藏本.

[173]（宋）佚名.寿昌乘 [G].国家图书馆馆藏本.

[174]（宋）张淏纂修.宝庆会稽志 [G].国家图书馆馆藏本.

[175]（宋）张津等纂修.宝庆四明志 [G].国家图书馆馆藏本.

[176]（宋）赵不悔修.罗愿纂.新安志 [G].国家图书馆馆藏本.

[177]（宋）赵与泌修.黄岩孙纂.仙溪志 [G].国家图书馆馆藏本.

[178]（宋）周淙纂修.乾道临安志 [G].国家图书馆馆藏本.

[179]（宋）周煇.北辕录 [G].国家图书馆藏本.

[180]（宋）朱长乐纂修.吴郡图经续记 [G].国家图书馆馆藏本.

[181]（宋）祝穆.方舆胜揽 [G].北京：中华书局，2003.

[182]宋凤.济南城市名园历史渊源与特色研究 [D].北京林业大学，2010.

[183]宋启林.独具特色的我国古代城市风水格局 [J].华中建筑，1997（02）：23-27.

[184]苏怡，王其亨，刘彤彤.裁成天地之道辅相天地之宜——中国传统生态智慧及其现实意义 [J].天津大学学报（社会科学版），2000（01）：1-6.

[185]孙诗萌.地方八景与地方人居环境的规划建设——以历代羊城八景为例 //2009 年全国博士生学术论坛（建筑学）论文集 [G].北京：中国

建筑工业出版社，2009：238-243．

[186]孙翔，田银生．宋代广州城市空间形态初探[J]．华中建筑，2010（01）：166-168．

[187]谭刚毅．两宋时期的中国民居与居住形态[M]．南京：东南大学出版社，2006．

[188]（唐）隋书[M]．北京：中华书局，1973．

[189]（唐）莫休符．桂林风土记[G]．国家图书馆馆藏本．

[190]唐圭璋，王仲闻，孔凡礼．全宋词[M]．北京：中华书局，1999．

[191]田银生．城市的文化发展力——以北宋东京汴梁的街市为例[J]．城市规划，2007（10）：36-39．

[192]田银生．走向开放的城市：宋代东京街市研究[M]．北京：生活·读书·新知联书店，2011．

[193]汪德华．中国山水文化与城市规划[M]．南京：东南大学出版社，2002．

[194]汪菊渊．中国古代园林史纲要[M]．北京：中国建筑工业出版社，2006．

[195]王曾瑜．宋朝的坊郭户·宋辽金史论丛·第一辑[C]．北京：中华书局，1985．

[196]王丹丹．北京公共园林的发展与演变历程研究[D]．北京林业大学，2012．

[197]王丹丹．民国初期（1914-1929年）北京公共园林开放初探[J]．风景园林，2012（6）：101-103．

[198]王德庆．论传统地方志中"八景"资料的史料价值——以山西地方志为例[J]．中国地方志，2007（10）：47-52．

[199]王铎．中国古代苑园与文化[M]．武汉：湖北教育出版社，2003．

[200]王贵祥．空间图式的文化抉择[J]．南方建筑，1996（04）：8-14．

[201]王贵祥．明清地方城市的坛壝与祠庙[J]．建筑史，2012（01）：28-73．

[202]王焕炎．水利·国家·农村——以水利社会史为视角加强对传统社会国家社会关系的研究[J]．甘肃行政学院学报，2008（06）：71-76．

[203]王劲韬．中国古代园林的公共性特征及其对城市生活的影响——以宋代园林为例[J]．中国园林，2011（05）：68-72．

[204]王美华．地方官社会教化实践与唐宋时期的礼制下移[J]．辽宁大学学报（哲学社会科学版），2010（03）：84-92．

[205]王美华．唐宋时期地方官教化职能的规范与社会风俗的移易[J]．社会科学辑刊，2006（03）：150-155．

[206]王铭铭．"水利社会"的类型[J]．读书，2004（11）：18-23．

[207]王鹏．城市公共空间的系统化建设[M]．南京：东南大学出版社，2001．

[208]王其亨，张慧．平地起蓬瀛，城市而林壑——中国古代城市的生命精

神 [J].天津大学学报（社会科学版），2008（01）：9-13.

[209] 王其亨.风水理论研究 [M].天津：天津大学出版社，2005.

[210] 王其钧.图说中国古典园林史 [M].北京：中国水利水电出版社，2007.

[211] 王树声，李慧敏，喜旭芳.中国传统城市设计的意境结构研究 [J].合肥工业大学学报（自然科学版），2010（06）：876-880.

[212] 王树声.黄河晋陕沿岸历史城市人居环境营造研究 [M].北京：中国建筑工业出版社，2009.

[213] 王树声.结合大尺度自然环境的城市设计方法初探——以西安历代城市设计与终南山的关系为例 [J].西安科技大学学报，2009（05）：574-578.

[214] 王欣.宋元明清公众活动的环境及设计研究 [D].苏州：苏州大学，2008.

[215] 王毅.中国园林文化史 [M].上海：上海人民出版社，2004.

[216] 魏华仙.宋真宗与宋代节日 [J].中华文化论坛，2007（02）：46-50.

[217] 闻海娇.桂林西湖的历史地理考察 [J].桂林师范高等专科学校学报，2012（04）：64-71.

[218] 闻一多.高唐神女传说之分析 [J].清华大学学报（自然科学版），1935（04）：837-865.

[219] 乌再荣.从"平江图"看南宋平江府城之市坊制度 [J].建筑师，2009（06）：35-40.

[220] 吴必虎，刘筱娟.中国景观史 [M].上海：上海人民出版社，2004.

[221] 吴良镛.从绍兴城的发展看历史上环境的创造与传统的环境观念 [J].城市规划，1985（02）：6-17.

[222] 吴良镛.关于建筑学未来的几点思考（下）[J].建筑学报，1997（3）：30-33.

[223] 吴美霞.四川古"八景"文化在当代景观规划设计中的应用研究 [D].成都：四川农业大学，2009.

[224] 吴庆洲，李炎等.城水相依显特色，排蓄并举防雨潦——古城水系防洪排涝历史经验的借鉴与当代城市防涝的对策 [J].城市规划，2014（08）：71-77.

[225] 吴庆洲.惠州西湖与城市水利 [J].人民珠江，1989（04）：7-9.

[226] 吴庆洲.中国景观集称文化 [J].华中建筑，1994（02）：23-25.

[227] 吴庆洲.中国古城防洪研究 [M].北京：中国建筑工业出版社，2009.

[228] 吴庆洲.杭州西湖文化景观的兴废及其启示 [J].南方建筑，2013（05）：60-68.

[229] 吴水田，游细斌.地域文化景观的起源、传播与演变研究——以赣南八景为例 [J].热带地理，2009（02）：188-193.

[230] 吴瑕.略论中国古典园林中的公共园林 [J].乐山师范学院学报，2008

（03）：106-110.

[231]夏曾佑.中国古代史 [M].长沙：岳麓书社，2010.

[232]夏世昌.园林述要 [M].广州：华南理工大学出版社，1995.

[233]萧放.城市节日与城市文化空间的营造——以宋明以来都市节日为例 [J].西北民族研究，2010（04）：99-110.

[234]谢元鲁.成都：唐宋城市公共空间的变迁·中国唐史学会第十届年会论文集 [C].上海：上海古籍出版社，2008.

[235]徐碧颖.传统公共园林文化传承的规划设计方法研究——以大明湖为例 [D].北京：清华大学，2009.

[236]徐成志.中华山水文化的结构特色及开发利用 [J].江淮论坛，2000（02）：82-88.

[237]徐吉军.论南宋都城临安在中国都城史上的地位 [J].浙江学刊，2008（03）：88-92.

[238]徐敏.宋代广州城市景观研究 [D].广州：华南理工大学，2012.

[239]许怀林.朱熹的《山陵议状》及其风水观 [J].宋史研究论丛，2009（10）：313-339.

[240]薛凤璇.中国城市与其文明的演变 [M].香港：三联书店，2009.

[241]杨乐，朱建宁，熊融.浅析中国近代租界花园——以津、沪两地为例 [J].北京林业大学学报（社会科学版），2003（1）：18-21.

[242]杨柳.风水思想与古代山水城市营建研究 [D].重庆：重庆大学，2005.

[243]杨晓红.宋代风水民俗信仰的兴盛及其原因探析 [J].西夏研究，2010（04）：110-115.

[244]杨宇振.图像内外：中国古代城市地图初探 [J].城市规划学刊，2008（02）：83-92.

[245]姚思陟.宋代市民文化的社会共识与社会和谐 [J].求索，2010（3）：223-225.

[246]叶晔.拐点在宋：从地志的文学化到文学的地志化 [J].文学遗产，2013（4）：96-106.

[247]伊永文.行走在宋代的城市：宋代城市风情图记 [M].北京：中华书局出版社，2005.

[248]永昕群.两宋园林史研究 [D].天津：天津大学，2003.

[249]（元）费著.岁华纪丽谱 [G].国家图书馆馆藏本.

[250]（元）脱脱.宋史 [M].北京：中华书局，1985.

[251]（元）张铉纂修.至元金陵新志 [G].国家图书馆馆藏本.

[252]（元）周密著.李小龙，赵锐校.武林旧事 [M].北京：中华书局，2014.

[253]袁琳，王贵祥.南宋建康府府廨建筑复原研究及基址规模探讨 [J].中国建筑史会刊，2009：285-304.

[254]袁琳.宋代城市形态和官署建筑制度研究 [M].北京：中国建筑工业出版，2013.

[255]曾枣壮，刘琳.全宋文 [M].上海：上海辞书出版社，2006.

[256]翟付顺,乔永强.从方法论的角度看中国园林史研究中的一些问题 [J].北京林业大学学报（社会科学版），2007（01）：42-45.

[257]（战国）国语 [G].国家图书馆馆藏本.

[258]（战国）考工记 [M].上海：海古籍出版社，2008.

[259]（战国）左传 [G].国家图书馆馆藏本.

[260]张岱年，方克立.中国文化概论 [M].北京：北京师范大学出版社，1996.

[261]张国刚.论"唐宋变革"的时代特征 [J].江汉论坛，2006（03）：89-93.

[262]张慧，王其亨.平地起蓬瀛，城市而林壑——中国古代城市的生命精神 [J].新建筑（03）：98-102.

[263]张家骥.中国造园史 [M].黑龙江：黑龙江人民出版社，1987.

[264]张劲.两宋开封临安皇城宫苑研究 [M].济南：齐鲁书社，2008.

[265]张廷银.地方志中"八景"的文化意义及史料价值 [J].文献季刊，2003（10）：36-47.

[266]张在元.空间的人性与地域性 [J].世界建筑，2001（01）：27.

[267]张作理.唐代的礼治 [J].东岳论丛，2000（02）：104-106.

[268]赵长庚.西蜀历史文化名人纪念园林 [M].成都:四川科技出版社，1989.

[269]赵殿红.论西湖景观对日本传统风景营造的影响 [J].旅游纵揽，2011（07）：283.

[270]赵鸣，张洁.试论我国古代的衙署园林 [J].中国园林，2003（04）：73-76.

[271]赵夏.我国"八景"传统及其文化意义 [J].规划师，2006（12）：89-91.

[272]赵杏根.宋代放生与放生文研究 [J].上饶师范学院学报，2012（02）：53-59.

[273]郑锡煌.中国古代地图集 [M].西安：西安地图出版社，2005.

[274]中国传世名画全集 [DB/OL].http：//www.xiexingcun.com/minghua/.

[275]中国国家图书馆数字方志 [DB/OL].http：//www.nlc.gov.cn/.

[276]中华书籍出版社.宋元方志丛刊 [M].北京：中华书局，1990.

[277]钟振振.宋代城市桥记刍议 [J].江海学刊，2014（01）：183-190.

[278]周蓓.宋代风水研究 [D].上海：上海师范大学，2003.

[279]周干峙.中国城市传统理念初析 [J].城市规划，1997（06）：4-5.

[280]周琼."八景"文化的起源及其在边疆民族地区的发展——以云南"八景"文化为中心 [J].清华大学学报（哲学社会科学版），2009（1）：106-115.

[281] 周绍良.全唐文新编 [M].长春：吉林文史出版社，2000.

[282] 周维权.西藏的林卡 [J].中国园林，1985（04）：11-15.

[283] 周维权.中国名山风景区 [M].北京：清华大学出版社，1996.

[284] 周维权.中国古典园林 [M].北京：清华大学出版社，1999.

[285] 周维权.园林·风景·建筑 [M].天津：百花文艺出版社，2008.

[286] 周向频，陈喆华.上海古典私家花园的近代嬗变——以晚清经营性私家花园为例 [J].城市规划学刊，2007（2）：87-92.

[287] 朱靖宇."八景"的源流 [J].北京观察，1994（8）：42.

[288] 庄义青.宋代潮州古城的城市建设 [J].韩山师专学报（社会科学版），1989（01）：12-18.

[289] 庄岳，王其亨，邬东璠.中国古典园林创作的解释学传统 [J].中国园林，2005（05）：71-75.

[290] 宗白华.美学散步 [M].上海：上海人民出版社，1981（177）.

[291] （法）谢和耐.中国社会史 [M].黄建华，黄迅余译.南京：江苏人民出版社，2008.

[292] （法）谢和耐.蒙元入侵前夜的中国日常生活 [M].刘东译.北京：北京大学出版社，2008.

[293] （美）阿恩海姆.艺术与视知觉 [M].朱疆源译.成都：四川人民出版社，1998.

[294] （美）包弼德.地方史的兴起：宋元婺州的历史、地理和文化（《历史地理》第 21 辑）[M].吴松译.上海：上海人民出版社，2006（450-451）.

[295] （美）费正清，赖肖尔.中国传统与变革 [M].陈仲丹等译.南京：江苏人民出版社，1992.

[296] （美）高居翰.隔江山色——元代绘画 [M].北京：生活·读书·新知三联书店，2009.

[297] （美）高居翰.山外山——晚明绘画 [M].北京：生活·读书·新知三联书店，2009.

[298] （美）韩森.开放的帝国——160 年前的中国史 [M].梁侃，邹劲风译.南京：江苏人民出版社，2009.

[299] （美）刘子健著.中国转向内在——两宋之际的文化转向 [M].赵冬梅译.南京：江苏人民出版社，2012.

[300] （美）施坚雅.叶光庭.中华帝国晚期的城市 [M].徐自立等译.北京：中华书局，2000.

[301] （日）冈大路.中国宫苑园林史考 [M].瀛生译.北京：学苑出版社，1988.

[302] （日）宫崎市定.东洋的近世·日本学者中国史论著选译（第一卷）[M].北京：中华书局，1993.

[303] （日）加藤繁.中国经济史考证（第一卷）[M].吴杰译.北京：商务印书馆，1973.

[304]（日）梅原郁 . 中国近世の都市和文化 [M]. 同朋社，1983.

[305]（日）妹尾达彦 . 长安の都市计画 [M]. 东京：讲谈社，2001.

[306]（日）内山精也 . 宋代八景现象考 . 新宋学 [M]. 上海：上海辞书出版社，2003：389-409.

[307]（日）内藤湖南 . 概括的唐宋时代观 [A]. 筑摩书房，1969.

[308]（日）斯波义信 . 宋代商业史研究 [M]. 东京：稻香出版社，1979.

[309]（日）斯波义信 . 宋代江南经济史研究 [M]. 方健，何忠礼译 . 南京：江苏人民出版社，1988.

[310]（日）斯波义信 . 宋都杭州的城市生态（《历史地理》第六辑）[M]. 上海：上海人民出版社，1988-57.

[311]（日）宇文所安 . 中国"中世纪"的终结 [M]. 北京：生活·读书·新知，2014.

[312]（英）李约瑟 . 中国科学技术史 [M]. 汪受琪译 . 北京：科学出版社，2008.

[313] Hunt J. D.. Approaches(New and Old) to Garden History//Michel C.Perspectives onGarden Histories[M]. Washington, D.C.：Oaks Research Library and Collection, 1999：77-90.

后　记

　　岁月不注，时节如流。从初期对散存于宋文中的园记、游记整理，到后期博士论文写作，至今日以"建筑意匠与历史中国书系"顺利出版，悄然已是 7 年之久。余年少时，尤好历史、地理，此次得以通览宋元方志，旁及部分明清方志，也是对文科求学梦想的弥补。念及当下中国园林史，"空间与机制"系统研究正方兴未艾，本书或算是对传统城市园林生成机制的探寻，权当抛砖引玉。

　　书稿得以付梓，有很多师长、朋友一直以来的默默关心支持。特别感谢我的博士论文导师张兴国教授；感谢我的硕士论文导师杜春兰教授；感谢重庆大学建筑城规学院的赵万民教授、李和平教授、邓蜀阳教授、卢峰教授、杨宇振教授、谭少华教授、赵珂教授等人给予的关心和鼓励；感谢清华大学建筑学院杨锐教授对研究方向的鼓励和指导；感谢华中农业大学张斌教授对论文资料收集的帮助；感谢潘晓成博士在写作过程中的探讨和分析。也要感谢中国建筑工业出版社李东主任、陈海娇编辑在出版过程中的建设性意见和执行工作，在此一并表示诚挚的谢意。

毛华松
2016 年 3 月